KB261563

한 권으로 보는
세계불교사

세계불교사

한 권으로 보는
세계불교사

대한불교조계종 교육원 불학연구소 편찬

불광출판사

2,600년 전 인도에서 시작된 부처님의 가르침은 중국과 한국뿐만 아니라, 오랜 세월을 거쳐 동서양의 여러 지역에 사는 다양한 민족에게 전파되었습니다. 스리랑카·미얀마·캄보디아·태국 등 동남아시아 지역에서 펼쳐진 불교, 티베트·몽고 등 중앙아시아 지역에서 펼쳐진 불교, 그리고 일본과 타이완, 유럽과 미주 지역에서도 부처님의 가르침은 다양한 모습으로 꽃피워 왔습니다.

불교사란 이렇게 부처님의 가르침이 오랜 세월 동안 어떻게 전해졌는지를 알 수 있는 불교의 역사를 말합니다. 부처님의 가르침이 지역마다 민족마다 어떻게 펼쳐지고 어떻게 꽃피웠는가를 역사적으로 정리한 내용이 바로 불교사입니다.

이러한 불교사는 그 동안 승가대학을 비롯한 각 교육기관에서 '한국불교사' 나 '중국불교사' 또는 '인도불교사' 등 각각 분리하여 교육하고 연구하여 왔습니다. 하지만 21세기의 급변하는 세계화 시대에 이 정도 범위의 불교사만으로는 부족한 면이 있습니다. 불교는 이미 인도, 중국, 한국을 넘어 세계의 큰 흐름을 주도하는 종교로 확산되었기 때문입니다.

이제는 보다 다양한 지역의 모습을 살펴보아야 할 때입니다. 즉, 오늘날 불교사 연구는 인도와 중국의 불교사만이 아니라,

'세계불교의 역사와 현황'을 살피고 파악해야 할 시점이 되었습니다. 똑같은 부처님의 가르침을 나라와 민족, 그리고 시대에 따라 어떻게 받아들이고 발전시켜서 오늘에 이르렀는가를 비교하는 것은 매우 흥미로운 일입니다. 또한, 현대사회에서 불교를 어떻게 받아들이고 펼쳐야 하는지를 배울 훌륭한 기회가 될 것입니다.

이러한 이유로 대한불교조계종 교육원 불학연구소에서는 각 지역의 불교를 전공한 학자들에게 의뢰하여 '세계불교사'를 한 권의 교재로 편찬하게 되었습니다. 여러 차례의 회의와 자료 수집을 통해 편집계획을 수립하고, 지역별 관련 전문가에게 자료 수집과 집필을 의뢰하여 마침내 세상에 그 모습을 보이게 되었습니다.

이 책에는 인도, 중국, 일본은 물론이고, 스리랑카, 미얀마, 캄보디아, 베트남, 태국 등의 동남아시아 불교와 티베트, 몽골, 타이완 그리고 미국의 불교사와 현황이 총망라되어 있습니다. 다만 유럽 지역의 자세한 불교사가 포함되지 못한 아쉬움이 있습니다. 이 부분은 추후 개정판에서 추가 보완할 것을 약속드립니다. 부디 이 책을 통해 많은 사람들이 세계불교의 역사와 현황을 살펴볼 수 있기를 바라고, 나아가 출가 스님들이 세계적인 불교교류와 전법교화에 필요한 소양을 두루 익히는 데 도움이 되기를 희망합니다.

마지막으로 이 책이 나오기까지 도움을 주신 많은 분께 두루 감사의 인사를 드립니다. 이러한 노력과 정성에 힘입어 부처님의 바른 가르침이 이 세상에 오래도록, 널리 전해지기를 기원합니다.

불기 2556년(2012년) 1월 30일

대한불교조계종 교육원 불학연구소

4 타이완불교사

양정연

일러두기

1. 이 책에 실린 고유명사, 즉 인명과 지명, 국명, 단체명 등은 현지 발음대로 표기하고자 하였다.
2. 빨리어와 산스끄리뜨어, 티베트어 및 동남아시아의 여러 언어는 해당 집필자의 기준에 따라 외래어표기를 하였다.
3. 중국 불교사와 타이완 불교사는 1911년을 기점으로 하여 1911년 이후에 해당하는 고유명사는 국립국어원의 외래어표기법에 따라 표기하였다.
4. 불교사에서 중요한 역할을 한 사람은 주활동 지역에 따라 인명人名을 표기하였다.
   예를 들어 『중론』을 저술한 Nāgārjuna는 인도에서 주로 활동하였기 때문에 그 지역의 발음에 따라 '나가르주나'로 표기하고, 우리에게 익숙한 이름인 '용수龍樹'라고는 표기하지 않았다.
   또한 중앙아시아 쿠차Kucha 국 출신인 Kumārajīva는 중국에서 주로 활동하였기 때문에 '쿠마라지와'라고 표기하지 않고, '구마라집'으로 표기하였다.

1

인도불교사

기원전 6세기의 인도는 구질서가 새로운 질서로 재편되는 과정이 역동적으로 그려지던 시기였다. 이 시기의 인도 문화는 크게 두 가지 관점에서 격변의 시대를 보냈다고 볼 수 있다. 첫째는 종교와 철학의 변화와 발전이며, 둘째는 사회질서 및 고대국가 체제의 정비이다. 이를 다시 세부적으로 구분하면, 첫째는 베다 시대가 막을 내리고 브라만교가 성립했으며, 우빠니샤드 철학이 꽃을 피우기 시작한 시대이다. 둘째는 불교와 자이나교를 비롯한 사문samaṇa 사상이 흥기하며 베다·브라만적 세계관을 압도하기 시작한 시기이기도 했다. 셋째는 유목 생활에서 농경을 기반으로 한 도시 문명이 건설되면서 기존의 사회질서에 변화를 초래한 시기였다.

브라만교의 성립과 우빠니샤드 철학의 전개는 인도철학사에서 매우 중요한 사건이다. 아리아인들이 갠지스 강 유역에 정착했을 때 베다교는 새로운 변모를 꾀하여 브라만교로 변화한다. 이 시기 브라만교 사제들이 역점을 둔 것은 계급 질서(카스트제도)의 확립과 토착 종교의 브라만교화, 그리고 자신들의 종교적 영역 확대였다.

계급 질서의 확립은 사회의 여러 계급에 적용된 신분을 규정함으로써, 사회의 체계를 마련하는 것이었다. 또한 갠지스 강 유역의 여러 토착 종교를 베다 전통과 통합하는 작업을 거쳐 원주민이 숭배하던 비슈누와 쉬바를 베다의 주요 신으로 받아들였다. 이를 통해 브라흐만Brahman 梵과 함께 우주의 창조, 유지, 파괴의 신 관념이 완성되었다. 무엇보다도 중요한 것은 바로 종교적 영역의 확대였다. 이는 곧 종교적 신앙의 요점을 확립하는 것이었다. 재생과 정령gandharva을 숭배하는 토착 종교는 생을 결정짓는 행위〔業〕의 유효성에 대한 믿음이 있었다. 이들은 삶을 고苦라고 보고, 어떤 조건에도 좌우되지 않는 상태인 해탈을 목표로 삼았다. 현자들은 요가, 정진, 고행, 무욕의 활동, 지혜의 획득, 신과의 결합을 통해 해탈을 성취하고자 했는데, 이는 베다 전통에서는 낯선 것이었다. 브라만교의 사제들은 이러한 전통을 베다 속으로 받아들여 자신들의 종교적 영역을 확장시켰다.

한편 이 시기의 사회는 유목 생활에서 농경을 기반으로 한 도시 문명이 건설되는 시기이기도 했다. 갠지스 강 상류 유역 평원에 철제 농기구가 도입되면서 농업 중심의 정착 생활이 보편화되기 시작했다. 철기 문화의 발달은 밀림을 농경지로 개간할 수 있게 했고, 농업의 발달은 상공업의 발달을 촉진시켜 화려한 도시 문화를 가능케 했다. 소를 이용한 농업의 발달은 결과적으로 소 희생제를 하는 브라만교에 대한 반발로 이어졌다. 사회 계급적 측면에서 상공업의 발달은 사회구조에 근본적인 변화를 불러왔는데, 바로 바이샤 계급의 지위 향상이었다.

기원전 6세기 무렵, 북인도는 인도의 군소 국가들이 끊임없는 전쟁을 하며 거대한 통일 왕조를 이루어 가는 과도기이기도 했다. 고대국가가 정비되는 과정에서 자연스럽게 왕권이 강화되었고, 카스트로 구분된 사회구조에 변화가 생기기 시작했다. 즉 이전에는 단순히 전쟁에서 용감히 싸우는 임무만을 강조하던 끄샤

뜨리야kṣatriya 계급이 점차로 통치자인 왕족 계급으로 성장하면
서 이전의 상위 계급이던 브라만 사제들과 갈등을 일으켰다. 바
야흐로 끄샤뜨리야 계급이 브라만을 압도하는 시대가 되었다.

왕권의 신장과 상공업의 발달은 자연스럽게 브라만 중심의 사
회질서에 대한 반발로 이어졌다. 정치, 사회적 혼란은 역설적이
게도 정신문화의 다양성을 자양분으로 삼아, 이전에 볼 수 없었
던 새롭고 풍요로운 사상이 시대를 풍미하게 되었다.

후기 베다 시대 말기가 되면, 기존의 베다적 질서에 반대하는
사문 전통이 대두하기 시작한다. 이는 사제들의 타락을 비판하
고 베다의 사상을 반대하면서 등장한다. 사문 전통이 대두되는
배경에는 인간의 주체성에 대한 자각이 놓여 있다. 이러한 자각
은 각 개인이 신과 같은 외적인 절대자의 도움에 의해서가 아니
라 스스로의 노력으로 완전한 자유를 얻을 권리가 있다고 주장
하는 반브라흐마니즘anti-brahmanism의 사상으로 발전하였다.

베다·브라만적 질서에 반기를 든 사문 전통의 강력한 지지 세
력은 이 시기 새로운 경제적 강자로 떠오른 바이샤 계급이었다.
바이샤 계급의 장자長者들은 경제적 부를 통한 사회적 역할의 변
화에도 불구하고 브라만교적 사회 체계 속에서는 자신들의 권리
가 제한된다는 사실에 불만을 갖고 있었다. 이러한 불만은 자연
스럽게 반브라흐마니즘의 기치를 든 사문들을 지지하게 된 동인
이 되었다. 동시에 이들은 독립적으로 브라만 계급에 대항하기
에는 여전히 많은 장벽이 가로막고 있었기에 통치 계급인 끄샤
뜨리야 계급과 손을 잡는다.

끄샤뜨리야와 바이샤 계급이 브라만의 지배로부터 벗어날 수
있는 유일한 길은 종교 혹은 사상의 대체였다. 이 같은 사회적 요
구에 부응한 것이 불교와 자이나교로 대표되는, 비非베다 혹은

반브라흐마니즘의 사상인 사문 종교였다. 사문 사상은 *끄샤뜨리야*와 바이샤의 적극적인 비호 아래 급속도로 성장할 수 있었다.

이러한 시대적 상황을 간략하게 정리하면, 외적으로는 기존의 모든 사회제도와 내적으로는 카스트라는 신분제도에 대한 총체적인 반발이 일어난 시기라고 할 수 있다. 사람들은 자신을 사회 혹은 국가라는 전체에 속한 부분으로서가 아니라 순수하고 독립적인 개별적·주체적 존재 혹은 정신적 존재로 자각하기 시작했다.

1. 부처님 당시의 여섯 사상가들

● 불교가 흥기한 시기를 전후해서 인도 사회에는 자유사상가들이 사회를 풍미하고 있었다. 이들을 불교 경전에서는 육사외도六師外道라고 총칭한다. 이 외에도 경전에서는 당시 62가지 사상이 난무했음을 증언하고 있다. 이를 62견이라고 한다. 간략하게 정리한 여섯 사상가들의 주장을 살펴보자.

아지따 께사깜발라Ajita Kesakambala

— 보시에는 아무런 효력도 없다. 제사를 드리거나 희생물을 바쳐도 아무런 효력이 없다. 선·악의 행위에 대한 과보도 없다.

— 인간은 흙·물·불·바람의 요소라는 사대四大(네 가지 물질)로 이루어져 있기 때문에, 시신이 불에 타 버리면 백골만 남고, 공물供物도 재가 되어 버린다. 사후의 존재를 설하는 것은 어떠한 근거도 없다고 주장한다.

— 현세만을 긍정하는 현실주의적 경향이 강하여, '로까야따lokāyata'라고 하며, 불교 경전에서는 '순세외도順世外道'라고 한다.

뿌라나 까싸빠Pūraṇa Kassapa

— 남의 집에 침입하거나, 약탈하거나, 남의 아내와 정을 통하거나, 거짓말을 했어도, 조금도 악행을 저지른 것이 아니다.

— 사람이 사람을 죽이거나 괴롭혀도, 그것으로 나쁜 결과가 초래된다고 정해져 있지는 않다. 사람이 보시나 제사를 행했다고 해서 공덕이 있다고 정해져 있지는 않다.

— 이러한 주장은 브라만교라는 종교의 제사를 부정하는 것만이 아니라, 선악과보의 인과론을 부정하는 것이다.

막칼리 고살라Makkhali Gosāla

— 인간이 번뇌에 물들어 있거나 청정하거나 간에, 거기에는 아무런 인因도 연緣도 없다.

— 어리석은 사람이든 현명한 사람이든, 모두가 윤회를 통해 언젠가는 고통에서 벗어나는바, 던져진 실타래가 실이 끝날 때까지 풀리는 것과 같다.

— 인간의 노력이나 정진을 부정하며 모든 것을 자연의 이치라고 보는 자연론, 운명결정론으로 '아지비까Ājīvika'라고 부르며, 불교에서는 '사명외도邪命外道'라고 한다.

니간타 나따뿟따Nigaṇṭha Nātaputta

— 네 가지의 계율을 제정한다. 즉, 불살생不殺生·불투도不偸盜·불망어不妄語·무소유無所有라는 계율을 정한다.

— 모든 생물에게는 생명·영혼이 있다고 인정하고, 철저한 불해사상不害思想(아힘사)을 주장한다. 수행은 고행주의의 입장을 취한다.

빠꾸다 깟짜야나Pakuddha Kaccāyana

— 인간은 일곱 가지 요소(地·水·火·風·樂·苦·靈魂)로 되어 있다고 주장한다. 사람을 칼로 찔러도 이는 단지 요소들 사이를 통과한 것일 뿐, 살인은 아니다.

산자야 벨랏티뿟따Sañjaya Belaṭṭhiputta

— 선·악의 행위에 과보가 있을지 없을지에 대해서 결정적인 판단을 내릴 수 없다고 하는 판단 중지를 주장한다.

이 가운데 자이나교의 교주인 니간타 나따뿟따와 회의론자인 산자야 벨랏티뿟따는 불교와 관련이 많은 사람들이다. 특히 산자야 벨랏티뿟따의 두 수제자는 부처님께 귀의한 사리뿟따Sāriputta 舍利弗와 목갈라나Moggallāna 目犍蓮였다.

2. 유행기 운동의 확산

● 인도의 종교 전통, 즉 브라만교에서는 인생을 네 단계로 구분한다고 알려져 있다. 이를 아슈라마āśrama라고 하는데 범행기梵行期 Brahamacārī, 가주기家住期 Gṛhastha, 임서기林棲期 Vāna-prastha, 유행기遊行期 Sannyāsa로 구분한다. 성립된 당시인 후기 베다 시대에는 유행기가 생략된 세 단계로만 되어 있었다.

유행기가 갖는 의미는 바로 이러한 브라만교적 삶의 질서를 부정하고 극복하고자 하는 정서가 반영되었다는 점이다. 즉 유행기는 후기 베다 시대 말기에 카스트로 첨예하게 구분된 사회 구조에 대한 반발로서 물질을 추구하는 재가 중심의 삶에 대한 포기 운동의 성격을 갖는다. 앞의 세 가지는 각 카스트에서 규정하는 의례가 있지만 유행기의 경우는 카스트에 구애받지 않는다. 결국 범행기, 가주기, 산림기라고 하는 카스트를 기초로 하는 재가 생활의 문화에 반카스트의 이질적인 문화가 포함되어 아슈라마가 확립되었다.

사문 전통은 아슈라마에서 가주기와 임서기를 거치지 않고 바로 유행기로 나아가는 특징을 보인다. 부처님 역시 가정생활을 영위하지 않고 바로 출가 유행의 길을 걷는데, 이는 당시 사문들의 자유로운 정신을 반영하기도 한다.

3. 부처님과 브라만교와의 관계

●　　브라만교는 갠지스 강을 기점으로 서부 지역에서, 부처님은 동부 지역에서 활동했기에, 브라만과의 실질적 영향 관계는 없었다고 보인다. 발레 뿌생L. de La Vallee-Poussin은 이 사실에 대해 다음과 같이 말한다. "불교 생기生起의 토대가 된 브라만교는, 브라흐마나와 우빠니샤드의 브라만교가 아니라, 오히려 인도 고대 요가를 상기시킨다." 이 말의 의미는 부처님이 브라만교에 대해 전혀 알지 못했다는 것이 아니라, 흔히 말하듯이 우빠니샤드 철학의 영향을 받아 불교철학이 성립했다고 하는 일반설을 부정하는 것이다. 현대 학자들의 연구에 따르면, 고대의 우빠니샤드조차 불교 흥기 이후에 성립한 문헌일 가능성이 높으며, 그밖의 많은 우빠니샤드가 오히려 불교의 영향을 받아 저술되었다는 학설이 피력되고 있는 점은 주목할 만하다.

1. 부처님의 연대 문제

● 　인도 고대사를 기록 없는 역사라고 한다. 즉 어떠한 사건이 몇 년도에 일어났는지에 대한 기록이 없다는 말이다. 그러나 다행히 인도 고대사의 연도를 추정할 근거가 있으니, 바로 아소카 왕의 즉위 연도이다. 아소카 왕의 즉위 연도는 주로 그리스 역사와의 관계에서 정해지는데 그에 따르면 기원전 268년이 된다. 인도불교사는 주로 이 연도를 기점으로 기술된다. 따라서 아소카 왕과 불멸佛滅을 몇 년으로 보느냐에 따라 인도불교사의 사건 발생 시기도 크게 달라진다.

아소카 왕의 대관식을 통해 불교 연대를 산정하는 방법은 크게 두 가지 전승이 있다. 하나는 북방불교 전승이며, 다른 하나는 남방불교 전승이다. 북방불교 전통에서는 불멸 후 100년, 남방불교 전통에서는 불멸 후 218년으로 계산한다. 두 전승 가운데 어느 전승이 타당한지에 대해서는 아직까지 확정적이지 못하다.

남방의 전통에 따른 불멸 후 218년은 기원전 486년이 되고, 북방의 전통인 불멸 후 100년은 368년이다. 이외에도 다양한 문헌에서 아소카 대관식을 불멸 후 116년, 160년, 234년으로 기록하기도 한다.

하지만 오늘날 스리랑카, 태국, 미얀마 등 남방불교에서는 부처님 열반을 기원전 543년으로 본다. 한국의 경우도 이 설을 따르지만 1년의 차이가 있다.

●

탄생

석가모니 부처님은 기원전 6세기, 북인도의 한 작은 왕국의 왕자로 태어났다. 공화정제의 까삘라왓투가 왕국의 이름이며, 아버지 숫도다나 왕과 어머니 마야 왕비 사이에 외아들로 태어났다. 기록에 따르면, 부처님은 룸비니 동산에서 어머니의 옆구리를 통해 태어났다고 한다. 그 후 마야 왕비는 일주일 만에 세상을 떠난다.

아버지 숫도다나 왕은 아이의 이름을 싯닷타Siddhatta라고 지었다. '모든 것을 성취한 자' 라는 의미이다. 그러고는 예언자 아시따를 불러 아이의 미래를 점치게 했다. 아시따는 아이가 출가하면 부처님이 될 것이요, 세속의 왕위를 잇는다면 전륜성왕이 되리라고 예언했다.

부왕은 왕자를 위해 계절에 따라 지낼 수 있는 세 개의 전각을 지어 주는 등 왕자가 전륜성왕이 되길 바라며 온갖 즐거움 속에 살 수 있도록 신경을 썼다. 또한 혹여나 왕자가 출가할 생각을 품을까 노심초사했다. 그래서 왕궁에는 병들고 늙어 추한 사람은 들어오지 못하게 하였다. 왕궁에는 언제나 젊고 활기차며, 아름다운 이들이 왕자를 둘러싸고 있었다. 온갖 맛난 음식과 아름다운 여인들, 화려한 음악과 꽃들이 왕자에게 세상의 달콤함을 속삭여 주었다.

사문유관

하지만 왕자는 기어코 감추어진 세상을 보게 된다. 늙음과 병듦,

죽음의 적나라한 세상과 마주한 사건을 경전에서는 사문유관四
門遊觀이란 일화로 전하고 있다. 경전에 따르면, 왕자는 17세가
되던 해(문헌에 따라 결혼 후로 기술되기도 한다), 처음으로 홀로 왕궁을
벗어나 세상과 마주한다.

먼저 동쪽 문으로 나서다 늙어 괴로워하는 노인을 보았다. 다
음날엔 남쪽 문에서 병에 신음하며 괴로워하는 병자를 보았다.
서쪽 문을 나서서는 죽은 이를 장례 지내는 행렬을 목격한다. 이
러한 노병사老病死를 마주한 왕자는 커다란 충격과 함께 삶에 대
한 근원적인 회의를 품게 된다. '왜 인간은 늙고, 병들고, 죽어야
하지?' 왕자는 도무지 알 수 없었다. 그러던 중, 북쪽 문을 나서
자 깡마르고 초췌한 모습이었지만 맑고 강인한 눈빛과 평온한
얼굴을 하고 있는 수행자를 만난다. 왕자는 수행자에게 다가가
묻는다. "당신은 누구십니까?" "저는 해탈을 추구하는 수행자입
니다. 이 세상의 모든 고통과 죽음을 해결하는 것이 저의 목표이
지요." 드디어 왕자는 자신이 걸어가야 할 길을 알게 되었다. '그
래, 바로 내가 가야 할 길은 수행자의 길이구나.'

이처럼 사문유관은 싯닷타 왕자로 하여금 출가 사문의 길을
걷게 한 직접적 계기를 문학적으로 아름답게 기술한 일화이다.

출가

출가를 빨리어로는 빠밧자pabbajjā라고 한다. 흔히 출가라 하면,
속가의 집을 떠나 절로 들어가는 것이라고 이해한다. 물론 틀린
말은 아니다. 하지만 정확한 표현은 '집으로부터 집 없는 상태로
나아가는 것'이 출가의 의미이다. 즉 소유의 상태에서 소유하지
않은 상태로 나아가는 길이다.

싯닷타 태자는 29세(문헌에 따라 출가 나이는 조금씩 차이가 있다)에 출

한 권으로 보는 세계불교사

가를 결행했다. 태자가 19세에 결혼했으니, 대략 10년의 결혼 생활 이후의 일인 셈이다. 10년 결혼 생활 끝에 아들 라훌라를 얻었으니, 추측컨대 태자는 결혼 생활에 별 흥미가 없었던 듯하다. 어려서부터 이미 놀라운 집중력을 보이며, 홀로 사유하기를 즐겼던 태자였기에 새삼스러운 추측도 아닐 것이다.

성을 나선 싯닷타는 남쪽으로 방향을 잡아 아노마Anomā 강을 건너 아누삐야Anupiya란 곳에서 잠시 머문 뒤, 마가다국의 수도 라자가하Rājagahā(왕사성)에 입성한다. 그곳에서 최고의 후원자이자 재가 제자가 되는 빔비사라Bimbisāra 왕과 운명적인 만남을 가진다. 빔비사라 왕의 정치적 권유를 사양하고, 싯닷타는 출가 사문의 길을 걸을 것임을 천명한다. 빔비사라 왕은 훗날 깨달음을 얻으면 자신에게 먼저 와 줄 것을 청하며 헤어짐을 아쉬워한다.

고행

빔비사라 왕과 헤어진 후, 수행자 싯닷타는 당시 유명한 두 명의 수행자를 찾아 제자가 된다. 불전에서는 그 두 스승을 '알라라 깔라마Āḷāra Kālāma와 웃다까 라마뿟따Uddaka Rāmaputta' 라고 전한다. 이들에게 각각 무소유처정無所有處定과 비상비비상처정非想非非想處定을 배우지만, 곧 해탈의 길이 아님을 알고 떠난다. 이들을 떠나 싯닷타가 다다른 곳이 네란자라 강가에 있는 고행림이었다. 고행림에는 다섯 수행자가 고행을 하고 있었다. 그곳에서 고따마 싯닷타는 극단적인 단식과 호흡하지 않는 고행을 닦았다. 그 외에도 당시 고행자들 사이에서 유행하던 거의 모든 종류의 고행을 닦았다고 전한다. 하지만 6년에 가까운 고행에도 불구하고 깨달음을 얻지 못했다. 이에 싯닷타는 강물에 몸을 씻고 수자따라고 하는 마을 처녀의 공양을 받으며 몸을 추슬렀다. 이를 본 다섯 고행자들은 싯닷타가 타락했다고 비난하며 떠나 버렸다.

정각 성취

수행자 싯닷타는 자신의 수행을 처음부터 다시 점검했다. 그러고는 어렸을 때 부왕을 따라 농번기 행사에 따라 가서 경험했던 선정 체험을 떠올렸다. 이는 욕망의 대상을 여읜 것을 특징으로 하는 선정으로, 지금까지 수행했던 선정과는 차원이 달랐다. 싯닷타는 이를 바탕으로 선정 수행을 새로운 측면에서 접근하여 번뇌의 멸진을 통해 해탈을 성취했다. 이것이 바로 사선정四禪定 수행이다.

부처님의 정각 내용에 대해서는 여러 설이 있다. 경전에 따라서는 '연기법'을 깨달아 부처님이 되었다는 설과 '사성제'를 통해 부처님이 되었다는 설도 있다. 하지만 무엇보다 중요한 것은 '번뇌의 멸진'이다. 번뇌는 재생의 원인이자, 해탈의 방해 요소이다. 이를 제거하여 선정 상태에 있거나 깨어 있거나 상관없이 늘 걸림 없는 해탈의 경지에 머물 수 있었다. 결국 수행자 싯닷타는 번뇌가 완전히 소멸하여 더 이상 재생하지 않음에 대한 확고한 지혜를 얻어 위대한 부처님이 되었다.

초전법륜과 전도

부처님은 보리수 아래에서 깨닫고 난 뒤, 당시의 녹야원鹿野園 Migadāya으로 향했다. 그곳에서 고행림에서 만났던 다섯 수행자에게 법을 설하니, 이를 최초의 설법〔初轉法輪〕이라 한다. 그 설법으로 안냐꼰단냐Añña Koṇḍañña 阿若憍陳如를 비롯한 5명의 수행자가 깨달음을 얻어 아라한이 되었고, 부처님을 스승으로 하

녹야원 ⓒ 구광국

는 5명의 비구 승가가 성립되었다. 그 후, 야사Yasa를 필두로 하
는 54명의 젊은 브라만 청년들이 부처님의 설법을 듣고 출가하
여 머지않아 아라한이 되었다. 이로써 세상에는 부처님을 포함
하여 61명의 아라한이 존재하게 되었다. 부처님은 제자들에게
그 유명한 '전도선언' 을 펼친다. "천신과 모든 지성을 갖춘 존재
들의 이익과 행복을 위해서 법을 설하라. 둘이서 한 길을 가지 마
라. 의미와 표현을 잘 갖추고 처음도 좋고, 중간도 좋고, 마지막
도 좋은 법을 설하라. 나도 우루웰라로 가리라." 이러한 부처님
의 전도선언은 불교가 추구하는 목적을 분명히 드러내고 있다.

　또 당시 우루웰라에서는 불을 섬기는 이교도들이 커다란 세력
을 자랑하고 있었다. 대표적으로 까싸빠 삼형제가 있었는데, 우
루웰라 까싸빠Urvela Kassapa, 나디 까싸빠Nadi Kassapa, 가야 까
싸빠Gayā Kassapa였다. 그들은 각각 500명, 300명, 200명의 무리
를 이끌고 부처님께 귀의했다. 다음에 이교도 산자야Sañjaya(육사

외도의 한 사람)의 제자였던 사리뿟따와 목갈라나가 250명의 무리를 이끌고 개종해서 불교 교단은 비약적으로 교세가 확장된다.

열반

부처님은 정각 이후 45년간 쉼 없이 북인도 일대를 다니며 교화행을 펼쳤다. 그 사이 교단은 북인도 최대의 종교로 성장했으며, 위로는 수많은 왕들과 대부호로부터 아래로는 불가촉천민에 이르기까지 부처님의 가르침에 귀의하여 진리의 기쁨을 누릴 수 있었다. 부처님은 서쪽으로는 수라세나국의 마투라Mathura에서 동쪽으로는 앙가Aṅga국까지 다녀갔다. 이 거리는 대략 2천 킬로미터에 해당한다.

　교단의 성장과 함께 여러 가지 일들이 있었으나, 대표적으로는 까삘라국의 멸망, 비구니 승단의 성립, 데와닷따Devadatta의 반역, 앙굴리말라의 교화, 사리뿟따와 목갈라나 존자의 열반 등을 겪었다. 그리고 부처님의 나이 80세가 되었을 때, 열반의 여행을 떠나게 된다. 이를 기록한 것이 디가니까야Dighānikāya에 있는 『대반열반경Mahāparinibbanā sutta』이다. 이 경전은 부처님이 열반에 들기 전 3개월에 걸친 여정을 그리고 있다.

　부처님은 웨살리Vesāli에 있는 짜빨라Cāpāla 탑묘에서 열반을 선언하신다. "지금부터 3개월 뒤에 열반에 들 것이다." 이후 부처님은 빠와Pāva라고 하는 말라족들의 도시로 이동한다. 그곳에서 대장장이 아들 쭌다Chunda의 공양을 받으시고 중병에 걸린다. 극심한 고통을 대정진력으로 감내하면서 꾸시나라Kusināra로 향한다. 꾸시나라에서 수밧다Subhadda를 마지막 제자로 받아들였다. 그리고 제자들을 불러 마지막 유훈을 남긴다. "형성된 것은 모두 소멸하기 마련이다. 방일하지 말고 정진하여라."

　부처님은 반열반에 들고, 장례는 전륜성왕의 예와 마찬가지로 장엄된다. 상수 제자 마하까싸빠가 돌아온 후 다비되었다. 그 후 부처님의 사리는 8개국(마가다국, 웨살리국, 까삘라왓투, 알라깝빠, 라마가마, 웨타디빠, 빠와, 꾸시나라)과 사리가 담겨져 있던 함(도나바라문)과 숯(삡팔리국)으로 나뉘어 10기의 사리탑이 세워지게 되었다.

기원전 6세기 무렵은 농업과 상공업의 발달로 도시국가의 발달이 촉진되었으며, 국가 간의 전쟁도 빈번하게 일어난 시기였다. 이 시기에 *끄샤뜨리야* 계급과 바이샤 계급은 사회의 중심 역할을 담당하게 되면서, 브라만 계급의 사회질서에 불만을 품는다. 동시에 브라만교를 비판하는 자유사상가들이 활발하게 활동하면서, *끄샤뜨리야*와 바이샤 계급은 이들을 적극적으로 후원해 새로운 사회질서를 구축하는 시기이기도 했다.

당시 북인도는 16개국이 각축을 벌이던 시기였다. 부처님 시기에 존재했던 이들 도시국가들은 앙가Aṅga, 마가다Magadha, 까시Kasi, 꼬살라Kosala, 말라Malla, 쩨띠Ceti, 왓지Vajji, 왐사Vaṃsa, 꾸루Kuru, 빤짤라Pañcāla, 맛차Maccha, 수라세나Sūrasena, 앗싸까Assaka, 아완띠Avanti, 간다라Gandhāra, 깜모자Kammoja였다. 이 가운데 부처님 당시에는 마가다와 꼬살라, 왐사와 아완띠가 강대국으로 군림하고 있었다. 이들 4대국은 초기 불교와 밀접한 관련을 갖는데, 그중에서도 마가다와 꼬살라가 주요한 무대였다. 특히 두 나라의 수도인 라자가하(왕사성)와 사왓띠(사위성)는 초기 경전뿐만 아니라 후대 대승 경전에서도 자주 등장할 만큼 많은 설법이 행해진 장소이다. 마가다국의 빔비사라 왕은 출가

전 부처님과 만난 적이 있으며, 정각을 성취한 뒤에도 어느 누구보다 먼저 부처님을 만난 왕이었다. 빔비사라는 죽림정사를 기증하는 등 부처님과 제자들이 수행과 교화에 불편함이 없도록 후원하였다. 꼬살라국에서는 아나타삔디까Anāthapiṇḍka (급고독) 장자가 제따 왕자로부터 땅을 사서 기원정사Jetavana를 지어 부처님께 기증했다. 죽림정사와 기원정사는 불전에 매우 빈번히 등장하는 설법 장소이다.

한편 빔비사라 왕은 마가다국의 기틀을 다진 왕이다. 앙가국을 정복하여 동방 지역의 지배권을 강화함과 동시에, 꼬살라국·리챠비족과 혼인 정책을 통해 왕국을 안정시키는 데 노력했다. 그는 탁월한 외교정책을 추진하는 한편으로, 행정·징세·군사의 각 방면에 걸쳐 내정 개혁에도 착수하여 나라의 기초를 다졌다. 하지만 만년에 야심가였던 아들 아자따삿뚜에 의해서 유폐되어 살해당했다고 전한다.

아자따삿뚜Ajātasattu (B.C. 494~B.C. 462년경)는 부왕을 살해하고 왕위에 오른 뒤에 우선 정복의 칼자루를 북방의 강적인 리챠비족과 꼬살라국으로 돌렸다. 꼬살라국과는 쁘라세나짓 왕과 일진일퇴 거듭하는 전쟁을 벌였지만 큰 소득은 없었다. 하지만 쁘라세나짓의 아들 윗두다하의 시대에 결국 꿈에 그리던 꼬살라국을 병합하기에 이른다. 또 리챠비족에 대항하기 위해 빠딸리촌(나중의 빠딸리뿟따)에 요새를 구축하고, 나아가 전장에서는 커다란 투석기와 창을 단 전차 같은 신병기를 사용했다고 전한다. 하지만 리챠비족은 내부 교란이 벌어져 결국 마가다국에 항복하고 만다. 이로써 마가다는 북인도 일대를 통일하게 된다.

빔비사라와 아자따삿뚜는 둘 다 부처님의 강력한 지지자였으며, 불교 발전에 크게 기여한 인물이었다. 그만큼 인도불교의 초기 교단사에서 마가다가 갖는 의미는 남다르다. 우선 부처님이 출가하여 수행한 곳도 마가다 지역이며, 깨달음을 얻어 법을 설하기 시작한 곳도 마가다 지역이다. 즉 불교 교단의 출발점이라고 할 만하다. 게다가 제1차 결집과 제2차 결집 등 불교사의 커다란 획을 그은 대사건이 마가다 시대에 일어난다. 결국 마가다 시대 200년 동안 불교는 결집을 통해 성전의 기초를 닦고, 승단을 조직화함으로써 불교 발달의 토대를 구축했다고 평가할 수 있다.

마가다국의 통치자들을 언급하는 문헌들 사이에는 다소의 불일치를 보이지만, 대체로 빔비사라 왕을 시작으로 하는 하리왕까 왕조, 수수나가 왕조, 난다 왕조까지 약 200여 년간 지속했다고 본다.

1. 제1차 결집

● 　결집은 불교의 경전을 승단의 구성원들이 서로 확인, 추인하여 후세에 전하는 수단이었다. 최초의 결집에서 오늘날 전해지는 삼장이 결집된 것은 아니지만, 부처님의 가르침과 승단의 계율이 공식적으로 확정되어 전승의 기틀이 마련된 것은 일반적으로 널리 인정되고 있다.

불교사에서 결집은 여러 차례 이루어지는데, 그중에서 불멸 후 바로 개최된 최초의 결집을 제1차 결집이라고 부른다. 결집이 이루어진 장소의 이름을 붙여 라자가하 결집이라고도 한다. 라자가하의 칠엽굴Sattapaṇṇaguhā에서, 아자따삿뚜 왕의 후원으로 이루어졌다.

이 결집은 까싸빠 존자를 상수로 하여 500명의 아라한이 모여 행한 것으로 알려져 있다. 전하는 바에 따르면, 제1차 결집에서는 부처님의 가르침과 계율의 내용이 결집되었다고 한다. 부처님의 가르침, 즉 경Sutta은 아난다Ānanda 존자가 25년간 부처님을 시봉하면서 듣고 기억한 내용을 499명의 아라한들 앞에서 낭송하면, 아라한들이 내용을 확인하고 부처님의 가르침으로 공인하는 형식을 거쳐 이루어졌다고 한다. 마찬가지로 계율은 우빨리Upāli 존자가 각 조목들을 먼저 읊고, 다른 499명의 아라한들이 이를 확인하고 부처님께서 제정한 계율로 공인하는 절차를 통해 이루어졌다고 한다. 이때 아난다 존자는 '나는 이와 같이 들었습니다evaṃ me suttaṃ 如是我聞.'라는 말로 시작했다고 전해진다. 그래서 우리들이 보는 모든 경전(후대에 제작된 대승 경전을 포함하여)은 이 전통에 따라 '나는 이와 같이 들었습니다.'로 시작한다.

제1차 결집에 대한 기록은 다양한 형태로 전해진다. 특히 장소와 참가자 수는 문헌들마다 다르게 기록되어 있어 혼란케 한다. 문헌에 따라서는 부처님의 열반지인 꾸시나라에서 결집이 행해졌다고도 하고, 라자가하라고 해도 구체적인 장소는 죽림정사나 영축산Gijjhakūṭa 등을 언급하기도 한다. 꾸시나라를 제외하고는 모두 마가다국에 속한 장소들이다. 결집에 참가한 아라한의 수도 『대지도론』은 1000명을, 『불반니원경』은 3000명이라고 하여 문헌에 따라 각기 다르다.

이때 이미 까싸빠를 위시한 아라한들이 결집한 상좌부와 그 밖의 소외된 일반 승려들과 아라한이 모여 결집한 대중부가 행해졌음을 전하는 현장의 『대당서역기大唐西域記』 등의 기록도 있다.

개최 장소 및 참가자 수를 달리 기록한 문헌들의 내용을 그대로 역사적 사실로 인정하기에는 다소 무리가 있긴 하지만, 가장 일반적으로 받아들이는 설은 라자가하의 칠엽굴에서 500명의 아라한이 중심이 되어 결집이 이루어졌다는 전승이다.

● 　제2차 결집은 불멸 후 100년에 이루어진다. 이 결집은 현

2. 제2차 결집

재 네팔 지역에 해당하는 웨살리에 거주하는 왓지족 승려들이 독자적으로 정한 열 가지의 계율〔十事〕에서 비롯했다. 일반적으로 이 일을 계기로 근본분열이 일어났다고 알려져 있다. 『도사島史 Dīpavaṃsa』 및 『대사大史 Mahāvaṃsa』와 같은 빨리 연대기에 따르면 제2차 결집은 마가다국의 두 번째 왕조인 수수나가 왕조 두 번째 통치자인 까라소까Kālasoka 왕의 후원 아래 이루어졌다고 전한다.

왓지족 승려들이 정한 열 가지 계율의 시비를 판단하기 위해 각지에 머물고 있던 8명의 장로들을 중심으로 700명의 장로들이 결집을 하였기에 700결집이라고도 하고, 웨살리에서 이루어졌기에 웨살리 결집이라고도 한다. 대표는 레와따Revata 장로가 맡았으며, 십사에 대한 항목의 시비는 싸르와가민Sarvagāmin 장로가 대답했다고 한다.

이 내용을 전하는 주요 문헌은 상좌부계의 율장 『칠백건도』와 법장부의 『사분율』, 화지부의 『오분율』, 대중부의 『마하승기율』, 그리고 『빨리 연대기』를 들 수 있다. 문헌이 전하는 내용은 모두 다른데, 예를 들어 『칠백건도』에서는 십사를 둘러싼 쟁론이 있었음을 언급할 뿐, 분열에 대한 내용은 전하지 않는다. 『마하승기율』은 십사가 아닌, 금과 은을 공양물로 받는 것을 들고 있다. 이 전승의 특징은 제1차 결집에서 편집된 율의 재결집이라고 하는 점에 있다. 그리고 『빨리 연대기』에서는 십사를 계기로 엄격하게 율을 지키고자 한 장로들과 왓지 비구들 사이에 근본분열이 일어났다고 전한다.

제2차 결집으로 알려진 웨살리 결집은 제1차 결집과는 성격을 달리했다. 즉 웨살리 결집의 주요 내용은 부처님의 가르침인 경의 내용에 대한 해석 차이가 아닌, 율 조목의 차이로 인해 일어난 사건이다.

인도의 마우리야 왕조는 기원전 4세기경 마가다국의 정통성을 계승하여 성립한 왕조이다. 인도 최초의 통일 왕조이자, 영국 식민지 이전의 그 어떤 왕조보다도 넓은 영토를 확보한 시기이기도 하다. 하지만 마우리야 왕조 성립의 직접적이며 강력한 원인은 세계 경영의 야망을 지닌 젊은 정복자 알렉산더의 인도 침입에서 찾을 수 있다.

기원전 4세기 초, 알렉산더는 힌두쿠시 산맥을 넘어 인도로 진입한다. 알렉산더의 인도 정복은 비록 실패로 돌아갔지만, 인도에 남긴 영향은 지대했다. 우선 바로 직후에 마우리야 왕조라고 하는 일찍이 경험하지 못한 대제국의 성립과 헬레니즘의 영향을 받은 간다라 양식 미술 기법의 발달이다.

● 　알렉산더가 인도를 공략한 것은 기원전 327년에서 324년까지 약 3년이다. 그는 탁실라를 정복한 뒤 인더스 강 유역을 중심으로 한 여러 부족국가들을 병합해 갔다. 도중에 뽀로스Pŏros라는 왕의 강력한 저항에 부딪혔으나, 결국 그도 알렉산더에게 항복하고 만다. 거칠 것 없이 진군하던 알렉산더가 인도 공략을 단념한 것은 아이러니하게도 휘하 군대의 폭동을 우려한 까닭이

1. 알렉산더의 인도 침입이 남긴 영향

었다. 군대는 이미 거의 불가능에 가까운 오랜 정복 전쟁에 지쳐 있었으며, 낯선 인도 환경에서의 전쟁은 두려움을 주기에 충분했다. 이전에 경험하지 못했던 코끼리 군대와 밀림 속에서 불쑥불쑥 튀어나오는 인도군 역시 공포심을 자아내게 했다.

알렉산더는 베아스Beās에서 퇴각을 결정하고 군대를 돌렸다. 멀고도 먼 정복 전쟁을 일단락하고 고국 마케도니아로 돌아가고자 결정한 것이었다. 하지만 그는 페르시아의 바빌론에서 기원전 323년에 죽음을 맞이한다.

그의 죽음 후 제국은 분열되고 만다. 하지만 인도에는 알렉산더가 남겨 놓은 알렉산드리아들이 존재하고 있었다. 그들 중 일부는 독자적인 왕조를 세워 인도사에 이름을 남겼다. 대표적으로 박트리아와 아프가니스탄 지역, 그리고 서북 인도 지역의 알렉산드리아를 들 수 있다.

알렉산더의 인도 침입은 세 가지 측면에서 커다란 의미를 지닌다. 하나는 인도에 거대 통일 왕조가 들어서는 계기와 비전을 제시했다는 점이다. 둘째는 인도와 유럽 간의 교역 통로가 생겨난 점이다. 지역과 지역 간의 교통로가 생겨남으로써 세계적인 교역이 가능해졌다. 셋째는 그리스 문화와 인도 문화가 결합되는 문화적 토양이 생겨난 점이다.

2. 마우리야 제국의 탄생

● 　　마우리야는 짠드라굽타Candragupta(B.C. 324~B.C. 300)가 마가다국의 마지막 왕조인 난다 왕조를 무너뜨리고 세운 나라이다. 짠드라굽타에 대한 기록은 『빨리 연대기』를 포함해서 뿌라나Purāṇa 문헌 등에서 확인되지만, 전승이 모두 일치하는 것은 아니다. 짠드라굽타의 출생에 대해서는 몇 가지 설이 있는데, 첫째는 마우리야족의 끄샤뜨리야 계급에 속한다는 설, 둘째는 난다

왕가의 한 후손과 비천한 시골 처녀 사이에서 태어났다는 설이 대표적이다.

또한 그리스의 전승에 따르면, 그는 안드라꼬뚜스Andrakottus라는 이름으로 알려져 있으며, 알렉산더와 교분이 있었다고 한다. 그는 알렉산더의 힘을 빌려 난다 왕조를 멸망시키고자 했다. 하지만 알렉산더를 무례하게 모욕했다는 죄명으로 사형을 언도받고는 겨우 도망쳐 연명할 수 있었다고 한다. 짠드라굽타는 은신하던 중에 『실리론Arthaśāstra』의 저자로 유명한 까우띨리야Kauṭilīya를 만난다. 까우띨리야는 짜나꺄Cāṇakya라고도 불린 탁실라 출신의 브라만이었다. 짠드라굽타는 그의 도움으로 왕조를 세우고 영토를 확장할 수 있었다. 그는 먼저 왕조를 건설하면서 서북인도를 정복했고, 그 다음에 난다 왕조를 무너뜨리면서 북인도를 차지했다. 마지막으로 서북쪽의 셀레우코스 왕조와 전쟁을 통해 현재의 아프가니스탄 지방을 손에 넣고 결혼 동맹을 맺는다. 이로써 짠드라굽타는 통일 제국의 기틀을 다지는 데 성공한다.

자이나 문헌에 따르면, 짠드라굽타는 만년에 아들인 빈두사라Bindusara(B.C. 293~B.C. 273)에게 왕위를 물려주고, 자이나교의 승려로서 생을 마감했다고 한다.

● 짠드라굽타가 개창한 마우리야 왕조는 그의 아들 빈두사라로 왕위가 이어진다. 빈두사라는 시리아의 셀레우코스 왕조와 교류하면서 헬레니즘 문화와 지속적인 관계를 갖는 한편, 영토를 인도 중남부 지역까지 확대했다. 이로써 인도의 대륙에 거대 왕조가 세워졌다.

빈두사라에 이어 왕위에 오른 이가 바로 마우리야 왕조의 제3대 황제인 아소카이다. 마우리야 왕조의 극성기를 이룬 인물이

3. 아소카의 불교 귀의

자, 불교를 세계종교로 만든 인물이다. 불교에 귀의, 세계화에 공헌한 이유로 그는 전설상의 이상적 통치자인 전륜성왕으로 불리게 되었다.

아소카는 왕위에 오른 지 8년째 되던 해 인도의 남동부, 현재 오리사 해안의 칼링가 지방을 정복하는 데 성공한다. 하지만 이 전쟁의 참상은 이루 말할 수 없을 정도로 참담했다고 전한다. 전쟁의 참담함을 뼈저리게 느낀 아소카는 무력에 의한 정복 활동 중지를 선언하고 이를 계기로 불교에 귀의한다.

이로써 마우리야 왕조는 역대 최대의 영토를 자랑하는 제국이 되었다. 인도 내에서 일찍이 존재하지 않았던 거대 제국을 완성한 아소카는 불교뿐만 아니라 모든 종교를 평등하게 존중했다. 그의 통치 이념은 어디까지나 다르마dharma에 근거를 두었다.

즉위 8년 칼링가를 정복하고 이후 다르마를 배우고, 다르마를 사랑하며, 다르마로 사람들을 교화하는 데 헌신했다. 이것은 칼링가 정복에 대한 나의 회한이다. (중략) 다르마에 의한 승리Dharma-vijaya야말로 진정한 승리라고 생각한다. 이러한 승리는 변경 지역 여기저기에서 이루어졌다. (중략) 다르마에 의한 승리는 나에게 깊은 만족을 주었다.

아소카는 비록 무력으로 인도 통일이라는 대업을 이루었지만, 이후 통치는 다르마 곧 부처님의 가르침에 입각해서였다. 이것이 그를 전륜성왕에 비유하게 된 이유이다.

4. 아소카의 전도사 파견

● 아소카는 칼링가 전쟁 후 불교에 귀의, 우바새가 되어 불교 승단의 외호자가 된다. 그의 불교에 대한 열정은 크게 세 가지

로 구분되는데, 첫째는 불교 건축물의 건립, 둘째는 부처님과 관련된 성지 순례, 셋째는 가족들의 출가이다.

『아육왕전』에 따르면, 아소카는 우빠굽타와 함께 부처님과 관련된 성지를 순례하고, 모든 장소에 탑을 건립했다. 그 후에는 위대한 제자들인 사리뿟따, 목갈라나, 까싸빠, 박꿀라, 아난다 등의 사리탑을 순례·예배했다고 전한다.

스리랑카 전승에 따르면, 아소카는 즉위 17년 혹은 18년에 빠딸리뿟따에서 제3차 결집의 개최를 후원했다. 목갈리뿟따띳싸 Moggaliputta-Tissa 장로가 주재한 이 결집은 9개월 동안 지속되었으며, 이후 여러 나라에 전도사단을 파견했다. 이 전도사 파견으로 불교는 인도를 벗어나 세계종교로 발돋움하게 되었다.

전도사가 파견된 지역은 모두 9개 지역이다. 당시 전도사의 파견은 북쪽으로는 카슈미르와 간다라 지방(현재의 파키스탄과 아프가니스탄 일대), 남쪽으로는 스리랑카에 이른다. 아소카의 마애 법칙 Rock Edicts 기록에 따르면 전도사는 시리아의 안티오쿠스 2세, 이집트의 프톨레미 2세, 키레네의 마가스, 마케도니아의 안티고누스고나타스, 에피루스의 알렉산더에게도 파견되었다고 한다. 당시 마우리야 왕조와 직간접적으로 연관된 거의 모든 지역에 전도사를 파견한 셈이다. 이중에서 불교사에 중요한 의미를 지니는 곳은 불교의 비옥한 토양이 된 스리랑카와 간다라 지방이다. 특히 스리랑카는 목갈리뿟따띳싸의 제자이자 아소카의 아들인 마힌다Mahinda 장로와 친딸 상가밋따Saṅghamitta가 전도사로 파견되어 남방 상좌부 형성에 크게 이바지했다고 전한다.

● 아소카 왕은 불교에 귀의한 뒤, 승단의 발전에 지대한 역할을 한다. 특히 승단의 화합을 위해 크게 노력하는데, 그 내용을

5. 제3차 결집

아소카 왕의 분열 법칙Schism Edict에서 볼 수 있다. 그는 법칙에서 불교 승단이 화합했음을 선언하고, 이후 승단을 분열시키려는 자는 백의白衣를 입혀 추방하도록 명령했다. 이 내용만을 갖고는 부파 분열 같은 거대한 분열을 이야기하는지, 아니면 승단 내의 사소한 문제를 둘러싼 분열을 이야기하는지 단정할 수는 없지만, 적어도 국가가 승단의 화합에 관여하고자 했음은 알 수 있다.

아소카 왕의 적극적 후원 아래 불교는 그 어느 때보다 크게 발전한다. 경제적으로도 풍요로운 승단에는 출가 본래의 목적과는 상관없이 불교 교단에서 안일하게 지내고자 하는 일군의 무리들이 존재하게 되었다. 그들 중에는 이교도들이 위장하여 승단에 들어온 경우도 있었다. 제3차 결집은 이러한 일군의 승려들을 골라내어 교단에서 축출하고, 아울러 불교 교단 내에서 성행하고 있었던 이설heretical views들을 정리하여 정법을 바로 세우기 위함이라고 전한다.

제3차 결집을 전하는 문헌으로는 남전 문헌인 『도사』, 『대사』, 『선견율비바사』 등이다. 이 결집은 아소카 왕이 통치하던 기원전 246년경에 빠딸리뿟따에서 목갈리뿟따띳싸 장로의 주도 아래 장로 1000명이 모여 9개월에 걸쳐 이루어진다.

결집의 결과, 목갈리뿟따띳싸는 부처님의 정법正法을 지키기 위해, 당시에 유행하던 이설과 미래에 있을 이설을 상좌부의 입장에서 비판한 『논사Kathāvatthu』를 저술한다. 이 문헌은 이른바 빨리 7론 가운데 하나로 인정되는 문헌이다. 그러나 제3차 결집은 상좌부 문헌에서만 전하는 결집으로, '제3차 상좌부 결집'이라고도 한다.

6. 마하데와의 오사(五事)

● 제3차 결집의 원인으로 지목되는 것은 앞서 언급한 승단

내 위장 승려들을 축출하여 정법을 세우기 위함이었다. 그 가운
데 마하데와Mahādeva 大天라는 스님이 주창한 오사五事가 중요한
점으로 언급된다.

　마하데와의 오사를 기록한 대표적인 문헌은 상좌부의 『논사』
와 설일체유부의 『대비바사론』이 있다. 두 문헌은 모두 오사를
강력한 어조로 비판한다. 『논사』를 주석한 붓다고사에 따르면,
마하데와의 오사를 인정한 학파는 동산파와 서산파 같은 부파라
고 한다. 오사의 내용을 간략히 정리하면 다음과 같다.

—　　아라한 중에는 천마에게 유혹당하여 부정을 흘리는 자가
　　있다.

—　　아라한 중에는 자신이 해탈하였지만, 이를 모르는 자가
　　있다.

—　　아라한 중에는 자신이 해탈하였지만, 여전히 의문이나 의
　　혹이 있는 자가 있다.

—　　아라한 중에는 다른 사람에게 의존해서만 깨닫는 자가 있다.

—　　아라한 중에는 "도道 및 도지道支는 '고苦이다' 라는 말에
　　의해 도달할 수 있다."는 견해를 가진 자가 있다.

이상이 마하데와가 아라한에게도 일어날 수 있다고 주장한 다섯
가지의 세부 내용이다. 기존의 아라한관에 비추어 보면, 도저히
인정할 수 없는 내용이며 경전적 근거를 갖지 못하는 내용이다.

　우선 첫째에서 말하는 부정이란, 정액을 말하는 것으로 몽정
을 의미한다. 이는 모든 번뇌를 소멸한 아라한에게 일어날 수 없
는 일이다.

　두 번째의 내용인 해탈에 대한 무지는, 아라한은 해탈에 대한

까삘라왓투 ⓒ 구광국

자각〔解脫知見〕이 발생한다고 하는 내용과 상충된다. 초기 불교 이래 아라한은 모든 번뇌를 끊고 해탈을 하면, 바로 해탈에 대한 자각을 통해 자신이 모든 번뇌로부터 해탈되었음을 여실하게 깨닫는다.

세 번째의 해탈했음에도 여전히 의문이나 의혹이 남아 있다는 것은 『논사』의 설명을 통해 보면 다음과 같다. 아라한은 세 가지 번뇌〔有身見, 疑心, 戒禁取見〕를 이미 완전하게 끊었기에 의문이나 의혹이 남아 있지 않으며, 『상윳따니까야』에 나오는 "일체를 증득하여 알지 못하면 고통을 소멸하지 못한다."는 부처님의 말씀을 인용하면서 이 견해를 반박하고 있다. 다만 『논사』에서 상좌부가 인정하는 아라한의 무지가 있다고 하면, 풀이나 장작, 나무 같은 것들의 이름을 모르는 일뿐이다.

네 번째의 다른 사람에 의존해서 깨닫는다는 것은 다른 사람

한 권으로 보는 세계불교사

이 "당신은 깨달았다."라고 말하는 것을 통해 깨닫는다는 의미다. 이것은 아라한은 스스로 모든 번뇌를 소멸시켜 깨달으며, 바른 지혜를 통해 깨닫는다는 것을 부정하는 주장이다.

다섯 번째는 "아아! 고통스럽다."라는 말의 반복을 통해 성스러운 진리를 자각할 수 있다는 것으로, 수행을 통해 진리를 증득한다는 것과 상충되는 주장을 말한다.

여기에서 이목을 끄는 것은 마하데와가 주장한 내용들이 당시까지 승단을 이끌어 왔던 아라한에 대한 부정적 시각을 제공한다는 사실이다. 이것은 아마도 당시 불교계에는 아라한의 절대적 권위를 인정하지 않으려는 경향을 지닌 수행자 그룹이 존재했을 개연성을 보여 준다. 동시에 당시 아라한으로 추앙받던 일부 수행자들의 실상을 어쩌면 가상의 인물일 수도 있는 마하데와를 통해 폭로했을 수도 있다.

여하튼 이 문제는 당시 불교계에 커다란 논쟁을 불러일으켰음은 사실인 듯하다. 당시 가장 큰 세력을 지녔다고 하는 상좌부와 설일체유부의 문헌에서 이에 대한 상세한 논의가 이루어지고 있기 때문이다.

오사를 제기한 시기가 정확히 언제인지는 확정할 수 없지만, 대략 아소카 대왕 이전이거나 치세 시에 일어났을 것으로 여겨진다. 이때는 부파의 지말 분열이 본격화되던 시기로 기존의 승단에 반발하는 경향이 두드러졌던 시기이기도 했다. 따라서 아라한에 대한 부정적 시각은 기존 상좌부나 설일체유부와 같은 주류 교단에 대한 반발의 확산과 더불어 새로운 이상적 수행자상에 대한 승단 내외의 시대적 요구의 발로라고 이해할 수 있다.

1. 박트리아의 그리스 왕국

● 　박트리아Bactira(B.C. 246~B.C. 138)는 지금의 아프가니스탄, 우즈베키스탄, 타지키스탄에 해당하는 지역으로 남쪽으로는 옥서스Oxus 강과 서쪽으로는 인더스 강 사이에 자리하고 있다. 이곳은 조로아스터교의 발상지이자, 불교가 중앙아시아를 넘어 세계 각지로 퍼져 나가는 데 거점 역할을 한 지역이기도 했다.

　이 지역에 왕국이 성립하게 된 것은 알렉산더의 죽음 이후, 제국의 분열로부터 시작된다. 박트리아는 바로 알렉산더가 박트리아에 정착시켰던 그리스인이 세운 나라이다. 중국에는 대하大夏국이란 이름으로 전해졌다.

　박트리아는 알렉산더 제국의 붕괴 후, 이란을 손에 넣은 셀레우코스 왕조의 속령이었다. 하지만 디오도투스Diodotus는 셀레우코스 왕조에서 독립하여 박트리아의 왕이 되었고, 그의 아들 디오도투스 2세에 이르러 박트리아의 확실한 주인이 된다. 그 뒤 유티데무스Euthydemus가 디오도투스 가문을 타도하고 박트리아를 통치한다. 불교와 인연이 깊은 박트리아의 왕 메난드로스 Menandros(불교에서는 Milinda로 불림)는 유티데무스의 아들 데메트리우스의 딸과 결혼하여 왕가의 영토를 물려받은 인물이다.

　불교와 그리스인들과의 만남은 멀리는 알렉산더의 인도 침입

과 가까이는 아소카의 전도사 파견에서 찾을 수 있지만, 본격적
인 교류는 메난드로스 왕의 등장 이후이다. 그가 실제 불교도였
는지 여부는 차치하더라도, 불교 승단의 든든한 후원자였음은
확실하다. 메난드로스를 새긴 동전에 불교의 법륜이 새겨져 있
어 이를 증명한다.

　여하튼 박트리아는 헬레니즘 문화를 인도에 전하는 전령사의
역할을 담당했고, 이를 통해 간다라 미술이 발전하게 되었던 점
은 무엇보다 중요하다. 또한 이 지역에 대한 불교 승단의 적극적
포교에 대한 의지는 결국 새로운 불교의 운동, 즉 대승불교가 이
땅에서 시작되는 계기를 마련했다.

● 　『밀린다왕문경Milindapañhā』은 불교의 나가세나Nāgasena
존자와 박트리아의 메난드로스 왕 사이의 문답을 기록한 문헌이
다. 이 문헌은 플라톤의 『대화편』에 비견될 만큼 매우 높은 수준
의 철학적 담론을 전하고 있다.

　나가세나는 본래 브라흐만 가문에서 태어났지만, 출가하여 불
교에 입문했으며 당시 승단의 존경을 받았던 아라한 가운데 한
사람이었다. 한편 메난드로스 왕은 그리스의 철학적 훈련을 받은
인물로 대단히 박식하며 현명한 인물이자, 그리스 왕 중에서 가
장 위대한 왕으로 묘사된다. 그의 사후에는 제국의 도시들이 서
로 유해를 차지하려고 다투었을 정도로 신망이 높았던 인물이다.

　둘의 만남은 사갈라Sāgala[1]라고 하는 도시에서 이루어졌다.
사갈라는 왕국의 수도였다. 사실 메난드로스 왕은 나가세나 존
자와 대론하기에 앞서, 먼저 아유빨라Āyupāla 존자와 대론하였

---

1) 현재 파키스탄 펀자브 지방에 속해 있는 Silakolt라는 도시의 옛 이름이다. 마
　가다국에도 사갈라Sāgala라는 도시가 있었으나, 본 도시와는 관계가 없다.

다. 하지만 아유빨라는 메난드로스 왕과의 대론에서 왕의 물음에 대답하지 못했다.[2] 이에 왕은 "인도 전체는 텅 비어 있다. 이는 마치 왕겨와 같다. 나와 함께 토론하여 나의 의심을 제거해 줄 은둔자나 브라만이 한 사람도 없다."라며 자신과 대론할 만한 현자가 없음을 아쉬워했다. 이때 등장한 이가 바로 나가세나 존자이다. 존자와의 대론에서 왕은 결국 수긍하고 불교로 개종했다. 두 사람이 나눈 대론의 주제는 '무아와 윤회', '명과 색의 재생', '아라한의 상태', '열반의 성질', '붓다의 존재와 모든 존재에 대한 그의 우월성' 등에 관해서였다. 이는 사실상 당시 불교계의 핵심 논쟁이자, 많은 이들이 관심을 갖고 있는 주제였다. 현재 오늘날 불교학의 핵심 쟁점도 이들이 나눈 주제의 틀에서 크게 벗어나지 않는다는 점에서 두 현자의 대론은 시사하는 바가 크다.

3. 간다라 미술의 형성

● 박트리아의 그리스인들은 기본적으로 여러 신상들을 조각하고 숭배하는 전통을 갖고 있었다. 하지만 당시 불교에서는 불상을 조각하거나 그리는 일이 없었다. 바르후트탑(기원전 1세기)과 산치대탑(기원후 1세기)에는 다양한 인물들과 신상들이 부조로 새겨져 있으나, 불상은 새겨져 있지 않다. 단지 붓다가 표현되어야 할 곳에 불좌佛座, 보리수菩提樹, 불족적佛足跡, 보륜寶輪 등이 상징적으로 표현되어 있을 뿐이다. 불상의 등장은 기원후 1세기 이후의 어느 시점부터이다.

이렇듯 붓다의 표현에 부정적이었던 인도인들을 변화시킨 것이 바로 그리스인들이었다. 그리스인들이 인도에 들어온 후 서

---

2) 재가의 상태에서 해탈할 수 있다면, 굳이 출가할 이유가 무엇이 있는가라는 질문에 아유빨라 존자는 대답하지 못하고 침묵했다(Milindapañhā, pp.19~20을 참조하라).

로 문화적인 영향을 주고받았는데, 그 결과 탄생한 문화적 융합
을 그레코—부디즘Greco-Buddhism이라고 한다.

　그레코—부디즘이란 오늘날 아프가니스탄과 파키스탄 지역
에서 기원전 4세기와 기원후 5세기 사이에 발전된 헬레니즘 문
화와 불교 사이의 문화적 융합을 말한다. 이는 알렉산더의 인도
침략을 시작으로 인도와 그리스 문화의 오랜 상호작용을 통칭하
는 말이다. 그레코—부디즘은 불교의 예술 발전, 즉 간다라 미술
의 등장과 대승불교에 영향을 미쳤다.

　간다라 미술의 발전을 살펴볼 수 있는 유적지로는 대표적으로
핫다Hadda, 시르캅Silkap, 그리고 라니가트Ranigat 유적지를 들
수 있다. 핫다는 오늘날 동부 아프가니스탄에 있는 잘라바드Jalabad
시에서 남쪽으로 약 10킬로미터 떨어진 고대 간다라 지역에 자
리한 유적지이다. 점토와 회반죽으로 된 수많은 그레코—부디즘
의 조각상들이 1930년과 1970년대에 핫다에서 발굴되었다. 유
물은 불교와 헬레니즘 요소가 결합한 것으로 거의 완벽한 헬레
니즘 양식의 조각상을 보여 준다고 평가받는다.

　시르캅은 탁실라, 펀자브, 파키스탄의 도시 반대편 기슭에 있
는 유적지의 이름이다. 시르캅 도시는 그리스 박트리아 왕 데메
트리우스가 기원전 180년경에 인도를 침입한 후에 세웠다. 그
후 메난드로스 왕이 재건했다고도 한다.

　라니가트 유적지는 파키스탄의 북서 변방 주N.W.F.P.에 자리하
며, 산등성이를 따라 계곡 속에 산재되어 있다. 라니가트에 있는
불교 유적은 1848년에 유적지를 방문한 저명한 고고학 전문가
커닝햄A. Cunningham 경과 같은 많은 연구자들의 주목을 끌었다.
파키스탄 정부의 고고 박물관청은 1975년 고대유물보호법령에
따라 보호받아야 할 유적지로 선언했다. 파키스탄과 일본 공동

팀은 파키스탄 정부의 고고 박물관청의 지원 아래 프로젝트를 진행 중이다.

그레코—부디즘이 대승불교 형성에 영향을 미쳤다는 점은 간다라 지방에서 대승불교가 시작되었을 가능성이 크다는 학설과 연관된다. 즉 박트리아 왕국의 그리스 통치자들에 대한 불교 교단의 적극적 포교 전략과 관련 있다. 신상을 제작하고 예배하는 데 익숙했던 그리스인들을 위해 불교 교단은 불상을 제작해 그들의 열망을 만족시키고자 했던 것이다. 더불어 이후 쿠샨 제국이 성립한 후 쿠샨의 통치자와 부호에 대한 적극적인 포교 활동도 대승불교라고 하는 새로운 불교 운동을 전개하게 한 하나의 큰 흐름이었다.

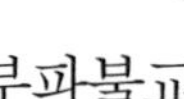

부파불교는 단일 교단의 불교가 복수의 학파로 나뉘어 발전한 시기를 말한다. 시기상으로는 근본분열이 일어난 제2차 결집 이후, 인도에서 불교가 사라지는 12세기경까지를 포괄한다. 그런 의미에서 보면, 인도불교는 초기 불교와 부파불교로 크게 이분된다고 할 수도 있다. 대승불교는 부파불교 시기에 일어난 혁신 운동이기에 부파불교 시대가 끝난 뒤에 대승불교 시대가 막을 올린 것은 아니다.

부파불교의 발생은 크게 계율의 해석 차이, 철학적 해석 차이, 지리적·언어적 차이 등에 기인한 것으로 본다. 예를 들어 제2차 결집은 계율의 해석 차이로 일어난 근본분열이고, 제3차 상좌부 결집은 철학적 해석 차이로 발생된 부파분열의 모습을 보여 준다. 하지만 제3차 상좌부 결집의 경우는 결집이 원인이 되어 부파분열이 일어난 것은 아니다. 이미 분열된 부파들의 상이한 철학적 입장을 정리하고, 상좌부의 정통성을 내세운 결집이란 특징이 있다.

부파불교는 불교 내부의 개혁과 외적인 조건의 변화가 함께 반영된 결과물이다. 불교는 석가모니 부처님 재세 시부터 내적 분열의 조짐을 보였다. 대표적인 예가 바로 데와닷따이다. 데와닷따는 엄격한 두타행을 강조하며 세력을 규합해 자신이 부처님을 대신하고자 했다. 이 일은 부처님 당시에 마무리되어 실질적인 교단의 분열로 이어지지는 않았지만, 후대에까지 영향을 끼친 아주 중요한 사건이었다. 또한 수행법의 차이, 즉 위빠사나 Vipassanā 수행자와 정려 Jhāna 수행자들 사이의 갈등도 분열의 조짐을 보였다. 이러한 갈등은 대부분 해결되었지만, 불교의 다양화는 이미 내재적으로 동인이 충분했음을 보여 주는 사건들이었다.

이렇듯 부파불교는 불교의 다양성과 역동성, 그리고 시대적 상황에 대처하고자 하는 자기반성과 변화의 결과였다. 부파불교의 내적 특징은 결국 대승이라는 새로운 불교 운동의 기반으로 작용했으며, 지역 불교의 탄생을 가능케 한 동력을 제공했다고 평가할 수 있다.

1. 부파분열의 원인

● 　부파분열의 원인은 앞서 언급했듯이 다양한 측면에서 찾을 수 있다. 단순하게 원인을 기술한다면, 승단 구성원들 사이의 견해 차이로 비롯되었다고 할 수 있다. 견해 차이의 발생은 여러 가지로 이야기될 수 있는데, 대표적으로 라모트 Lamotte 와 사사키 시즈카 같은 학자들은 자자와 포살을 별도로 행하면서 교단이 분열되었으리라 추정한다. 그러나 부파분열의 원인이 이것으로 모두 해명되지는 않는다. 현재까지 학자들의 연구 결과를 종합해 보면, ① 계율의 해석 차이 ② 철학적 해석 차이 ③ 지역적 차이 ④ 언어적 차이 등이 부파 분열의 원인으로 지목되고 있다.

'계율의 해석 차이' 는 앞서 언급했듯이 제2차 결집의 원인이었다. 시대의 흐름과 함께 계율에 대한 해석을 보다 융통성 있게 하고자 하는 세력과 보수적 입장을 견지하는 세력 간의 견해 차이가 결국은 분파 分派의 원인으로 작용했다. '철학적 해석 차이'

는 설일체유부나 독자부, 경량부 등과 같이 자신들의 독특한 철학적·교학적 이론을 배경으로 독자적 세력을 형성하거나 독특한 사상적 흐름을 갖고 있던 경우이다. '지역적 차이'는 제다산부, 서산주부, 북산주부와 같이 승단이 자리한 지역적 차이로 말미암아 독자적으로 발전한 경우에 해당한다. 불교가 점차 세력을 확대해 가며 넓은 지역으로 전파됨에 따라 승단 간의 상호 교류가 원활치 못한 지역이 독자적으로 세력을 형성한 것은 어찌 보면 당연한 결과라 하겠다. '언어적 차이'는 지역의 확대와 더불어 인도의 다양한 지역 언어에 기초해 발전한 경우에 해당한다. 서로 간에 언어적 소통이 제대로 이루어지지 못함에 따라 동일 언어권을 중심으로 독립적으로 승단이 발전한 것이다.

이상의 견해들을 종합해 보면, 부파불교란 계율이나 철학적 입장 등을 달리하는 스님들이 자자와 포살을 별도로 행하면서, 그리고 지역과 언어를 달리하는 스님들이 자자와 포살을 별도로 행하면서 자연스럽게 독립된 학파를 형성한 것이라고 할 수 있다.

● 부파의 과정은 그것을 전하는 문헌마다 조금씩 차이를 보인다. 하지만 근본분열 이후 대략 1~2백여 년에 걸쳐 부파분열이 완성되었다고 하는 점에서는 큰 차이를 보이지 않는다. 여기에서는 대략적으로 설일체유부 계통의 『이부종륜론』과 상좌부 계통의 『도사』와 『대사』에서 주장하는 분파 과정을 살펴봄으로써 부파분열의 이해를 돕고자 한다.

다음의 표에서 알 수 있듯이, 북전에서는 최종적으로 20부파설을 주장하고, 남전에서는 18부파설을 주장한다. 그렇다고 해도 위에서 제시된 모든 부파들이 독립된 세력을 형성했던 것은 아니

2. 부파의 계보

대중부 지말 분열
(불멸 100~200년)

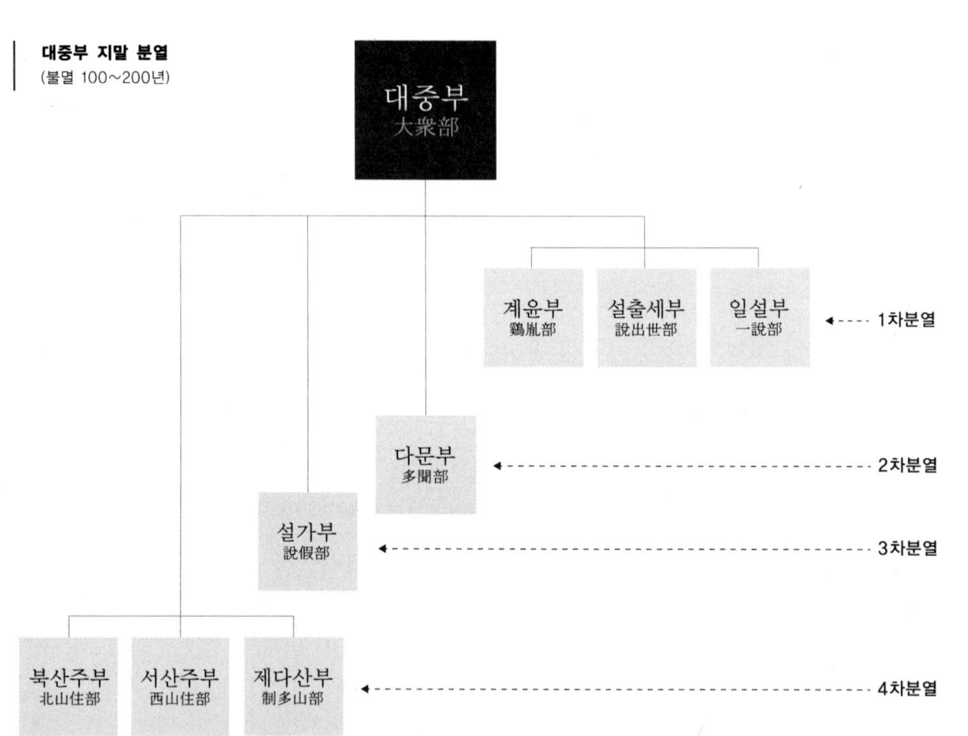

상좌부 지말 분열
(불멸 200~300년)

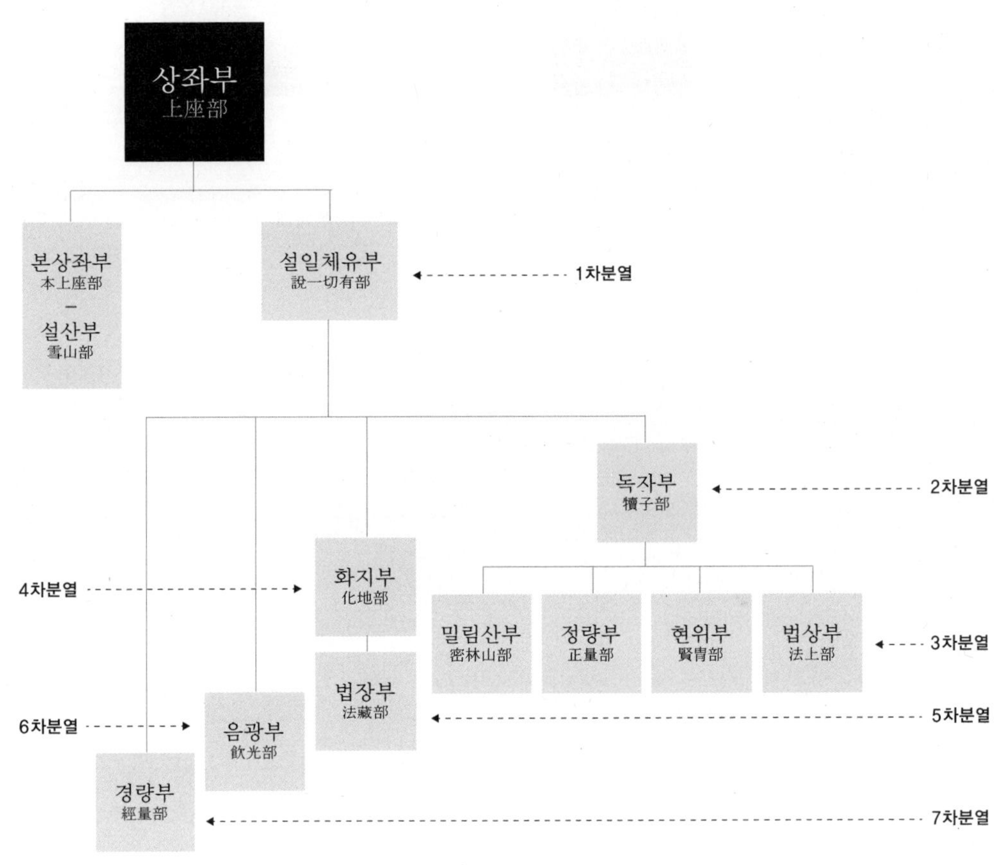

한 권으로 보는 세계불교사

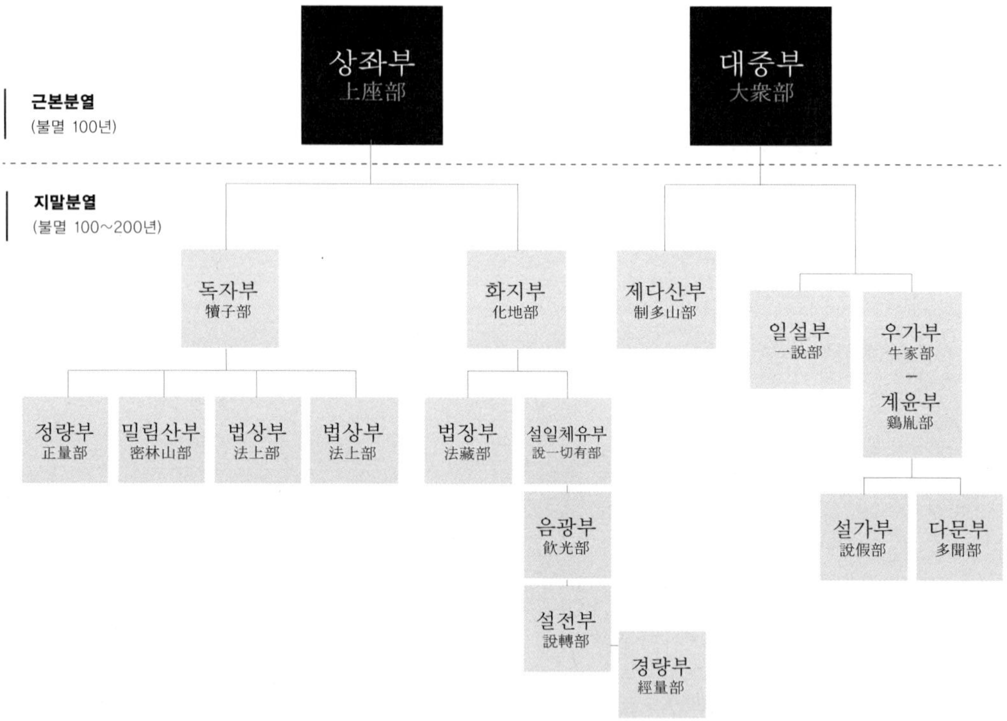

다. 예를 들어 최근의 연구에 따르면 경량부Sautrāntika는 단지 동일한 철학적 견해를 지닌 일군의 스님들의 모임이었을 뿐이다. 따라서 경량부의 철학적 관점을 지닌 스님이 경우에 따라서는 유부의 율장에 따라 수계를 하고 유부의 비구가 될 수도 있고, 대승불교도도 될 수 있었다.

또한 부파들 가운데에는 독자적으로 삼장을 갖고 있었던 학파와 그렇지 못한 학파가 있었다. 상좌부와 설일체유부, 정량부, 법장부, 대중부 등이 독자적 삼장을 보유했을 것으로 추정된다. 위와 같이 부파의 계보를 전하는 전승은 거의 모든 부파가 성립한 단계에서, 각 부파별로 자파의 위치를 정하기 위한 목적으로 정리되었다.

● 　　부파불교의 형성이 불교사에서 갖는 의미는 대단히 크다. 단일 교단이 분열되었다는 측면에 초점을 맞춘다면 부정적으로 볼 수 있겠지만, 불교의 다양성과 시대적 변화 적응에 관점을 둔다면 긍정적인 요소도 충분히 찾을 수 있다. 또한 부파불교는 구전으로 전승되던 문헌을 문자로 기록하여 전승 발전시켰다. 특히 다양한 문자로 경전을 기록했으며, 불교 혼성 범어Buddhist Hybrid Sanskrit의 형성도 부파불교의 결과라고 할 수 있다.

부파불교는 부처님의 가르침을 해석하여, 그 해석을 통해 부처님의 깨달음을 추구하고자 하는 일련의 노력의 결과이기도 하다. 아울러 부파들이 자신들의 정통성을 확립하고, 선양하고자 자파의 이론을 체계적이고 논리적으로 설명하기 위한 노력이기도 했다. 따라서 부처님의 가르침을 깊이 있게 연구하고, 그에 맞추어 자파의 이론을 체계화하고자 한 결과는 이른바 아비달마Abhidharma로 일컬어지는 방대한 논서로 집대성되었다. 때문에 부파불교를 아

3. 부파불교의 영향

비달마불교라고도 한다.

　아비달마의 집성은 '수행론'의 체계적 발달과 '철학과 논리학'의 발전을 촉진시켰다. 이러한 논서의 발달은 불교의 철학적, 교학적 내용을 풍부하게 하였으며, 긍정적이든 부정적이든 대승불교의 흥기에 절대적인 영향을 미친다.

석가모니 부처님 이래 불교가 질적·양적으로 급속히 성장할 수 있었던 까닭은 마우리야 제국의 아소카 왕 덕분이다. 아소카 왕의 적극적인 불교 장려 정책은 인도뿐만 아니라 주변국으로까지 불교가 확산·발전되는 데 크게 이바지했다.

한편 마우리야 제국이 붕괴된 후 인도는 슝가 왕조(B.C. 187~B.C. 75)와 깐바 왕조(B.C. 75~B.C. 30) 시대로 접어든다. 슝가 왕조는 마우리야 왕조에서 군사령관으로 있던 뿌쉬야미뜨라Puṣyamitra가 세운 나라이다. 뿌쉬야미뜨라는 브라만 계급 출신으로 마우리야 왕조를 무력으로 무너뜨리고 왕좌에 오른 뒤 브라만교와 결탁하여 불교를 박해하는 데 앞장선 인물이었다. 슝가 왕조에 이어 등장한 깐바 왕조 역시 브라만 계급 출신이 왕이 되었고, 불교 박해가 지속되었다.

불교는 마가다 왕국부터 마우리야 제국까지 지배 계층의 전폭적인 지지 속에서 지속적으로 발전해 왔으나, 왕조의 교체로 말미암아 이제껏 경험하지 못한 시련 속에 놓이게 되었다. 또한 유신론에 입각한 브라만교의 적극적인 포교와, 박트리아 왕조를 통해 유입된 헬레니즘 문화와의 조우는 불교의 변화를 재촉한 원인으로 작용하였다. 이는 결과적으로 브라만교의 유신론적 요

소들이 몇몇 부파들 속에 나타남과 동시에 부처님의 상을 제작
하는 결과를 낳았다. 바로 이러한 측면이 대승불교의 등장을 가
능케 한 토양을 제공했다. 이러한 기본적 토양 위에 쿠샨 제국의
등장과 더불어 대승불교는 크게 발전하게 된다.

1. 대승불교의 특징

● 대승불교는 흔히 마하야나Mahāyāna라고 한다. 큰 수레라
는 뜻으로 개인적 해탈만을 추구하는 아라한 중심의 부파불교를
비판하고, 모든 중생을 해탈로 인도하는 보살사상과 보살의 이
타행을 강조한다. 또한 대승불교는 다불多佛사상을 내세웠는데,
그중에서도 아축불, 아미타불, 약사여래 등이 널리 신앙되었다.

보살사상은 '중생 구제'로 요약되며, 이타적 자비의 화신이자
구원자로서의 특징을 갖는다. 따라서 대승에서 보살은 초인적
능력을 지닌 구원자의 모습을 띠며, 부처님과 더불어 신앙의 대
상으로 자리를 잡는다.

한편 대승의 중요한 사상적 특징으로는 보시와 공덕을 들 수
있다. 이는 기존의 부파불교에서 지난한 수행을 통해 성불을 주
장하는 것과는 달리 보시와 공덕을 통해서 성불할 수 있다는 주
장이다. 예를 들어 바라밀의 하나인 보시바라밀의 완성은 성불
의 길이자, 적어도 천상으로 이끄는 확실한 방법으로 당시 많은
이들을 불교로 이끄는 데 크게 이바지했다.

또 다른 대승불교의 특징은 교화 방식에 있다. 앞서 언급한 불
보살 신앙은 물론이거니와 특이한 것은 주문, 즉 다라니를 적극
적으로 사용했다는 점이다. 이것은 교화에 큰 성공을 거두지만
나중에 대승불교가 쇠퇴하는 요소로도 작용한다.

이러한 특징을 갖는 대승불교가 언제, 어디에서 발생했는지에
대해서는 정확히 말할 수 없지만, 간다라가 대승불교의 기원지

라는 점에는 크게 이론이 없다.

●　　쿠샨 왕조는 인도 유럽인들의 느슨한 동맹체인 월지月支, 月氏 동맹의 다섯 귀족 종족 가운데 하나인 쿠샨족이 세운 나라이다. 월지를 이루는 다섯 종족들은 중국사에서 휴밀休密, 귀상貴霜, 쌍미雙靡, 힐돈肹頓, 도밀都密로 기록되어 있는데, 귀상이 쿠샨의 번역어이다. 쿠샨족은 힌두쿠시 산맥을 넘어 북인도의 대부분을 차지하면서 새로운 제국을 건설했다.

쿠샨족은 대부분 조로아스터교를 믿었으나, 나중에는 불교를 널리 신봉했다. 많은 쿠샨인이 인도에 침입한 다른 유목민들처럼 인도 문화를 적극적으로 받아들이기 시작했으며, 헬레니즘 왕국의 그리스 문화도 흡수했다.

쿠샨 제국이 성립한 때는 로마와 후한 사이에서 실크로드 교역이 활기차게 이루어지던 시대였다. 그들은 실크로드의 교역로를 지배함으로써 막대한 부를 손에 넣을 수 있었다. 바로 이러한 경제력이 불교 발전에 크게 이바지했다.

쿠샨 제국이 최전성기를 구가한 때는 제3대 황제 카니쉬카Kaniṣka(78~127년경) 때이다. 그는 쿠샨 제국을 통치하기 위해 종교에 대한 관용 정책을 폈다. 즉 그는 모든 종교를 존중하여, 통치하기 쉬운 환경을 만들어 영토를 확대했던 것이다. 불교는 그러한 카니쉬카 왕의 지배하에서 크게 변화한다.

카니쉬카 왕은 처음에는 자신의 지배력을 강화시키기 위해 불교를 이용했지만, 불교를 깊게 이해하게 되면서 스스로 귀의하여 아소카 왕에 이어 대표적인 호불왕好佛王이 되었다.

하지만 카니쉬카 왕은 대승불교를 신봉한 사람이 아니었다. 카니쉬카 왕은 설일체유부의 협 존자에게 귀의한 인물이다. 그의 치세 기간에 해당하는 기원후 100년경에 간다라Gandhāra에서 행해진 제4차 결집[3] 또한 설일체유부의 결집이었으며, 결집을 주도한 와수미뜨라Vasumitra와 아슈와고샤Aśvaghoṣa와도 친밀한 관계였다. 페샤와르 근처에 카니쉬카 대탑을 세웠다고도 전해지는데, 근처에 세워진 카니쉬카사Kaniṣka vihāra가 설일체유부 소속이었으며, 불사리를 봉안한 탑을 설일체유부에 기증한 사실들이 비문을 통해 확인되었다. 따라서 카니쉬카는 설일체유부의 가르침을 신봉한 사람이었음을 알 수 있다.

이와는 별도로 간다라 지방을 중심으로 여러 곳에서 발견된 간다라 사본은 간다라 지방이 대승불교의 기원지였음을 증명한다. 미국 워싱턴대학의 리차드 솔로몬 교수[4]는 간다라 지방에서 출토된 고문헌을 해독한 결과 기존에 간다라가 대승불교의 기원지일 가능성이 높다는 설이 확실하다는 결론에 도달했다. 이들 간다라 사본은 50~150년 사이에 필사된 것으로 여기에 '육바라밀'이나 '보시', '공덕' 등이 등장한다는 사실을 확인했다. 이는 대승불교의 핵심 사상을 특징짓는 말이기도 하다. 따라서 대승불교는 쿠산족이 지배하는 간다라에서 탄생했음이 거의 확실하다.

간다라 지방에서 대승 경전이 활발하게 제작된 또 다른 이유

---

3) 제4차 결집의 목적은 새로운 율장의 편집 이외에, 초기 쁘라끄리뜨 방언(카로쉬티Kharoṣṭhī 문자로 기록된 간다라어와 같은)의 형태에서 고전 산스끄리뜨어로 번역되었던, 설일체유부 아비달마 문헌을 체계화하기 위해서였다고 전한다. 한 예로 『발지론Jñānaprasthāna』에 대한 주석서인 『대비바사론』이 편찬되었는데, 편찬 이후 분별론자Vibhāṣika(대비바사론을 따르는 자)라는 표현이 이 학파의 공식적인 명칭이 되었다고 보는 견해도 있다.
4) 워싱턴대학에서는 대영박물관이 소장한, 간다라에서 출토된 사본을 '초기 불교 사본 프로젝트Early Buddhist Manuscript Project'를 통해 해독하고 있다. 이들 사본은 카로쉬티 문자로 기록된 간다라어 사본으로 솔로몬 교수가 프로젝트를 이끌고 있다. 2010년 현재 『Gandhāran Buddhist Texts』라는 이름의 책을 6권 발행했으며, 다수의 학위논문도 발표했다.

는 국제 무역을 담당하던 대상大商 때문이었다. 이들은 힌두쿠시 산맥을 넘어가기 전, 간다라 지방에 머물렀는데 그들을 위해 불교 승단은 새로운 경전을 서사하여 그들의 안녕을 기원해 주었다. 상인들은 이 경전을 갖고 인도 밖의 다른 나라에 전하는 역할도 담당했다. 대승불교 사상은 이렇게 인도를 넘어 주변국으로 확산되어 갔다.

● 　대승의 사상은 초기에는 독립된 세력을 갖고 전개된 것은 아니었다. 다만 대승적 사상을 갖고 있었던 스님들이 자신의 확고한 신념과 신앙적 체험의 거대한 구상을 경전의 형식을 빌려 표현했을 뿐이다.

하지만 시간이 지나면서 대승에도 학파가 형성되었다. 대표적으로 중관학파와 유식학파가 있다. 좀 더 시간이 흐르면, 유가행 중관학파나 밀교가 등장한다.

중관학파는 나가르주나Nāgārjuna 龍樹(150~250)를 개조로 성립한 학파이다. 그는 반야사상의 공空과 연기緣起사상을 이론적으로 분석하고 설명하면서 자신의 이론을 체계화했고, 그 사상을 공관空觀 혹은 중관中觀 등으로 불렀다. 이러한 이유로 나가르주나를 중관학파의 시조라고 한다. 중관학파의 가장 기본적인 논서는 나가르주나의 대표적 저술인『중론』이다. 나가르주나의 제자로는 아리아데와Āryadeva(제바, 170~270년경)가 있다. 그는『백론』과『사백론』을 저술하였다. 그 뒤 중관학파의 맥은 자립논증파의 개조인 붓다빨리따Buddhapālita(불호, 470~540년경), 귀류논증파의 개조인 바와위웨까Bhāvaviveka(청변, 490~570), 짠드라끼르띠Candrakīrti(월칭, 650년경) 등이 계보를 이었다.

유식학파는 4세기 후반에 활동한 아상가Asaṅga(무착, 310~390)

산치대탑 ⓒ 구광국

가 교학을 체계화하고, 그의 동생인 와수반두Vasubandhu(세친, 320~400)가 대성한 학파이다. 『섭대승론』, 『유식이십송』, 『유식삼십송』 등이 이들의 저술이다. 와수반두의 제자로는 디그나가 Dignāga(진나) 등이 있다. 그 뒤에 유식학파의 맥은 다르마빨라 Dharmapāla(호법, 530~561)와 스티라마띠Sthiramati(안혜, 510~570) 등으로 이어진다.

그 외에 샨따락쉬따Śāntarakṣita(적호, 725~784년경)는 중관학파에 속하지만 유식 이론을 수용하여 유가행중관학파로 분류되기도 한다. 그리고 인도불교 논리학을 집대성한 다르마끼르띠 Dharmakīrti(법칭, 600~660년경)도 빼놓을 수 없다.

한편 유식학파의 심리분석에 영향을 받아 형성된 여래장사상도 대승의 중요한 흐름 가운데 하나이다. 비록 중관이나 유식과 같이 학파가 형성되지는 않았지만 동북아시아 불교에 크게 영향을 끼친 사상이다.

쿠샨 제국은 카니쉬카 왕 이후 급속한 쇠퇴를 맞이한다. 이후 힌두교 가운데 쉬바 종교를 믿었던 바수데와 왕 시기에 잠시 국력을 회복하는 듯 보였다. 그러나 그의 사후 페르시아의 사산 왕조에게 아프가니스탄과 인더스의 서쪽 지역을 빼앗기고 펀자브를 중심으로 한 서북 지역에서 4세기까지 겨우 명맥을 유지한다.

쿠샨 제국 이후 인도에 군림한 최강자는 바로 굽타 왕조였다. 320년경 북인도 지역에서 마가다 왕국의 명맥을 잇고 있었던 작은 왕국에 짠드라굽타 1세가 등장하여 북인도 지역을 거의 통합하여 굽타 왕조가 역사의 전면에 부상한다. 인도 북부를 거의 통합한 굽타 왕조는 사무드라굽타 시대에 서북부와 중부, 동부 지역을 통합하여 제국으로의 면모를 갖추었다. 그 후 짠드라굽타 2세 때에 아라비아 해에 인접한 서부 지역까지 병합함으로써 굽타 제국 최전성기를 맞이한다.

굽타 왕조 시대는 브라만교가 자기비판을 거쳐 새롭게 힌두교로 변모하여 인도의 중심 종교와 사상으로 재등장한 시기였다. 동시에 불교의 입장에서 볼 때는 왕권 강화 논리를 배경으로 등장한 힌두교에 밀려 쇠퇴의 길로 들어선 신호탄이 된 시기이기도 하다.

굽타 왕조 이후 인도는 8세기 초부터 간헐적인 이슬람의 침입을 받았고, 11세기경이 되면 본격적인 인도 공략이 시작되어 결국 이슬람 제국으로 변하게 된다. 불교는 본격적인 이슬람의 침략과 함께 역사 속으로 사라지는데 인도에서 대략 12세기 초에 자취를 감춘다. 이슬람의 무자비한 살상과 파괴로 불교가 사라졌다고는 하지만, 이것만으로는 불교 소멸이 설명되지 않는다. 이슬람의 공격은 불교만이 아니라 힌두교와 자이나교도 마찬가지였기 때문이다. 그 과정에서 불교만 사라진 것은 불교가 인도 사회에서 더 이상 사회적 역할을 하지 못했기 때문이었다. 대중에게서 필요성을 인정받지 못하는 상황 속에서 이슬람의 무자비한 공격은 불교가 소멸하는 데 결정적인 역할을 하게 되었다.

1. 굽타 제국과 힌두교

● 　중국 법현 스님의 기록에 의하면, 굽타 시대에는 불교도 나름대로 널리 신봉되고 있었음을 확인할 수 있다. 특히 벵골 및 비하르, 웃타르프라데쉬 같은 지역에서는 불교 세력이 가장 강했다.

아상가, 와수반두, 구마라집Kumārajīva (쿠마라지와), 디그나가 등이 활약한 시기도 바로 굽타 시대였으며, 아잔타와 엘로라의 불교 석굴 사원과 수많은 불탑 및 사원들도 바로 이 시기에 활발하게 건립된다. 사무드라굽타는 힌두교도였지만, 와수반두 같은 위대한 불교 학승을 자기 아들의 스승으로 삼을 정도로 불교에 대해서 호의적이었으며, 또한 날란다Nālandā 불교대학도 왕들의 적극적인 보호 아래 계속 성장했다.

한편 굽타 제국 시기에 브라만교는 오늘날의 힌두교(힌두이즘) 형태로 바뀌게 된다. 굽타 제국 시기에 브라만교가 힌두교로 탈바꿈하여 영향력을 발휘한 데에는 왕권의 강화와 밀접한 관련을

갖는다. 즉 굽타 제국의 통치자들은 스스로를 신격화하는 작업
을 진행했는데, 이는 만민평등의 관점에서 카스트제도를 부정한
불교의 입장과는 일치하지 않고, 오히려 브라만교 전통과 어울
리는 것이었다. 비록 굽타의 통치자들이 불교에 대해 비교적 우
호적이었다고는 하지만, 이는 결국 불교가 쇠퇴의 길로 접어드
는 계기가 된다.

힌두교의 등장은 또한 카스트제도의 확고한 정립을 초래했다.
이 시대의 카스트제도는 신분에 의한 구별보다는 직업에 의한
구별로 변해 간다. 이유는 바로 다양한 이민족의 유입 때문이다.
이 시대 이민족으로는 샤카·쿠샨·파르티안·흉노 등이 있었으며,
이들은 자연스럽게 힌두화되면서 인도 사회의 신분 및 경제 부
문의 변화를 불러일으켰다. 이들 가운데 무사들은 끄샤뜨리야
계급으로, 나머지는 자신들이 원하는 직업에 따라 인도 사회의
카스트제도에 흡수되었다. 전쟁 포로나 빚진 자들은 노예나 찬
달라Chandala가 되었고, 수드라를 제외한 다른 상위의 세 계급
간에는 아무런 제한 없이 서로 자유롭게 어울릴 수 있었다.

● 　불교가 인도 사회에서 보편적 종교로서 인식된 것은 교리
의 보편성에 기인하는 바가 크게 작용한 결과이지만, 다른 한편으
로는 반브라만·반힌두교의 대표적 성격으로 규정되는 종교 간 역
학적 역할 또한 무시할 수 없다. 유신론에 입각한 사상과 브라만
을 정점으로 하는 카스트제도를 공고히 하고자 하는 브라만교·힌
두교와 대척점에 있는 불교는 대표적인 무신론적 종교이자 카스
트제도를 비판하며 인간의 평등을 설파하는 종교로서 대중 속으
로 파고들었다.

그러나 석가모니 부처님의 가르침은 대승불교의 흥기와 더불

2. 밀교의 등장

어 유신론적·구원론적 측면이 보완되고, 대승불교 후기에 이르러서는 힌두교의 주술적 요소들을 적극적으로 흡수, 불교화하는 과정을 겪는다. 힌두교의 불교화라고 할 수 있는 이유는 힌두교의 여러 요소들을 수용하면서 이들을 대승불교의 기본적인 개념인 공, 반야, 방편, 자비, 여래장사상 등으로 새롭게 해석한 것이기 때문이다. 하지만 이것은 달리 표현하면 불교의 힌두화라고도 할 수 있다.

밀교는 세 단계의 전개 과정을 갖는데, 먼저 6세기까지를 초기 밀교라고 한다. 이 시기는 힌두교의 영향을 받아 대승불교에 밀교의 의례가 침투한 시기이다. 그리고 7세기까지를 중기 밀교로 구분한다. 이 시기는 중관학파와 유식학파의 교리를 받아들여 사상과 실천 체계를 정비하는 시기이다. 그리고 마지막으로 8세기 이후를 후기 밀교라고 하는데, 이 시기에 이르러 힌두교의 샥띠Śakti 性力사상의 영향을 받는다.

밀교가 가장 흥성한 시기는 빨라 왕조Pala(730~1197년경) 때이다. 굽타 왕조의 몰락 이후, 북인도 일대는 혼란에 빠졌는데 뒤를 이어 8세기 중엽 지금의 비하르 지방을 중심으로 등장한 대표적 왕조가 빨라 왕조이다. 빨라 왕조는 제3대인 데와빨라Devapala(821~861) 때 현재 남인도의 까르나따까, 케랄라, 따밀나두 주와 북서인도의 라자스탄 주를 제외한 대부분의 영토를 차지한다. 빨라 왕조는 불교를 보호하고 육성하는 데 적극적이었다. 왕조의 문을 연 고빨라Gopala(756~781) 왕 때는 마가다에 오단따뿌리Odantapuri 사원[5]을, 다르마빨라Dharmapala(781~821) 왕 때는 비끄라마쉴라Vikramaśīla 사원[6]을 세워 불교진흥에 힘썼다. 특히

---

5) 인도 비하르 지방에 위치한 사원으로, 인도 3대 불교대학 가운데 두 번째로 세워진 사원이다.

한 권으로 보는 세계불교사

비끄라마쉴라 사원은 인도불교 최후의 거점이었으며, 티베트에 인도불교를 전하여 티베트불교를 형성하는 데 큰 역할을 했다.

빨라 왕조 때의 유명한 논사로는 자립논증파이자 『섭진실론 Tatttvasaṃgraha』을 지은 샨따락쉬따Śāntarakṣita 寂護[7]와 까말라쉴라Kamalaśīla 蓮華戒,[8] 그리고 티베트 라마Lama교의 실질적인 창시자가 되는 빠드마삼바바Padmasambhava[9]와 귀류논증파에 속하는 아띠샤Atiśa[10] 등이 있었다.

밀교의 대표적 특징으로는 우선 '다라니', '만트라', 혹은 '명주Vidyā'를 들 수 있다. 이것들은 일종의 주문呪文인데, 불교 내에서 이를 받아들인 것은 상당히 역사가 오래된 일이다. 예를 들어 상좌부의 일파인 법장부에서는 삼장 외에 주문들만을 따로 집성한 주장呪藏을 첨가한 점을 들 수 있다. 또한 불상을 제작하고 예배의 대상으로 삼은 대승불교는 민중들의 종교적 열망에 부응하여 발생 초기부터 주술적 요소들을 받아들여 불교화하는 과정들이 있었다.

6) 인도 3대 불교대학 가운데 가장 마지막에 세워진 사원이다. 인도불교의 멸망은 일반적으로 날란다대학과 비끄라마쉴라대학의 파괴 시점으로 본다.
7) 날란다대학의 학장으로 나중에 티베트에 들어가 인도불교를 전한 인물이다. 또한 그는 바셸낭과 상시 등 6인에게 구족계를 줌으로써 티베트 최초의 승단을 발족하게 했다.
8) 샨따락쉬따의 제자로서 스승을 따라 티베트에 들어갔다. 그는 유명한 쌈예의 논쟁에서 승리함으로써 티베트가 중국의 선종 대신 인도불교를 받아들이는 데 크게 이바지했다.
9) 8세기 인물로, 티베트 닝마빠의 개조가 된다. 티베트 전승에 따르면 그는 샨따락쉬따의 제2차 티베트 입국과 거의 같은 시기에 입국했다고 전한다. 그는 주술로써 티베트 뵌교가 숭앙하는 악신을 조복시키고 샨따락쉬따의 불교 전도에 힘을 보탰다.
10) 벵골 지역의 왕족으로 29세에 대중부의 계를 받고, 대승과 소승의 논서를 폭넓게 학습했다. 그는 코촉게뽀Konchog Gyalpo, 마르빠Marpa와 함께 티베트에서 샤르마Sarma 계통이 확립하는 데 있어 주요한 인물 가운데 한 사람이다. 샤르마란 신역학파를 말한다.

그러나 밀교의 발달은 결국 힌두교와 불교의 차별성을 제거해 버린 측면도 강했다. 힌두교라는 종교에 맞서는 거의 유일한 종교로서의 불교라는 정체성이 심각하게 훼손되는 결과를 초래한 것이다. 이는 많은 대중들이 불교를 떠나 힌두교도가 되거나, 대안으로 이슬람을 선택하게 한 원인으로도 작용했다. 하지만 밀교의 성립과 발달은 인도불교를 보다 풍부하게 하였으며, 여러 나라에 전승되어 오늘날까지 전해지고 있는 점은 간과할 수 없는 측면이다.

3. 이슬람의 도래

● 이슬람 세력이 인도로 들어온 것은 711년 무함마드 이븐 콰심 Muhammad Ibn Qasim이 신드 Sind의 왕 다하르를 물리치면서 부터이다. 이후 곧 이슬람 세력은 오늘날의 파키스탄이 차지하는 대부분의 지역까지 확장하면서, 본격적으로 인도 아대륙을 공략하는 토대를 마련하게 되었다.

그러나 이븐 콰심 이후 거의 3세기 동안 이슬람 세력은 인도의 북서부 지역에 한정되어 있었다. 그러다가 12세기에는 아프가니스탄의 구르 지역에서 터키계의 구르 왕조가 일어나 가즈니 왕조를 물리치고 인도 내륙으로 진출하게 된다. 구르 왕조의 아이박 Aybak은 델리를 중심으로 인도에 최초의 독자적인 이슬람 왕국인 델리 왕조를 건립한다. 하지만 터키계가 세운 델리 왕조는 비터키계에 대한 차별 정책과 술탄의 계승을 둘러싼 끊임없는 내분으로 할지 왕조, 투글룩 왕조 등으로 바뀌어 갔다. 그러다가 1398년 티무르의 몽고군 침입으로 결정적인 타격을 입고 물탄과 펀자브를 중심으로 하는 사이드 왕조를 거쳐 로디 왕조가 나타남으로써 터키계에서 아프가니스탄계로 권력의 중심이 이동한다. 이후 15세기에 이르러 등장한 몽골인의 후손 바부르에 의해 무굴 제국으로 대체되기에 이른다.

한편 불교가 인도에서 모습을 감춘 것은 12세기의 일이다. 정확히 1203년에 델리 왕조의 아이박이 비끄라마쉴라와 날란다 사원을 소멸시키면서 실질적으로 인도불교는 종언을 고한다. 아이박은 힌두교와 불교 사원 등의 종교 시설을 약탈하고 철저하게 파괴한 것으로 유명하다. 하지만 1203년을 기점으로 불교가 인도에서 완전하게 자취를 감춘 것은 아니었다. 이후 대략 일이백 년 동안 소규모이긴 하지만 불교도가 존재했다고 한다. 비록 불교가 소규모로 근근이 명맥을 유지했다고 해도, 사회적으로 더 이상 기능하지 못하며 독자적인 세력을 갖지 못하는 한 소멸과 다름없다고 보아야 한다.

그러나 인도에서 소멸된 불교는 티베트와 중국을 거쳐 동북아시아로, 스리랑카와 미얀마, 태국을 거쳐 서남아시아로 널리 퍼짐으로써 세계종교로 발돋움했다. 이는 힌두교와 자이나교가 인도에서 살아남았으나 세계종교로 발전하지 못한 것과는 대조적인 모습을 보여 준다.

인도에서 다시 불교가 부흥의 기치를 들고 등장한 것은 1891년 스리랑카 출신의 다르마빨라 스님이 마하보디협회를 창립하면서부터이다. 이후 1956년 인도 초대 법무장관을 역임한 암베드까르 박사로 시작된 집단 개종 운동을 계기로 인도에서 불교는 새롭게 독자적인 세력을 형성하며, 인도 사회에서 다시금 반힌두교의 대표 종교로 발돋움하고 있다.

불교는 인도의 브라만교와 기타 종교에 커다란 영향을 미쳤으며, 인도 문화가 아시아 전역으로 전파되는 데 가장 큰 역할을 한 종교라 할 수 있다. 그러나 12세기를 끝으로 인도에서 자취를 감추었는데, 그 이유로는 힌두화의 급속한 진행으로 인한 반힌두적 영향력의 상실과 이슬람의 잔혹한 승려 및 사원 파괴 등이 거론될 수 있다.

인도에서 사라진 불교가 다시금 부흥하게 된 이유는 역설적이게도 외국인들에 의해서이다. 18세기 영국 제국의 관리와 학자들에 의한 불교 관련 문화재 및 문헌의 발견은 서양에서 불교학이 발전되는 결정적인 역할을 했다. 연구 결과물들의 출판은 인도불교 부활의 초석이 되었으며, 스리랑카에서 파견된 전도승들의 역할도 커다란 힘이 되었다.

인도불교는 20세기에 들어서면서 비약적으로 증가했다. 2001년도 인도 정부의 총인구조사 보고서를 보면, 불교는 비록 전체 종교인 수의 0.7퍼센트밖에 되지 않지만 8백만 명을 헤아리는 신도를 지닌 종교로 성장했음을 알 수 있다.[11] 이는 이미 자이나교도(0.4퍼센트, 4백만여 명)의 숫자를 넘어선 수치다. 이렇게 성장하기까지는 많은 이들의 노력이 있었는데, 그중에서도 다르마빨라 스님과 암베드까르 박사를 빼놓을 수 없다.

●　　불교가 다시 인도에서 새로운 시작을 알리게 된 것은 앞서 언급한 서양의 학문적 성과도 있지만, 특히 신지학회 Theosophical Society[12]를 설립한 블라바츠키 여사와 올코트 대령의 도움이 컸다. 신지학회는 불교와 같은 고대 인도 종교의 부활이나 힌두교, 조로아스터교 등의 강화에 상당한 노력을 기울였다. 이러한 노력의 결실 중 하나가 바로 인도불교의 부활을 위해 나타난 다르마빨라 Anagarika Dharmapala 스님이었다. 스님은 인도에 불교를 새롭게 전하기 위한 스리랑카 전도승 가운데 한 명이었지만, 신지학회의 적극적 도움을 받아 그 누구보다 활발하게 인도불교 부활에 힘쓴 인물이었다.

　스님은 마하보디협회 mahabodhi Society를 설립하여 조직적으로 인도불교의 부흥운동에 앞장섰는데, 특히 중요한 불교 유적지를 중심으로 불교 사원을 건립하고, 정간지를 발행해 포교에 일생을 바친 인물이었다. 마하보디협회를 처음 설립한 곳은 1891년 스리랑카에서였지만, 이듬해 캘커타로 협회를 옮겨 본격적인 인도불교 부활을 위한 활동에 들어간다. 1893년 7월에는 테라바다 불교도를 대표해서 시카고에서 열린 '세계종교회의'에 참석하여

11) 자료에 따라 불교도에 대한 통계가 다르다. 일례로 『타임』 2008년 7월 15일자 기사는, 인도 내 불교인이 정확하지는 않으나 전체 인구의 1.7퍼센트에 해당하는 1천 7백만 명이라고 보도했다. 정확한 통계자료가 나와야 알 수 있지만 불교도가 많이 증가한 것은 사실이다.

12) 인류의 보편적 형제애를 강조하며, 인간의 잠재력을 탐구하는 것을 목적으로 하는 학회이다. 이 학회는 특히 인류의 영적인 진화를 지도하는 위대한 스승들 Great Masters의 존재를 강조한다. 이 학회는 1875년 미국에서 러시아 귀족 출신 여성인 헬레나 페트로브나 블라바츠키 Helena Petrovna Blavatsky 와 헨리 스틸 올코트 Henry Steel Olcott 대령과 함께 신지학 교리에 바탕을 두고 모든 종교의 융합과 통일을 목표로 창설되었다.

강연을 했는데, 스와미 비베까난다Swami Vivekananda[13]의 강연에 비견할 만한 명강연으로 회자되었다. 귀국 길에 호놀룰루의 부유한 부인인 에리자베스 포스터Mary E. Foster를 알게 되었는데, 이후 그녀는 다르마빨라 스님의 가장 든든한 재정적 후원자가 되었다.

1899년에는 4개월간 북인도의 25개 도시를 순회하면서 법회를 열었고, 1900년에는 마드라스에 마하보디협회 지부를 설립하고 남인도에서 불교 부활의 초석을 다졌다. 1914년 제1차 세계대전이 발발했을 때 영국 정부는 실론 정부에 요청하여 다르마빨라를 5년간 감금하기도 했는데, 이 기간 동안 그는 마하보디협회의 정간물을 통해 불교 전도 활동에 매진했다.

이후 1920년에는 벵골 지방에 자리한 캘커타에 인도 정부가 기증한 석가모니 부처님의 사리를 모신 다르마지까Dharmarajika 사원을 개원했고, 1931년에는 물라간다꾸띠Mulagandha Kuti 사원을 지어 존 마샬John Marshall 경[14]이 탁실라에서 발견한 부처님의 사리를 안치했다.

또한 그는 펀자브와 카슈미르 지역에 포교 여행을 떠나기도 했으며, 런던에 마하보디협회 지부를 설립하기도 했다. 1933년 병이 들어 입적하였는데, 그의 마지막 희망은 인도에 태어나서 불교를 다시 살리는 작업을 계속하는 것이었다고 전한다.

● 　　다르마빨라 스님의 뜻을 이은 스리랑카 스님들의 전법 활

---

13) 1863년 캘커타에서 태어났다. 라마끄리쉬나의 제자로 베단따사상을 중심으로 한 힌두교의 세계관을 서양에 전하는 데 큰 역할을 했다. 특히 시카고에서 열린 세계종교회의에 참석하여 한 연설은 지금도 회자될 만큼 명연설이었다. 많은 이들에게 영적 삶의 중요성을 일깨우다가 38세의 나이로 생을 마감했다.
14) 1922년부터 1923년에 걸쳐 모헨조다로를 발굴한 인도 고고국考古局 국장.

2. 인도불교의 아버지 암베드까르

동은 스님의 열반 이후에도 계속되었다. 하지만 실제 인도 사회에서 불교도의 증가는 거의 미미했다. 이러한 답보 상태를 획기적으로 전환한 이가 있었으니, 바로 인도 초대 법무장관을 역임하고 인도 헌법의 아버지라 추앙받는 암베드까르Bhimrao Ramji Ambedkar(1891~1956) 박사였다.

암베드까르는 1891년 중인도 인도르Indore 부근의 작은 마을 모우Mhow에서 불가촉천민으로 태어났다. 하지만 인도에서 대학을 졸업하고 1913년에는 바로다 왕국의 통치자인 마하라자의 장학금을 받아 미국 컬럼비아대학교 대학원 정치학과에 입학하여 경제학과 화폐정책을 공부했다. 1961년에는 컬럼비아대학의 셀리그만Edwin Seligman의 추천으로 영국의 런던경제대학London School of Econimics에 입학하고 동시에 변호사 자격시험도 준비한다. 1921년에 석사학위를, 1922년에는 변호사 자격을 취득하고 1923년에는 루피화 문제를 테마로 박사학위를 취득한다.

학위를 취득한 후 인도에 귀국한 그는 간디를 도와 인도 독립에 헌신한다. 하지만 불가촉천민에 대한 견해차를 극복하지 못하고 간디와 결별하고 만다. 이후 그는 불가촉천민을 위한 활동에 적극적으로 관여했다. 그의 활동 신조는 '교육하라, 조직하라, 선동하라!' 였다. 때문에 그는 불가촉천민이 스스로 자각하도록 교육하고 그들을 조직으로 묶는 데 주력하였다. 동시에 공식적으로 1927년에 "나는 힌두로 태어났지만 힌두로 죽지 않을 것이다."라는 유명한 연설을 하면서 탈힌두를 선언한다.

그가 처음부터 힌두교를 버리고자 했던 것은 아니었다. 그가 처음 사회 개혁운동을 시작할 때에는 힌두교 내에서 문제를 해결하고자 했다. 하지만 그것이 불가능함을 아는 데는 그리 오랜 시간이 필요치 않았다.

이후 그는 변호사를 개업하고 20여 년간 정치활동과 헌법 제정 등에 전념한다. 물론 불가촉천민의 삶을 향상시키고자 하는 사회활동 또한 활발하게 전개한다. 그러던 중 1950년경부터 본격적으로 불교활동을 개시한다. 그는 1953년에 '인도불교협회'를 창설하여 대중들에게 부처님의 가르침을 전하는 데 노력했으며, 협회는 지역의 신자들이 사원을 건립하고 공부 모임을 만드는 활동을 지원했다. 그리고 그는 1956년에 이르러 불교로 개종하는 의식을 치렀다. 서인도 마하르쉬뜨라Maharashtra 주의 나그뿌르Nagpur 시에서 암베드까르뿐만 아니라 그를 따르는 불가촉천민 60만여 명이 집단으로 개종하게 된다.

암베드까르는 왜 불교로 개종했을까? 우선 그는 힌두교의 신분제와 낡은 권위에 대항하는 이념이 필요했다. 그는 개종을 염두에 두고 각 종교들을 면밀히 고찰했다. 불교뿐 아니라 이슬람교, 기독교, 시크교도 염두에 두었다고 한다. 이슬람교와 기독교는 세계종교이자, 구성원 간의 평등과 형제애를 가르치고 있다는 점을 높이 평가했고, 시크교 역시 카스트제도를 부정하고 사회 개혁적 사상을 담고 있는 종교라고 생각했다. 하지만 실제 인도 내에서 기독교는 교회의 좌석이 카스트별로 구분되어 있고, 이슬람교와 시크교도 개종 전의 카스트에 따라서 교단 내에서의 신분이 좌우되고 있는 현실이었다. 이에 비해 불교는 인도에서 거의 소멸했기에 기존의 사회악을 가지고 있지 않았으며, 이는 과거의 카스트제도나 온갖 불평등과 절연하여 새로운 출발을 하기에 적합한 조건이었다. 더군다나 불교는 인도에서 발생했고, 고대 인도의 '황금기'에 널리 퍼져서 찬란한 문화를 꽃피웠던 종교였다. 이러한 점들이 그가 불교를 선택한 이유였다.

하지만 암베드까르 박사 사후에는 인도불교 부활의 움직임도 답보 상태를 벗어나지 못했다. 실질적으로 불교도들이 된 사람들은 힌두의 관습에서 벗어나지 못한 채 살고 있었다. 그러나 잠시 불교로의 개종이 주춤하던 시기를 지나, 2000년도를 들어서면서 대규모 집단 개종이 심심치 않게 보고되었다. 예를 들어 2002년에 델리에서 100만 명이 집단 개종 의식을 가졌으며, 2006년도에는 타이완 포광산사의 포교 사업으로 20만 명이 개종하기도 했다.

오늘날 암베드까르 박사를 이어 불가촉천민들의 권익을 보호하는 데 앞장서며 불교 운동을 활발하게 전개하고 있는 사람이 있다. 우디뜨 라즈Udit Raj라는 인물이다. 그는 1958년 웃따르 쁘라데쉬Uttar Pradesh에서 불가촉천민에 속하는 카스트로 태어났지만, 대학 졸업 후 1988년 인도국세청에서 근무를 시작한 엘리트였다. 하지만 2001년 불교로 전향하고 2003년에는 직장을 사직한 후 본격적인 정치활동을 시작했다. 특히 그는 불가촉천민을 뜻하는 달리뜨Dalit의 권익보호를 위해 활동하면서, 달리뜨불교도운동Dalit Buddhist movement을 선도하고 있다.

또한 암베드까르 박사의 정신을 계승하여 신불교운동이나 불가촉천민 해방운동을 지원하는 국제 NGO단체인 'TBMSGTrailokya Bauddha Mahasangha Sahayaka Gana'의 활발한 활동도 주목받고 있다.

그 밖에도 인도 다람살라에 티베트 망명정부가 들어선 것도 인도불교의 재도약에 커다란 도움이 되었다고 볼 수 있다. 또한 인도 정부는 레-라닥Leh-Ladakh에 있는 불교학중앙연구원The Central Institute of Buddhist Studies을 설립하여 불교학 관련 연구를 진행함으로써 인도불교 부흥에 기여하고 있다.

이처럼 다양한 요인들을 배경으로 2001년 현재 불교는 자이나

교보다 많은 약 8백만의 신도를 갖고 있다. 물론 13억 인도 인구를 생각하면 미미하기 그지없는 상황처럼 보일지도 모른다. 그러나 고대 불교가 반힌두의 대표 세력을 형성함으로써 인도 사회의 정신문명을 주도했듯이, 현재의 불교 역시 힌두교에 대항하여 여러 불평등하고 불합리한 제도를 개혁해 나갈 수 있는 가능성을 지닌 종교로 성장해 나가고 있다.

2

동남아시아불교사

1 　　　　　　　　　　　　　　　　　스리랑카

인도 동남쪽에 자리한 작은 섬인 스리랑카는 땀바빤니Tambapaṇṇi 銅葉洲, 랑카디빠Lankadīpa 楞伽島, 실론Ceylon 錫蘭 등으로 불렸다. 기원전 6세기경 북인도에서 아리안Aryan 계통의 싱할라족Sinhalese이 이주하면서 세운 국가다. '사자의 자손'이라는 의미로 사자국獅子國 Sinhala 이라고도 한다. 현대 스리랑카에서는 불교와 힌두교의 종교 갈등인 타밀Tamil 분쟁이 지속되고 있다. 영국 식민지 시기에 인도에서 강제로 이주해 온 타밀인들의 힌두교와 전통적인 싱할라의 불교 사이에서 일어난 충돌이다. 하지만 스리랑카는 테라바다Theravāda(상좌부)불교 전통 교학의 근원이 되는 국가로서 법주法州 Dhamma-dīpa라고 불릴 정도로 불교의 비중이 지대하다. 1972년 이후 싱할라의 독립과 자립, 불교의 근본정신으로 되돌아가자는 취지를 담은 민족적 명칭인 스리랑카Sri Lanka를 국명으로 사용하고 있다.

1. 불교의 유입과 번영

● 　가장 유명한 싱할라 역사서인 『대사』에서는 기원전 3세기 데와남삐야 띳사De vānaṃpiya Tissa(B.C. 307~B.C. 267)[1] 왕이 불교로 개종하는 순간 담불라Dambulla 동굴에 마법의 대나무가 솟았다고 묘사하면서 스리랑카에 불교가 유입되는 장면을 설명하고 있다. 데와남삐야 띳사 왕은 아누라다뿌라Anurādhapura에서 동쪽으로 13킬로미터 떨어진 마힌딸레Mahintale에서 사슴 사냥을 하다가 인도 아라한 전법사인 마힌다Mahinda 장로를 우연히 만난다. 마힌다 장로는 인도의 제3차 결집 이후 9개 지역에 파견한 전법사 중 한 명으로 아소카 왕의 아들로 알려져 있다. 그는 불살생不殺生 ahiṃsā이라는 불교적 덕목을 교설함으로써 왕이 불교에 귀의하도록 이끌었다. 이후 왕은 대사大寺 Mahāvihāra를 건립하여 비구 승가를 세우고, 이듬해 마힌다 장로의 누이 상가밋따Saṇghamitta 장로니가 비구니 11명과 함께 인도 보드가야의 보리수를 가져오면서 비구니 승가도 성립된다. 이때부터 보리수의 공양 의식은 부처님 오신 날과 함께 스리랑카의 대표적인 불교

---

1) 스리랑카의 연대기는 책마다 상당한 차이를 보인다. 여기서 사용된 연표는 객관적인 사실에 충실하다고 평가되는 드 실바의 연표를 사용했다. K. M. De Silva, *A History of Sri Lanka*, (Berkeley: Univ. of California Press, 1981, pp.565~573)

축제로 자리를 잡았다.

데와남삐야 띳사 왕이 불교를 받아들인 후 불교가 가장 번성
했던 시기는 듯따가마니Duṭṭhagāmaṇī(B.C. 161~B.C. 137) 왕 때로,
그는 타밀 왕에게서 왕권을 되찾기 위한 전쟁을 벌이면서 "나는
왕국이 아니라 불교를 되찾기 위해 전쟁을 한다."고 선포했을 만
큼 국가 존립과 수호의 원리를 불교에 두었다. 그는 이후 도시 근
교에 마리짜왓띠Maricavaṭṭi 사원을 지어 승단에 바치고 수많은
정사精舍와 탑을 건설하면서 불교 발전에 기여한다.

● 　스리랑카불교는 왓따가마니 아바야Vaṭṭagāmaṇi Abhaya
(B.C. 89~ B.C. 77) 왕 때부터 진정한 번성기를 맞이한다. 또한 이
시기는 최초로 승가의 분열이 이루어져 불교사에서 중요한 의미
가 있다. 왓따가마니 아바야 왕은 남인도 촐라Cola 왕국의 침략
으로 수년간의 피신 끝에 왕위에 복귀하여 자신에게 많은 도움
을 주었던 마하띳사Mahātissa 장로에게 감사의 표시로 무외산사
無畏山寺 Abhayagiri vihāra를 건립하여 하사한다. 하지만 기존의 대
사파大寺派 Mahāvihāra Nikāya 승려들은 마하띳사가 왕과 긴밀한
관계를 갖고 있는 것에 불만을 품고 그를 대사파에서 축출한다.
이후 마하띳사가 5백 명의 동조자들과 함께 무외산사를 본거지
로 삼는 무외산사파無畏山寺派 Abhayagiri Nikāya를 세우는데, 이때
부터 스리랑카 종파는 두 개로 나눠지면서 최초의 승단 분열이
일어난다.

무외산사파는 자유롭고 진보적인 사상을 가지고 테라바다와
대승불교의 보살사상을 함께 연구하면서 대중적이고 활발한 활
동을 보인다. 대승사상과 함께 산스끄리뜨어가 소개되면서 다양
한 분파들의 견해도 적극적으로 수용한다. 이에 반해 대사파는

2. 승가의 성립과 분열

기존의 사상인 테라바다불교만 연구하는 보수적인 태도를 취하면서 대승사상의 유입을 반대한다. 즉 스리랑카의 첫 승가 분열은 전통 테라바다를 고수하는 보수파와 대승불교라는 새로운 사상을 받아들인 진보파의 분열을 의미한다.

인도 독자부犢子部 Vajjiputtaka의 담마루찌Dhammaruci 法喜와 그의 제자 몇 명은 왓따가마니 아바야 왕 때 스리랑카로 건너와 무외산사에서 머물면서 자신들의 불교사상을 전파했다. 무외산사파는 이 사상들을 전폭적으로 수용했기 때문에 법희파法喜派 Dhammaruci Nikāya라고도 불린다. 국왕이 무외산사파에게 호의적이었던 분위기 속에서 대승불교 교리를 자유롭게 탐구하던 무외산사파는 당시 주류였던 대사파를 이기기 위해 담마루찌와 동맹한 것으로 보인다.

3. 기타림사

● 무외산사파의 자유로운 대승사상 탐구는 보하리까 띳싸 Vohārika Tissa(209~231) 왕 때에도 이어진다. 당시 인도 대승 계통의 방광부方廣部 Vetullavada 일파가 무외산사에 들어왔는데 보하리까 띳싸 왕은 이들을 이단으로 규정하고 쫓아냈다. 이후 고따바야Goṭhābhaya(249~262) 왕 시대에 다시 방광부의 사상을 따르는 사가라Sāgara 장로를 위시한 무외산사파의 일부가 남산南山 Dakkhinagiri에 정착하여 종파를 이루니 이를 해부파海部派 Sāgariya Nikāya, 혹은 남사파南寺派 Dakkhiṇavihāra Nikāya라고 한다. 당시 방광 비구 60명은 인도로 쫓겨나고 대승 경전은 불태워졌다고 전해지는데, 이들이 후에 기타림사祇陀林寺 Jetavana vihāra에 정착하면서 기타림사파가 성립된다. 이 종파는 4세기에서부터 5세기 초기에 걸쳐 크게 번성하면서 대사파의 세력을 약화시켰고, 스리랑카불교는 세 종파로 나뉘게 된다.

● 　 5세기에 접어든 마하나마Mahānāma(406~428) 왕 시대에
는 테라바다 교학이 엄청난 발전을 이루었다. 이 무렵 인도의 위
대한 주석가로 널리 칭송받는 붓다고사Buddhaghoṣa 佛音가 스리
랑카로 건너와 불교사에 매우 중요한 업적을 남긴다. 그는 마가
다국 출신으로 스리랑카 각지에 있던 싱할라어 삼장과 주석서들
을 수집·번역하고 편찬했다. 특히 테라바다 교리를 집대성한 백
과사전적 저서인 『청정도론淸淨道論 Visuddhimagga』을 저술한 업
적은 대승불교의 나가르주나龍樹 Nāgārjuna가 이룩한 업적에 필
적한다고 칭송받는다.

　같은 시기에 테라바다불교의 역사서인 『대사』, 『도사』가 빨리
어로 편찬된 것으로 보아 교학 연구가 굉장히 활발했음을 알 수
있다. 당시 교학적 발전을 주도한 대사파는 테라바다 정법을 존
속시키기 위해서는 빨리 삼장Pāli tipiṭaka을 구송口誦으로만 전승
하는 것은 위험하다고 생각했다. 그리하여 마딸레의 바위 사원
근처인 알루 위하라Alu vihāra에 경전을 보관하고 최초로 빨리 삼
장을 패엽경貝葉經으로 필사하면서 경전의 성문화와 문자화를
이끌었다.

● 　 5세기 무외산사에서 약 2년간 머물렀던 중국의 구법승 법
현法顯은 『고승전高僧傳』에 "스리랑카 승려가 약 6만 명이며, 그
중에서 무외산사에는 5천 명, 대사에는 3천 명, 마힌딸레에는 2
천 명이 있다."는 기록을 남겨 당시 스리랑카에서 불교가 번성했
으며 무외산사파가 대세였다는 사실을 알려 준다. 하지만 6세기
이후 스리랑카는 강력한 왕권을 가진 성왕이 등장하지 않으면서
오랜 기간 동안 정치와 사회적 상황이 불안하여 불교 교단은 큰
발전을 이루지 못했고, 무외산사파가 밀교를 적극적으로 수용하

면서부터 밀교 중심의 불교사가 전개된다.

　밀교를 스리랑카에 처음으로 소개한 이는 남인도 출신인 와지라보디Vajrabodhi 金剛智(671~741)이다. 그가 도입한 밀교는 『금강정경 金剛頂經』에 의한 금강부 밀교 계통으로 무외산사파의 위랑꾸라라마Vīrānkurārāma 승원을 근거지로 삼아 발전하였다. 이후 그의 제자인 아모가와지라Amoghavajra 不空金剛(705~774)에 의해서 스리랑카 전역에 밀교가 성행했다. 이는 국왕 앗가보디 6세 Aggabodhi VI(733~772)가 밀교를 크게 환영하고 지원했기 때문에 가능했다. 아모가와지라는 스승의 유지에 따라 3년 동안 밀교를 수학한 후 5백 부가 넘는 산스끄리뜨 경론서와 밀교 전적典籍을 가지고 중국으로 가서 밀교를 전파하여 후에 광지삼장廣智三藏이 되었다. 이후부터 스리랑카의 밀교는 좌도左道적인 경향이 강해지고 힌두교도인 타밀족이 신봉하면서 점차 쇠락하여 11세기까지 암흑시대를 맞이한다.

● 　10세기 인도 촐라국의 침입으로 아누라다뿌라 왕조가 무너지면서 비구니 교단은 완전히 사라지고 비구 교단 역시 쇠락하였다. 위자야바후Vijayabāhu(1055~1110)는 뽈론나루와Polonnaruwa를 수도로 삼은 새 왕조를 세우고 국내 정세를 안정시킨다. 그는 우선 미얀마로부터 구족계를 받아 무너진 불교 승단의 정비를 시작한다. 당시 구족계를 수행할 수 있는 최소한의 비구 인원인 5명의 비구마저 남아 있지 않은 상황이었다. 그는 미얀마의 아노여타Anawyahta(1044~1077) 왕에게 사신을 보내어 테라바다 승려를 초청하고, 청년들을 출가시키면서 불교 부흥을 위한 노력을 기울인다. 또한 불치를 공양하는 사원을 건립하고 승가를 청정하게 부활시키고자 하였으며, 교학적으로는 아누룻다Anuruddha 장로에게 『아비담맛따상가하Abhidhammatthasaṅgaha 攝阿毘達磨義論』를 저작하게 한다.

1. 위자야바후

● 　위자야바후가 사망하고 지방 호족들의 발호로 정세가 다시 혼란에 빠졌을 때, 스리랑카 역사상 최대의 영군으로 불리는 빠라끄라마바후 1세 Parākramabāhu I(1153~1186)가 혼란을 수습한

2. 빠라끄라마바후 1세

다. 그는 대사파를 정통파로 삼아 단일 교단으로 통합을 선도하면서 불교 부흥을 이끌었다. 통합 과정에서 테라바다 전통을 인정하지 않는 비구는 추방하고 처자가 있거나 문란하거나 평이 좋지 않은 비구들은 강제로 환속시켰다. 또한 계율에 기반을 두어 승려를 단속하는 국법을 제정하고 승단의 질서를 엄정히 다스렸다. 특히 이때 까띠까와따Kātikāvata 淸規가 공표되었는데, 이는 율장과 더불어 승가 본연의 자세를 규정한 법률로서 후대에 이르러서도 이에 근거해 작성한 승단 규약은 해이해진 승가를 바로잡는 역할을 한다.

교학적으로도 대사파를 중심으로 빨리 삼장 주석서들에 다시 주석을 붙이는 복주復註 ṭīkā 작업이 이루어졌다. 마하까사빠Mahakasyapa 장로를 수좌로 하여 1천 명의 비구를 모아 각지에 흩어져 있던 빨리어나 싱할라어 삼장과 주석서, 역사서 등을 수집하여 정리하는 불전 결집 사업을 추진했다. 오늘날까지 스리랑카 빨리 삼장이 전해질 수 있었던 것은 실로 그의 공훈이 크다고 할 수 있다. 또한 많은 사원이 수리되고 새로운 사원이 건립되었는데, 그는 갈 위하라Gal vihāra 석불을 건립하고 다른 불탑 사원의 조성에도 힘을 기울였다. 이처럼 스리랑카 역사상 중흥의 영주로 칭송받는 빠라끄라마바후 1세 시기에는 삼장을 갖추는 경전 결집과 수행 승가의 기풍에 의해 뛰어난 학승들이 다수 배출되었다. 또한 청정한 지계행을 모범적으로 실천하면서 승단이 명성을 얻자 미얀마를 비롯한 인근 테라바다 국가에서 스리랑카로 유학을 오는 스님들이 늘어났다.

3. 불교 문예부흥기

● 빠라끄라마바후 1세 이후 스리랑카는 다시 혼란을 겪었으나 후왕들의 불교 보호와 장려 정책이 잇따라 성공하면서 이

내 안정을 되찾는다. 이 시대는 불교 문예부흥의 시기로 칭송될 만큼 불교의 영향력이 지대했고 그 여파는 15세기까지 이어진다. 불교 부흥에 의해 스리랑카의 불교가 다른 테라바다 국가에 알려지면서 1474년 미얀마의 담마제디 Dhammazedi 왕은 자국의 승가를 회복하고 스리랑카 불교의 구족계 전통을 수입하기 위해서 22명의 비구들과 대신들로 구성된 사절단을 파견한다. 당시 스리랑카 승가는 미얀마의 비구들을 위해 켈라니야 Kelaniya 강의 계단戒壇에서 구족계를 준다. 이는 정통 테라바다가 스리랑카 주변 국가로 전해지는 역사적인 계기가 될 뿐 아니라, 후에 스리랑카가 다시 미얀마로부터 동일한 대사파 정통의 계맥을 이어받는 발판이 된다.

1. 비말라다르마수리야 1세

● 　힌두교도의 침입으로 쇠퇴한 뽈론나루와 왕조는 1235년에 막을 내린다. 이후 꽂떼Kotte, 시따와까Sītavaka, 캔디Kandy 왕조로 분할되는데, 이 세 왕조 간의 전쟁으로 매우 혼란한 정세가 한동안 지속된다. 꽂떼 왕조는 포르투갈과 연합하면서 가톨릭으로 개종하고, 시따와까 왕조의 라자싱하 1세Rājasiṃha I(1581~1591) 왕은 힌두교로 공식 개종하면서 불교 탄압정책을 펼친다. 유일하게 캔디 왕조만이 불교의 명맥을 유지하고자 노력했지만 포르투갈의 침략과 힌두교의 강세로 불교는 매우 곤란한 처지에 놓였다.

17세기 초 캔디 왕조의 비말라다르마수리야 1세Vamaladharma-sūrya I(1591~1604)는 미얀마에서 비구를 초빙해 스리랑카불교의 법통을 이으려고 노력했지만, 1721년에 스리랑카 비구 승단은 결국 소멸하게 된다. 비말라다르마수리야 1세는 유구한 불치제佛齒祭의 전통을 잇기 위해 치아 사리를 캔디로 옮겨와 2층 사원을 지었는데, 이곳이 바로 지금의 불치사佛齒寺 Sri Dalada Maligawa이다. 부처님의 치아 사리인 불치가 일반에게 공개되는 것은 캔디에서 매년 8월에 10일간 열리는 페라헤라 축제Perahera Festival 때뿐으로 이때부터 스리랑카의 대표적인 불교행사가 되었다.

한 권으로 보는 세계불교사

루완웰리세야대탑 © 구광국

● 끼리띠 쉬리 라자싱하Kīrti Śrī Rājasiṃha(1747~1782) 왕은 1753년에 태국의 아유타야에서 황금 불상과 불교 경전을 들여오면서 우빨리Upāli 장로를 위시한 25명의 태국 승려들을 초청했다. 이에 태국 승려들로부터 스리랑카 사미승들이 구족계Upasampadā를 받음으로써 스리랑카 비구 승가는 복원되었다. 이때 복원된 승가는 태국의 우빨리에게 법맥을 이어받은 가장 큰 종파이므로 시암파Siam Nikāya 혹은 우빨리파Upali Nikāya라고도 한다. 1765년 끼리띠 쉬리 왕은 아스기리야Asgiriya와 말왓따Malwatta 사원에서만 구족계를 내릴 수 있으며 출가는 상층 농민 카스트인 고이가마Goyigama에 한정시킨다는 법령을 내린다. 이후 시암파는 아스기리야와 말왓따로 양분되면서 지금까지도 두 명의 종정宗正을 두고 있다. 상층 카스트로만 구성된 시암파는 왕궁과 긴밀한

유대 속에서 번영을 누리면서 승가의 타락을 불러왔다는 비판을 받았는데, 이는 평등한 출가를 지향하는 새로운 종파를 태동시키는 계기가 된다.

1802년 암바가히삐띠야Ambagahapiṭiya는 개인적으로 미얀마의 아마라뿌라로 가서 보도파야 왕의 승인 아래 구족계를 받고 귀국하여 불교 부흥을 위한 활동을 했다. 이 계통을 이어받아 1808년 창종된 종파가 아마라뿌라파Amarapura Nikāya로 이후 다양한 카스트에 따라 18개의 하위 지파가 생겨난다. 또한 1864년에는 암바가하왓따Ambagahavatta 스님에 의해 미얀마 법통을 잇는 라만냐파Ramañña Nikāya도 일파를 이루는데 이 종파는 카스트에 관계없이 출가할 수 있는 자격을 주는 유일한 종파가 된다. 두 종파는 모두 미얀마의 법맥을 이어받으면서, 상층 카스트만이 출가할 수 있는 시암파의 구시대적이고 폐쇄적인 승가의 모습에서 탈피하여 일반 대중과 호흡하는 성향을 갖는다. 하지만 넓게 보면 세 종파 모두 스리랑카에서 태국이나 미얀마로 전파되었다가 다시 스리랑카로 돌아온 것이기 때문에 교파와 교설의 차이점은 거의 없고 법복의 착용법과 독경 시 목소리의 곡조 등 몇 가지 예법의 차이가 있을 뿐이다.

스리랑카는 포르투갈(1505~1658), 네덜란드(1658~1796), 영국(1796~1948)의 식민 지배를 받았다. 오랫동안 서구 열강의 식민 지배하에서 테라바다불교는 크게 박해를 받는다. 가톨릭의 포르투갈과 개신교의 네덜란드로 이어지는 외세의 불교 말살 정책은 승단과 재가 사이의 불화를 조장하면서 승단의 화합을 깨뜨리고 불교 교육을 말살시키는 방향으로 전개되었다.

포르투갈은 가톨릭으로의 개종이 아니면 죽음이라는 극단적인 선택을 강요하고, 네덜란드는 관직과 농토 소유권 법적 제한, 교회를 통한 공식 문서 접수 단일화, 불교 사원의 파괴와 승려 살해, 사원 소유의 토지와 재산 몰수 등으로 개종을 강요하는 무력적인 선교를 지속하면서 불교를 탄압했다. 영국은 교회에서 행한 결혼만을 법적으로 인정받는 조건이라 한정하고 불교식으로 태어난 아기는 법적인 혜택을 전혀 받지 못하게 하는 방식으로 탄압을 가했다. 또한 정부의 인가를 받아야만 학교 설립이 가능하게 하여 기독교 학교에 비해 불교 학교는 극히 적어졌고, 최초의 불교 패엽경 삼장三藏을 폐기시키기도 했다.

이러한 억압 속에서도 출가와 재가의 불교도는 호법의 의지를 굽히지 않고 불교를 지켜 냈다. 이 기간 동안 대중성이 높은 독송용의 호주護呪 경전이 많이 나와 불교가 일반 서민에 이르기까지 전 계층에 깊게 뿌리내렸다. 부처님의 치아 사리와 보리수 축제 기간에는 캄보디아와 미얀마 등에서 고승들이 파견되어 쇠락해 가던 스리랑카 불교에 기운을 불어넣어 주었다.

한 권으로 보는 세계불교사

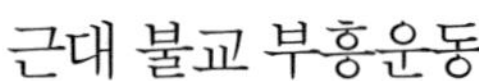

영국이 통치하던 1873년, 구나난다Gunananda를 대표로 하는 승려들이 불교 비판을 일삼던 선교사들과 일주일간 벌인 종교 논쟁이 '빠나두라의 논쟁Pānadurā vādaya'이다. 이 논쟁은 대표적인 불교 저항운동의 시작으로 불교 측이 크게 승리하는 것으로 마무리된다. 일주일 동안 목사·전도사와 승려 간에 벌어진 이 유명한 논쟁은 영자신문인 『실론타임즈The Celyon Times』를 통해 전 세계로 전해졌는데, 불교 측의 승려들이 훨씬 치밀한 논박과 과학적 견해를 보이면서 완전한 승리를 거두었다고 평가된다. 이 논쟁을 통해 스리랑카인들은 불교에 대한 자긍심을 갖게 되었고 이는 부흥운동으로 이어졌다.

서구의 오랜 식민통치로 불교도임을 자처한 사람이 드물었을 정도로 스리랑카의 문화적 정통성이 상실된 19세기 말에서 20세기 초의 불교 부흥운동은 다르마빨라A. Dharmapāla(1864~1933)에 의해 본격화된다. 다르마빨라는 1891년 스리랑카의 수도 콜롬보에 대각회大覺會 The Mahābodhi society를 설치하고, 지식인층을 중심으로 인도의 불교 유적을 발굴하고 보호하는 운동을 시작한다. 1898년에는 콜롬보 근처에 학교를 건립하고 교과과정에 명상·예배·비교종교학 등을 도입하는 방식으로 근대화를 위해 노력한다. 다르마빨라가 시작한 개혁의 바람은 승려를 교육하는 학교인 승원僧院 Piriveṇa에 가장 큰 영향을 주었다. 1873년 근대적 교육 방식을 적용한 불교 승가대학인 비디요다야 승원Vidyodaya Piriveṇa이 세워지고, 1875년에는 비디야랑까라 승원Vidyālaṃkāra Piriveṇa도 설립되었다. 이 두 승원은 출가자와 재가자 모두를 수용하여 교육했으며 독립 이후 종합대학으로 발전하였다. 1959년 정식 대학으로 승격된 후 1966년 명칭을 바꿔 현재 켈라니아Kelaniya대학과 스리 자야와르데네뿌라Sri Jayawardenepura대학으로 지속되고 있다.

또한 다르마빨라는 유럽 근대 문명의 해악이 자국의 문화적 유산을 파괴한다고 판단하고 스리랑카인들에게 자국의 전통문화에 대한 존중과 부흥을 호소했다. 동시에 정치적인 문화운동으로 발전시킨 이후 불교 부흥운동을 반영 독립운동과 민족주의적 방향으로 전개하였다. 1890년에는 미국 신지학회의 올코트 대령이 스리랑카에 와서 그를 후원하며 다르마빨라의 부흥운동은 더욱 박차를 가하게 된다. 대각회는 그의 유지를 계승하여 새로운 사원의 건립, 유적의 관리 보존, 순례자를 위한 숙박 시설 설치, 연구소·박물관·의료시설 등의 신설, 인도 및 세계 각지에 지부 설치 등의 노력을 현재까지도 지속하고 있다.

특히 1851년에 인도에서 발굴하여 영국 빅토리아 알버트 박물관Victoria and Albert Museum에 옮겨 두었던 사리뿟따와 목갈라나의 유골 반환운동을 성공시켜, 1952년 세계불교를 위한 세계불교도회의가 창설되는 데 주도적 역할을 담당했다. 1948년 스리랑카는 영국으로부터 독립한 후 테라바다불교를 국교로 선포했고, 부흥운동을 통해 불교 사회를 유지하고 대외에 불교 국가임을 인식시켰다.

1950년 5월 대학 교수였던 말라라세케라G. P. Malalasekera의 요청으로 세계불교도연맹WFB(World Fellowship of Buddhists)이 결성되어 콜롬보에서 제1회 세계불교도회의가 개최된 후 현재까지 활동이 이어지고 있다. 독립 초기 사회주의 정치의 기조 아래 불교청년회, 공무원불교도단체 등을 중심으로 세속적인 불교사회의 조직화가 광범위하게 이루어지면서, 보시와 선정 등의 신행활동이 강조되고 권장되었다. 승가는 각 종파별로 독자적인 승려 교육을 위한 학원을 증설하고, 대학과 승원 및 도서관을 세웠으며 저술활동을 통해 문서 포교를 전개했다.

1955~1956년까지 불기 2,500주년 붓다 자얀띠Buddha Jayanti 聖年 행사가 실시된다. 부처님의 생애와 관련하여 세계적 표준을 마련하는 데 크게 기여한 붓다 자얀띠와 관련된 모든 사업은 정부에서 지원하는 국가사업으로 진행되었다. 또한 불교를 국교로 삼은 스리랑카 정부는 싱할라어를 국어로 정하면서 스리랑카 불자들을 위하여 빨리 삼장의 싱할라어 번역을 시작하고 불교대백과사전을 편찬한다. 더불어 매주 불자들이 사원에 가서 불교를 공부할 수 있도록 일요불교학교Sunday Dhamma school를 개설했고, 위빠사나vipassana 부흥운동을 통해 다양한 명상 센터들이

도시 근교에 세워졌다. 불교학교는 1학년부터 10학년까지 있으며 스리랑카 행정부인 불교부에서 만든 교재로 공부한다. 참석 인원이 사원마다 적게는 수백 명에서 많게는 수천 명에 이른다. 대부분의 불자들은 매일 아침 불살생계不殺生戒 등 오계를 암송하고, 모든 학교에서는 『자비경慈悲經 metta sutta』을 암송하며 자애 명상을 한다. 태어나서부터 죽을 때까지 사원과 밀접한 관계를 맺는 스리랑카인들은 중요한 행사를 반드시 사원과 협의하여 함께 치른다.

태국

태국은 전 국민의 약 94퍼센트가 테라바다불교를 믿는 대표적인 불교국가다. 동남아시아 국가 중에서 압도적인 불교도 수 외에도 불교가 정치·사회·문화 등과 매우 밀접한 관계를 가지고 있으며 국민생활에 미치는 영향이 가장 큰 국가로 꼽힌다. 현재 태국불교는 2대 승단으로 구분된다. 역사가 더 오래된 대사파와 1836년 라마 4세가 주도하여 결성된 정법파가 있다. 대사파가 전체의 97퍼센트를 차지하지만 계율이 엄격한 정법파는 승가의 주요 관직을 장악하고 있다. 역대 승왕도 대부분 정법파 출신으로 교단 내에서 영향력이 큰 종파다. 현대 태국불교의 교육은 두 종파에서 운영하고 있는 두 개의 국립 불교대학, 즉 대사파의 마하출라롱꼰라자위달라야대학교Mahachulalonkornrajavidyalaya University와 정법파의 마하마꿋대학교Mahamakut University에서 주로 담당한다.

스리랑카 역사서에는 불멸 후 236년에 벌어진 제3차 결집 이후 아소카 왕이 소나Sona 須那와 웃따라Uttara 鬱多羅 장로를 '황금의 땅Suvannabhumi 金地國'에 파견했다고 전한다. 여기서 황금의 땅은 태국의 원주민인 몬Mon족의 땅으로 알려져 있다. 이들은 현재의 태국과 미얀마 남부에 걸쳐 거주했으므로 사서의 기록이 정확하다면 같은 시기에 태국과 미얀마에 불교가 전래되었다고 볼 수 있다.

테라바다불교가 본격적으로 전래된 시기는 5세기에서 11세기로 추정된다. 이를 수용했던 대표적인 왕국은 짜오프라야Chao Phraya 강 하류 지역에서 홍기한 몬족의 드와라와띠Dvaravati이다. 방콕을 중심으로 현재 태국에서 가장 중요한 지역에 해당하는 짜오프라야 강 유역에는 통일 왕조가 등장하는 13세기 중엽까지 몬족과 크메르khmer족이 살고 있었다. 현장과 의정 같은 인도 구법승들의 기록과 이 지역에서 출토된 유적에 산스끄리뜨 경전에 대한 언급이 있는 것으로 보아 당시 이들은 테라바다불교뿐만 아니라 대승불교도 신봉했으리라 짐작할 수 있다.

13세기에 접어들어 미얀마의 버강 왕조와 캄보디아의 앙코르 왕조라는 대제국의 세력이 점차 약화되었다. 이를 틈타 타이족이 패권을 장악하면서 현재 태국 중부 지역에 세워진 왕조가 수코타이이다. 이 시대의 주류였던 테라바다불교는 수코타이 제3대 람캄행Ramkemheng(1279~1300) 왕에 이르러 본격적으로 발전한다. 람캄행 왕은 자국의 승려를 스리랑카로 유학시켜 구족계를 받게 하고 스리랑카의 학승들을 나컨 씨 탐마랏Nakhon Si Thammarat으로 초청하여 불교를 진흥시킨다. 팔재계八齋戒 때에는 승려들을 왕궁에 초빙해 옥좌에서 설법하도록 했으며, 아란야 사원을 세우고 기부금을 하사했다. 우기가 끝날 때는 재화, 가사, 물품 등을 보시했는데 이 의식은 지금까지 이어지고 있다. 스리랑카에서 유학한 스님들이 귀국한 후에는 테라바다불교를 국교로 삼고 삼장의 필사를 위해 타이Thai 문자를 창제했다.

람캄행 왕의 손자인 리타이Lithai(1345~1368) 왕은 1345년 『불교우주론』을 저술하고 자신을 전륜성왕에 비유했다. 일명 『삼계론三界論 Traibhumikatha』으로 불리는 이 우주론은 욕계, 색계, 무색계가 공덕功德에 의해서 이루어진다고 보았다. 또 우주의 지배자인 국왕을 중심으로 한 사회적 위계구조位階構造 hierarchy를 주장하고 있어 태국 특유의 국왕과 불교의 밀접한 관계를 보여준다. 이처럼 불법佛法으로 나라를 통치하는 정의로운 왕을 자칭한 그는 스리랑카의 승단을 모방한 감마와시Gamavasi(도시승)와 아란나와시Arannavasi(산림승)로 분리된 승가를 구성하고 스리랑카의 고승을 초빙하여 교학적 기반을 충실히 쌓았다. 또한 자신도 단기 출가를 하였는데, 이는 20세 이전의 남자가 출가하는 태국불교의 대표적인 관습의 기원이 된다.

한편 수코타이 왕조가 세워졌을 때 북부 치앙마이에서는 란나타이Lannathai 왕조가 건립된다. 이 왕조도 스리랑카의 승려를 초청하고 상호 교류하면서 테라바다불교를 신봉했다. 띠록까라

자Tilokraja(1442~1477) 왕 때는 왕의 지원으로 1477년 1년 동안 불전 결집을 이루고, 프라 므엉 깨우Phra Muang Kaeo(1495~1525) 왕 때는 1,200명의 대규모 출가 의식이 행해지기도 했다.

수코타이 왕국과 크메르 왕국 사이에 위치한 우텅 왕국이 1350년 독립하면서 아유타야 왕국을 세운다. 1767년 미얀마의 침공으로 멸망하기 전까지 아유타야 왕국은 400여 년 동안 동남아시아의 중심 국가로 번성했다. 아유타야 왕조의 국왕들은 불교를 신앙하고 보호하면서 발전시켰기 때문에 이 왕조를 태국불교의 최대 전성기로 꼽는다. 아유타야 왕국은 크메르를 복속시키면서 크메르의 영향으로 대승불교와 힌두교의 직접적인 영향을 받았지만 대부분의 왕들은 테라바다불교를 신앙하면서 이를 진흥시키기 위한 노력을 아끼지 않았다.

아유타야 유적 ⓒ 구광국

 1361년 라마티보디Ramathibodi(1350~1369) 왕은 테라바다불교를 국교로 선포하고, 프라보롬라차띠랏 2세Phraboromrachatirat II(1424~1448)는 스님들을 스리랑카로 유학을 보내 구족계를 받아오게 하였다. 이때 구족계를 받고 귀국한 이들이 빠깨우Pakaeo라는 새로운 종파를 만들고 철저히 계율을 지켰다고 알려져 있다. 왕은 부처님의 일대기를 저술하기도 하고 왕족, 귀족들과 함께 출가하여 승려생활을 하기도 했다. 당시 국왕들은 국왕이 불교의 중심이며 왕궁은 그 교육의 중심이 되도록 노력했는데, 쏭탐Songtham(1610~1628) 왕도 궁중에서의 불교 학습에 박차를 가했다. 나라이 Narai(1656~1688) 왕 때는 태국에서 처음으로 승려의 자격시험을 치렀다. 여기서 불합격한 이들에게선 승적을 박탈했고, 경율론 삼장을 모두 통과한 이들에게는 최고의 등급을 부여하는 등 승려 자격을 3등급으로 구분했다. 이 시험제는 19세기 초 라마 2세 때 좀 더 세분화하여 발달했다.

18세기 중반 버롬마꿋 Borommakot(1733~1758) 왕은 네덜란드의 침략으로 쇠락한 스리랑카 승단의 재건을 돕기 위해서 우빨리 장로를 상수로 하는 16명의 승려를 캔디에 파견했다. 이들은 그곳에서 700명의 비구와 3,000명의 사미에게 수계를 내려 스리랑카 불교를 부흥시키면서 스리랑카 최대 종파인 시암파의 발생에 기여한다.

1767년 아유타야 왕조가 미얀마에 의해 멸망하고 6개월 후 탁신 Taksin(1767~1782) 장군이 독립운동을 전개하여 아유타야를 탈환하며 톤부리 왕조를 열었다. 탁신은 국왕의 정통성을 얻기 위해 불교를 후원하면서 교학 연구를 장려했다. 재위 말기에는 불교적 명상을 통한 신비주의적 체험을 추구하고 자신이 예류과預流果 sotāpanna를 경험한 불교 군주라며 비정상적인 행동을 보인다. 이는 정의로운 왕으로서의 의무를 이행해야 정통성이 보장된다는 태국의 정치 이념을 저버리는 것이었기 때문에 탁신 왕은 국민과 승가의 지탄을 받아 1782년 처형되었다.

● 　탁신 왕의 최측근 장군이었던 통 두엉 Thong Duang은 쿠데타를 통해 라마 1세 Chao Phra Chakri(1782~1809)로 즉위하여 랏따나꼬씬 왕국을 연다. 이 왕조는 현재 태국의 수도인 방콕으로 천도하여 방콕 왕조라고도 불리며, 라마 1세가 장군인 짝끄리 cakri 출신이므로 짝끄리 왕조라고도 한다. 라마 1세는 즉위 후 우선 불교 승단을 자정 自淨하는 개혁을 단행한다. 그는 기존의 고위직 승려를 축출하고 탁신에 의해 축출된 승려를 복원시켜 승단의 중심 세력을 교체하였다. 그리고 집권 초기 2년 동안 7번의 칙령을 발표해 승단의 도덕적 해이를 없애고 승려와 국왕에 대한 대중적인 존경심을 함께 불러일으키도록 했다. 또한 1801년에 10번째 칙령을 발표해 부도덕하게 행동한 승려를 중노동형에 처하거나 승적을 박탈하는 등 현실적이고 강력한 제재를 가하여 승단을 정화했다. 이어 빨리어 삼장의 개정 작업과 결집 結集 Sankhyana을 통해 승단 내부의 화합과 불교의 질적인 향상을 모색했다.

　라마 1세는 당시 불교 경전어로 사용되던 라오스어, 몬어, 크메르어 등의 문자로 쓴 불경들을 모아서 크메르 문자로 통일해 빨리어 원전을 복원하도록 지시했으며, 크메르 불전의 내용을 분석하고 삼장 전체를 개정하고자 했다. 이에 개정을 위한 결집을 시행하는데, 1788년 5개월 동안 방콕 왓 마하땃Wat Mahathat 에서 250명의 승려와 학자가 동원되어 공개적인 회의를 거듭한 끝에 1789년 4월 빨리 삼장의 개정본인 대황금판삼장경大黃金版 三藏經을 완성했다.

라마 4세의 불교 개혁

19세기 후반 서구 열강들이 아시아 전역을 침략하면서 정치, 경제적인 면 외에도 서구의 학문, 제도, 과학 등이 유입되어 기존의 가치관은 대변혁을 맞이한다. 격동의 근대를 이끈 태국의 라마 4세 몽꿋Rama IV(혹은 Mongkut, 1851~1868) 왕은 이러한 시대적 변화에 대처하면서 근대적인 대개혁을 펼치고 탄력 있는 외교정책으로 태국이 동남아시아에서 유일하게 서구의 식민지를 경험하지 않도록 한다. 라마 4세는 서구 문명과 과학을 지향함과 동시에 불교 개혁운동을 이끌었다. 그는 태국불교의 새 종파인 정법파를 중심으로 기존 승단의 실효성에 의문을 제기하고 이를 정화하고자 노력했다. 왕이 되기 전 27년간의 출가 경험이 있는 라마 4세는 몬Mon 승려인 붓다왕소Buddhavangso를 만나면서 진정한 불교의 진리는 빨리 율장律藏 vinaya에 기반을 둔 불교라고 판단한다. 이에 근대적인 가치관과 서구적 합리주의 사상을 기반으로 불교의 전통적 우주론과 형식적인 공덕 쌓기를 비판하고 계율에 엄격한 정법파正法派 Thammayut-nikāi를 만들었다.

또한 라마 4세는 빨리어 경전 중심의 불교를 좀 더 진보적인 형태이자 국제적으로 소통되는 불교로 만들기 위해서 아리야까Ariyaka 문자를 창제했다. 그는 1822년에 서구 학자들이 유럽에서 처음으로 빨리어 경전을 로마자로 출판한 것에 자극을 받아, 크메르 문자를 대신할 새로운 아리야까 문자를 사용해 자국의 빨리어 경전을 출판하기 위한 석판인쇄기를 갖춘 인쇄소를 마련하고 바라제목차波羅提木叉 pātimokkha 경전을 간행한다.

기계적인 의례 수행을 부정한 라마 4세는 기존 구족계를 무효라 선언했다. 몬 방식의 수계식을 내리면서 교단을 정비하고, 빨리 삼장을 기준으로 한 정법파의 계율을 엄격하게 규정하여 정착시킨다. 몬 방식의 양 어깨를 덮는 가사 착용 방식을 지정하고, 발우 드는 법, 음식 위치, 식사법 등의 세세한 작법도 정립한다. 정법파와 대사파 모두 일일일식一日一食과 오후불식午後不食의 기본은 같지만 정법파는 이를 엄격히 지켜서 탁발해 온 음식을 밥과 반찬의 구별 없이 뒤섞은 후 공평하게 배분해 먹는다. 반면 대사파는 밥과 반찬이 따로 제공되고 식사 외에도 우유와 음료 같은 간식은 섭취가 가능했다. 또한 신발의 경우에는 정법파는 반드시 맨발로 다니고 대사파는 샌들을 신을 수 있다.

라마 5세 출라롱꼰Rama V(혹은 Chulalongkorn, 1868~1910) 왕은 본격적인 근대 개혁을 이끌면서 라마 4세의 개혁운동을 완성해 나간다. 라마 5세는 특히 선왕이 이루지 못한 중앙집권적인 강한 정부를 만들어 노예제도와 부복제 폐지 같은 대표적인 근대 개혁을 단행한다.

첫 유럽 여행을 마치고 돌아온 라마 5세는 이복형제인 와치라얀Wachirayan에게 승가의 지방 교육을 조직할 계획안 작성을 명한다. 1893년 탐마윳 종단의 주지를 맡고 1910년 승왕僧王 Sang-harāja에 오른 와치라얀은 영어를 포함한 일반 교육과정 수행을 주요한 골격으로 하는 승가 교육 프로그램을 시행했다. 시행된 지 3년 후 국왕에게 "177개의 새로운 학교가 창설되고, 1901년까지 154개가 더 창설될 것이다. 대부분의 학교에서는 거주 승려가 교사가 되고, 교장은 선출된 38명의 지방 승려가 맡는다."는 보고서를 올리면서 태국 승가 내 근대식 교육의 진척 상황을 전했다.

승가도 1902년 45개 항목의 승가법을 제정하여 승왕이 모든 사원을 관리하는 중앙집권적이고 단일화된 위계 체제를 이루면서 전국에 산재한 모든 사설 사원들이 승왕의 직접적인 감독 체제로 편입되고 조직화된다. 승려들은 본사에 소속되어야 하며 반드시 신분증명서nangsu sutthi를 발급받아야 했고, 국왕이 모든 승려의 임명과 해임 결정권을 가졌다. 또한 국왕은 승왕과 내각을 제어하고, 승왕을 중심으로 하는 원로회의는 승가 중앙 체제를 상위에 두면서 승가자치제와 승가도지사, 승가군수, 승가면장, 사원주지 등과 같은 지방 체제를 하위에 두어 중앙이 지방을 제어할 수 있도록 했다. 이처럼 방콕에서 지역 승가를 통제하는 중앙시스템이 확립되어 지역 종파의 자의적 교리 해석과 관습을 붕괴시키면서 본격적인 근대화를 이루게 되었다. 따라서 라마 4세에 시작된 태국불교의 근대화는 라마 5세에 의해 완성되었다고 해도 과언이 아니다.

● 제1차 세계대전이 발발한 라마 6세 와치라웃Rama VI(혹은 Wachirawut, 1910~1925) 시기부터는 절대왕권이 쇠락하였다. 라마 7세 때에는 세계공황으로 해직된 군인과 관료 및 해외 유학생으로 구성된 인민당이 1932년에 혁명을 일으키면서 절대군주제가 붕괴하고 입헌군주제로 대체되었다. 헌법에 의거해 국왕은 국회, 내각, 법원의 동의를 통해서만 모든 권한을 행사할 수 있으며 정치적 중립을 지켜야 했다. 이로 인해 국왕의 정치 참여가 금지되었지만 오늘날까지 국가를 유지하는 중심축으로서 큰 역할을 하고 있다. 1946년 즉위하여 오늘날까지 재위하고 있는 라마 9세 푸미폰Phumiphon 국왕은 불법佛法을 실천하는 왕인 담마라자 Dhammarāja 法王로서 많은 노력을 기울였다. 그는 수계를 받고 출가 생활을 경험했으며, 다양한 행사를 주재하고 참여하여 정당성을 인정받았기 때문에 불교와 사회에 끼치는 영향력은 지대하다.

한편 1933년에는 대사파로 구성된 종교 회복 그룹이 1902년의 승가법을 폐지하고 평등과 민주주의를 기본 원리로 하는 새 승가법 제정을 요구했다. 1942년에 새 승가법이 제정되면서 승가 의회는 대사파 승려들이 지배했고 정법파 승려들은 소수의

1. 입헌군주제와 락타이

의석만을 차지하게 되었다. 이에 1957년과 1959년 두 차례의 쿠데타로 정권을 잡은 사릿 따나랏Sarit Thanarat은 1963년 국가의 감독 기능이 강화된 새로운 승가법을 제정한다. 정부가 법왕을 임명하고 승가는 단일 체제로서 정부에 직접적으로 종속되었다. 또한 싸릿은 1957년 쿠데타 이후 정권의 정당성을 확보하기 위해 락 타이Rak Thai, 즉 국왕이 불교의 수호자가 되는 국가 질서의 이데올로기를 제작했다. 뒤이은 타놈Thanom 정권도 락 타이를 지지하면서 싸릿 시대(1957~1973년)가 성립된다.

2. 붓다다사의 불교사회주의

● 근대 이후 태국의 불교 개혁운동을 이끈 대표적인 인물로는 붓다다사Buddhadasa(1906~1993)를 꼽을 수 있다. 붓다다사는 1932년에 이미 수안 목Suan Mokkh과 담마다나재단The Dhamma-dana Foundation을 설립하고 사원공동체운동을 전개하고 있었다. 잡지 『붓다사사나Buddhasasana』와 대중강연을 통해 유명해진 그는 1970년대에 이르러 '종교적 원리에 기초한 사회주의', '민주적 사회주의 형태' 등을 주제로 강연하면서 사회주의적 원리가 세계를 유익하게 할 것이라고 역설하고, 동남아시아 주변 국가는 물론 태국에서도 심화되고 있는 사회적 갈등 해소 방안으로 담마사회주의dhammic Socialism를 주창한다. 그는 정치적 불안과 쿠데타가 반복되는 민주주의보다는 독재적 사회주의 체제하에서 담마라자인 국왕이 지배하는 국가를 지지한다. 그는 민주주의나 사회주의보다 담마dhamma가 가장 중요하며 담마에 근거한 담마라자가 현대 태국의 문제를 해결해 줄 것이라고 보았다.

3. 담마까야 운동

● 1970년대에 시작된 담마까야Dhammakāya 운동은 프라몽콜텝무니Phramongkolthepmuni 스님이 시작한 불교 명상 운동이

다. 1916년 담마까야재단의 설립 이후 1970년대에 건립된 왓 프라 담마까야Wat Phra Dhammakāya 사원을 운동의 근거지로 삼아 국제적인 명상 단체이자 네트워크를 가진 범세계적 불교 단체로 성장했다. 현재 18개국에 분원이 있으며 DMCDhamma Media Channel를 통해서 전문적인 교리와 명상 교육을 시행하고 있다. 법신法身이라는 의미의 담마까야는 명상을 통해 내면의 부처를 추구하는 수행 전문 기관으로 수백만 명의 신도들이 있는데 특히 도시 중산층 엘리트들에게 인기가 높다.

1995년에는 영국 빨리성전협회Pali Text Society와 공동으로 빨리 삼장을 전산화했으며 다른 테라바다 국가에 비해 태국의 낮은 빨리어 학습수준을 높이는 데 기여하고 있다. 담마까야 비구들은 모든 면에서 윤리적인 모범을 보이면서 신도들을 이끌고 기복 신앙적인 측면이 강한 호주와 부적을 부정한다. 또한 국민들의 건강을 위해 금연과 금주 운동을 벌이면서 국민 실생활에 영향을 끼치고 있으며 명상 운동을 통해 세계평화에 공헌한 것으로 평가된다.

● 산치 아속Santi Asoke은 새로운 불교 개혁으로 전 세계로부터 주목받는 승가 공동체이다. 원래 연예인이었다가 대사파에 출가한 프라 보디락Phra Bodhirak이 이끈다. 그는 대사파와 정법파의 통합을 추구하다가 실패하고 기존 승단을 떠나 1975년 산치 아속 종파를 창립한다. 산치 아속은 테라바다와 대승불교를 적절하게 혼합한 종단으로 청교도적인 윤리성을 강조한다. 담마까야가 기존의 승가 전통을 그대로 따르면서 도시 수행자를 중심으로 한 명상을 추구한다면, 산치 아속은 기존 승단의 전통을 그대로 수용하지 않고 철저하게 채식주의를 실천하면서 계율도

4. 산치 아속

10가지를 더 지키는 청렴한 생활을 실천한다. 반反물질주의와 반反소비주의를 지향하는 검소한 생활을 하면서 실천과 노동을 중요시하고 사회에 기여하는 종교가 되어야 한다는 점을 강하게 주장한다. 기존 종단은 산치 아속을 이단으로 규정하고 정부는 프라 보디락을 구속하기도 했지만 진보적이고 사회참여적인 측면의 장점을 가지고 정치적으로 성장해 가고 있다.

전체 인구의 85퍼센트 이상이 불교도인 미얀마는 동남아시아에서 태국 다음가는 불교 국가이다. 1989년 버마에서 미얀마로 국명을 개명하는데, 이는 식민지를 청산하고자 하는 의미와 함께 버마가 미얀마의 대표 종족인 버마족을 뜻하기 때문에 지역 명칭인 미얀마로 바꾼 것이다. 미얀마는 버마족이 69퍼센트를 차지하며 그 외 티베트의 퓨족Pyu 驃, 중국 운남성의 몬족 Mon, 태국의 샨족Shan, 인도의 아라칸족Arakanese 등과 여러 소수 부족도 있다. 현재 미얀마 불교는 총 9개, 크게는 2대 종파로 나뉜다. 가장 큰 종파는 수담마Sudhammā(혹은 Thudhamma)파로 대략 80퍼센트에 육박하며, 9퍼센트 정도를 차지하는 쉐진Shwegyin파가 두 번째로 큰 종단이다. 그 외에 공인된 7개의 종파로는 마하드와라Mahādvāra, 물라드와라Mūladvāra, 웰루완Veḷuvan, 켓트윈Hngettwin(혹은 Satobonmika), 마하옌Mahāyin, 가나위뭇띠까토Gaṇavimuttikato, 아나욱 차웅 드와라Anauck Chaung dvāra 등이 있다. 또한 1980년 이후 여성 출가자인 틸라신 thilashin 出家女의 수가 점차 증가하고 있다. 1994년에는 승가최고기관회의에서 정부의 틸라신 규칙집Thilashin Kyinwut이 제정되면서 정부 차원의 표준 계율이 생겨났다.

1. 고대 왕조와 불교의 유입

● 미얀마 최초의 통일국가는 10세기에 버강Bagan(혹은 Pagan) 왕조가 성립하면서 등장한다. 그전까지 여러 종족 중에서 두각을 나타낸 것은 퓨족이었다. 퓨족은 피예Prome 부근에 따예낏따야Thayekhittaya라는 도시를 세우면서 번성했는데, 발견된 빨리어 비문을 통해 5세기경에 이미 인도의 테라바다불교가 퓨족에게 전해졌다는 것을 알 수 있다. 또한 구법승 현장과 의정의 여행기, 산스끄리뜨 게송, 출토된 보살상 등을 통해서 7~8세기경에는 미얀마에 대승불교가 유입되었음도 유추할 수 있다. 중국 사료에는 9세기의 미얀마에 백여 곳의 화려한 불교 사원이 있었으며, 국왕이 불교를 수호하고 앞장서서 신앙하며 백성들의 불심이 깊었다고 전해진다.

825년에는 몬족이 미얀마 남부 타통Thaton에 수담마와띠Sudhammavati 왕조를 세운다. 타통 왕국은 제3차 결집 이후 아소카 왕이 파견한 소나와 웃따라 장로가 방문한 '황금의 땅Suvannabhumi 金地國'이 바로 미얀마라는 학설의 기반이 되는 도시이다. 담마제디 왕이 1476년 바고Bago 근교에 남긴 깔야니 비문에는 아소카 왕이 파견한 소나와 웃따라 장로가 라만나데사Ramannadesa(몬의 나라)에서 교법을 확립했다는 몬어가 새겨져 있는데, 여기서의 야만나데사가 현재 몬 주州에 해당되고 황금의 땅이 바로 타통으로 유추된다. 즉 미얀마 남부 타통 왕국에 인도의 전법사가 들어오면서 테라바다불교가 유입되었다고 볼 수 있다.

● 히말라야 북쪽에 거주한 것으로 추정되는 버마족이 8~9세기에 남하하여 쇠락한 퓨 왕국을 점령하고 정착하면서 9세기경 미얀마 최초의 통일국가를 이룬 왕조가 버강이다. 이 왕조의 42대 아노여타Anawyahta(혹은 Anuruddha, 1044~1077) 왕은 11세기 중엽 미얀마를 테라바다불교로 정비하면서 강력한 통일국가를 만들어 미얀마의 공식적인 역사에 태조太祖로 기록된다.

아노여타 왕은 1057년 타통 지역을 공격해서 빨리 삼장과 부처님의 사리를 얻어 32마리의 코끼리를 이용하여 버강으로 옮겨오면서 불교적 기반을 다진다. 이어 11세기에는 미얀마 남부 지역의 몬족을 정복한 후 당시 성행하던 '아리Ari 僧'라고 불리는 교단을 물리친다. 아리 교단은 힌두교의 샥띠즘Śaktism 性力派에 좌도 밀교와 민간 토속신앙이 결합된 종파로서, 아리승들은 주법을 부리고 백성들에게 군림하면서 타락을 일삼았던 것으로 보인다. 이후 아노여타 왕은 싱 아라한Shin Arahan 스님의 도움으로 스리랑카의 대사파에 승려를 보내 대사파의 계맥을 전승받고 테라바다불교를 국교로 공인한다. 당시 스리랑카의 왕인 위자야바후 1세는 스리랑카 승가를 재건하기 위하여 미얀마에 사신을 파견하고 1071년경 전적과 장로들을 요청했다. 아노여타 왕은 이 요청에 응하여 스리랑카로부터는 삼장 사본과 주석서를 얻어 와 자국의 삼장과 비교 연구를 하도록 지시하면서 스리랑카와의 교류가 빈번해졌다.

인도의 아소카에 비견되는 아노여타 왕은 불교를 진흥시키기 위해 다양한 노력을 기울인다. 그는 경전을 빨리어로 통일하고, 뛰어난 장로를 왕사王師로 임명하여 국정에 대한 조언과 도움을 받았다. 또한 타통의 예술가들을 데려와 수많은 파고다Pagoda(미얀마어 paya)를 건립하였다. 뒤 이은 짠짓따Kyanzittha(1084~1112) 왕은 파고다 건립에 더욱 매진하여 아낭다 파고다 외에도 수많은 불탑과 사원이 조성되는데, 이 왕조가 멸망하기 전까지 약 5천여 개에 이르는 웅장하고 화려한 파고다가 건립되었다. 때문에 이 왕조를 건사建寺 왕조라 부르는데, 당시 파고다 건립에 필요한 재정 문제로 국왕과 승가 사이에 분쟁이 자주 발생할 정도로 재정 상태가 심각했다고 전해진다. 이후 버강 왕조는 13세기에 몽고元 쿠빌라이 칸Kublai Khan의 침입으로 멸망하게 된다.

1287년 몽골군의 침입으로 버강 왕조가 멸망한 후 약 250년간 이어진 내란 속에 군소 왕조들이 난립했다. 중북부 만델레이 Mandalay 부근의 샨족이 세운 잉와Innwa(1364~1426) 왕조와 남부 몬족의 바고Bago(1287~1526) 왕조가 대립하면서 시대를 이끌어 간다. 잉와 왕조는 아리 교단이 다시 성행하다가 불교의 부흥과 억압의 시기가 반복된 반면, 1287년에 미얀마 남부에 세워진 바고 왕조는 제16대 담마제디Dhammazedi(1472~1492) 왕에 의해 불교가 크게 중흥을 이루었다. 담마제디는 몬족과 버마족의 구분을 없애고 모두가 부처님의 가르침을 믿는 버강의 후손이라는 점을 강조했으며, 승단의 여러 악습과 분열을 정화하기 위한 정화 운동을 시행한다.

그는 우선 율장에 따른 수계가 아닌 기존의 구족계를 파기하고, 1476년 2명의 사절과 22명의 장로승 및 사미를 스리랑카의 대사파로 보내 깔야니 강에서 계법에 따라 청정한 계단을 세우고 새로운 구족계를 받아 오게 한다. 그리고 스리랑카에서 구족계를 받은 비구만이 구족계를 내릴 수 있도록 깔야니Kalyāṇī 계단을 모방한 마하깔야니Mahākalyāṇī 계단을 건립한다. 이 결계지에서 1만 5,666명의 승려가 다시 수계를 받았으며, 그렇지 않은

탁발에 나선 마하간다용 사원의
스님들 ⓒ 구광국

승려들은 승단을 떠나도록 종용되었다.

수계식의 전승에 기초한 순수하고 바른 작법을 모범으로 삼는 통일적인 교단을 지향한 정화 운동을 통해 구족계를 받은 이들이 후대에 라만냐파Rāmañña nikāya가 된다. 정통한 수계의 작법을 확립한 정화 운동으로 화합을 이룬 청정 승단이 2백여 년간 유지되도록 한 담마제디 왕은 미얀마불교뿐 아니라 테라바다불교에도 커다란 역할을 했다. 그의 활동은 1475년에 세운 깔야니 비문에 상세히 기록되어 있으며 이 비문은 미얀마불교사에서 매우 중요한 자료다.

● 잉와와 바고를 평정하고 통일을 이룬 것은 북부의 버마족이 이주하여 세운 따웅우 왕조이다. 민찌뇨Minkyinyo(1486~1531) 왕이 잉와 왕조를 제압하면서 새 왕조를 열고, 2대왕 따빈시웨띠 Tabinshweti(1531~1551)가 바고 왕조를 격퇴시켜 완전한 통일을 이루면서 태국과 라오스를 위협하는 전성기를 구가했다. 이어 왕위에 오른 바잉나웅Bayinnaung(1551~1581)은 미얀마의 성왕 중 한 명으로 꼽히는데, 그는 몬족을 정복하고 테라바다불교를 지원하면서 훌륭한 학승들을 배출했다. 또한 동물 희생제와 같은 의례를 금지시키고 불탑을 복원하고 불경을 보급하며 불교를 포교하는 데 앞장섰다. 이후 버마족과 몬족의 관계가 악화되면서 왕조는 서서히 쇠락한다. 1600년 냐웅안Nyaungyan 왕조 이래 모든 왕들도 불교의 융성을 위해 힘써 빨리어 전적의 번역 작업 또한 진척을 이뤘지만, 17세기 이후 포르투갈, 네덜란드, 영국이 차례로 미얀마를 침범하면서 결국 왕조가 몰락한다.

1. 따웅우 왕조

● 미얀마의 마지막 왕조인 꽁바웅Konbaung dynasty(1752~1885) 왕조는 알라웅빠야Alaungpaya(1752~1760) 왕이 세웠다. 그는 몬족을 토벌하는 오랜 전쟁을 치르면서도 불교를 적극 장려

2. 꽁바웅 왕조

바간 아난다 사원 ⓒ 구광국

하며 빨리 니까야 및 그 주석서들을 번역했고, 양곤에 있는 부처님의 불발佛髮을 모신 쉐다곤shwedagon 파고다를 현재의 모습으로 재건했다. 18세기에는 보수파와 개혁파가 계율의 해석을 두고 논쟁을 벌이면서 양분된다. 특히 승복 착의법에 대한 통견파通肩派와 편단파偏袒派의 논쟁이 유명한데, 보도파야Bodawpaya(1782~1819) 왕이 여기에 종지부를 찍는다. 그는 종교회의를 개최하여 양 어깨를 모두 덮는 승복을 입는 통견파로 승가를 통일하면서 단일 교단을 이끌어 간다. 또한 스리랑카의 사미승들을 불러 구족계를 주어 카스트가 낮아도 출가할 수 있도록 했으며, 이들은

한 권으로 보는 세계불교사

다시 스리랑카로 돌아가 아마라뿌라파를 형성하여 현재에까지 이르고 있다.

19세기에 들어 영국과의 전쟁이 이어지다가 1852년에는 미얀마 남부가, 1885년에는 수도 만달레이가 점령되면서 공식적으로 영국의 식민지가 되었다. 당시 미얀마의 근대화를 이끈 민돈 Mindon(1852~1878) 왕은 외세 침략으로 황폐화된 민심을 불교를 통해 다잡는다. 국가적 위기를 극복하기 위해 불전을 미얀마어로 번역하는 사업을 벌이면서 교학도 발전했는데, 1871년 왕의 지원으로 만달레이에서 2,400명의 장로들이 테라바다 제5차 결집으로도 불리는 제5차 세계불자대회를 개최한다. 여기서 민돈 왕은 불교 경전의 내용 차이를 논하도록 하고, 미얀마 문자로 된 빨리 삼장과 의소義疏를 정비하고 편찬을 지시했다.

이는 기원전 1세기 제4차 결집 때 제작한 패엽경의 필사 과정에서 발생한 시대적 오류를 시정하고자 하는 목적으로 실행되었다. 경장 410매, 율장 111매, 논장 208매 등의 개정판 빨리 삼장과 주석서를 정비하고 편찬하여 영구적인 대리석 판으로 제작하고 총 729매를 조성하여 쿠토도Kuthodaw 파고다에 안치한다. 하지만 영국의 식민지가 되면서 승단의 질서가 무너져 미얀마 남부 지역을 중심으로 쉐진Shwegyin파, 드와라Dwara파, 겟트윈 Hngettwin파 등이 발생한다. 민돈 왕의 종교회의를 주도한 수담마Sudhammā파는 새로운 세 파를 인정하지 않았지만 민돈 왕의 중재로 모두 공식적으로 인정을 받는다.

미얀마는 영국과 세 차례의 전쟁을 치른 후 1885년 인도의 한 주
로 편입되며 공식적인 식민지가 되었다. 영국은 기독교 선교를
위해 미얀마의 민족종교인 불교를 탄압하며 승가 내의 학교를
폐지하고 공립학교와 미션스쿨을 창설했지만 미얀마인들은 전
통과 불교를 지키려는 노력들을 지속했다.

19세기 말부터 여러 협회가 생기면서 활발한 활동이 전개되었
다. 1906년에는 우 옷따마U Ottama 스님의 지도 아래 양곤의 대
학생이 주축이 되어 YMCA에 대항하기 위한 불교청년회YMBA
(Young Men's Buddhist Association)가 결성되었다. 이 불교청년회는
순수한 불교운동보다는 민족운동과 반영反英을 중심으로 독립운
동을 해 나갔다. 옷따마 스님의 부흥운동은 반식민주의의 이데올
로기를 형상화할 수 있는 유일한 수단이 불교이며, 종교가 민족
적 의식과 동질감을 제공해 줄 수 있는 하나의 상징으로서 기능
한다는 것을 보여 주었다. 이 협회 회원이었던 우 위자라U Wisara
스님은 반정부 설법으로 수차례 투옥되었다가 단식투쟁 중에 옥
사하였다. 이후 1930년에는 사야 산Saya San 스님이 주도한 농민
들의 총궐기가 전국에 파급되어 1932년 진압되기까지 1만 명이
죽고 8천 명이 체포되었으며, 사야 산 스님은 북부에서 체포되어

한 권으로 보는 세계불교사

1937년 처형되었다.

　제2차 세계대전 중에 일본에 점령된 미얀마는 1941년부터 1945년까지 식민지를 다시 경험한다. 이때 인도로 건너간 우 짠드라마니U Chandramani 장로는 이후 40여 년간 인도의 불교 성지에 머무르면서 유적 보호와 복원 사업을 지원한다. 그의 활동은 인도 신불교 운동을 이끈 암베드까르에게 직접적인 영향을 주면서 그가 불교로 개종하는 데 크게 기여한 것으로 평가된다.

독립 후 미얀마의 초대 수상이 된 우 누U Nu는 불교 승단과 진흥을 위한 개혁을 시행한다. 불교를 통해 민족을 대동단결시킬 수 있다고 판단하여, 헌법에 "국가는 연방 공민의 최대 다수가 받드는 신앙으로서 불교의 특수적 지위를 인정한다."고 규정했다. 1950년에 종교성宗敎省과 불교대학을 설립하고 교사 양성 등을 지원했으며, 1951년에는 불교평의회Buddha sāsana council를 결성하여 전도 센터, 연구 시설의 설립, 불전의 연찬 장려 등을 규정하고 불교를 국가 통치의 영향 아래 두고자 했다. 이듬해인 1952년에는 국제 포교사 양성기관인 국립승가대학교The State Pariyatti Sāsana University를 설립한다.

같은 해에 불멸 2,500년 기념 및 진흥 사업의 하나로 제6차 결집을 시행한다고 발표했다. 이는 빨리 삼장의 필사筆寫 과정에서 생긴 오류를 수정·보완하고 세계에 테라바다불교를 알리기 위한 결집으로, 1954년 5월 17일에 개최되어 1956년까지 거행되었다. 이 결집에서 기존의 미얀마판 빨리어 성전을 저본으로 하여 초고를 만들고 이를 스리랑카판, 태국판, 캄보디아판 등과 대조하면서 수정하고 보완한 후 그 텍스트를 가지고 초청된 인사들과 2년에 걸쳐 합송하였다. 이것을 총 40권으로 정리해서 미얀마 문자로 출판했는데, 이때 주석, 복주復註, 학생용 교재 등 빨리어 서적 123권도 함께 출간되었다.

제6차 결집이 완료된 후 이전부터 논의되어 왔던 불교의 국교화國敎化 운동이 본격화되어 관련 법안이 국회를 통과했다. 하지만 힌두교, 가톨릭, 이슬람 등 타종교 신앙의 자유 문제를 위한 개정안을 둘러싼 정치권의 분규와 이로 인한 군사 쿠데타가 발발하여 1962년 네 윈Ne Win 장군을 주축으로 한 혁명평의회가 집권하게 된다. 네 윈의 군사정부는 1962년 '미얀마식 사회주의'라는 성명을 발표하고 정교분리 정책을 시행하면서도 빨리어 국가시험 실시, 불탑 보수 등의 불교 진흥을 위한 사업은 지속했다. 네 윈이 표방한 '미얀마식 사회주의'는 불교와 마르크시즘의 기본 요소를 결합한 것으로, 불교와 사회주의가 서로에게 상호보완적이라는 의미이다. 그러나 이는 실질적인 지도자 역할은 사회주의 군대가 주도하며 승려들은 실제로 아무런 역할도 할 수 없다는 의미로도 해석될 수 있기 때문에 논란의 소지가 있다.

1980년에는 5월 24일부터 27일까지 미얀마불교 각 종파의 지도자들이 모인 승가회의가 개최되어 종교와 정치, 종교와 사회 문제를 해결하기 위한 방안을 모색했다. 그 결과 미얀마의 아홉 종파를 총괄하는 조직 설치, 종교 분쟁의 해결, 출가자의 등록제와 신분 규정의 확립이라는 세 가지 사항을 입법화하였다. 하지만 이로 인해 국가가 불교와 승단을 통제하면서 네 윈 정부 26년의 집권기 동안 발생한 민주화 투쟁에서 승려 11명이 희생되고 1천여 명이 투옥되었다. 이후 쿠데타와 민주화 투쟁으로 얼룩진 미얀마 현대사에서 군사정부는 쉐다곤 파고다 복구와 같은 대형 불사佛事와 전시 행정으로 대외적으로는 친불교적인 성향을 보이고 있지만, 실제로는 승려와 사원을 사찰査察하고 억압하고 있는 것이 현실이다. 때문에 승려 단체가 민주화 투쟁을 선도하고 있으며, 군부는 2007년 9월 사원에 침입하여 승려와 민간인을 살상하는 등 참혹한 탄압을 지속하고 있다.

한 권으로 보는 세계불교사

캄보디아

캄보디아는 인도차이나반도 중앙부에 자리한 나라로 전체 인구의 대다수가 테라바다불교를 신앙한다. 인구는 800만 명에 이르며, 크메르족이 다수 종족에 해당한다. 인도에서 힌두교와 대승불교가 유입되면서 캄보디아의 고대 문화가 형성되었기 때문에 캄보디아불교에는 힌두교와 토착적인 요소가 혼재된 경향이 강하다. 앙코르 왕조가 건립한 세계적 문화유산인 앙코르와트Angkor Wat가 대표적이다. 힌두 사원이면서도 남방불교 건축의 정수精髓로 일컬어지는데 이처럼 힌두교와 불교의 문화적 혼융混融이 캄보디아 문화의 특징이다. 12세기 이후 스리랑카로부터 건너온 테라바다불교의 기반이 구축되면서 불교가 부흥했고, 13세기 말 태국의 침략 이후 태국불교의 직접적인 영향을 받아 현재의 캄보디아 테라바다불교의 전통이 확립되었다고 보는 것이 일반적이다.

기원후 1세기 무렵 메콩 강 삼각주 유역에 성립된 캄보디아 최초의 국가가 부남扶南 Fu Nan이다. 캄보디아인들은 기원전 3세기 아소카 왕이 불법을 전파하기 위해 소나와 웃따라 장로를 보낸 수완나품Suvannabhumi 金地國이 부남 왕조이며, 이곳에 처음으로 불교가 전래되었다고 여긴다. 당시의 수완나품, 즉 부남 왕조에는 몬족·크메르족·라와Lawa족 등의 원주민들이 살고 있었고 힌두교가 번성하여 인도화印度化가 상당히 진행되고 있었다. 한편 375년경 세워진 산스끄리뜨 비문碑文을 통해 부남 왕조 때 테라바다불교가 전래되었고 대승불교도 전파되어 있었음을 알 수 있다.

부남의 자야와르만Jayavarman(478~514) 왕은 484년 중국 무제에게 조공을 바치면서 인도 출신인 나가세나Nagasena 스님을 통해 "부남국은 국교가 브라만교로 주로 쉬바Śiva신을 모시지만 불교도 성행하여 신도 수가 많다."라고 전한다. 당시에는 중국과의 교학적인 교류도 활발하여 만드라세나Mandrasena가 『문수반야경文殊般若經』 2권을, 상가빨라Sanghapala는 『아육왕경阿育王經』 총 10권을 크메르어로 번역했다. 이어 왕위에 오른 루드라와르만Rudravarman(514~550) 시기에는 519년 중국의 황제에게 전단향 불상을 보내면서 "부남 왕국은 3미터 길이에 달하는 부처님

의 모발 사리를 보관하고 있다."고 전하자 중국 황제가 석운보釋
雲寶 스님을 부남으로 보내 모발 사리를 모셔 오도록 했다. 535
년에는 인도 승려 구나라타나Gunaratana를 중국에 보내고, 546
년에는 패엽경으로 제작된 대승 경전 240개를 보내면서 부처님
의 모발 사리를 다시 회수한다. 구법승인 당나라 의정의 『남해기
귀내법전南海寄歸內法傳』에서는 "이곳 사람들은 천부天部 deva에
게 제사를 지냈지만 나중에는 불교가 융성하게 되었다. 현재는
악왕惡王이 나와 불법을 멸하여 승려가 없다."고 부남 왕국을 설
명했다. 여기서의 악왕은 부남국을 멸망시킨 진랍眞臘 Chenla 왕
국의 바와와르만 1세Bhavavarman I(553~611)로 보이며, 당시 부
남 왕조의 불교가 쇠망해 가고 있었음을 알 수 있다.

　바와와르만 1세는 부남 왕조를 멸하고 진랍 왕조를 세웠지만
후왕 바와와르만 2세Bhavavarman II(639~657) 때까지도 소소한 전
쟁을 치르면서 혼란의 시기를 겪었다. 자야와르만 1세Jayavarman
I(657~681)는 오랜 전쟁을 끝내고 통일 왕조를 세웠는데, 이 시기
에는 대승불교가 융성해져 테라바다불교와 공존하면서 발전하
여 상당히 많은 승려들이 있었다고 전해진다. 하지만 8세기 초
메콩 강 하류 연안의 진랍과 북서부 내륙의 진랍으로 분열되었
는데, 해상무역의 쇠퇴로 연안의 진랍보다 농경 지대를 기반으
로 한 내륙의 진랍이 강성했고 이를 재통일한 인물이 앙코르 왕
국의 창시자인 자야와르만 2세이다.

**1. 초기 왕조와
앙코르와트의 건축**

● 　802년에 즉위한 자야와르만 2세 Jayavarman II(802~850)가 진랍을 재통일하면서 앙코르 Angkor 왕조의 기반을 구축한다. 자야와르만 2세는 쉬바신을 숭배하는 신앙심 깊은 브라만교였다. 하지만 왕족과 크메르 상류층을 중심으로 대승불교가 유포되고, 이미 일반 대중들은 힌두교와 불교가 혼합된 신앙 형태를 주로 숭배하고 있었다. 때문에 대승불교는 앙코르 왕조 초기부터 영향력을 발휘하기 시작했다고 볼 수 있다.

인드라와르만 1세 Indravarman I(877~889) 때의 비문에 현재의 국명인 캄보디아 Cambodia라는 단어가 처음 등장했고, 유명한 앙코르톰 Angkor Thom이 건설되기 시작했다. 뒤를 이은 야쇼와르만 1세 Yasovarman I(889~900)는 수도를 앙코르톰으로 옮기면서 대승불교를 공인하고 모든 종교를 평등하게 수호하였다.

수리야와르만 1세 Suryavarman I(1010~1050)에 이르러 캄보디아 왕조 역사상 처음으로 국왕이 불교도임을 선언한다. 수리야와르만 1세는 자신이 불교도임을 자처하면서도 브라만교를 편견 없이 대하여 두 종교의 조화를 추구했다. 또한 자신은 대승불교를 신봉하지만 테라바다불교의 세력이 확장되는 것도 막지 않았는데, 이는 몬족의 테라바다불교에 대해서도 정통하고 관대했기 때문에 가능했다.

　반면 캄보디아 역사상 최대의 영토를 확보한 수리야와르만 2세Suryavarman II(1113~1150)는 비슈누Viṣṇu를 신봉하는 힌두교도로 전향하면서 대표적인 힌두 유적인 앙코르와트Angkor Wat를 완성한다. 그는 전왕前王들과 다르게 불교 친화적인 정치가 아니라 힌두 친화적 정책을 펼치면서 자신을 힌두교 유지의 신인 비슈누와 동일시했다. 그리고 참파와의 전투에서 승리를 거둔 무용담을 부조에 새긴 앙코르와트를 건설하며 크메르 최대의 황금 시대를 이끌었다.

●　1181년에는 캄보디아인들이 가장 존경하는 자야와르만 7세Jayavarman VII(1181 ~1215)가 즉위한다. 앙코르 제국의 가장 위대한 통치자로서, 인도차이나 전역으로 영토를 확장한 대정복자 자야와르만 7세는 대승불교를 신봉하여 바욘Bayon 사원의 많은 조각에 관세음보살을 형상화하고 자신을 보살Bodhisatta이라 추앙했다. 이 조각상은 '앙코르의 미소', '크메르의 미소'로 불리는 두상頭像이 주종을 이룬다. 대부분의 캄보디아인들은 자야와르만 7세를 크메르인을 수호하기 위해 극락정토에서 온 보살이라고 믿고 있다. 앙코르에 있는 타 프롬Ta Prohm 사원은 자야와르만 7세가 1186년에 자신의 어머니에게 바친 불교 사원으로, 안에는 보살의 어머니상으로 불리는 태후상太后像이 세워져 있다. 그는 대승불교도이지만 왕자 따밀린다Tamilinda를 스리랑카에 파견하여 자신이 불교도임을 천명하고, 아들이 정통 구족계를 받고 테라바다불교를 공부하게 함으로써 후에 테라바다불교가 캄보디아에 정착하는 데 기틀을 마련한다. 말년에 나병에 걸려 문둥이 왕으로도 불리는 자야와르만 7세와 관련된 유적이 현

2. 자야와르만 7세

바푸온 사원 유적 ⓒ 구광국

재까지도 많이 남아 있다.

9세기부터 12세기까지 캄보디아는 앙코르 유적군으로 대표되는 힌두교와 대승불교의 종교 문화가 번창했으나 13세기에 접어들어 태국이 서북방 영토를 침입하면서 크메르 문명은 쇠퇴하고 스리랑카계 테라바다불교가 유입되기 시작한다. 1296~1297년 앙코르 왕국에 사신으로 머물렀던 중국의 주달관周達觀(1266~1346)은 『진랍풍토기眞臘風土記』에서 크메르의 도성에 테라바다 비구가 상당히 많다고 기록하고 있다.

15세기에 태국의 침략이 더욱 거세지자 수도를 앙코르에서 프놈펜Phnom Penh으로 옮기면서 왕국은 완전히 쇠퇴한다. 이후 대승불교나 힌두교의 사원은 테라바다불교 사원으로 개조되고, 태국 승가와 유사한 승가가 설립된다.

18~19세기에 앙코르 왕조는 친태국파와 친베트남파로 대립했고 씨엠 립Siem Reap 지역을 포함한 북서쪽을 태국이 차지하면서 분쟁이 거듭되었다. 캄보디아에 대한 태국의 영향력이 더욱 거세지고 베트남이 병합을 시도하는 틈을 타서 프랑스는 보호의 명목으로 1884년에 캄보디아를 식민지로 삼았다. 19세기 중엽부터 20세기 중엽까지 태국을 제외한 인도차이나반도가 프랑스의 식민지가 된 상황에서 프랑스는 불교를 탄압하여 캄보디아의 사원은 황폐해졌지만 앙코르 유적만은 귀중한 문화재로서 보호되었다. 1898년 프랑스는 하노이에 프랑스국립극동학원 EFEO(École française d'Extrème-Orient)을 세워 앙코르와트를 비롯한 유적들을 조직적으로 탐사하고 연구하면서 세계적인 문화유산으로 지정했다. 또한 프랑스는 1930년에 프놈펜불교연구소를 세우면서 캄보디아에 태국불교가 미치는 영향을 줄이고, 크메르 문명을 중심으로 불교 연구를 수행하면서 캄보디아 연구의 주도권을 잡고자 했다.

1941년 즉위한 시하누크N. Sihanouk 왕은 일본의 후원 아래 1945년 캄보디아의 독립을 선언했으나 실패하고, 1954년 완전한 독립을 이룬 후 친서구적 활동을 전개한다. 그는 대사파에서

3개월간 승려생활을 한 경험이 있는 불심이 깊은 인물로 자신의 정치 노선인 중립주의가 불교의 중도中道사상에 근거한다고 주장했다. 하지만 이후 시하누크의 성향이 반미용공反美容共으로 기울면서 비판을 받는다.

1975년 인도차이나반도에 공산화 물결이 일면서 캄보디아의 폴포트Pol Pot(혹은 Saloth Sar, 1928~1998) 공산정권은 이상적인 공산 사회를 이룩한다는 명목하에 극단의 공포정치로 살육을 자행했고, 불교 사원과 가톨릭교회를 파괴했다. 이어 헹 삼린Heng Samrin 정권이 들어서면서 몇몇 불교 사원이 복구되기는 했지만, 1956년 이후 테라바다불교가 헌법으로 국교의 지위를 유지하고 있음에도 불교에 대한 캄보디아 정부의 태도는 여전히 우호적이지 않다.

현재 캄보디아 승가는 대사파Mahā-nikāya, 그리고 1864년 태국에서 전래된 정법파Dhammayuttika-nikāya로 양분되어 있다. 1970년 통계에 따르면, 승려 수가 대사파는 5만 3,200명, 정법파는 1,300명으로 총 5만 4,500명이었다. 사찰 수는 대사파가 2,980개, 정법파가 110개로 총 3,090개다. 승단은 상가나요크 Sanghanayok 僧正라 불리는 두 명의 최고 지도자가 통솔하는데, 서로 독립되어 각자의 교단에 대해서만 책임을 진다. 승려의 교육을 담당하는 초등·중등 과정이 있으며, 대학 과정으로는 프놈펜에 있는 왕립 시하누크 불교대학Preah Sihanouk Raja Buddhist University이 있다.

베트남은 지정학적으로 동남아시아에 자리하면서도 우리나라와 마찬가지로 동아시아 한자 문화권에 속하는 독특한 국가이다. 대부분의 동남아시아가 인도화된 나라라면 베트남은 중국화된 나라라고 할 수 있다. 때문에 동남아 테라바다국가들이 빨리 성전을 공유하듯이 베트남은 우리나라와 일본처럼 한역 불전을 공유하고 있으며, 베트남식 한자음으로 독송하는 한월음漢越音이라는 체계를 가지고 있다. 불교는 6~7세기경에 전래되었고 뒤에 선종禪宗을 중심으로 하는 중국풍 대승불교가 성행했다.

1. 불교의 유입과 초기 인물들

● 베트남은 지리적으로 중국, 인도를 오가는 해상교통의 요충지에 있다. 따라서 두 국가의 영향이 지대했는데 고대 베트남에서는 인도의 영향이 더 컸던 것으로 보인다. 인도차이나반도의 참국, 부남국도 인도불교의 영향이 강했으므로 주변 국가들처럼 인도의 영향을 받았을 것이라고 추측할 수 있다. 그러나 중국이 약 천 년에 걸쳐 베트남을 침략하고 지배했기 때문에 이후에는 중국의 영향도 강하게 받았다.

불교가 베트남에 전래된 시기는 대략 2세기경으로 중국에서 건너온 것으로 보는 견해가 일반적이다. 당시 베트남에 불교를 전래한 인물로는 모자牟子(170~?), 지강량支僵良, 마하기역摩訶耆域 Mahajivaka 등을 꼽는데, 이들에 대한 기록이 단편적이어서 상세한 것은 전하지 않는다. 모자에 관한 짧은 기록을 보면, 우선 남중국 주강 유역의 창오 출신인 모자는 후한 말 중국의 전란을 피하여 베트남의 교지交趾(현재 하노이) 지역에 불교를 알린다. 그는 『이혹론理惑論』에서 중국의 유교·불교·도교의 공통점과 차이점을 논하면서 불교의 우위를 설하였다.

2. 비니다류지와 선의 전래

● 6세기 후반에는 남인도 브라만 출신인 비니다류지毘尼多

流支 Vinitaruci(?~594)가 베트남에 처음으로 선禪을 전했고, 그가 창립한 초기 선의 종파를 비니다류지파라고 부른다. 비니다류지는 580년에 선종 제3조인 승찬僧璨(?~606) 선사를 만나 가르침을 받는다. 그 후 교주交州의 법운사法雲寺에서 『상두정사경象頭精舍經』·『대승방광총지경大乘方廣摠持經』·『업보차별경業報差別經』 등을 한역하며 달마선을 전했다. 비니다류지파의 제1조인 법현法賢(?~628)대사는 법운사에서 수도하던 중 비니다류지의 가르침을 받고, 천복산 중선사에서 제자들에게 능가선을 가르치다 628년에 입적하였다.

담천曇遷 스님은 당시 "북베트남의 교지 지역은 인도와 교류하고 있으며 중국에서 전래된 불교가 아직 강남에 채 이르지 않았다. 20개에 이르는 사찰이 건립되었으며, 5백 명 이상의 승려가 15부의 경전을 독송하고 있으므로 강동 지역보다 불교가 더 많이 보급되어 있음을 알 수 있다. 이전 교지 지역에는 모자, 강승회, 지강량, 마하기역 등이 있고 지금은 비니다류지로부터 보리달마의 가르침을 전수받은 법현대사가 중선사에서 3백여 명의 제자들에게 부처님의 가르침을 설하고 있다. 교지에 불교가 성행함이 중국과 같으니 이곳에 승려를 파견할 필요는 없으며 오히려 사찰을 장악하기 위해 관리를 파견해야 한다."고 중국 수나라에 보고했다. 이를 통해 6세기 말에는 북베트남에 인도불교와 달마대사의 중국 선종 등이 성행하고 있었음을 알 수 있다.

이후 비니다류지파는 제4조 청변淸弁(?~686)에게 전승된다. 청변은 고교古交 출신으로 법등法燈의 제자가 되었다가 스승의 입적 후 다시 숭업사 혜엄의 문하에 들어가 고법에 경림사를 세우고 남종의 신회神會 계통의 선을 전한다. 제8조 정공定空(?~808)의 시대에 이르러 중국 혜능慧能(638~713)의 남종선이 계승되고

7세기 말에 구체적인 종파로 성립된다. 비니다류지파는 직접 중국 선종의 제3조인 승찬의 선을 전한 것은 아니고 비니다류지의 불교를 전한 것도 아니다. 하지만 1216년까지 19대에 걸쳐 31명의 선사가 활약한 것으로 보아 13세기 초까지 베트남불교에 한 획을 그었다고 할 수 있다.

3. 무언통 선파

● 829년에는 백장百丈의 제자인 무언통無言通 Vo Ngon Thong (?~826)이 베트남 북부에 선종을 전했다. 이 종파는 1221년까지 15대에 걸쳐 40명의 선사가 활동한 것으로 기록되어 있다. 이를 베트남 제2선파禪派라 한다. 무언통이 순수한 중국선을 전한 이후 그가 가져온 중국선, 즉 남종선이 베트남불교의 주류가 되었다. 무언통은 절강의 쌍림사에서 출가하여 마조도일의 제자 백장회해百丈懷海(749~814)에게 남종선을 전수받은 820년에 안남安南에 이를 전한다. 이후 북녕北寧의 건초사建初寺에서 감성感誠 (?~860)에게 법을 전했다.

10세기 무렵 중국으로부터 독립한 후 내란기를 거치다 1010년에 이공온李公蘊(974~1028)이 이조李朝를 세운다. 왕조는 1225년까지 215년간 이어졌는데, 태조 이공온은 수도를 승룡(현재의 하노이)으로 옮기면서 8개의 사원을 세우고 승려의 수가 1천여 명에 이를 정도로 불교를 부흥시킨다. 제2대 태종太宗은 국호를 대월大越로 고치고 비니다류지파의 제13조 혜생惠生과 무언통파의 제5조 다보多寶를 고루 등용했다. 제3대 성종聖宗(1054~1072)은 참파占城를 정벌하고 포로로 잡아 온 송나라 승려 초당草堂(1069~1209)에게 중국선을 배우게 된다. 설두雪竇의 제자인 초당은 개국사開國寺의 국사로서 초당파草堂派를 열었고, 성종은 반야般若, 우사遇赦 등과 함께 제일세第一世가 된다. 이조 시대는 태종, 성종, 영종 등이 선사禪師일 정도로 역대 황제가 불교를 깊이 숭상하여 불교가 매우 성행하였다. 1225년 외척 진수도가 이조를 멸망시키고 진조를 세운 이후에는 초당파의 계통도 소멸해 갔다.

13세기에 이조를 멸하고 진조陳朝를 세운 진수도陳守度(1194~1264)는 이조와 마찬가지로 수선修禪에 열중하고 불교를 숭배했다. 역대 12인의 황제들이 자신을 보살이라 칭하고, 황후를 비구니, 왕자와 공주를 승중僧衆이라 하였다. 이중에서 무언통파 출신인 제3대 황제 인종仁宗(1279~1293)은 1293년 왕위를 아들 영종에게 물려주고 입산하여 자신을 죽림대사竹林大士라 칭하고 안자산安子山에 들어가 와운암臥雲庵에서 죽림파竹林派를 개창했다. 그는 무언통파의 혜충慧忠 Tean Quoc Tang(1252~1313)을 스승으로 받들어 출가하여 죽림파의 개조가 되니 조어성조調御聖祖라고 불린다. 인종 황제와 그의 제자 법라法螺(1284~1330), 손제자 현광玄光(1284~1364)을 죽림삼조로 칭하며, 죽림파는 영종英宗(1293~1314) 때부터 명종明宗(1314~1329)의 시대에 걸쳐 번성했다. 하지만 현광의 입적 이후 급속하게 쇠퇴했고, 이후에는 불교가 경원시되면서 민중 속으로 침투해 갔다.

　죽림파의 사상을 전한 책으로는 『삼조실록三祖實錄』·『상사어록上士語錄』·『면국안자산죽림제조성어록勉國安子山竹林諸祖聖語錄』·『견성성불見性成佛』·『선종지남가禪宗指南歌』·『어제과허집御製課虛集』 등이 있다. 죽림파의 선풍은 임제선을 기반으로 삼아 공안선을 부정하는 입장에서 간화선의 실천을 지향한다. 베트남의 네 번째 선파이지만 앞의 세 선파와는 다르게 베트남인에 의해 성립되어 민족적인 색을 띠고 있다. 때문에 이 시기가 진정한 베트남불교의 발전기라고 할 수 있다. 죽림파는 13세기 이후 베트남불교를 대표하는 큰 조류로서 성행하면서 현재까지 그 법맥을 이어오고 있다.

1400년에는 순종의 외척 여계리黎季犛 Le Quy ly(1350~1410)가 호
조胡朝를 세우지만 1406년 명明나라에 의해 멸망하고 식민지로
전락한다. 1427년까지 명의 지배 기간에 유교와 도교가 유입되
면서 불교는 탄압의 대상이 된다. 1428년 명을 축출하고 독립을
쟁취한 후 여조黎朝를 세운 여리黎利 Le Loi(1428~1433) 왕은 불교
에 유입된 도교적인 색채를 제거하고 불교를 재정립하고자 노력
하지만 뜻을 이루지 못했다. 이후 여조 시기에 불교는 정치권으
로부터는 대접받지 못하고 서민층에 뿌리내린다. 이러한 시대적
상황에서 죽림파의 선이 점차 정토적인 색채를 띠면서 16세기경
에 연종蓮宗이 창종된다. 연종은 송대宋代에 유행했던 백련종白
蓮宗에 영향을 받은 인각麟角(1649~1733)이 죽림삼조竹林三祖의
교의에 염불, 밀교 의례, 베트남 고유의 민간신앙인 신도를 교묘
하게 배합한 종파로 죽림파에서 분파되어 개창되었다.

여조 후기의 난세에 승룡(하노이)의 정씨鄭氏, 베트남 중부의 완
씨阮氏, 중국 국경에 자리한 막씨莫氏 사이에 내전과 분열 시대
가 펼쳐진다. 연종은 이 시기에 주로 정씨의 안남安南 왕국에서
발전했고, 완씨의 광남국廣南國에서는 중국인 승려 원소原韶
(1648~1739)가 임제정종臨濟正宗으로 칭하는 원소선파原韶禪派를

창립하고 나무아미타불을 공안으로 삼으면서 선과 정토사상의 일치를 주장했다. 임제정종은 임제선을 내세우면서도 신앙 내용은 정토염불 위주였는데 이는 연종의 영향을 받았기 때문이며, 이로써 정토염불이 민간신앙의 주축을 이루었다. 이후 여조 시대는 1789년 민제가 청에 망명함으로써 막을 내린다.

태국 라마 1세와 프랑스군의 지원을 받아 1802년 전국을 통일한 완복영阮福暎(1762~1820)은 완조阮朝를 세우면서 제1대 세조인 가륭제嘉隆帝가 된다. 그는 유교를 숭배하고 불교를 경시하는 정책을 펼쳤는데, 특히 연종을 억압했다. 이러한 정책으로 불교는 더욱 민중화되었고, 사원에서 조상의 제사를 지내거나 공자와 노자를 모시는 도교적 색채가 짙어지는 습합적인 성향도 강화되었다. 이후 베트남불교는 유불도의 혼합이 강해지면서 점점 쇠퇴하여 권력에 대항하는 민중적이고 반권력적인 세력의 중심지가 되어 갔다.

가륭제는 자신을 지원한 프랑스에 대한 보답으로 가톨릭을 탄압하지 않았으나, 1820년 즉위한 제2조 성조 명명제明命帝는 유교를 숭상하면서 가톨릭 세력이 커지는 것을 경계하고 1833년에 가톨릭 신앙과 선교를 금지한다. 1836년에는 선교사를 사형에 처하는 법을 발표하면서 프랑스의 반발을 사게 된다. 1845년 프랑스는 사형선고를 받은 선교사의 사면을 요구하고 1847년에는 통상조약의 체결을 압박하면서 무력 침략을 개시한다.

결국 베트남은 프랑스의 인도차이나 총독 지배하에 놓이면서 식민지화되었다. 프랑스가 본격적으로 베트남을 무력으로 침공할 무렵인 1848년, 베트남 남부의 메콩 강 델타 지역에서 보산기향寶山奇香의 단명완段明緩이 무사무승염불無寺無僧念佛을 주장하면서 정토교 신흥 교단인 보산기향파를 세운다. 이 종파는 남

부의 농촌 지역을 중심으로 부흥하여 반反프랑스 운동을 전개했
다. 이후 1939년 안강성의 화호和好에서 화호교和好敎를 창시한
황부수黃富數는 보산기향파 제4조라고 자칭하면서 전투적 농민
집단을 이끌며 반反프랑스 투쟁을 지속한다.

프랑스의 식민 지배는 베트남불교에도 많은 영향을 미쳤다. 왕
권과 권력이 유교와 밀접한 관련을 맺고, 가톨릭이 상층계급으
로 침투하면서 불교는 민중의 정신적 지주 역할을 맡았다. 남베
트남 정부 시대에는 수많은 승려들이 공개적인 소신공양燒身供養
을 행하면서 정부의 폭압에 항거하는 정치 참여적 행동을 보였
다. 베트남 민중들은 제1차 세계대전 이래 반反프랑스 투쟁을 지
속했다. 1930년대에는 호찌민Ho Chi Minh 胡志明이 인도차이나공
산당을 창설하고, 1941년에는 베트남독립동맹을 결성해 게릴라
활동을 펼친다. 이러한 상황에서 베트남을 점령한 일본은 1945
년 3월 공산 정권을 내세우면서 바오 다이Bao Dai 保大를 왕으로
삼았다. 일본이 패전한 후 바오 다이는 폐위되고 1945년 10월
호찌민을 주축으로 한 베트남민주공화국이 수립되면서 수도를
하노이로 정한다.

　베트남민주공화국은 1954년 제네바협정을 통해 독립국임을
인정받지만 소련이 지원하는 북부와 미국이 지원하는 남부로 임시
분할된다. 남베트남은 반공주의자인 응오 딘 지엠Ngo Dinh Diem
(1901~1963)을 대통령으로 세웠으나, 응오 딘 지엠의 가톨릭 우
대정책에 반발하고 통일을 외치는 이들이 정부의 탄압과 독재,

부정부패에 항거하는 대규모 반독재, 반디엠, 반미운동을 전개
했다. 1963년부터 각지에서 불교도에 의한 반정부운동이 일어났
는데, 1963년 6월 틱광둑Thich Quang Duc 釋廣德 스님의 소신공양
으로 반정부 투쟁의 불길이 전국적으로 격렬하게 타올랐다.
1963년 11월 미국의 지원을 받은 군사 쿠데타로 응오 딘 지엠은
총살되고, 이듬해 사이공의 사리사舍利寺에서 11개 불교회가 모
여 통일불교연합UBCV(Unified Buddhist Church of Vietnam)이 출범
한다. 이 단체는 남베트남 정부의 비인도적인 탄압에 대한 비판
세력이 되었으며, 중앙 사찰에 해당하는 월남국사越南國寺를 건
립한다. 그러나 1966년에는 사이공 정부에 대한 전투적인 입장
을 명확히 한 영엄사파永嚴寺派와 온건한 인광사파印光寺派로 분
열된다.

　1975년 북베트남의 승리로 공산화된 통일베트남은 마르크시
즘의 종교정책에 의해 인도차이나 공산국가처럼 불교를 탄압하
고 통제했다. 이후 20세기에 접어들어 개혁적인 인물의 등장과
함께 개방정책으로 시장경제체제를 도입하며 경제적인 성장을
이루면서 불교를 비롯한 종교에 대한 제약도 많이 완화되었다.
2008년 노벨평화상 후보에 오른 틱광도Thich Quang Do 釋廣度 스
님처럼 베트남 정부의 종교 편향정책에 반대하며 평화와 비폭력
기조 속에 끈질기게 종교의 자유와 인권 수호를 주장하고 있는
인물도 많지만 대체적으로 현재의 베트남불교는 정부와 조화로
운 성향을 보이면서 발전하고 있다.

3

중국불교사

인도불교는 중앙아시아를 경유하여 전래되었는데, 중국에 전래된 시기에 대해서는 여러 설이 혼재한다. 주周나라 목왕穆王(재위 B.C. 1001~B.C. 947) 시기, 공자孔子(B.C. 552~B.C. 479) 시기, 진시황秦始皇(재위 B.C. 246~B.C. 210) 시기, 전한前漢 무제武帝(B.C. 142~B.C. 87) 시기, 후한 광무제光武帝(재위 25~57) 시기 등이다. 그중 주요한 설을 몇 가지 살펴보자.

1. 불교 전래의 여러 설

— 서주西周 5대 목왕 때에 문수文殊와 목련目蓮이 서쪽으로부터 와서 목왕을 교화했으며 그를 계기로 왕은 절을 건립하고 불상을 조성했다는 설이다.

— 『열자列子』「중니편仲尼篇」 공자의 말에 "서방 사람 중에 성인이 있다."라는 부분이 부처님을 가리킨다고 하여, 이미 공자가 부처님을 알고 있다는 점에서 불교가 선진先秦 시대에 전래했다고 보는 설이다.

— 비장방費長房의 『역대삼보기歷代三寶紀』에 기원전 243년에 "사문沙門 석리방釋利房 등 18명의 현자가 불전을 가지고 들어왔는데 진시황이 이를 금하였다."는 기록이 있다.

— 『위서魏書』「석로지釋老志」에, 기원전 121년 "곽거병霍去

病(B.C. 140~B.C. 117)이 흉노를 토벌할 때, 휴도왕休屠王이 모시던 금인金人을 가지고 오자 이를 감천궁甘泉宮에 안치하였다."는 기록에서, 금인을 불상이라고 보는 설이다.

— 『위서』「석로지」에, "대하大夏에 사신으로 다녀온 장건張騫(?~B.C. 114)이 신독국身毒國, 즉 인도에 부처의 가르침이 있다는 것을 처음으로 들었다."는 기록이 있다.

— 종병宗炳(375~443)의 『명불론明佛論』에 "백익伯益이 산해경山海經에 천독天毒의 나라는 외인偎人으로 사람을 사랑한다."라고 서술했는데, 천독은 천축을 가리키며 부도浮屠가 흥한 곳이라 되어 있다.

— 『역대삼보기』에 전한前漢 선제·원제를 모신 유향劉向(B.C. 77~B.C. 6)이 천록각天祿閣에서 서적을 열람할 때 그 가운데 불경을 보았다고 서술되어 있어, 당시에 이미 불교 경전이 전래되었다고 하는 설이다.

— 『삼국지』에서 배주裵注가 인용한 『위략魏略』「서융전西戎傳」에, 전한 말인 기원전 2년에 "박사 제자인 경로景盧가 대월지국大月支國(현재의 아프가니스탄에 있던 쿠샨 왕국)의 사신 이존李存으로부터 부도경浮屠經이라는 경문을 구전 받았다."는 기록이 보인다.

— 비교적 신뢰할 수 있는 사서史書에 보이는 가장 유력한 설이 후한 명제明帝(재위 57~75) 때 전래되었다는 설이다. 진晉나라 원굉袁宏(328~379)의 『후한기後漢紀』에 다음과 같은 기록이 보인다.

"명제는 꿈에, 목덜미에 태양과 달빛이 있는 장대한 금인金人(불상)을 보고 군신들에게 물었다. 어떤 자가 '서방에 신이 있는데, 그 이름을 부처라고 합니다. 폐하가 꿈에 본

것은 이것이 아닐까요?' 라고 답하였다."

후한 광무제光武帝의 넷째 아들인 명제는 67년에 사신을 인도에 보냈는데 도중에 백마白馬에 불전을 실은 가섭마등迦葉摩騰과 축법란竺法蘭이라는 두 명의 승려를 만나 그들을 맞아들여 낙양성洛陽城 밖에 백마사白馬寺를 건립했다고 하는 이야기가 있다.

명제의 배다른 아우인 초왕楚王 영英이 부도浮屠의 재계齋戒와 제사하는 법을 배웠다고 한다. 광무제는 11명의 아들이 있었다. 허미인許美人과의 사이에 태어난 초왕 영英은 제왕諸王 중에서도 국國은 가난하고 작았다. 역대의 초국楚國과 마찬가지로 팽성彭城(현재의 강소성 서주시)에 도읍했다. 원래부터 사이가 좋았던 배다른 형제인 명제가 즉위하자 우대받았다. 만년에 영英은 도가와 법가사상을 혼합한 황로학黃老學과 함께 부도, 즉 이국의 종교인 불교도 신봉하였다.

● 　기원전 210년 순행巡幸에 나섰던 진시황이 급사한 후 호해胡亥(재위 B.C. 210 ~B.C. 207)가 황위에 올랐으나 조정 내의 정치적 분란은 끊이지 않았다. 더불어 시황제의 능묘인 여산릉驪山陵과 아방궁阿房宮 등을 조영하는 토목공사가 재개되어 농민들은 무리한 사역에 시달렸다. 농민들은 반란을 일으켰고, 이 세력에 호응해 거병한 이들 중에 유방劉邦(고조, 재위 B.C. 202~B.C. 195)과 항우項羽(B.C. 232~B.C. 202)가 있었다.

유방은 항우와의 싸움에서 승리했고 기원전 202년에 공신들의 추대를 받아 황위에 올라 국호를 한漢이라고 칭했다. 이른바 전한前漢(B.C. 206~A.D. 8) 혹은 서한西漢이라고도 부르는 왕조다. 전한은 선제宣帝(재위 B.C. 74~B.C. 49)의 현손玄孫인 자영子嬰(재위

B.C. 207) 때 외척 왕망王莽(재위 8~23)에 의해 찬탈당했다. 왕망 정권은 각지에서 발생한 농민 반란으로 겨우 15년 만에 멸망하고, 하남성 남양南陽 호족 출신인 황족 유수劉秀(재위 25~57), 즉 광무제光武帝에 의해 다시 부흥했다. 그는 수도를 낙양에 두었는데, 한 왕조는 전한과 후한 왕조를 합쳐 400여 년간 지속되었다.

후한 시대의 불교 유적이 강소성 연운항시連運港市에 있는 공망산孔望山 서쪽에서 발견되어 주목을 끌었다. 길이 17미터, 높이 8미터 정도의 바위 벽면에 노자나 황제처럼 보이는 상을 새겨 놓았다. 흥미로운 점은 서왕모西王母나 관료 등 중국적인 모습을 그려 넣으면서, 한편에는 부처님의 입상·좌상·열반상 그리고 사신사호도捨身飼虎圖, 즉 몸을 버려 굶은 호랑이 새끼에게 자신의 고기를 먹이는 불교 고사를 새겨 놓았다. 지금까지 알려진 바로는 중국에서 불교의 인물 화상畵像 중에 가장 오래된 것이다.

이러한 정황에서 살펴볼 때 대략 전한 말부터 후한 초기 사이에 어떠한 형태로든 불교가 중국에 전해졌으리라 생각해도 좋을 것이다. 단 불교는 인도로부터 서역 여러 나라를 거쳐 중국에 전해졌기에, 인도 본연의 불교가 아닌 서역에서 약간은 변형된 불교였다.

3. 불교 경전의 한역

● 최초의 불경 한역에 대해서는 67년에 가섭마등과 축법란이 중국에 와서 『사십이장경四十二章經』 등의 경전을 번역했다는 설이 있으나, 이는 확실하지 않다. 이보다 80년 후인 후한 환제桓帝(재위 147~167)·영제靈帝(재위 168~188) 시기가 되면 불교는 세력을 점차적으로 확대한다. 당시 안식국安息國(현재의 이란 북동에 위치한 파르티아)의 태자였다고 하는 유명한 안세고安世高나 대월지국에서 온 지루가참支婁迦讖 등이 많은 수의 경전을 중국어로 번역했다.

한 권으로 보는 세계불교사

안세고는 후한 환제 초에 낙양洛陽으로 들어와 20여 년간 『안반수의경 安般守意經』·『음지입경 陰持入經』 등의 경전을 한역했다. 그는 아비달마阿毘達磨의 법수法數를 분류하고 제법諸法의 구조를 설명하는 부파불교部派佛教의 교설敎說인 아비담학阿毘曇學에 정통했다. 그가 번역한 대부분은 소승불교나 선관禪觀에 관한 경전이었다.

안세고보다 조금 늦은 시기에 낙양에 들어온 지루가참은 『도행반야경 道行般若經』·『수능엄경 首楞嚴經』 등을 한역하고 대승불교의 반야학般若學을 전했다. 이들 외에 계율을 엄수하고 불경에 정통한 안식국의 우바새 안현安玄은 영제 말에 낙양에 들어와 기도위騎都尉가 되었다. 한인 출가자인 엄불조嚴佛調와 함께 『법경경法鏡經』·『아함구해십이인연경 阿含口解十二因緣經』을 번역했다.

장기간에 걸친 외척과 환관의 투쟁 등으로 모든 분야에서의 발생한 모순은 184년에 황건黃巾의 난을 일으키는 결정적인 계기로 작용했다. 후한 왕조의 통치 능력의 결여가 명백해지자 조정의 관료들도 등을 돌리게 되었다.

황제를 폐하고 독살하는 정치적 혼란 속에서 호족豪族들은 자위를 위해 농민들을 조직했다. 220년 후한은 위魏(220~265)·촉蜀(221~263)·오吳(222~280)로 분열되었다. 후한의 마지막 황제 헌제獻帝(재위 190~219)는 제위를 조조曹操(155~220)의 아들 조비曹丕, 즉 문제文帝(재위 220~226)에게 넘겼다. 이로써 고조高祖 유방이 왕조를 건국한 이래 400년간 지속되어 온 한 왕조는 운명을 고했다.

불교가 사람들 사이에 퍼진 것은 후한 말부터 삼국시대로, 위·촉·오 삼국이 정립한 시기에는 서역 출신의 많은 승려가 중국에 들어와 역경·포교 활동을 시작하였다. 이 시대에는 후한 시대를 뛰어넘어 많은 불전의 번역이 이뤄졌다.

1. 위나라

● 후한의 붕괴로 사상적인 면에서 한나라 때의 경학經學이 한계를 노출하자, 노장사상은 새로운 전개를 보였다. 아울러 인

도로부터 내륙과 해로를 거쳐 중국에 들어온 불교가 역경승의
활동과 사탑의 건립을 통해 중국 사회에서 정착해 갔다. 그리고
노장사상을 매개로 중국사상과 융합해 불전을 해석하는 이른바
격의불교格義佛敎가 성장하면서, 중국 문화의 구성 요소로 점차
변질되어 갔다. 이렇게 유儒·불佛·도道가 정립되어 서로 교섭하
는 사상 세계가 형성되었다.

위魏나라는 귀족층이 정계를 지배한 시대였다. 하지만 황제의
전제적 권력 아래서는 귀족층이라고 하더라도 결코 지위가 안정
적이지 못했다. 삼국시대는 권력투쟁도 격렬했고 자주 정변이
일어나 비명에 죽은 귀족들도 출현하였다. 이에 귀족들의 사상
에 현실 도피의 경향이 농후하게 배어났다. 현실 생활에서의 심
각한 불안으로 인해 도교가 광범위하게 수용되었고, 아울러 불
교가 사인士人의 관심에 깊게 영향을 끼쳤다. 불교의 『반야경』과
『유마경維摩經』의 공空사상은 노자나 장자의 무無사상과 유사한
것이라 인식되어 받아들여졌다.

이 시대에도 서역과의 교통은 빈번하였고 언기焉耆(현재의 카라
샤르. 동투르키스탄에 존재한 오아시스 국가)·우전于闐(현재의 신강 위구르자치
구 호탄 지역)·선선鄯善(현재의 위구르자치구 투르판 지구)·쿠차龜玆(현재의
위구르자치구 아커스 지구) 등의 나라가 사신을 파견해 조공하였다.
위나라와 쿠샨 왕조의 교류로 서역 인도승은 쉽게 중국으로 들
어올 수 있었고, 중천축中天竺의 담가가라曇柯迦羅, 강거국의 강
승개康僧鎧 등이 낙양으로 들어왔다. 강승개는 『무량수경無量壽
經』을 번역했는데, 이는 후세 정토교학의 중심을 이루는 경전이
되었다.

위나라에서도 불전 번역은 성행하여 많은 역경승譯經僧이 활
약하였다. 인도 승려로 249년에서 254년 사이에 낙양으로 들어

온 담가가라曇柯迦羅는 『승기계심僧祇戒心』을 번역하여, 중국에 처음으로 불교 계율을 전했다. 이전까지는 출가자가 있다고 해도 계율을 알지 못해 정식 절차를 밟았던 것은 아니었다. 수계에 의해 정식으로 승려가 되는 기초를 담가가라가 마련한 것이다.

조조의 아들 조식曹植(192~232)은 『변도론辨道論』을 저술한 불교 신봉자로 일찍이 산동성 어산魚山을 유람할 때 공중에 울리는 범음梵音(산스끄리뜨 음악)을 듣고 여기에 소리를 맞추어 처음으로 범패를 지었다고 한다. 중국불교사에서 범패는 조식에서부터 시작되었다고 한다.

최초의 구법 여행자

후한 이래 역경사업은 모두 인도 및 서역에서 온 외국인 및 그 자손이 주도했다. 삼국시대가 되면 마침내 중국에서 서방으로 구법 여행을 떠나는 자가 나타났다. 바로 『반야경』 연구에 생애를 바친 주사행朱士行(203~282)이다. 그는 『담무덕갈마曇無德羯磨』를 번역한 안식국 담제曇蹄의 수계 작법을 따라 처음으로 출가했다. 낙양에서 반야사상을 설하는 『도행반야경道行般若經』을 배웠으나 불완전하다고 느끼고, 보다 완전한 경전을 구하려고 260년에 서역 우전으로 갔다. 그곳에서 『방광반야경放光般若經』 원본을 손에 넣어 282년에 제자 불여단弗如檀을 시켜 중국으로 가지고 가도록 했다. 주사행은 우전에서 죽었고, 제자가 가지고 온 『방광반야경』은 서진西晉 시대에 중국에 들어온 우전의 사문 무라차無羅叉와 축숙란竺叔蘭이 번역했다. 이후 서방으로 구법 여행을 떠난 승려로 법현法顯과 현장玄奘(602~664) 등 셀 수 없는 고승들이 출현했다.

한 권으로 보는 세계불교사

● 　삼국시대 위나라에 신臣이라고 칭하여 오왕吳王에 봉해진 손권孫權(재위 229~252)은 229년에 황위에 올라 건업建業(현 남경)으로 천도하여 오吳나라를 세웠다. 손권 사후 황제 폐위를 둘러싼 정치적 혼란이 연이어져 280년에 들어서 진晉나라에게 패해 멸망했다.

불교는 북방의 육로와는 별도로 남방의 해로로도 이른 시기에 전래되어 왔다. 옛날부터 인도와 실론·스마트라·쟈와·말레이반도·베트남·남중국 사이에 해상 교통이 열려져 있었다. 후한 말부터 오나라 시기에 걸쳐 베트남 북부의 교지交趾(현재 하노이)에는 북방의 전란을 피해 많은 지식인이 일시 거주한 탓에 피난지 문화가 번창했다. 그곳은 인도불교와 중국의 유교·도교가 서로 만나는 중요한 장소였다. 오나라의 수도 건업建業(현재의 남경)은 화북華北에서 남하한 불교와 교주交州나 광주廣州에서 북상한 불교가 융합하여 이루어진 불교문화를 개화시켰다.

오나라는 북으로 서주徐州·양주揚州, 남으로는 교지와 불교가 흥성한 지역으로 둘러싸여 있어 삼국 중에서 불교가 가장 번영했다. 삼국의 군주 중에서 승려와의 관계가 있었던 이는 손권이었고, 또 사찰이 있었던 곳도 오나라뿐이었다. 수도 건업建業에서는 많은 불교 신자와 승려가 활약했는데, 대표적인 인물이 지겸支謙과 강승회康僧會(?~280)였다.

지겸의 조부는 후한 영제靈帝 때 수백 명의 사람들과 함께 대월지국에서 중국으로 이주해 왔다. 중국에서 태어난 지겸은 지루가참의 제자인 지량支亮에게서 학문을 배워 범전梵典에 통하고 널리 경론經論을 익혔다.

지겸은 헌제憲帝 때 전란을 피해 오나라로 갔는데 손권은 그의 박식함을 듣고 박사에 임명했다. 그는 대월지국과 중국 언어에 정통하여 『유마힐경維摩詰經』·『대명도무극경大明度無極經』·『서응본기경瑞應本起經』·『법구경法句經』 등 많은 불전을 번역했다. 서진西晉 시대 때 불교를 노장사상으로 이해하는 풍조를 조성하는 데 그가 번역한 『반야부경전般若部經典』이 끼친 영향은 대단히 컸다. 이 시대에 번역되어 현재까지 영향력을 유지하고 있는 역경서 중의 하나가 지겸이 번역한 『유마힐경』이다. 구마라집鳩摩羅什(350~409?)과 현장의 번역본보다 더 뛰어나다고 평가를 받는다. 또한 『무량수경』을 중심으로 '찬보살연구讚菩薩連句'라는 범패삼계梵唄三戒를 지었는데, 이는 남방 범패의 시초였다.

지겸이 북쪽에서 오나라로 들어온 데 반해 강승회는 남쪽에서 왔다. 그의 선조는 서역 강거康居(소그디아나. 현재의 카자흐스탄 남부 지역) 출신으로 대대로 인도에 살았는데 상인이었던 부친이 교지로 이주했다. 그곳에서 태어난 강승회는 교지에 피난해 있던 지식인인 남양南陽의 한림韓林, 영천穎川의 피업皮業, 회계會稽의 진혜陳慧로부터 가르침을 받았다. 손권이 지배한 양자강 하류 지역, 즉 지금의 강소성·절강성 지역에 불교가 아직 성행하지 않았던 247년에 포교를 위해 건업으로 들어갔다. 손권은 그의 가르침을 듣고 감명하여 사찰을 건립했다. 최초의 사찰이라는 의미에서 건초사建初寺라 하고, 그 장소를 불타리佛陀里라고 했다. 강승회는 이 사찰에서 『육도집경六度集經』 등의 불전을 번역하는 한편, 유교·불교·도교에 관한 풍부한 지식을 이용하여 『안반수의경安般守意經』·『법경경法鏡經』 등의 주석註釋 작업을 실시했다. 현재 이 주석서는 사라졌고, 두 경의 서문만 남아 있다. 이들의 불교 특징은 초기 선학사상禪學思想에 있다.

이들의 활동으로 불교는 오나라 군신 사이에 스며들었다. 문학가로 유명한 감택闞澤(?~243)은 자신의 사택을 사찰로 만들고 자신의 자字를 따라 덕윤사德潤寺라 명명했다. 손권 사후 실력자로 등장한 손침孫綝(231~258)은 부도사浮屠祠를 무너뜨리고 승려의 목을 베었다고 한다. 이는 중국사에서 최초의 불교 탄압이었다.

● 219년에 한중漢中을 위魏나라로부터 탈취하여 한중왕漢中王을 칭한 유비劉備(재위 221~223)는, 한나라의 계승을 표방하고 황위에 올라 국호를 한漢이라 칭하고, 성도成都에 도읍을 정하였다. 촉蜀(즉 익주)의 땅에 근거한 한漢이라는 의미에서 통상 촉한蜀漢이라고 한다. 촉은 263년에 유비의 아들 유선劉禪(재위 223~263)이 위나라 군사에 항복하여 멸망한다.

촉나라에서는 위나라나 오나라와 같은 역경사업이 시행되지 않았고, 불교에 관계되는 기록도 좀처럼 찾을 수 없다. 지배 계층 사이에 불교가 들어온 행적은 전혀 보이지 않으며, 오나라처럼 군주나 저명한 지식인이 불교와 접촉했다는 기록도 찾을 수 없다. 다만 문헌 기록은 없지만 불교가 행해진 유적은 일부 보인다. 한나라 때부터 촉나라에 걸쳐 이 지방에서는 산 절벽에 동굴을 파서 분묘를 조성하여 다양한 화상畵像을 조각하는 독특한 풍습이 있었다. 민간에서는 불교가 재래 신앙에 융합하는 형태로 수용되었던 것이다.

위나라 말 중앙의 실권은 사마씨司馬氏의 손으로 넘어갔다. 265년 사마염司馬炎은 원제元帝의 선양禪讓을 받아 진나라를 창건하고 수도를 낙양에 두었다. 280년에는 오나라를 멸망시켜 황건黃巾의 난 이후 100년 만에 중국을 재통일했으나, 52년이라는 짧은 기간으로 종말을 고했다. 낙양은 서역인의 도래로 불교 전파의 중심지로 성장했고, 서진西晉 시대에도 꽃을 피웠다. 서진 말에는 42곳의 사찰이 있었다고 한다.

이 시대를 대표하는 인물은 대월지국 사람으로 대대로 돈황敦煌에 살고 있던 담마라찰曇摩羅察, 즉 축법호竺法護다. 36종의 언어에 능통했던 그는 서역 여러 나라를 유력遊歷하고 호본胡本을 가지고 돌아왔다. 『광찬반야경光讚般若經』·『정법화경正法華經』·『유마힐경』 등 150부가 넘는 경전을 한인 섭승원聶承遠·섭도진聶道眞 부자의 원조를 얻어 번역했다. 그는 법화사상을 처음으로 소개했고, 다량의 불전을 번역하여 불교 발전에 지대한 공헌을 했다. 『정법화경』은 인도 대승불교의 중요 경전을 처음으로 중국에 전한 것이다. 이로 인해 축도잠竺道潛·우법개于法開 등의 『법화경』 연구자가 배출되었다. 또한 『법화경』의 일품一品인 「관세음보살보문품觀世音菩薩普門品」의 번역으로 관음신앙이 보급되

었다. 『유마힐경』은 청담淸談이 유행한 동진東晋 귀족 사회에 수
용되어 유마거사維摩居士가 중국인에게 알려지게 되었다.

　동진의 구마라집 이전의 역경가譯經家로서는 축법호가 제일인
자라 할 수 있다. 그의 위대한 업적을 칭예하여 당시 사람들이 돈
황보살敦煌菩薩 혹은 천축보살天竺菩薩이라고 존칭했다. 양나라
의 율승律僧이자 불교사학자인 승우僧祐(445~518)는 경법經法이
중국에 널리 퍼진 것은 축법호의 힘이었다고 격찬했다.

　『방광반야경』·『이유마힐경異維摩詰經』·『수능엄경首楞嚴經』을
번역한 축숙란竺叔蘭의 부친은 인도인이다. 그는 범어와 한어에
능통했고, 일생 거사로 지냈으며 오랫동안 축법호의 역경사업을
도왔다. 그가 낙양에서 번역한 『방광반야경』은 당시의 청담·현
학玄學이 성행한 중원 지방의 지식층에 유포되었다.

서진 말에 이르러 자연재해와 역병으로 기근이 극심해져 농민들은 수탈을 견디지 못해 유랑하게 되었다. 한편 서진 멸망의 계기가 된 황족 간의 정권다툼인 팔왕八王의 난이 격화되면서 제왕諸王들은 자신들의 군사력을 강화하기 위해 이민족 군사력을 끌어들였다. 오랫동안 한인 왕조의 지배를 받던 남흉노南匈奴가 이를 계기로 자립하고는 영가永嘉의 난을 일으켜 서진의 수도 낙양을 점령했다. 황제 회제懷帝(재위 307~311)는 포로 신세로 전락했고, 그 뒤를 이어 등극한 민제愍帝(재위 313~316)도 살해당했다. 317년 승상 사마예司馬睿가 제위에 오르니 이가 바로 원제元帝(재위 317~322)로, 국호를 동진東晉이라 하고 수도를 건강建康(현재의 남경)에 두었다.

이름을 날리던 지식인들이 승려와 교제하여 불전으로부터 커다란 영향을 받았던 것은 동진東晉(317~418) 시대부터였다. 불교는 일찍이 후한 시대에 전해졌지만 사상적으로 중국의 사대부士大夫에게 영향을 준 것은 이 시대였다.

습착치習鑿齒(382~462)는 동진 명제明帝(재위 322~325)가 불교를 수용하자 현철賢哲·군자가 불교로 마음이 기울었다고 했다. 사대부에게 신선한 인상으로 받아들여진 이유는 중국의 전통사상에는 없는 윤회·응보사상 때문이었다. 도교는 형체와 정신을 연마해 영원한 삶을 추구했지만, 그것은 단지 현재의 삶을 무한히 연장하는 것에 지나지 않았다. 죽음이 만인에게 찾아오는 엄연한 사실이기 때문에 죽림칠현竹林七賢의 한 사람으로 양생설養生說을 주장한 혜강嵇康(223~262)과 연단술가煉丹術家로『포박자抱朴子』를 저술한 갈홍葛洪(282~343) 등이 있다 하더라도 신선의 실재를 증명하기에는 역부족이었다.

중국 사람들에게 윤회·응보설은 대단히 매혹적이었다. 동진 사대부가 불교의 윤회·응보설을 수용하는 데 취했던 방법은 불전 내용을 중국의 경적經籍, 특히 노장老莊의 책과 대조하는 것이었다. 동진 초기에 노장사상을 매개로 불전을 해석하는 이른바 격의불교格義佛敎의 풍조가 일기 시작했던 것이다. 동진 말이 되면 격의불교에서 탈피하려는 경향이 보였고, 도안道安(314~385)과 그의 제자인 혜원慧遠(334~416)이 중국불교의 초석을 다진다.

● 서진 시대에 불과 180여 곳에 불과하던 사찰이 동진 시대에 접어들면 1,768곳으로 비약적인 발전을 이룬다. 승려도 3,700여 명에서 2만 4,000여 명으로 늘어난다. 이처럼 증가한 승려들을 통괄하기 위해 불교 교단이 성립되기에 이르렀다. 승니가 증가하자 이들을 통제하는 승관僧官도 설치되었다. 강북에서는 구마라집의 제자 승천僧遷이 열중悅衆에, 법흠法欽과 혜빈慧斌이 승록僧錄에 임용된 것이 시초다. 동진 초기 불교는 수도 건강을 중심으로 번성했는데, 서역 쿠차 출신의 백시리밀다라帛尸梨蜜多羅가 커다란 영향을 끼쳤다. 그는 처음에 낙양으로 들어왔다 전란을 피해 오나라 건초사로 옮겼다. 승상 왕도王導(276~339)의 존경을 받으며 귀족 사회의 인사들과 교류를 갖고 그들에게

커다란 감화를 끼쳤다. 그는 『대공작왕신주경 大孔雀王神呪經』·『공작왕잡신주孔雀王雜神呪』 등의 주술 경전을 번역하여 처음으로 건강에 밀교密教를 전파했다. 또한 범패에 뛰어나 범패의 유행에 공헌했다.

강남의 청담이나 현학적인 귀족 불교의 발전에는 축도잠竺道潛(286~374)과 지둔支遁이 크게 공헌했다. 축도잠은 화북의 명족 출신으로 영가의 난을 피해 남쪽으로 내려와 원제元帝·명제明帝, 그리고 승상 등으로부터 존경을 받았다. 애제哀帝(재위 362~365)의 청을 수락하고 『방광반야경』을 강설하기도 했고, 청담계의 명사 유담劉惔과도 친교를 맺었다.

한편 노장에 정통했을 뿐만 아니라 청담에도 뛰어났던 지둔은 당대의 명사인 사안謝安(320~385)·왕희지王羲之(303~361)와 교유했다. 수도 건강 동안사東安寺에서 『도행반야경道行般若經』을 강설했고, 저서에는 『즉색유현론卽色遊玄論』·『성불변지론聖不辨知論』 등이 있다. 『아미타불상찬阿彌陀佛像讚』은 혜원보다 앞선 정토교 관련 저술로서 주목할 만한 불전이다.

지둔이 강남 귀족 사회에 불교를 선포했다면, 도안은 화북 지역에서 계율을 제정하고 경록經錄을 창설하여 불교 교단의 기초를 놓았다. 그 문하에서 배출된 이가 동진 불교의 지도자 강서성 여산盧山의 혜원이다. 그는 유가儒家의 고전 및 노장사상도 습득하였다. 도안이 "불교가 동진에 전파된 것은 혜원 때문이다."라고 경탄할 정도였다. 혜원은 스승의 『반야경』 강의를 들은 후 출가했고, 동진 애제 말에 전란을 피해 여산의 동림사東林寺로 들어갔다. 30여 년간 산을 떠나지 않고 수도修道에 전념하는 동시에 승속僧俗의 교화에 힘썼다. 저서에 『법성론法性論』·『석삼보론釋三寶論』 등이 있다. 혜원은 장안에 온 구마라집에게 편지를 보내 새로이 전래된 대승불교에 관해 질의를 했다. 특히 법신法身의 문제와 대승과 소승과의 차이점 등을 주로 질문했는데, 당시 혜원과 구마라집의 문답을 모은 것이 『대승대의장大乘大義章』이다.

장안에 전해진 새로운 불교에 촉발된 혜원과 그의 문하는 구마라집의 신역경론新譯經論, 특히 『대지도론大智度論』을 연구하여 『대지도론초大智度論抄』를 저술했다. 402년에 123명의 문도와 함께 지루가참의 『반주삼매경般舟三昧經』에 의거하여 염불삼매를 실천하는 서약을 했다. 반주삼매를 얻는 방법으로 아미타불에 전념하여 현불見佛한다고 하는 선관禪觀의 방법을 수련하고 있던 사람들은 내세의 정토왕생을 위해 염불자가 되었다. 이에 혜원을 연종蓮宗의 조사로 떠받드는 여산의 백련사白蓮社가 탄생하였다. 이후 그는 중국 정토교의 개조로 추앙받았고, 백련사는 당나라 이후에 커다란 영향을 끼쳤다.

● 이민족인 오호五胡가 세운 왕조들은 거부감 없이 불교를 자연스럽게 수용하고 신봉했다. '황제는 바로 여래如來이다.' 라는 관념을 가지고 있던 북방의 왕조와는 달리 한족이 세운 강남의 왕조는 불교를 외래의 종교, 오랑캐의 종교라고 하여 멸시했다. 국가와 불교를 일체화하지 않은 동진에서는 양자가 대립하여 '사문불경왕자론沙門不敬王者論' 이라는 문제를 일으켰다. 340년에 최초로 일어났는데, 황제의 장인 유빙庾冰(296~344)이 승려는 "왕에게 배례해야 한다."라고 주장했다. 그러나 상서령尙書令하충何充(292~346) 등이 극력 반대하여 논의는 중지되었다.

그 후 심양潯陽·강릉江陵 지역에서 권력을 휘두르고 있던 대사마大司馬 환온桓溫의 아들 환현桓玄(369~404)은 승니 감소책의 엄명을 내리는 한편, 승려를 왕권 밑에 예속시키기 위해 사문이 왕자에게 예의를 표해야 한다는 견해를 냈다. 환겸 桓謙(?~405)과 중서령 中書令 왕밀 王謐(360~407) 등이 반대하자 환현은 혜원에게 서신을 보내 질의했다. 혜원은 『사문불경왕자론 沙門不敬王者論』을 지어, 출가법과 세간법 世間法의 차이를 명확히 하고, 출가자는 세속을 떠난 사람들이므로 사문은 왕자에게 예를 표할 필요가 없다고 주장했다. 이에 환현이 자신의 주장을 단념하면서 논쟁은 중지되었다. 여기서 중국 전통의 예교질서 禮敎秩序가 외래 종교인 불교의 계율과 충돌하는 장면을 엿볼 수 있다.

3. 유교 · 도교 · 불교의 대립

● 도교의 기원은 후한 말 장릉 張陵(후세에 장도릉이라고도 한다)에게서 찾을 수 있다. 순제 順帝(재위 126~144) 시대에 도 道를 열고 부서 符書를 만들었는데, 그에게 가르침을 받은 신자는 쌀 다섯 말을 내었기 때문에 오두미도 五斗米道라 불렀다. 장릉의 사후 이 신앙은 손자인 장노 張魯에 이르러 종교 집단으로 조직화되었다.

유교는 개인보다 사회, 국가라고 하는 집단 질서의 존재 형태를 규정하는 이념으로 국가의 강력한 보호 아래에서 발전했다. 이에 반해 도교는 개인의 연명 延命 구제를 꾀하는 신선사상에서 시작하여, 방사 方士(혹은 도사)에 의해 보급되었다. 후한 환제 桓帝는 황로도 黃老道를 신봉하여 황제와 노자를 제사지내고, 그 밖의 제사는 배제했다. 황제는 장생을 기원했고, 전한과 후한 왕조 교체기의 혼란과 사회불안이라는 상황 속에서 지방 사회의 민중들에게 급격히 퍼져 나갔다.

불교가 점차 사회적 세력으로 대두됨에 따라 불교와 도교 사이에 이 夷와 하 夏의 구별, 선후 先後 문제를 중심으로 두 종교 사이에 논쟁이 벌어졌다. 조식 曹植은 『변도론 辨道論』을 저술하여 신선술 등의 기망을 명백히 지적했다. 또한 교지에 피난해 있던 모자牟子는 문답체로 『이혹론理惑論』이라는 불교 개괄서를 썼다. '이혹'은 미혹함을 다스린다는 의미로 불교에 대한 다양한 의문점을 저자가 유교나 도교의 생각을 원용하여 불교의 입장에서 답변한 것이다. 내용의 주요 부분은 후한 말기부터 삼국시대에 걸친 것이라고 인정하고 있다. 특히 출가는 도덕에 위배된다고 하는 윤상倫常 문제, 신멸불멸神滅不滅 문제, 중국 사람은 이민족의 가르침에 따라서는 안 된다는 이하론夷夏論 문제, 불교계의 타락 문제 등은 이후 유·불·도 삼교 간의 논점이 되었다.

서진 시대의 불교와 도교의 논쟁은 백원帛遠(또는 白遠)과 도사 왕부王浮 사이에서 벌어졌다. 왕부의 저작이라 일컬어지는 『노자화호경老子化胡經』은 이 논쟁의 산물이다. 왕부는 '노자화호설老子化胡說, 즉 노자가 천축에 가서 석가를 교화시켰다.'고 하는 설을 제창하여 승려와 논쟁을 벌였다. 강대한 교단으로 성장한 불교에 대항해 도교를 불교보다 우위에 두려는 의도였다. 『노자화호경』은 이후 불교와 도교가 논쟁을 벌일 때 항상 이용되었다. 이에 대해 불교 측에서는 노자·공자·안회顔回를 '보살의 권현權現'이라고 간주하는 『청정법행경淸淨法行經』을 저술했다. 당나라 때에는 일시적으로 논쟁을 금지하는 조서詔書가 내려지기도 했다. 마침내 원나라에 들어와서 논쟁은 일단락되었다.

한편 불교의 급속한 발전은 다양한 문제를 불러일으켰다. 유교 측에서는 승려가 유민좌식遊民坐食하고, 조세를 납부하지 않으며, 사탑의 건립으로 국비를 낭비하는 등 국가에 이익이 없는 존재라고 비판했다. 또한 처자를 버리고 출가하고, 부모를 양육하지 않으며, 왕자王者를 존경하지 않는 등 중국의 윤리와 강상을 저버린다며 비난했다.

● 　일찍이 중국 승려 주사행은 구법을 위해 서역으로 들어갔다. 동진 시대에도 경전을 구하거나 천축의 고승에게 사사하여 가르침을 받거나, 혹은 성지를 탐방할 목적으로 서역이나 인도로 떠난 승려가 다수 출현했다. 이들은 학문적인 소양을 쌓았기에 이국의 사상을 흡수하고 불전의 깊은 뜻을 이해할 수 있었다. 귀국 후에는 번역 사업 등에 큰 공적을 남겼다.

이 시대 대표적인 구법승으로 법현法顯(338~422)·지엄智嚴·보운寶雲을 들 수 있다. 법현은 일찍이 율장律藏이 모자라는 사실을 개탄하며 경론을 구할 것을 맹세했는데, 마침내 399년에 동학 11명과 장안을 출발하여 파미르고원을 지나 30여 국을 거쳐 북천축北天竺·중천축中天竺에 도달했다. 『마하승기율摩訶僧祇律』 및 경전과 불상을 손에 넣고, 사자국獅子國(현재의 스리랑카)에 머문 후 상선을 타고 산동성 청주靑州에 도착했다. 법현은 14년간 겪은 각국의 불적·종교·풍속·지리 등의 견문을 『법현전』 1권에 기술했다. 『법현전』은 현장의 『대당서역기大唐西域記』, 의정의 『대당서역구법고승전大唐西域求法高僧傳』과 함께 중앙아시아와 인도에 관한 귀중한 정보를 제공한다.

지엄은 계빈罽賓(카슈미르 혹은 간다라 지방에 있던 나라)에 갔다 장안으로 돌아왔다. 후에 건강으로 들어가 보운 등과 『보운경寶雲經』을 번역했다. 후에 재차 선관禪觀을 구하려고 해로를 이용해 인도로 들어갔다. 보운은 북인도에 갔다 장안으로 돌아왔다. 후에 건강의 도량사道場寺에서 『불본행경佛本行經』을 번역했다. 이후 많은 승려들이 인도에 들어가 구법 활동을 했고, 궁극적으로는 이들의 노력에 의해 중국불교는 발전하게 되었다.

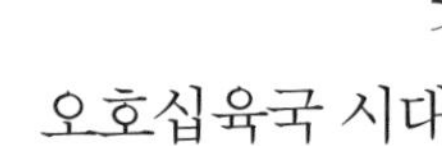

삼국시대를 종식시키고 중국을 재통일한 서진은, 창업자 무제武帝 사마염司馬炎(재위 265~290)이 290년에 죽으면서 중국사에서 좀처럼 보기 힘든 대혼란의 시대로 돌입했다. 혼란의 발단은 종실의 황위 계승 문제에서 비롯되었다.

299년 가후賈后가 혜제惠帝(재위 290~306)의 장자인 황태자 사마휼司馬遹(278~300)을 폐위하고 살해하는 사건이 벌어지면서 사태는 급변했다. 다음 해 조왕趙王 사마륜司馬倫(?~301)은 가후 일파를 제거하고, 아울러 혜제도 유폐하고는 황위에 등극했다. 이러한 움직임에 제왕諸王이 반발하여 조왕을 토벌했지만 제왕 간의 항쟁이 계속되면서 정국은 대혼란에 빠졌다. 306년부터 소위 팔왕八王의 난亂이 발생하여 서진은 멸망을 눈앞에 두게 되었다.

311년 서진을 간신히 지탱해 온 동해왕東海王 사마월司馬越(?~311)이 죽자 화북은 혼란으로 빠져들었다. 당시 산서山西 지역에는 남흉노南匈奴의 유연劉淵이 갈족羯族의 석륵石勒(즉 후주의 명제)과 한족 유민의 수령인 왕미王彌 등을 등용하여 하남·산동 지역을 석권했다. 311년에 발생한 영가永嘉의 난亂, 즉 흉노 출신 유연劉淵(재위 304~310)의 아들 유총劉聰(재위 310~317)이 대거 낙양을 공격하여 침략과 약탈을 자행한 전란으로 수만 명이 목숨을 잃고 회제懷帝도 포로가 되어 사실상 서진은 멸망했다.

영가의 난의 주역인 유총은 304년에 자립하여 국호를 한漢(후에 前趙라 칭함)이라고 했다. 이때부터 선비鮮卑가 건국한 북위北魏가 흉노가 건국한 북량北凉을 멸망시킴으로써 화북 지방을 재통일하는 439년까지를 오호십육국五胡十六國 시대라고 한다. 오호는 흉노·갈·선비·저·강족을 가리킨다. 십육국은 전조·후조·전연·전진·후연·후진·남연·북연·서진·전량·후량·남량·북량·서량·성한·하를 가리킨다.

오호가 교체되면서 새로운 왕조를 세우고, 한족계漢族系의 전량前凉·염위冉魏·서량西凉·북연北燕도 가세하여 약 20개의 정권이 화북 지역에서 항쟁을 벌였다. 십육국 시대는 전란을 겪으면서 쇠미해진 암흑의 시대였다. 한편 북방 민족의 실력자는 한인 호족豪族, 특히 사족士族을 중시했다. 후조後趙에서는 명족을 우대하여 관료·귀족화하는 자도 많았다. 특히 외래 종교인 불교가 호족胡族 군주의 비호를 받아 급속히 발전했다. 후조의 석륵·석호石虎(즉 무제)의 존경과 신뢰를 받은 불도징佛圖澄(233~348)은, 신주神呪를 부르짖고 귀신을 이용하여 미래와 길흉을 점치는 영험으로 백성들을 고난에서 구하여 신임을 받았으며, 한족의 도안·승랑僧郎·법아法雅 등 많은 문하생을 배출했다. 이 시기에 돈황敦煌 천불동 등 석굴 사찰의 축조가 시작되었다.

1. 후조의 석륵과 불도징

● 십육국 시대에는 전진前秦이 수립한 단기간의 통일기를 제외하고 화북에 복수의 정권이 분립했다. 특히 두 나라가 동서에 대립하는 상태가 3차례에 걸쳐 나타났는데 최초 사례가 전조前趙(304~329)와 후조後趙였다. 329년에 전조를 멸망시키고 등장한 후조의 건국자 석륵石勒, 즉 명제明帝(재위 319~333)는 갈족 족

장의 아들로 태어났다. 그는 한족漢族을 보호하고 호족胡族이 한
족을 능욕하는 것을 엄격하게 금지시켰다. 또 중국 문화를 중시
하고 한족이 꺼리는 죽은 부형父兄의 처첩을 처로 삼는 일과 복
상 중에 결혼하는 등의 풍속을 엄금했다. 그는 한족과 호족의 융
화를 목표로 삼았다.

　그런데 명제가 이민족과 한족의 융화책을 채택하는 데 불교가
커다란 영향을 행사했다. 특히 서역 쿠차의 승려 불도징佛圖澄의
존재가 컸다. 그는 카슈미르에서 불학을 배웠다. 당시 북인도나
쿠차는 소승불교를 신봉하고 있어, 불도징이 중국에 전파한 것
은 아마도 소승불교였을 것이다. 그는 신주를 잘 암송하여 귀신
을 사역하고, 방울 소리를 듣고 미래를 예언했다. 310년에 낙양
에 도착한 그는 석륵의 군대가 행하는 살육을 보고 그 잘못을 설
파하여 교화에 힘써 석륵의 신임을 얻게 되었다. 불도징에 대한
신임이 더욱 두터워지자 석륵은 일을 처리할 때마다 그에게 자
문을 구했다. 또한 매년 4월 8일에는 스스로 사찰을 참배하여 관
불회灌佛會를 여는 것을 상례로 하였다.

　당시 계속된 전란으로 종래의 가치관이 붕괴되면서 사람들은
내세에서의 구제를 강설하는 불교를 열광적으로 신앙하게 되었
다. 여기에는 『법화경』 등의 경전을 번역하여 이름을 떨친 구마
라집과 불도징처럼 신비함이나 신지식을 가진 승려의 역할이 컸
다. 333년에 석륵이 죽자, 석호는 그 뒤를 이은 석홍石弘을 폐하
고, 다음 해 제위에 올라 후조 무제武帝(재위 334~349)가 되었다.
이때에 한족 출신인 왕도王度는 다음과 같이 건의했다.

　부처는 외국의 신으로 중국 사람이 떠받들 것이 못됩니다.
한나라 시대에 불교의 가르침이 처음 전해졌지만, 서역 사람

들만이 수도에 사찰을 세워 그 신을 받들도록 허가했을 뿐 한인이 신앙하는 것은 허락하지 않았습니다. (중략) 지금부터 이후조의 백성들이 사찰에 가서 분향하거나 예배드리는 일을 금지케 하십시오. 만약 그래도 그치지 않는 자가 있다면 사교邪敎를 믿는 것과 같은 죄로 처벌하고, 후조의 사람들 중 승려가 된 자는 환속케 하십시오.

당시 조정의 많은 인사들이 이 말에 동조했다고 한다. 그러나 석호는 폐불廢佛 건에 대해 다음과 같이 답변했다.

짐은 서방의 만족蠻族 태생으로 중국 땅에 지금 군림하고 있다. 그렇지만 중국에서 군림한다고 하여 종교를 중국풍으로 할 필요는 없고, 본래의 종교를 신봉해야 할 것이다. 부처는 서방의 신이라고 들었다. 그렇다면 짐은 이 신을 신봉할 것이다.

당시 후조의 조정에서 불교가 외래 종교인지 아닌지에 대한 논의가 존재했음을 알 수 있다. 서진 시대에는 서역인만 사찰을 건립하거나 출가가 용인되었는데 석호는 후조 백성들의 출가도 허락했다.

석호의 통치 아래 불도징의 교화력은 커졌다. 불조佛調·수보리須菩提 등 외국 승려 수십 명이 천축·강거에서 사막을 건너 불도징 밑으로 몰려들었다. 또한 한인 도안과 중산中山의 축법아竺法雅 등도 불도징에 사사했다. 문도는 1만 명에 가까웠고, 사찰은 893곳이나 건립되어 화북 불교는 중흥의 시대를 맞이했다.

불도징의 제자 안령수니安令首尼는, 낙양 서문에 죽림사竹林寺를 세우고 처음으로 비구니계를 받은 정검淨檢에게서 계를 받고 건현사建賢寺를 세웠다. 그는 정사精舍를 세우고 수행에 힘써 출가자가 200여 명에 달했는데, 석호에게도 존경을 받았다.

● 　흉노계의 국가가 소멸한 후에 선비계의 전연前燕과 저족氐族의 전진前秦이 동서로 대립하는 형상이 연출되었다. 전진을 세운 부씨符氏는 제3대 부견苻堅, 즉 선소제宣昭帝(재위 357~385)에 이르러 국내를 안정시키는 데 성공했다.

지둔이 강남 귀족 사회에 불교를 선포했다면, 화북 지역에서 계율을 제정하고 경록經錄을 창설하여 중국불교 교단의 기초를 마련한 이는 불도징의 제자인 도안道安이다. 화북 지역에서 전란이 발생하자 도안은 혜안 등 500여 명을 이끌고 동진의 호북성 양양襄陽으로 피신하여 15년간 머물렀다. 379년 부견은 부비符丕를 파견해 양양을 점령하고 도안을 청해 장안 오중사五重寺에 모셔 교화에 도움을 얻고자 했다. 또 서역 쿠차로부터 구마라집을 장안으로 초청했다. 그는 대량의 대승 불전을 한역漢譯하여 번역 사업의 정점을 이루었다.

부견의 비호 아래 도안은 『광찬반야경』·『방광반야경』·『도행반야경』을 역주하여 반야사상을 심도 있게 연구하고, 선관禪觀 및 여러 경전 20여 종에 주注를 달았다. 또한 불전 번역의 경위나 내용 해설의 서문을 저술하여 유포를 도왔다. 그는 『마하발라야바라밀다경초摩訶鉢羅若波羅蜜多經抄』의 서문에 호본胡本 번역의 곤란을 서술했는데 두 종의 언어, 표현법의 차이에서 원형을 잃는 다섯 가지의 항목인 '오실본五失本'과 번역이 쉽지 않은 시대 배경의 차이에 관한 세 가지 조건인 '삼불역三不易'을 들어 한역에 얽힌 문제점을 깊이 성찰했다.

당시 한역 경전이 증가함에 따라 같은 경전의 이역異譯이 증가하고, 또 다른 한편에서는 개작·변조도 발생했다. 더 나아가서는 위작僞作하는 자도 나타났다. 이러한 상황에 대처하고자 도안은 당시 존재하던 불전의 총목인 『종리중경목록綜理衆經目錄』을 편찬하여, 600여 부 880권을 실었다. 상권에는 178여 년부터 364년까지의 역경자 178명과 그들의 역경을 실었다. 하권에는 실역유본경失譯有本經·실역궐본경失譯闕本經·양토이경록凉土異景錄·관중이경록關中異經錄·고이경록古異經錄·주경급잡경지록注經及雜經之錄으로 분류 등재했다. 또 그는 『십송비구계본十誦比丘戒本』·『비구니대계比丘尼大戒』를 번역케 하여 승니궤범僧尼軌範을 제정하고, 예참문禮懺文을 모은 『사시예문四時禮文』을 지어 교단의 규율을 정비하는 데 노력했다.

그는 모든 불제자는 석가의 가르침을 받들기에 석釋을 성姓으로 해야 한다며 스스로 이를 실행했다. 이전까지 중국의 사문은 스승의 성을 받았기에 제각각이었는데 도안은 불교도의 진정한 스승은 석존이기에 불제자들은 모두 석을 성으로 삼아야 한다고 보았다. 이후 이 풍습은 널리 답습되었다.

3. 후진과 구마라집

● 강족 출신인 요장姚萇, 즉 무소제武昭帝(재위 384~393)가 후진後秦을 건국하고 수도를 낙양으로 정했다. 그러나 나라를 세운 지 30여 년 만인 417년에 남조의 송나라 건국자 유유劉裕에게 멸망당했다.

이 시기 서역 쿠차 출신인 구마라집이 중국에 들어와 대량의 대승 경전을 번역하여 중국불교가 발전기로 접어드는 계기를 마련하였다. 구마라집은 당나라 현장과 함께 역경사譯經史에서 이대역성二大譯聖이라고 불린다. 그는 천축인과 쿠차 왕의 누이동생 사이에서 태어나 카슈미르·카슈가르 등지에서 소승·대승을 습득하고 중국에 와서는 대승 경론을 중심으로 약 300권의 한역을 주도했다. 『마하반야바라밀대명주경』·『묘법연화경』·『유마힐소설경維摩詰所說經』·『금강반야바라밀경』·『사익경思益經』·『십송률十誦律』·『중론中論』·『십이문론十二門論』 등이 대표적인 작품으로, 반야계의 대승경과 용수龍樹·제바提婆 등의 중관파中觀派의 논論을 주로 다루었다. 이로 인해 삼론종三論宗·성실종成實宗이 흥기하게 되었다. 74부 384권에 달하는 방대한 그의 역경은 오늘날에도 많이 암송되는 『금강경』·『법화경』·『유마경』·『아미타경』 등의 경전을 포함하며, 당시의 영향력 또한 막대했다. 문하에는 관내사성關內四聖이라고 추앙받는 승조僧肇·승예僧叡·도생道生·도융道融을 비롯해 30여 명이 있었다.

승조는 경·율·논에 정통했는데, 특히 『유마경』·『열반경』에 능했다. 그의 『유마경주維摩經註』·『조론肇論』은 중국적 불교 해석의 걸작으로 중시되어 후에 교학 발전에 지대한 영향을 끼쳤다. 405년 후진의 요흥姚興, 즉 문환제文桓帝(재위 393~416)는 거대화된 불교 집단을 정비할 목적으로 그를 초대 대승정大僧正에 임명하여 불교를 통할하게 했다.

불도징의 제자 중에 태산泰山에 은거한 승랑은 전진의 부견이나 후진의 문환제에게 존경을 받았으며, 100여 명의 제자를 교화하였다. 그는 오로지 강설에 힘썼는데, 경전은 축숙란이 번역한 대승불교의 경전인 『방광반야경』이었다. 승랑이 남연南燕 모용덕慕容德(즉 헌무제)에게서 동제왕東齊王이라는 호와 두 개 현縣의 봉급封給을 하사받은 일은 중국불교사에서 특필할 만한 일이었다.

● 　　단업段業(재위 397~401)은 감숙성에 근거지를 두고 북량北涼(397~439)을 건국했으나 4년 후에 제2대 무선왕武宣王 저거몽

손祖渠蒙遜(재위 401~433)에게 시해당했다. 저거몽손은 양주涼州 고장姑藏에 수도를 두었으나 40여 년 만에 북위北魏에게 멸망당했다. 저거몽손은 전진의 부견이나 후진의 요흥처럼 불법을 받들어 널리 전파하고자 했다. 그가 가장 존경하던 이는 중천축中天竺 출신 담무참曇無讖(385~433)이었다.

담무참은 처음에는 소승을 배우고 『오명론五明論』 등을 연구했다. 후에 백두선사白頭禪師로부터 『열반경』을 배웠다. 깨달음이 얕다고 느낀 그는 대승을 익혀 20세에는 대소승을 합해 200여만 언言을 암송하여 당시 사람들이 대주사大呪師라 불렀다. 북위에까지 영향력이 미쳤는데 태무제太武帝(재위 423~452)는 사신을 보내 초빙하겠다는 뜻을 밝혔다. 그러나 저거몽손은 이를 거절했음은 물론, 『열반경』의 나머지 부분을 구하러 인도로 향한 담무참에게 자객을 보내 살해했다. 담무참은 수도 양주 고장에서 약 20여 년간 『열반경』을 비롯한 수많은 경전을 번역했고, 421년에 북본北本 『대반열반경大般涅槃經』을 완성했다.

이외에 『열반경』·『금광명경』·『대집경大集經』 등 많은 경전을 번역했는데 특히 『열반경』은 열반종涅槃宗이 발흥하는 데 큰 역할을 했으며 교학 발전에 끼친 영향도 컸다. 저거몽손의 사촌 동생 저거경성沮渠京聲은 서역을 편력한 후 경전 번역에 종사했으며, 북량이 멸망한 후에는 남조의 송나라에서 역경 작업을 도왔다고 한다.

● 화북에서는 선비족인 탁발씨拓拔氏가 세운 북위가 오호십육국 시대의 전란을 수습하고 439년에 통일을 달성했다. 그러나 534년 동위東魏와 서위西魏로 분열해 동위는 550년 북제北齊에, 서위는 556년 북주北周에 편입되었다. 최종적으로 589년에 수나라가 통일할 때까지 화북 지역에 세워진 왕조를 북조라 한다.

한편 강남 지역에서는 420년에 유유劉裕가 동진 최후의 황제인 공제恭帝(재위 418~420)로부터 선양을 받아 송조宋朝를 건국한 이후 제齊·양梁·진陳나라가 정권을 이어갔다. 589년 진나라가 멸망할 때까지 170여 년간 존속했다. 이들 남조 국가는 모두 건강建康에 수도를 두고 화북 왕조와 대립했다. 이를 남조라 하고, 북조와 남조가 서로 병립하던 시대를 남북조南北朝 시대라 일컫는다.

남북조 시대는 불교 신앙이 대단히 두터웠다. 남과 북에서 신앙의 형태에 차이는 있지만, 대체적으로 불교의 교의教義는 중국화하여 위로는 황제로부터 아래로는 일반 서민에 이르기까지 침투해 들어갔다.

또한 남북조 시대를 통해 불교사상은 더욱더 지식인의 사고에 스며들었다. 유교적 입장에서 불교를 배척하는 논자도 존재했지만, 전체적으로 불교 우위의 경향을 되돌릴 수는 없었다. 불교에 대한 비판은 승려는 앉아서 놀고먹으며, 세역稅役을 회피하고, 사탑 건립이나 불상 조영 등에 천하의 재물을 낭비하여 재정을 압박하고, 부모에 거역하고, 처자를 버리고 출가하고, 왕자王者에 경의를 표하지 않아 일상 윤리에 어긋난다는 점에 치중되었다.

남조 불교가 국가로부터 두터운 보호를 받은 데 반해, 북조 불교는 도교와의 세력 다툼을 겪었고, 국가적 탄압인 폐불을 당한 후 독자적인 행보를 걸었다.

2. 남조 불교의 경향과 추이

● 　남조 불교는 서진 이래의 격의불교 흐름을 이어받았다. 한역된 교의는 당시 성행하던 노자·장자의 철학이라 할 수 있는 현학玄學을 통해 이해되어 귀족층을 중심으로 확대되었다. 황제나 귀족 사이에도 신자는 많았고, 송나라 문제文帝(재위 424~453) 시대의 혜림慧琳처럼 세속의 권력에 접근하여 '흑의黑衣의 재상'이라고 야유를 받는 승려도 출현했다. 전란과 권력 항쟁이 교체하는 시대에 승려가 예언자로서 황제나 귀족에게 받아들여지는 것은 중국사에서 진귀한 일이 아니었다.

남조에서는 공空의 교의를 설하는 성실론成實論 연구가 활발하게 진행되었다. 또 모든 중생에게도 불성佛性이 있다고 설하는 『열반경』이 이미 번역되었고, 서역이나 남해南海로부터 다양한 경전이 들어와 불교는 더욱 발전하였다. 축도생竺道生(355?~434) 은 『열반경』의 새로운 설을 발표했는데, 이후 제나라·양나라 시대를 통해 이 경전은 더욱 중시되었다.

공전의 성황을 맞은 남조의 도시에서는 사찰 건립이 이어졌고, 귀족은 경쟁적으로 저택을 사찰로 개조했다. 이처럼 불교는 '남조 480사찰'이라고 불릴 정도로 융성하였다.

한 권으로 보는 세계불교사

오나라의 손권孫權이 건강에 도읍을 정한 이래 육조 시대에도 수도로서 발전을 계속했다. 건강은 진회하秦淮河에 의해 양자강揚子江과 연결되었는데, 불교의 융성으로 주변의 경관이 서서히 변화했다. 그러나 548년 동위에서 항복해 온 장군 후경侯景의 반란으로 도시의 번영은 잿더미로 변했다. 이후 남조 불교계를 주도한 승려는 지의智顗(538~597)였다. 남악혜사南岳慧思(515~577) 밑에서 수행을 쌓고 절강성 천태산天台山에 은거하여 교의를 체계화한 그는 진陳나라 후주後主의 요구에 응해 건강으로 향했다. 그는 수나라 진왕晉王(후의 양제)의 청을 받아 보살계를 주고, 지자대사智者大師라는 존호를 얻었다. 이로써 천태종은 왕조의 비호를 받아 다음 세대를 담당할 종파의 하나로 발전했다.

송나라의 불교

후진을 물리친 유유, 즉 무제武帝(재위 420~422)는 동진 안제安帝(재위 395~418)를 살해하고 공제를 옹립했다. 마침내 420년에 공제로부터 선양을 받아 황위에 올라 국호를 송宋이라고 정하였다. 무제는 내전에 재단을 설치하고 사문 도조道照(368~433)를 불러들였으며, 또 화성사化城寺에 행행行幸하여 승려 1,000명을 도승하였다.

비행非行 천자였던 소제少帝(재위 422~424)를 폐하고 황위에 오른 문제文帝(재위 424~453)는 '원가元嘉의 치治'라고 칭해질 정도로 통치를 잘해 안정된 시대를 이룩했다. 황제는 불교를 보호하고 구나발마求那跋摩의 명성을 듣자마자 교주자사交州刺史로 명하여 그를 맞아들였다. 구나발마는 건강으로 들어와 기원사祇洹寺에 주석했다. 또한 무제에게 신임을 받았던 혜암慧嚴에게 불법에 대해 질의하고 후에 불교 신자가 되었다. 앞에서 언급하였듯

국정에 참여하여 '흑의黑衣의 재상'이라 불리던 혜림도 있었다.

이 시대에는 현담의리玄談義理를 중시하는 노장적인 불교가 성행했다. 이러한 분위기 속에서 활약한 남조의 명문 귀족이자 시인으로 명성을 떨친 사영운謝靈運(385~433)은 불교와 깊은 관계를 맺었다. 그는 여산의 혜원·혜림 등의 승려와 친교를 맺고 『변종론辨宗論』을 저술하여 도생의 돈오의頓悟義를 옹호했다.

송나라 조정이 불교 보호 정책을 펼치자 불타집佛陀什·강량야사畺良耶舍·구나발마 등이 역경사업에 종사했다. 앞에서 언급한 구나발마는 계빈 왕의 혈족으로 경율經律에 정통하고 사자국·도파국闍婆國을 경유하여 건강으로 들어왔다. 그는 남림사南林寺에 계단戒壇을 설치하여 승니의 수계를 행했는데, 이는 중국불교사에서 계단의 시초라고 한다.

해로를 통해 광동성 광주廣州에 도착하여 건강으로 들어온 중천축 출신의 구나발타라求那跋陀羅는 대승을 배웠고 문제·효무제孝武帝(재위 453~464)로부터 두터운 예우를 받았다. 그는 『능가경楞伽經』·『상속해탈경相續解脫經』·『잡아함경雜阿含經』 등을 번역했고 인도 유가행파瑜伽行派 경전의 일부를 처음으로 중국에 전했다.

제나라의 불교

송나라 후반 종실과 제왕諸王의 분쟁이 일단락되자 번병藩屏 역할을 담당해야 할 제왕의 수가 격감했다. 이 과정에서 한문寒門 출신의 부장 소도성蕭道成, 즉 고제高帝(재위 479~482)가 실권을 잡는다. 마침내 479년 송나라 순제順帝(재위 477~479)로부터 선양을 받아 제齊나라를 건국했다. 황위에 오른 고제는 장엄사莊嚴寺에 행행하여 승달僧達의 『유마경』 강의를 들었다. 또 화림원華林

園에서 열린 팔관재계八關齋戒, 즉 재가신자가 하루 밤낮을 지키는 계법戒法 행사를 열어 불교를 떠받들었다.

특히 무제의 장자 문혜태자文惠太子와 둘째 아들 소자량蕭子良(460~494)은 독실한 불교신자였다. 이들 형제는 고승을 초빙하여 불법의 강설을 들었다. 소자량은 경·율·론의 강설을 행했을 뿐만 아니라, 화엄재華嚴齋·용화회龍華會·도림재道林齋 등을 열었다. 또한 사신捨身·방생·시약施藥 등의 자선사업을 펼쳤고, 스스로 불경 71권을 손으로 썼다고 한다. 이 시대에도 외국 승려인 승가발타라僧伽跋陀羅가 들어와 『선견율비바사善見律毘婆沙』를 번역했다.

양나라의 불교

제나라 5대 황제 명제明帝(재위 494~498)는 제왕諸王 20여 명을 차례차례 살해하는 공포정치를 실시하여 왕실의 결속을 약화시켰다. 악동 천자로 세상에 이름을 떨친 폐제廢帝 동혼후東昏侯(재위 498~501)가 명제의 정책을 이어받았으나, 호북성 양양襄陽에서 거병한 소연蕭衍, 즉 무제武帝(재위 502~549)에게 멸망당하였다. 나라를 세운 지 23년 만의 일이다.

양梁나라를 건국한 무제는 관대한 정치를 펼쳐 피폐한 백성의 삶을 회복시키는 데 진력했다. 관리 등용책에서도 사士와 서민의 귀천을 명확히 분별하는 한편, 국정을 원활하게 운영하기 위해 개인의 재능과 교양을 중시하는 방침을 표방하고 귀족층에 자기 혁신을 요구했다. 아울러 관제 개혁을 행하여 귀족제의 재편을 꾀하였다.

남조의 황제나 귀족 중에는 불교를 신봉하는 자가 적지 않았다. 그중에서도 무제는 열렬한 신봉자였는데, 처음에는 유교와 도교를 연구했으나 불교를 접한 후에 종교관이 바뀌었다. 만년에는 '불교에 탐닉하였다.'고 할 정도로, 자신을 삼보三寶, 즉 불·법·승의 노예라고 칭했다. 무제는 504년 4월 8일 군신·사서士庶 2만 명을 거느리고 봉불식을 거행할 때 도교를 버리고 불교에 귀의한다고 선언한 후, 전국의 도관을 폐하고 도사를 환속시켰다. 수도 건강에는 대찰 700여 곳, 승니와 설법을 듣는 중생이 1만여 명이 있었을 정도였다.

이러한 무제의 신앙은 불교를 정치 세계로 끌어들였고 그를 통해 이상 사회의 실현을 요구하는 수준까지 드높였다. 무제는 많은 사찰을 건립하여 대법회를 개최했다. 본래 중국에서는 조상의 제사에 소같이 살아 있는 짐승을 바치는 풍속이 있었는데, 불교의 불살생계不殺生戒에 반한다고 하여 과일 등으로 바꾸도록 조치했다.

무제의 깊은 신앙심은 사신捨身 행위에서도 찾을 수 있다. 사신은 글자 그대로 몸을 바쳐 부처님을 공양하는 행위를 가리키는데, 일반적으로 목숨을 바치는 대신에 재물을 보시한다. 무제는 재위 중에 네 번이나 사신을 행하였다.

527년에 완성한 동태사同泰寺에서는 승려와 재가자 5만 명이 모여 재물과 법을 펼쳐 공양하는 법회인 무차대회無遮大會를 개최했다. 황제는 옷을 벗고 법의法衣를 걸치고 몸을 바쳐 스스로 하나의 인간으로서 불사佛寺의 잡역에 종사했으며, 비구·비구니를 위해 불전 강의를 행하도록 명했다. 그러면 조정은 거액의 돈을 지불하여 몸을 바친 무제를 사들였고, 제후諸侯는 황궁으로의 귀환을 간청했다. 세 번에 걸쳐 간청을 반복하면 황제는 환속되었고, 곧이어 승려와 출가자를 모아 대법회를 열었다. 무제는 황제보살·구세보살救世菩薩·보살천자菩薩天子로 불렸고, 일상생활에서도 출가자와 같은 엄격한 계율주의로 일관했다. 이러한 숭불태도는 정치에까지 영향을 미쳐 후세의 유자들로부터 비난을 받는 요인으로 작용했다.

불교가 동란의 시대인 위진남북조 시대에 폭발적으로 교세가 확대된 까닭은 민중이 유교적 가치관으로는 얻을 수 없는 자기 구제를 이국의 종교인 불교에서 찾으려고 했기 때문이었다.

중국불교의 역사를 전망하고 번역의 경위나 고승의 활동을 기록, 집성하려는 노력도 나타났다. 승우僧祐(445~518)는 중국에 불교가 전래된 이래의 호교護敎적 문헌을 모은 『홍명집弘明集』과 경전 목록의 가장 중요한 자료인 『출삼장기집出三藏記集』을 저술했다. 혜교慧皎(497~554)는 승우의 저술을 기초로 67년부터 519년까지 453년간의 고승 257명, 부전付傳 243명의 전기를 모아 『고승전』을 편찬했다. 처음으로 중국에서 완성된 고승전으로 후에 편찬된 『속고승전續高僧傳』·『송고승전宋高僧傳』의 모범이 되었다.

진나라의 불교

후경이 일으킨 반란은 양나라의 번영을 무너뜨리는 계기를 제공했다. 경구京口(현재 강소성 진강시의 한 지역)에 주둔하고 있던 한인寒人 출신인 진패선陳覇先, 즉 고조 무제武帝(재위 557~559)가 거병하여 지방 할거 세력을 격파하고 후경을 제압했다. 경제敬帝(재위 555~557)를 옹립한 그는 557년에 선양을 받아 황위에 올라 국호를 진陳나라로 정했다.

무제는 즉위하자마자 전란으로 파괴된 사찰을 수리하고, 불아佛牙 사리를 받들어 승속귀천僧俗貴賤의 구별 없이 무차대회를 열고 친히 예배했다. 이 불아는 제나라의 승통僧統 법헌法憲이 우전于闐에서 획득하여 종산鐘山 정림상사定林上寺에서 소장하고 있었는데, 후에 고조의 손으로 넘어갔다. 고조는 인심을 수습하기 위해 불교를 이용했다. 고조는 4회에 걸쳐 대장엄사大莊嚴寺에 행차하여 사신捨身이나 무차대회를 열었다. 또한 경읍京邑의 대승통이 된 보경寶瓊(504~584)을 불러 중운전重雲殿에서 『대품반야경大品般若經』을 강설하게 했다. 뒤를 이은 문제文帝(재위 559~566)·선제宣帝(재위 568~582) 등도 고조처럼 불교를 받들었다.

이 시대에 활약한 승려로 천태종의 남악혜사가 있다. 법화의 이치를 터득한 후 호남성 남악南岳(즉 형산)에서 거주하여 남악선사南岳禪師라고 불렸다. 『대승지관법문大乘止觀法門』·『안락행의安樂行義』 등을 저술하여 법화의 깊은 뜻을 논하였다. 외국 승려로는 서천축 출신의 월파수나月婆首那가 있다. 우전의 승려 구나발타가 가지고 온 『승천왕반야경勝天王般若經』을 강주江州 홍업사興業寺에서 번역했다.

신멸불멸과 이하 논쟁

동진 시대부터 유교와 도교·불교 사이에 사문불경왕자론, 신멸불멸神滅不滅, 인과응보의 문제를 둘러싸고 논쟁이 계속되어 왔다. 불교 신도가 삼세인과응보三世因果應報의 이치를 설하여 인간의 정신은 불멸이라고 주장한 데 대해, 유가儒家는 사람이 죽으면 형신形身 모두 없어져 후세에 응보應報가 없다고 반박했다. 동진 시대부터 진행된 신멸불멸의 논쟁은 남조에서도 격렬하게 계속되었다. 426년에 죽은 송나라의 정도자鄭道子가 『신불멸론』을 남겼다. 이어 혜림慧琳은 『백흑론白黑論』을, 하승천何承天(370~447)은 『보응론報應論』·『달성론達性論』을 지어 모두 불교를 배척했다. 이에 혜원의 제자 종병이 『난백흑론難白黑論』·『명불론

明佛論(신불멸론)』을, 안연지 顔延之(384~456)는 『석달성론釋達性論』
을 발표하여 반론에 나섰다. 종병은 신의 불멸을 역설하는 동시에
성불成佛의 과정을 고려하여 형태를 떠나 완성된 신을 윤회로부
터 초월한 부처님의 법신과 동일시했다. 당시 한역된 『열반경』에
설한 불성론佛性論이 전해져 신은 불성과 혼동되어 수용되었다.

　제나라·양나라 시대에 범진 范縝(450~510)은 『신멸론神滅論』에
서 "신은 즉 형形이고, 형은 즉 신이다."라는 형과 신을 분리할
수 없다는 원칙에서 형과 함께 신도 죽는다고 주장하여 불교의
인과응보설을 부정했다. 이 논의는 커다란 파문을 일으켜 제나
라의 소자량은 많은 승려들에게 이를 논의시켰고, 법운法雲은 양
무제에게 의견서를 보내 왕공, 귀현貴顯에게 인과응보설 부정에
대한 비판설을 제출토록 요청했다. 황제 스스로도 마음의 분석
을 통해 무명無明과 상즉相卽하는 신명神明의 불멸을 인정하고,
신명에 의한 성불을 설했다. 범진의 『신멸론』에 대해서는 그의
인척인 소침 蕭琛(476~512)과 사학가로 저명한 심약 沈約(441~
513)이 『난신멸론難神滅論』을 지어 반박했다.

　남조에서는 신멸불멸 논쟁과 더불어 도교와 불교 사이에 『이
하론夷夏論』이 전개되었다. 467년 송나라 도사 고환顧歡은 『이하
론』을 저술하여 도교와 불교 양자의 '도道'는 궁극적으로 일치
하지만 습속·풍속은 이(외국)와 하(중국)가 결정적으로 다르며, 열
악한 이夷의 풍속을 교화하기 위한 교법인 불교는 중국에 시행
할 수 없다고 주장했다. 이에 대해 불교 측의 반론이 나왔는데,
승민僧敏의 『융화론戎華論』은 이夷인 천축이야말로 세계의 중심
으로서 천축에서 출현한 불교는 다른 어떤 것보다 우수하다고
논하여, 중국 본위의 이하론을 역전시켰다.

　한편 북조에서는 520년에 궁정에서 도교·불교의 논쟁이 벌어

졌다. 불교 측에서는 담무최曇無最가, 도교 측에서는 강빈姜斌이 참여하여 부처님과 노자의 출생 전후에 관한 내용을 두고 토론했다. 남북조 시대 불교와 유교, 그리고 도교 사이에 논쟁이 치열하게 벌어졌으나 당시의 일반적인 풍조는 삼교 일치였다.

●　　서위·북주는 『주례』에 의한 복고적 제도를 채택했지만 불교를 부정한 것은 아니었다. 불교 교단은 도교 교단과 함께 국가의 보호를 받아 왕공 귀족을 중심으로 대승의 가르침을 열심히 신앙했다.

남조 불교가 국가로부터 두터운 보호를 받은 데 반해, 북조 불교는 도교와의 세력 다툼을 겪었으며 국가적 탄압인 폐불을 당한 후 독자적인 행보를 걸었다.

북위에서는 도무제道武帝(재위 386~409) 시대부터 국가가 불교를 관리 통제하였다. 초대 도인통道人統(후에는 사문통)이 된 법과法果는 황제를 '지금 이 시대의 여래如來' 라고 떠받들었다. 승려는 황제를 배알해야 했는데 이는 북위 불교가 국가적 성격을 지닌다는 사실을 의미한다. 왕자에 대한 예의를 거절한 남조의 승려나 불교 신도와는 대조적이다.

북위의 불교

북위는 중국 동북부 대흥안령大興安嶺에서 시작한 선비 탁발씨가 세운 나라이다. 4세기 중엽에 이르러 산서성 북부의 대동大同을 중심으로 북방의 패자가 되는데 화북을 통일한 전진 부견의 공격을 받아 일시적으로 해체되었다. 그러나 전진이 붕괴하고 탁발규拓跋珪, 즉 도무제가 세력을 재결집해 규모가 확대되었다. 그는 황제를 칭하고 국호를 위魏라고 정했다.

3. 북조 불교의 경향과 추이

한 권으로 보는 세계불교사

북위는 불교 국가라고 할 만한 양상을 띠게 되는데 도무제가
화북에 진출할 때까지는 불교와의 관계가 그리 밀접하지 않았
다. 도무제는 대동으로 수도를 옮긴 후 불교를 존중해야 한다고
판단하고 조서를 내려 사찰과 불상의 조영을 명하였다. 그리고
사문 법과法果를 도인통道人統에 임명하여 승니를 통괄하게 했
다. 법과의 '황제는 즉 여래이다.' 라는 주장은 북조 불교계에 오
랫동안 계승되어 불교의 국가적 성격을 강조하는 사상적 배경이
되었다.

　태무제는 부친 명원제明元帝(재위 409~423) 시대에 회복되어 강
고해진 권력 기반을 배경으로 재차 조법祖法에 따라 관제·법령
등의 개혁을 단행하여 수차례 정복 전쟁을 수행했다. 마침내 439
년에 3대 태무제太武帝(재위 423~452)는 화북의 극심한 혼란을 잠
재우고 통일을 달성했다. 태무제는 북량을 멸망시키고 승려 3천
명을 당시의 수도였던 평성平城으로 이주시키면서 불교 국가로
서의 성격을 급속히 강화시켰다.

　처음부터 불교에 호의적이던 태무제였지만 교단의 확대에는
반대했다. 황제는 후한 말 중국에서 시작된 도교를 개혁하라는
계시를 태상노군太上老君으로부터 받았다며 신도교新道敎를 설
파하는 숭악嵩岳의 도사 구겸지寇謙之(365~448)의 가르침을 수용
하여 도교를 국교로 삼았다.

　태무제는 구겸지와 배불론자인 한족 재상 최호崔浩(381~450)
의 영향을 크게 받아 50세 이하는 승려가 될 수 없다는 조서를
발하였다. 더욱이 440년에 황제는 연호를 태평진군太平眞君으로
고치고, 자신이 도교의 군주가 되었음을 천하에 선포하였다. 444
년에는 왕공 이하 서민에 이르기까지 승려·사무師巫를 사적으로
양성하는 일을 금지시켰다. 이를 어기는 승려는 사형, 몰래 양육

하는 자는 일가를 주살했다.

446년 섬서陝西에서 개오蓋吳의 난이 발생했을 때 장안의 사찰에서 대량의 무기가 발견되어 반란을 모의했다는 의심을 받았다. 게다가 거액의 재보 은닉과 부녀와의 음행도 발각되었다. 태무제는 폐불을 알리는 조서에서 "호胡의 요괴, 호胡의 신을 모두 폐하고 거짓 가르침을 배제하라."는 엄명을 내렸다. 사탑·불상은 파기되고, 경전은 소각되었으며, 사문은 연령을 불문하고 주살되었다. 마침 태자감국太子監國 탁발황拓拔晃이 불교 신봉자여서 사문 살해의 시행을 지연시켜 일부의 승려는 국외로 도피할 수 있었다.

태무제는 재위 중에 불교를 금절했다. 태무제가 병사한 후 문성제文成帝(재위 452~465)가 즉위하자 불교는 세력을 떨쳐 북위의 국교로서의 위치를 확고하게 다진다. 군현에 사찰 일구一區를 세워 출가를 허락하고, 계빈의 사문 사현師賢을 사문통沙門統에 임명해 불교 부흥에 나섰다.

사문통沙門統이 된 담요曇曜는 문성제·헌문제獻文帝(재위 465~471)·효문제孝文帝(재위 471~499)의 3대 황제를 모시고 북위 불교 전성기의 기초를 닦았다. 효문제는 5년 후인 499년 남조 토벌 중에 병사했다. 뒤를 이은 선무제宣武帝(재위 499~515)는 5만여 명의 인력을 징발하여 낙양의 대수축을 거행했다. 도성은 동서 20리, 남북 15리에 달하는 장대하고 화려함을 자랑했는데, 성안에 가람伽藍이 1,367곳이나 되었다고 하다. 천하의 사찰 수는 1만 3,727곳에 달했다.

당시 북위는 파미르고원에서 동로마제국에 이르기까지 수많은 나라들 중 어디 하나 복종하지 않은 나라가 없을 정도로 강대한 국가였다. 호인胡人의 대상隊商이나 행상인들은 매일처럼 국

경을 넘어 들어와 거주했다. 북위를 연모하여 귀화한 외국인만
도 1만 호 이상이었다. 쉽게 보기 힘든 물자도 모여들었다. 이러
한 번영을 상징하는 것이 선무제의 황후인 영태후靈太后가 창건
한 영녕사永寧寺였다. 서역에서 온 승려로 선종의 개조인 보리달
마菩提達磨는 영녕사 사탑의 금반金盤이 햇빛에 반사해 구름을
비추는 모습을 보고 찬문讚文을 지어 그 장광을 읊었다고 한다.

4월 4일부터 시작되는 불탄회佛誕會에는 황금과 옥 등으로 장
엄한 불상을 만들어 수도 낙양의 거리를 순회시켰다. 7월에는 장
안에 등록된 1천여 구의 불상이 선무제가 건립한 경명사景明寺
에 모여들었다. 이렇게 모인 불상들을 초8일에 궁성으로 가지고
들어가면 황제가 황금으로 만든 꽃을 뿌렸다.

이러한 불교 행태는 진지한 신앙 자세에서 일탈하여 호화로운
사찰이나 불상 조영에 주로 뜻을 두었던 것으로, 재물과 백성들
의 힘을 소모시키는 귀족 불교적인 퇴폐 현상도 발생시켰다는
점을 잊어서는 안 된다.

선무제의 아들인 효명제孝明帝(재위 515~528)도 불교를 비호하
여 불교는 더욱더 발전했다.

운강·용문 석굴

북조의 미술을 대표하는 최고의 상징물은 석굴 사원의 조상造像
이다. 돈황 막고굴莫高窟에는 화려한 벽화가 그려져 있어 더욱
유명하다.

북위 문성제文成帝 시대가 되면 불교는 세력을 떨쳐 국교로서
의 위치를 확고하게 다진다. 당시에 사문통이 된 담요는 선제 공
양을 위해 석굴 사원의 조영을 주청하고, 수도 평성平城(현재의 대
동)의 서쪽 교외인 운강雲岡에 거대한 석굴을 조영했다. 493년에

낙양으로 수도를 옮길 때까지 동서로 약 1킬로미터에 걸쳐 수십 개의 굴이 조성되었다.

수도를 낙양으로 천도하자 운강 석굴의 조영은 일시 중단되었다. 하지만 불교를 존숭한 효문제는 수·당 시대에 걸쳐 조영되던 석굴 개착을 낙양 남쪽 교외의 용문龍門에서 계속했다. 494년부터 작은 굴을 조영하기 시작하여 501년에 선무제가 칙령을 내려 부친과 모후를 위해 굴 두 개의 조영을 명했다. 이후 선무제와 제실帝室을 위해 굴이 계속해서 조영되었다. 용문 석굴은 당나라 때 전성기를 맞아 전대부터 누계 2천 곳이 넘는 석굴감실龕室이 만들어졌다. 석굴의 위용을 통해 황제와 귀족이 열광적으로 신봉하고 있었음을 엿볼 수 있다.

북제의 불교

북위 말 산서성 진양晉陽에 거점을 둔 고환高歡(496~547)은 세력을 잡고 업鄴(현재의 하남성 임장현)으로 천도하여 효정제孝靜帝(재위 534~550)를 옹호했다. 반면 북변에 설치해 유목민과 대처하는 육진六鎭의 하나인 무천진武川鎭에서 남하한 우문태宇文泰(507~556)는 장안에서 효무제孝武帝(재위 532~534)를 옹립해 동서로 대치하는 형국을 이루었다. 이를 동위와 서위라고 부른다. 고환이 죽고 후경이 반란을 일으키고 양나라로 투항한 후인 550년 고양高洋은 동위로부터 선양을 받아 북제北齊(550~577)를 세우고 황위에 오르니 이가 바로 문선제文宣帝(550~559)이다.

문선제는 신라 왕자 김자장金慈藏에게 보살계를 준 법상法常(567~645)을 국사로 초빙하여 『열반경』을 강설케 했다. 또 『열반경』의 주석을 완성한 담연曇延(516~588)을 떠받들어 소현통昭玄統에 임명했다. 인도에서 전해진 선법을 터득한 승조僧稠

한 권으로 보는 세계불교사

(480~560)에게 조서를 내려 수도에 운문사雲門寺를 짓게 하고, 도살을 금지하며, 인민들로 하여금 한 달에 여섯 번, 1년에 세 번 재계토록 하였다. 551년에 소현십통昭玄十統을 두고, 『십지경론十地經論』 강설에 뛰어난 법상法上(495~580)을 대통에 임명했다. 승관 관할 아래 승니 4백만여 명, 사찰 4만여 곳이 있었다고 한다. 『속고승전』의 저자 도선은 "불교가 동쪽으로 와서 이곳에서 성행하였다."고 할 정도로 불교가 성행했음을 짐작할 수 있다.

이들 이외에도 고승으로 정토교의 제일인자 담란曇鸞(476~542), 지론종의 개조이자 율종의 중흥조인 혜광慧光(468~538), 천태종의 창시자 혜문선사慧文禪師 등이 있다. 외국승 나련제야사那連提耶舍는 『월등삼매경月燈三昧經』·『대비경大悲經』을 번역했다.

북주 무제의 폐불

선비족인 무제는 부국강병을 추진하고 문교정책으로 유·불·도의 삼교에 대해 자주 집회·토론을 실시하도록 명했다. 불교의 불상不祥과 도교의 길상吉祥을 설하여 영향을 주었다. 무제武帝(재위 560~578)에 의한 폐불은 2차에 걸쳐 일어났다. 최초의 탄압은 도사 장빈張賓 및 촉나라 승려 위원숭衛元嵩이 황제에게 제출한 불교 교단 숙청안이 계기가 되었다. 573년 삼교의 순서를 유교·도교·불교 순으로 정하고, 다음 해는 조서를 내려 불교와 도교를 폐지했으며, 모든 음사淫祠는 탄압을 받았다. 경전과 불상을 훼손하고 승니는 환속을 강요당하니 그 수가 3백만 명에 달했다.

두 번째 탄압은 577년 북제 정복 직후에 그 나라 영내에서 발생했다. 북제 평정을 폐불의 공덕이라 여긴 황제는 북제 땅에도 폐불을 행하려고 대덕大德 5백여 명을 불러 가부를 물었다. 사문 대통大統 법상法上 등이 황제의 위엄을 두려워하여 침묵하고 있는 사이에, 정영사靜影寺 혜원慧遠이 "폐하는 지금 왕력자재王力自在를 믿고 삼보를 파괴하려고 합니다. 이는 사견邪見의 사람입니다. 아비지옥은 귀천을 선택하지 않으니, 어찌 두려워하지 않을 수 있겠습니까?"라고 극간했다는 일화가 있다.

혜원의 간언에도 불구하고 무제는 조서를 내려 북제 지역의 사탑을 왕공의 저택으로 삼게 하고 불상과 경전을 불질러 버렸다. 두 번의 법난으로 사묘 4만 곳이 훼손되었고, 승니 3백만 명이 환속되었다. 무제는 후에 관아에서 세운 종교 연구소인 통도관通道觀을 장안에 세워 환속한 승려·도사 중에서 재주가 뛰어난 자 120명을 선발하여 학사에 임명하고 현학玄學을 중심으로 교의 연구를 행하도록 했다. 『무상비요無上秘要』 100권은 그 성과의 하나이다.

다음 해 무제가 병으로 죽자 황위에 오른 선제宣帝(재위 578~579)·정제靜帝(재위 579~581)는 도교와 불교를 부흥시켰다. 북주의 두 번에 걸친 폐불은 남북조 시대의 학문적 불교가 실천을 중시하는 불교로 전환되는 계기를 마련해 주었고, 중국불교 독자의 종파를 형성하는 결과를 가져왔다.

남북조 시대의 불교 교단

불교계를 통할하는 승관僧官의 설치는 동진 시대부터 시작되었지만, 남북조 시대에 들어와 교단이 한층 정비되었다. 먼저 남조의 경우, 승관은 승정僧正·열중悅衆·도유나都維那·승주僧主·법주法州로 불렸다. 송나라 초 지빈智斌이 승정이 되었다. 승정과 승주·법주는 같은 직책이며, 승정 밑에 도유나 혹은 열중이 자리했다.

중국에서 비구니는 삼국시대부터 존재했다. 433년 무렵 구나발마가 남림사에서 계단을 설치하여 승니의 수계를 행하기 시작

한 권으로 보는 세계불교사

하면서 정식으로 비구니 수계법이 갖추어졌고 비구니 승관도 설
치되었다.

한편 북조의 경우, 북위에서는 도무제 시대부터 국가가 불교
를 관리 통제했다. 승려를 통제하는 기관은 처음에는 홍려시鴻臚
寺였으나 후에 감복조監福曹로 바뀌었다. 그런데 담요 무렵부터
는 소현사昭玄寺로, 다시 숭현서崇玄署로, 동문사同文寺로 바뀌
었다. 북조에서는 사문통을 소현사문통, 또는 소현사문도통이라
했다. 중앙의 소현사에는 대통大統 1명, 통統 1명, 도유나 3명의
승관이 편성되어 있었다. 소현사 아래에는 공조功曹·주부원主簿
院이 있어 전국 군현의 사문조沙門曹를 관리했다.

초대 도인통道人統(후에는 沙門統)이 된 이는 법과였다. 태무제
시기에는 계빈의 사문 사현을 사문통에 임명하여 불교부흥에 나
섰다. 문성제·헌문제·효문제의 3대 황제를 모신 사문통이었던
담요는 승기속僧祇粟을 승조僧曹에 납부할 의무가 있는 특정의
호戶와 중죄인 및 관노官奴로 구성된 사노寺奴로 사찰 소유지의
경작에 종사하는 불도호佛圖戶를 설립하여 불교 사업의 재정적
기반을 구축했다. 효문제는 492년에 조칙을 내려 4월 8일과 7월
15일에 대주大州에 100명, 중주中州에 50명, 소주小州에 20명씩
승려가 되는 것을 허락했다. 한편 지방에는 주통州統·군통郡統
·현통縣統, 또는 도유나 등이 있어 승려를 관리했다.

여러 불교 학파의 성립

남북조 시대에 성립된 학파를 소개하면 다음과 같다. 도생道生의
열반경 연구에서 시작되어, 구마라집의 제자 혜엄慧嚴, 혜원의
제자 혜관慧觀에 의해 심화되어, 혜정慧靜·보량寶亮·담연曇延 등
에 계승된 열반학파, 성실론成實論의 연구를 중핵으로 하는 승도

僧道·승숭僧崇·지장智藏 등의 성실학파, 십지경론十地經論을 중심으로 북도北道·남도南道 두 파로 나뉘어 연구를 진행하여 혜원에 이르러『대승의장大乘義章』에 총괄 결정된 지론학파地論學派, 진제眞諦가 번역한『섭대승론攝大乘論』에 의거하여 그의 제자를 통해 심화된 섭론학파攝論學派 등이다.

한편으로 습선習禪의 발달과『능가경』과 달마達摩의 사상에 귀속되는『이입사행론二入四行論』등을 통해 중국적 선 사상이 발전을 이루어 능가종楞伽宗이라고 불렸다. 또 담란曇鸞은『관무량수경觀無量壽經』을 중요시하여, 만년에 산서성의 현중사玄中寺에서 정토교의를 퍼트렸고,『왕생론주往生論註』·『찬아미타불게讚阿彌陀佛偈』를 저술하여 정토교의 기초를 닦았다.

교학 연구가 심화되어 여러 학파가 정치한 이론을 다투는 것과 병행하여, 중국 문화의 전통에 의거해 불교를 개변하고 나아가 독자적인 가공 조작을 펼치는 위경僞經의 찬술도 성행했다. 대승의 보살계를 설하는『보살영락본업경菩薩瓔珞本業經』이나『범망경梵網經』을 축불념竺佛念과 구마라집의 번역이라고 하는 점은 의문이다. 실은 남조 전기에 나온 위경으로 판정된, 재가불교를 평이하게 설한『제위파리경提謂波利經』은 화북에서 찬술한 위경 중 저명한 사례의 하나다.『관정경灌頂經』(일명 약사유리광경)도 남조 초기에 여러 경전에서 초출抄出하여 조작한 것이다. 이 외에도 위경이라고 여겨지는 것은 일일이 들 수 없을 정도다. 호국의 경전으로 후대까지 중용된『인수반야바라밀다경仁壽般若波羅蜜多經』같은 경우도 구마라집이 아니라 중국에서 찬술된 불경이라고 인정하고 있다.

서위 건국에 수훈을 세운 부친이 죽자 수국공隨國公의 작위를 계승한 양견楊堅, 즉 수나라 문제文帝(581~604)는 북주 무제의 신임을 얻어 착실히 관계官界에 발을 내딛기 시작했다. 마침내 581년에 북주의 어린 황제 정제靜帝로부터 선양을 받아 황위에 올라 국호를 수隋라고 하였다.

수나라부터 당나라 전기에 걸쳐 율령제律令制에 의한 교학의 정비, 『오경정의五經定義』 흠정을 통해 경학經學을 고정화한 결과, 사상의 자유로운 활동은 세속 간을 탈출하는 종교, 특히 불교계에서 화려하게 전개되었다.

폐불을 일으켰던 북주와 달리 불교·도교를 부흥한 문제는 처음에는 불교와 도교를 평등하게 대하려고 했으나 점차 불교에 의한 국가 운영을 지향하게 되었다. 예로부터 성스러운 산으로 인식된 오악五岳(즉 중악 숭산·동악 태산·서악 화산·남악 형산·북악 항산)을 위시해 수나라와 관련이 깊은 호북성의 양양襄陽·수군隨郡·강릉江陵, 산서성의 태원太原에 관사官寺를 조영하고, 45개 주에 흥국사興國寺를 건립하여 불교로 나라를 다스리는 정책을 시행했다. 아울러 민간인의 출가와 사경寫經을 허락하여 민간에 사경이 널리 보급되었다.

또한 582년에 장안성에 국립 사찰로 대흥선사大興善寺를 건립했다. 다음 해에는 매년 삼장재월三長齋月, 즉 정월·5월·9월의 8일에서 15일 사이에 전국 관사官寺에서 재회齋會를 열어 살생을 금지하고 죄수의 방면과 사형수에 대한 감형조치를 취하였다. 황제는 계율을 받고 스스로 '보살계제자菩薩戒弟子'라고 칭했다. 고승 담연曇延·담천曇遷·법순法純·두순杜順을 궁중에 불러들여 가르침을 받았으며, 매월 정기법회를 개최하여 『일체경一切經』을 독송케 하였다.

문제의 부흥 정책이 착착 진행되어 불교는 급속히 발전하여 승니 23만 명에게 도첩을 주었고, 사찰은 3,792곳이나 되었다.

더욱이 601년부터는 3회에 걸쳐 인도 마우리야 왕조 제3대 아소카 왕이 석가의 사리를 팔방으로 나누어 8만 4천 개의 사리탑을 건립했다는 고사를 따라 전국에 인수사리탑仁壽舍利塔을 건립했다. 그 결과 불사리신앙이 유행하게 되었다.

문제는 불교를 국가의 지도 원리로 삼았지만 결코 왕법과 불법을 혼동하지 않았다. 그 뒤를 이은 양제煬帝(재위 604~617)는 폭군으로 악명이 높지만 진왕晉王 시절 양주揚州에 재임했을 때는 천태대사 지의와 교류하여 보살계를 받았다. 그는 전국의 사찰을 도량道場이라 개칭하고는 불교·도교계로부터 고혁한 자를 양주로 불러들여 네 도량에 거주케 했다. 불교 도량은 혜일慧日과 법운法雲이었다. 혜일 도량에 삼론종三論宗의 대성자인 길장吉藏(549~623)을 맞아들였다. 이처럼 수나라는 전국 통일에 의한 국력의 급속한 증강을 기초로 사찰 건립, 탑과 불상 조영이나 사경寫經 공양이 공전의 성황을 이루었다.

1. 당나라 불교의 흐름

● 당나라를 세운 이 씨는 위진남북조 시대를 통해 명성을 날린 일족으로 농서隴西(현재의 감숙 지방) 출신이다. 수나라 말에 거병한 이연李淵이 공제恭帝로부터 선양을 받아 618년에 황위에 오르니 바로 이가 고조高祖(재위 618~626)로 국호를 당唐이라 정하였다. 경전 번역 및 인도와 서역으로부터의 불교 수입에 급급했던 남북조 시대를 지나, 당나라를 거치면서 중국불교는 황금기를 맞이한다. 황실의 불교보호정책과 더불어, 각 종파들의 기틀이 잡히고 구마라집과 더불어 이대역성二大譯聖이라 불린 현장에 의해 신역新譯 시대가 열렸다. 독자적인 중국불교의 특색이 갖추어진 시기가 바로 수·당대였다.

그러나 불교 발전의 황금기 이면에는 문제점도 있었다. 부역을 피하기 위해 국가의 출가 허가증인 도첩이 없는 사도승私度僧이 범람해 재정을 침해했다. 불교 전래 후 오랜 시간이 흘렀지만 유교와 도교 등 중국 고유사상들의 배불론 등으로 논쟁은 계속되었다. 불교의 융성과 더불어 이런 문제도 점차 확대되었다.

수도 장안성 안에 다수의 사찰과 도관이 건립되었다. 그 수는 시기에 따라 차이가 나지만 사찰은 81곳, 니사尼寺는 28곳, 도관은 31곳이었다. 이 중 대천복사大薦福寺는 수나라 양제의 옛 저택으로 측천무후則天武后(624~705)가 고종高宗(재위 650~683)의 추선공양追善供養(죽은 황제의 기일에 행하는 공양)을 위해 건립한 사찰로, 현재 13층의 소안탑小雁塔이 남아 있다. 사찰에는 도승이 2백 명이나 있었고, 장안의 1백만 인구 중에 5만 명의 사원 관계자가 있었다고 한다.

도승이 3백 명이나 있었던 대자은사大慈恩寺는 고종이 황태자 시절에 어머니 문덕황후文德皇后의 추선공양을 위해 중수한 곳으로, 인도에서 귀국한 현장이 이곳의 상좌가 되었다. 652년 고종이 인도 솔탑파窣塔婆를 본떠 건립한 것이 7층의 대안탑大雁塔이다. 장안에 있는 사찰의 주요 활동 중 하나는 불아佛牙 공양이었다. 불아는 석가의 뼈인 불사리를 의미한다. 대장엄사大莊嚴寺·천복사薦福寺·흥복사興福寺·숭덕사崇德寺의 네 사찰에 불아가 보관되어 있었다. 그중에서도 천복사의 불아는 불아루佛牙樓에 수장되어 3월 8일에 공개하는데 많은 승려와 신도가 모여 성대하게 거행되었다.

국가권력에 종속된 불교의 입장은 도첩제에서도 잘 드러난다. 승니는 남북조 시대부터 관아의 허가제로 관리되었다. 당나라에서는 육부六部 중 예부에 속하는 사부祠部에서 일정한 수업을 마친 후 시험에 합격한 자에 한해 도첩이라고 하는 일종의 신분증명서를 발행했다. 사망이나 환속할 경우에는 관아에 반환했다. 승려가 되면 면제의 특전을 가질 수 있어 부유층 등은 도첩 획득에 열을 올렸다. 안사安史의 난이 일어나자 군비 조달을 목적으로 당 조정은 자주 도첩을 팔았다. 절도사節度使들도 멋대로 도첩을 팔아 번진藩鎭 경비에 충당했다.

당나라 중기 이후에는 선종이 현저하게 융성했다. 호남·강서를 중심으로 교세를 확대한 남종선의 초조初祖인 육조혜능六祖慧能

(638~713) 문하에 청원행사靑原行思(?~740)·남악회양南岳懷讓(677~744)·하택신회荷澤神會(684~760)가 배출되었다. 청원행사 문하에서는 조동종曹洞宗·운문종雲門宗·법안종法眼宗이 생겨났다. 남악회양 문하는 마조도일馬祖道一(709~788 혹은 688~763)·백장회해百丈懷海(749~814)·황벽희운黃檗希運(?~850)·임제의현臨濟義玄(?~867)으로 계승되어 홍주종洪州宗이라고 칭해져 남종선南宗禪의 주류로 발전했다. 하택신회의 문하에 대조大照 등이 있었다.

마조도일은 '평상심이 도道'라고 설하여 거사들의 공감을 얻었고, 백장회해는 '백장청규百丈淸規'라는 선원禪院의 생활에 규범을 제정해 종문宗門의 자립을 강화했다. "하루 일하지 않으면 하루 먹지 않는다."는 말로 대변되듯이 선승은 생산 노동을 중시해, 당시 완전한 소비 계층이 되어 사치에 빠져 있던 대도시의 사찰 승단僧團과 대립하는 자세를 견지하여 사회계층으로부터 지지를 얻었다.

백장회해의 문하인 황벽희운의 어록『전심법요傳心法要』나 임제의현의 어록『임제록臨濟錄』은 선승 어록의 고전으로서 저명하다. 구어口語를 섞어 문답 사이에 선의 전기轉機를 생생하게 전달하여, 이전의 번쇄한 교학의 논소論疏와 전혀 성격이 다른 중국적인 교리를 생산해 내 신흥 지식인을 끌어들였다. 선종은 단순히 불교 영역에 그치지 않고 하나의 중국적 문화 체계로 성장해 문학·미술 등에 커다란 영향을 끼치게 되었다.

● 먼저 승관과 승려를 통괄하는 부서는 당나라 초기에는 홍려시였으나, 측천무후 시기에는 상서성 예부 아래의 사부였다. 중종中宗(재위 684~709) 연간에 3년에 한 차례 승적僧籍을 조사하여 도첩을 발급했는데 이를 사부첩祠部牒이라고 한다. 승려 중에

부역을 회피하기 위해 출가한 자들을 일소하려는 대책을 세웠는데, 바로 시험을 치르는 방법을 통해서였다.

당나라의 승관 제도는 처음에 승통僧統 제도로 실시되었다. 당나라 초기인 618년에 십대덕十大德을 두어 승니를 관할토록 하였다. 덕종德宗(재위 780~804) 연간에는 신옹, 목종穆宗(재위 821~824) 연간에는 유영惟英이 좌우가승통左右街僧統에 임명되었다. 중기에 들어서자 승록僧錄 제도가 시행되었다. 헌종憲宗(재위 806~820) 연간에 단보端甫가 좌가승록左街僧錄에, 문종文宗(재위 827~840) 연간에 운단雲端이 좌우가승록에 임명되었다. 지방에는 승정이 있어 각 주의 승려들을 관할했다. 다만 당나라 불교의 중심지였던 오대산에서는 별도의 승관 제도를 시행했다.

3. 도선불후

● 　당 왕조는 자신들의 권위를 세우기 위해 동성인 노자의 후예라 스스로를 칭하였다. 측천무후 시대를 제외하면, 노자로부터 시작된다고 하는 도교를 당나라 일대에서 국가적으로 보호했다. 고조는 삼교의 순서를 노자·공자·석가로 정했다. 또한 637년 태종太宗(재위 627~649)은 조서에 "도사·여관女冠은 마땅히 승니의 앞에 있어야 한다."라며, 도교를 불교보다 상위에 두었다. 이후 당나라는 도선불후道先佛後라는 종교정책을 측천무후 시기를 제외하고 일관되게 시행했다. 노자에게 황제호皇帝號가 추증되어 태상현원황제太上玄元皇帝라 부르게 되었다. 양경兩京(장안과 낙양)만이 아니라 전국에 현원황제묘玄元皇帝廟가 세워졌다.

도교 보호정책은 단순히 역대 황제의 존숭에 그친 것이 아니라 제도상에 있어서도 현저하게 나타났다. 즉 열렬한 도교 신자였던 현종玄宗(재위 713~756)은 종실의 문서를 관할하는 종정시宗正寺가 도사도 관리하게 했다. 불교의 승니가 홍려시(후에는 예부

한 권으로 보는 세계불교사

하의 사부에 이관) 소속이었던 것과 크게 차이가 난다. 현종은 전국의 모든 군郡에 개원관開元觀을 세우고, 노자의 초상화를 안치시켰다.

또 과거제의 시험과목에도 유교 경전 외에 『노자도덕경老子道德經』이 더해졌다. 현종은 친히 『노자도덕경』에 주를 달고 『어주도덕경御注道德經』을 옮겨 적어 전국의 집집마다 반포했다. 현종에 못지않게 도교를 신봉한 무종武宗(재위 841~846)은 도사를 궁중에 출입시켰고, 대궐 안에 선대仙臺를 쌓아 등선登仙하기를 희망했다.

세력이 커진 도교는 불교와 반목하기 시작했다. 일찍이 고조 때 도사 부혁傅奕(555~639)이 배불론을 제기했는데 621년에 『청폐불법표請廢佛法表』를 지어 불교를 비판했다. 5년 뒤에 재차 불교의 폐해 열한 가지를 나열하여 폐불을 연속해서 상주하였다. 이는 도교와 불교의 우열이라는 본질에 관계되는 중대한 문제였기에 불교 측의 저항도 강렬했다. 불교 측에서는 승려 법림法琳이 『파사론破邪論』·『변정론辨正論』을 지어 반박하였다.

668년에 고종은 조정 백관과 승려·도사를 모아 놓고 『노자화호경』을 강론케 하자, 사문 법명法明이 경의 잘못을 지적했다. 이후 중종中宗이 즉위한 705년에 도관의 '화호성불상化胡成佛像'과 사찰의 노장상을 전부 철거시켰다. 아울러 『노자화호경老子化胡經』도 위경으로 금지시켰다.

●   중국에 밀교가 전래된 것은 동진 초기이다. 밀교라는 것은 비밀 불교, 불교 비밀의 교의教義를 말한다. 인도에서 시작된 불교는 민간의 공양법이나 주문呪文(즉 다라니) 등과 결합되어 전파되면서 불전에도 그러한 요소가 침투하였다. 이를 잡밀雜密(雜

部密教)이라고 한다. 이에 대해 700년 무렵부터 대략 반세기간 인도에서는 힌두교의 발전 등의 영향을 받아 불교에 밀교적 요소를 대일여래大日如來의 교설教說로써 체계화한 가르침이 급속히 퍼졌다. 이것은 동아시아에 전해져 사람들의 마음을 사로잡는 밀교純密〔순수밀교〕로 되었다. 이는 석가모니 부처님의 가르침에 근거한 소승·대승불교와는 본질적으로 다른 신흥불교였다.

이 새로운 밀교는 당나라 중기 중천축 출신인 선무외善無畏(637~735), 남천축 출신인 금강지金剛智(671~741), 불공不空(705~774) 등의 승려가 출현하여 더욱 조직화되어 발전했다. 밀교는 현종玄宗·숙종肅宗·대종代宗 3대에 걸쳐 궁정에 파급되어 큰 힘을 발휘했다.

밀교 경전을 대표하는 것이 태장계胎藏界를 설하는 『대비로자나성불신변가지경大毘盧遮那成佛神變加持經』과 금강계金剛界를 설하는 『금강정경金剛頂經』이다. 전자는 인도의 선무외善無畏가 육로로 당나라를 방문하여 번역본을 냈고, 제자 일행一行이 그를 계승했다. 후자는 남인도 출신의 금강지와 그의 제자로 인도 사람인 불공삼장不空三藏이 해로로 당나라에 와서 번역했다. 이 태장계와 금강계라고 하는 부처의 세계를 각기 그림으로 표현한 것이 만다라曼荼羅이다.

금강지와 함께 해로로 낙양에 들어온 불공삼장은 현종 연간에 내도량內道場에 들어가 황제에게 관정灌頂을 행한 이후 765년에 특진시홍려경特進試鴻臚卿에 임명되었고, 개부의동삼사숙국공開府儀同三司肅國公이 더해져 식읍食邑 3천 호를 받는 등 승려로서 파격적인 대우를 받았다. 그것은 어지러운 시대에 법을 닦고 기도에 의해 왕조의 안녕과 국가의 번영을 가져오는 신비적인 능력을 기대한 결과였다.

불공이 스스로 가지고 온 새로운 밀교 경전의 한역에도 힘썼으나, 그의 사후 번역은 거의 단절되어 교단은 쇠퇴했다.

●

여러 불교 종파

위진남북조 400년의 연구를 거듭 축적한 끝에 중국의 것이라 할 수 있는 종학宗學의 체계가 갖추어졌다. 먼저 보법종普法宗을 주장한 신행信行(540~594)은 말법末法을 의식하고 범부凡夫를 구제하려면 보법普法에 의해서만 가능하다는 삼계교三階敎를 제창하여 화북의 민중에 침투했다. 적극적인 구도정신에 서서 삼계의 위기를 벗어나려는 실천성이 충만한 교설로 민중의 마음을 사로잡았다. 당나라 때는 장안에 무진장원無盡藏院이라는 대부 영리기관을 경영하여 종종 정부의 탄압을 받아 교세가 쇠퇴하였다.

삼론종三論宗 조사 길장吉藏(549~623)은 남북조 시대에 구마라집이 번역한 『중론中論』·『십이문론十二門論』·『백론百論』의 강구講究를 통해 발달한 삼론의 교학을 대성하여 『삼론현의三論玄義』를 저술했다. 그는 『화엄경유의華嚴經遊意』 등 주요한 대승 경전을 주석하여 수나라, 그리고 당나라 초기의 불교학의 한 정점을 이루었다. 한편 지의는 남악혜사로부터 교설을 받아 강남 각지에서 활동하면서 천태사상을 만들어 냈다. 그의 설은 제자 관정灌頂이 『법화문구法華文句』·『법화현의法華玄義』·『마하지관摩訶止觀』으로 정리했고, 절강성 천태산 국청사國淸寺를 본거지로 여러 지방에 전파되었다.

당나라 초에 천축으로부터 수많은 범본梵本을 가지고 온 현장은 황제의 비호와 다수 학승의 협력을 얻어 『대반야바라밀다경』 600권을 시작으로 『유가사지론瑜伽師地論』 등 다수의 경전을 번역했다. 인도에서 발달한 유가유식瑜伽唯識의 교학이나 논리학도 현장에 의해 중국에 퍼졌다. 그의 교학은 문제門弟인 자은대사慈恩大師라 불리는 규기窺基(632~682)에 의해 법상종法相宗으로 대성되어 일시 융성했으나 화엄과 선종의 대두로 교세가 쇠미해졌다.

법상종의 유명한 인물로 신라 출신인 원측圓測(613~696)을 빼놓을 수 없다. 15세 때 중국 장안으로 유학을 떠나 법상法常·승변僧辨에게서 유식론唯識論을 배웠고 후에 현장의 문하로 들어갔다. 당시 법상종의 정통으로 자처하던 규기의 자은파慈恩派와는 경전 해석에서 의견을 달리했다.

불교 교단의 강화·발전에는 중국화된 계율의 역할이 지대했다. 당나라 초에 법려法礪(569~635)의 상부종相部宗, 도선道宣(596~667)의 남산종南山宗, 회소懷素의 동탑종東塔宗 등의 율종律宗이 성립했다. 특히 『사분율四分律』을 기본으로 하는 도선의 학파가 주가 되어 율학의 전통을 쌓았다. 도선은 『사분율행사초四分律行事抄』·『계단도경戒壇圖經』을 저술하여 수계·지율持律의 제도화에 힘쓰는 한편, 『광홍명집廣弘明集』·『속고승전』 등 호법·사전史傳·목록을 찬술하여 교단의 사회적 지휘를 확립하는 데 중요한 공헌을 하였다.

당나라 중기 이후 선종이 번창할 때 형계담연荊溪湛然(711~782)이 나타나 천태 중흥의 조祖로 떠받들어졌고, 화엄의 교설도 집어넣어 정비에 노력했다. 감찰어사監察御史를 지낸 인물로 담연에 사사한 양숙梁肅은 『천태지관통례天台止觀統例』를 저술했다. 그는 유가의 궁리진성窮理盡性과 천태의 지관은 상통하고, 인성의 근본을 회복하는 것으로 생각했다. 화엄종에는 4조 징관澄觀(738~839)이 『화엄경소華嚴經疏』·『수소연의초隨疏演義

抄』 등 다수의 저작을 남겨 황실에 접근하여 강경講經에 힘썼고, 천태나 선의 사상을 섭취하여 화엄교학華嚴敎學을 시대에 적응시켰다. 그의 고제高弟 규봉종밀圭峯宗密(780~841)은 화엄과 선을 융합하고 일치시키려는 선교일치론을 주장했다. 화엄경의 해석에도 선의 사상을 넣어『선원제전집도서禪源諸全集都序』·『선문사자승습도禪門師資承襲圖』를 찬술했다. 그는 중국 선종의 법계를 정리하여 사상의 특색을 객관적으로 파악하려고 힘썼다. 또한『원인론原人論』을 저술하여 불교의 여러 종파를 통일하려고 시도했을 뿐만 아니라 불교와 유교·도교 삼교의 조화를 지향했다.

화엄종의 이조二祖 지엄智儼(602~668)의 제자 중에는 신라에서 중국으로 건너 가 화엄을 배운 의상義相(625~702)이 있다. 후에 귀국하여 독창적인 화엄을 창조하여 해동화엄의 초조初祖라고 불린다.

한편 아미타불의 극락정토에 왕생하는 것을 희구하는 정토교는 북위 담란曇鸞(476~542)의『정토논주淨土論註』에 영향을 받아 도작道綽(562~645)의『안락집安樂集』으로 전개됐으며, 선도善導(613~681)에 이르러 꽃을 피워 사회 각층에 침투했다. 그의『관무량수경觀無量壽經』을 비롯한 저작은 실천 법문으로써 속세의 신도에게 널리 전파되었고, 후에 동아시아 각지에 널리 퍼지는 기초가 되었다.

정토교의 법조法照는『정토오회염불송경관행의淨土五會念佛誦經觀行議』 등에 의한 염불법을 선포하여 일반 민중에 수용되었다. 당나라 중기 이후 재가신자가 하루 밤낮에 한하여 준수해야 할 8종의 계戒를 받는 팔관재회八關齋會가 유행하여 대규모의 만승재萬僧齋도 성대하게 열렸으며, 사람들도 향화사香火社·구품왕생사九品往生社 등으로 결사를 조직하여 불사를 행한 결과 상호 부조하는 풍조가 널리 퍼졌다.

지엄·법장法藏(643~712)의 『화엄경』을 근거로 완성된 화엄종은 측천무후의 두터운 비호를 받아 당나라 전기 불교학의 정점을 이루었다. 법장의 『화엄경탐현기華嚴經探玄記』 등은 지식인에게 고도의 형이상학으로 받아들여졌다.

화남華南의 소주韶州 조계산 보림사寶林寺에 주석했던 육조혜능 이후, 가장 중국적인 불교라 할 수 있는 선종이 급속히 흥성하여 각지로 퍼졌다. 혜능의 교설은 『육조단경六祖壇經』으로 편집되어 돈오頓悟·견성見性을 중핵으로 하는 계戒·정定·혜慧의 삼학三學 일체를 설하여 남종선南宗禪의 비조가 되었다. 그의 제자 하택신회는 신수神秀(606~706)의 점오설漸悟說을 북종北宗이라 하여 배격하고, 혜능의 설을 선의 주류로 정착시키는 데 성공했다. 마침내 마조도일로 이어졌다.

사상사적으로 인재를 배출하며 각 종파들이 발흥한 당나라 중기에 비해 후기에 이르면 대부분의 종파가 쇠락해 사상적인 발전은 중단되다시피 한다. 다만 선종계 종파들만은 이 시기에 본격적인 종파의 형성과 분파를 이루어 '오가칠종五家七宗'이라는 여러 종파의 완성을 이루었다. 일부 승려들의 노력으로 화엄종 내지 정토종과 교리상의 융화를 모색하거나 선과 염불의 결합이라는 실천적·민중적 모습으로 전환되었다.

당나라 후기 불교의 특색

여러 종파가 극심한 어려움을 겪는 중에도 선종이 본격적인 완성기를 맞이하고 정토계의 염불론이 여러 종파의 수행 방법론으로 자리잡을 수 있었다. 이것은 이전의 교학불교가 실천불교로, 권력자들을 위한 불교가 대중 불교로 바뀌어 가고 있음을 입증

한 권으로 보는 세계불교사

한다. 산악 불교로 출발하여 중앙권력과의 유대 관계가 적었던 선종의 경우, 장안·낙양을 시작으로 북방 지역을 중심으로 교세를 넓혀 갔다. 하지만 당나라 시대에 남종을 능가하는 세력을 떨친 신수의 북종이나 2대에 걸쳐 오월 왕의 보호를 받았던 법안종의 경우처럼 권력층과 교분을 쌓았던 종파의 수명이 짧았던 점도 눈여겨볼 일이다.

중국불교의 특징이라 할 수 있는 종파불교의 전성기를 맞이했던 당나라 불교는 당말 오대라는 시대적 상황 속에서, 융합과 조화의 모색이라는 방향으로 귀결되면서 보다 중국적인 모습으로 자리를 잡아 간다. 남북조 시대와 수나라 때부터 당말 오대까지의 지배적 사상은 천태종에서 화엄종으로, 다시 선종으로 이어졌다. 그 교차점에는 담연·징관·종밀·연수 등 타 종파의 사상을 조화와 융합의 대상으로 여긴 고승들이 있었다. 선종 제자들 역시 다른 문파의 스승에게 참학參學하는 등 활발한 교류가 있었다.

이 시기 불교의 특징이 융합과 조화의 모색에 이르게 된 배경에는 당나라 말에서 오대에 이르는 200여 년간의 혼란한 사회상에 있었다. 중앙권력과 밀접한 관계를 가지면서 세력을 확장한 불교는 이제 대중 포교에 전력투구하기 시작했다. 안정과 통일을 바라는 백성들의 염원을 무시할 수 없었으며, 현실적으로도 두 차례의 폐불은 불교 자체의 정비를 강요했다. 또 다른 특색은 조사선祖師禪이 확립되어 인도에서 전래한 선법의 중국화가 완성되었다는 사실이다. 이후 중국 선은 더 이상의 발전적인 변형은 보이지 않았고 단지 조사선의 전통을 충실히 이어가는 형태로 오늘에까지 이른다.

그리고 위경이라는 의심에도 불구하고 종밀 이후『원각경圓覺經』이 중요 경전으로 부각되어 송나라 이후 중국사상의 흐름에 중요한 영향을 미쳤다. 불교에 대한 유교의 견제는 『원각경』에 대한 비판으로 이어졌고, 이는 주자학朱子學의 성립에 영향을 끼쳤다. 송나라가 중국을 재통일하면서 천태종 등에서 부흥의 기운이 일어나기 시작했다. 반면에 선종 계열에서도 임제종臨濟宗 계열의 융성과 아울러 문파별로 성쇠를 달리하는 등 정리되기 시작했다.

6. 오대산 불교

오대산 남대 문수 © 구광국

● 산서성 동북부에 자리한 오대산五台山은 옛적부터 영적인 장소였다. 주봉은 다섯으로 그중 북쪽에 3천 미터 급의 봉우리 네 개가 이어져 있다. 조금 떨어진 남쪽 봉우리 계곡에는 당나라 때 100곳이 넘는 사찰이 조영되어 있었다.

오대산에 불교가 언제 들어왔는가에 대해서는 여러 설이 있지만, 북위 효문제가 시작이라고 한다. 북위 후반에는 지혜를 담당하는 문수보살의 성지라는 인식이 정착되어 갔다. 『화엄경』에 의하면, 동북방의 청량산清凉山에 문수가 거처한다는데 오대산을 이 청량산에 비유했던 것이다.

오대산 문수신앙은 수나라·당나라 시대의 불교 융성과 보조를 맞추면서 확대되었다. 특히 현종 연간에 이르러 불교계의 실력자로 군림한 밀교의 불공不空(혹은 不空三藏)이 이곳에 금각사金閣寺를 건립하여 문수신앙과 밀교를 결합시킨 것이 큰 영향을 끼쳤다. 금각사 건립에는 막대한 비용이 들었다고 한다. 불공은 오대산 불교를 자신의 권위를 내세우는 데 이용했다. 한편 문수신앙은 각지의 주요 사찰에 조영된 문수각文殊閣을 통해 전국에 보급되었다.

7. 사문불배왕자

● 남북조 시대 이래로 사문은 왕자에게 배례해야 한다는 논쟁이 당나라에 들어서도 문제가 되었다. 631년에 조칙을 내려

한 권으로 보는 세계불교사

승려는 부모를 공경해야 한다고 했지만, 2년 뒤에는 이를 부정했
다. 다음 고종 때에도 승도가 군주와 부모에게 배례해야 한다는
문제로 다시 조야에서 논쟁이 벌어졌다.

측천무후 시기의 과도한 불교 신봉은 폐해를 숙정하려는 현종
의 억불정책으로 이어졌다. 현종은 정치적 지배자에게 예를 표
하지 않는다는 승려의 사문불배왕자沙門不拜王者라는 전통 입장
을 부정하여 부모에게 배례하라는 결정을 내렸다. 733년 조서에
서 승니에 대해 신자臣子의 예를 표할 것을 명했다. 761년에 가
서야 이 조치는 폐해졌다. 그러나 그 중간에도 현종이 몸소『어
주금강경御注金剛經』을 지어 천하에 반포하는 등 불교의 권위는
지켜졌다.

819년 한유韓愈(768~824)는 법문사의 불사리신앙으로 인해 백
성들이 재물을 탕진하고 광분하는 모습을 보고『논불골표論佛骨
表』를 지어, 불교의 무용을 논했다. 그는『원도原道』에서 도교와
불교를 통렬히 비판하고는 승니와 도사를 환속시키고 전적典籍
을 소각할 것을 주장했다. 그러나 한유는 도리어 헌종憲宗(재위
805~820)의 격노를 사서 광동성 조주潮州로 유배당했다.

● 불교가 중국에 전해진 이래 불교 전체가 존망의 위기에
처해진 대규모 탄압이 4번 있었다. 첫 번째는 북위 태무제, 두 번
째는 북주 무제, 세 번째는 당 무종, 네 번째는 후주後周 세종世宗
에 의한 폐불이다. 탄압 시의 황제 명을 따서 삼무일종三武一宗
의 법난이라고 부른다.

회창폐불會昌廢佛은 정사正史『구당서舊唐書』나『자치통감資治
通鑑』기록에 의하면, 845년(무종 회창 5년) 4월부터 8월 사이에 단
행된 사건이었다. 그 결과 천하의 사찰[勅額寺] 4,600곳, 난야蘭

若(작은 사찰) 4만여 곳이 훼손되고, 승니 26만 5천 명이 환속되었다. 또한 사찰이 소유한 비옥한 토지 수십만 경頃(1경은 5.8헥타르), 노비 15만 명을 국가에 몰수당했다. 환속자는 세금을 내는 호戶로 바뀌고, 불상과 불구佛具는 동전이나 농구로 주조했다. 다만 장안과 낙양에 사찰 4곳, 각 주에 1곳만을 남겨, 각기 5~30명의 승려를 두도록 조치했다.

유교 교양을 지닌 관료와 도사의 반불교 여론이 무종의 배불을 재촉했다. 당대를 통해 사회에 깊게 침투하고 강대한 교단을 만든 불교계는 이 사건으로 완전히 붕괴되어 갔다. 공식 기록으로는 845년의 수개월 사이에 불어 닥친 폭풍우가 폐불의 중심이었다고 하지만, 실은 수년 전부터 위기가 배태되어 있었다.

무종은 즉위하자마자 노자의 탄생일을 강성절降聖節이라 하여 휴일로 정했고, 도사 조귀진趙歸眞을 중용하여 도술에 탐닉했다. 폐불의 움직임은 842년 3월에 재상 이덕유李德裕(787~850)가 승니의 관리를 엄밀히 할 것을 진언했던 데서 비롯되었다. 같은 해 10월에 도망병과 범죄자 그리고 처자가 있으면서 승적에 있는 자는 환속시키고, 승니가 사문寺門 밖으로 나가는 것을 금지하는 명령이 내려져, 장안성 내에서만 대략 3,500명이 환속했다.

844년 3월에 불아 공양을 금지하고, 아울러 오대산이나 서안西安으로부터 120킬로미터 떨어진 곳에 자리한 법문사法門寺 등의 사찰에서 불지佛指를 가지고 신성한 네 장소에 순례하여 공양하는 것도 금지했다. 이 사실에서 당시 사리 신앙의 열광이나 오대산 순례 등의 배후에 있는 불교의 영향을 엿볼 수 있다.

당시 불교 대신에 도교를 믿는 자가 눈에 띄게 늘어났다. 무종은 궁중에 구천도량九天道場을 지어 도교의 신들을 제사지내고, 7월 불교의 우란분회盂蘭盆會 행사 때에 도교의 흥당관興唐觀에서 천존天尊을 제사지냈다. 또 천신과 교감하여 선인이 되는 선약을 제조하고자 궁중에 망선대望仙臺를 축조했는데 높이가 약 45미터였다. 불교를 배격하고 도교를 숭배하는 흐름의 중심에 있던 인물이 도사 조귀진으로, 재상 이덕유는 그를 옆에서 도왔다.

여기서 반드시 반불교주의라고 할 수 없던 이덕유라는 인물을 주목할 필요가 있다. 그는 재상 이길보李吉甫(758~814)의 아들로 진사 출신 우승유牛僧孺(779~847)와의 사이에서 벌어진 당쟁, 이른바 우이牛李의 당쟁을 일으킨 귀족 출신의 영수였다. 처음에는 재정의 건전을 꾀할 수 있는 인물로 기대를 받아 840년에 재상에 등용되었다. 그는 지방 재임 중에 불교계의 부패를 경험해 사찰에 숨은 사람들이나 은닉된 재산에 눈을 돌렸다.

사찰 폐지·승려 환속·사원 노비 및 전답 몰수 등의 조치는 불교계 전반에 심각한 타격을 줄 정도였다. 무종을 이은 선종宣宗(재위 847~859)이 즉위한 후 이러한 폐불령은 철회되지만 이후 선종을 제외한 대부분의 종파가 내리막길을 걷는다. 또 외래 종교인 마니교摩尼敎와 조로아스터교도 사교邪敎로 배척되었다.

● 　중국불교 유적으로 돈황·운강·용문 석굴과 함께 석경石經을 들 수 있다. 대표적인 석경으로 하남성 보산寶山의 대주보굴大住寶窟에 새겨진 경전을 들 수 있다. 대주보굴은 수나라가 전국을 통일한 589년에 승려 영유靈裕(518~605)가 개창한 석굴이다. 벽면에 『법화경』·『열반경』·『승만경勝鬘經』 등과 『대집월장경大集月藏經』의 「법멸진품法滅盡品」 등이 새겨져 있다.

한편 폐불의 광기에 휩싸인 혼란 속에서 승려들은 난을 피해 인근의 유주幽州(현재의 북경)로 발길을 옮겼는데 관문을 열어 주지 않았다고 한다. 유주는 당나라 중기에 반牛독립 상태에 있던 하삭삼진 河朔三鎭의 하나인 유주절도사 幽州節度使를 가리킨다. 절도사가 관할하는 방산 房山의 운거사 雲居寺에 석경이 있다.

수나라 때 유주에 있던 지천사 智泉寺의 승려 정완 静琬(?~639)이 7세기 초에 제자와 신도를 이끌고 산중에 들어가 수나라 양제의 소황후 蕭皇后와 그의 동생 소우 蕭瑀(575~648)의 도움을 받아 동굴을 파고 불전을 돌에 새기는 작업에 착수했다. 석경 작업을 하는 이유를 다음과 같이 설명했다.

일찍이 말법 세상이 도래한 지 오래되어 민중들은 불법이라는 등불을 잃고 어둠 속에서 고통을 받고 있다. 따라서 미래를 향해 말법의 겁화 劫火에도 불타지 않는 돌 경전을 남기는 일이 나에게 주어진 사명이다.

호법에 대한 정완의 믿음은 그 후 제자들에게 전해져 당나라 시대를 통해 약 400점의 석경판 石經版이 만들어졌다. 그중에서도 압권은 삼장법사에 의해 처음으로 번역되어 출간된 『대반야바라밀다경 大般若波羅蜜多經』 600권이 석경으로 거의 완성되었다는 것이다. 각각의 석경은 높이가 2미터, 폭 60센티미터의 석판으로 앞뒷면에 빼곡히 경문이 새겨져 있다. 작업은 현종 말부터 착수하여 안사의 난이 한창인 가운데에서도 중단 없이 만들어졌다. 총합계 1,117매로 단순히 계산해도 연평균 7매 정도가 만들어진 셈이다.

『대반야바라밀다경』의 석경 작업에 협력한 것은 유주절도사의 휘하에서 혁혁하게 발전을 이룬 유주의 상인들이었다. 그들은 동업조합으로서 많은 행 行을 조직했다. 이들은 신앙의 집결지인 사 社를 결성하고, 단위마다 자금을 모아 운거사로 보냈다. 사찰은 자금을 수령하여 이미 준비된 『대반야바라밀다경』 석판 끝에 기부자의 행이나 사 및 도움을 준 사람들의 성명을 새겨 넣었다. 그러나 이 대사업도 회창 연간이 되자 갑자기 움직임이 멈추어 버렸다. 운거사도 이 시점을 분기점으로 쇠망으로 돌아섰다. 또 다시 세상에 주목을 받게 되는 것은 11세기가 되어서였다.

● 　　　돈황敦煌의 현재 행정구역은 감숙성 주천酒泉 지구 돈황 시이다. 북경으로부터 직선거리로 2천 킬로미터 정도 떨어져 있다. 한나라 무제 때 중앙아시아 경영의 선단 기지로 설치된 돈황 군이 그 시작이다.

　돈황은 오아시스 농업지로 중계무역지 역할을 담당했다. 1900년 돈황시내에서 20킬로미터 떨어진 막고굴에서 수많은 당나라 시대의 문서가 발견되었다. 문서의 대다수는 불전이었다. 그중에는 수나라 문제나 당나라 현종에 의해 금지되어 자료가 남아 있지 않던 삼계교三階教의 자료도 나왔다. 또한 대장경에 포함되지 않은 중국의 위찬僞撰 경전도 출현했다. 또 다른 놀라운 사실은 돈황 문서 중에 신라 출신 승려 혜초慧超(704~783)의 『왕오천축국전전석往五天竺國傳箋釋』이 발견되었다는 사실이다. 혜초는 해로를 통해 인도로 건너가 불교를 연구했고, 이후 육로로 파미르고원 이북 지역을 경유하여 중국으로 돌아왔다. 흩어져 사라진 그의 기행문이 출현한 것이다.

　758년의 돈황의 호戶 수는 4,256호戶, 인구는 1만 6,250명이다. 사원은 27곳, 승니는 1,000명 전후였다고 한다. 비구니가 많았다는 점도 특이하다. 대승니사大乘尼寺는 273명의 비구니가 있었다. 돈황의 사찰은 기부한 토지와 사찰에 소속되어 사찰 유지를 돕는 사호寺戶에 의해 유지되었다.

1. 오대십국 불교의 추이

● 　당나라 말에 발생한 황소黃巢의 난(875~884)은 중앙에서의 당쟁과 환관들의 횡포, 아울러 지방 번진 세력의 강대화로 조정의 통제력이 흔들리면서 발생했다. 또한 백성들에 대한 수탈이 점점 심해지자 지방 토호나 상인도 차츰 왕조에 등을 돌리는 대열로 들어섰다. 결국 황소의 난은 토벌됐지만 이후 일어난 절강과 서주徐州 등지에서 발생한 반란 등이 도화선이 되어 결국 당나라는 붕괴되고 만다.

907년에 주전충朱全忠이 당나라를 멸망시키고 후량後凉을 건국하면서부터 약 50년간 화북에서는 후당後唐·후진後晉·후한後漢·후주後周의 다섯 왕조가 흥망을 반복했다. 한편 화중華中이나 사천四川, 화남華南에서는 10여 개의 지방정권이 자립하여 병존하다 후주를 대체한 송나라가 오월吳越을 평정하고, 979년에 북한北漢을 멸하면서 중국 내지의 통일을 완료한다. 이들 지방정권의 주요한 여러 나라, 즉 오吳·남당南唐·전촉前蜀·후촉後蜀·남한南漢·초楚·오월·민閩·형남荊南·북한北漢을 십국十國이라 부른다.

이 시기의 혼란은 남북조 시대에 버금갈 정도였다. 불교계 또한 한층 경직된 모습을 보였다. 이 시기에 삼무일종三武一宗의 법난 중 마지막인 후주 세종世宗(재위 954~959)의 폐불 사건이 발생했다. 세종은 955년에 사찰과 탑을 파괴하고, 불상과 종을 녹여 주통전周通錢을 주조했다. 그러나 사회가 혼란스러웠음에도 대체적으로 각 왕조에서는 불교를 예우했다. 특히 송나라에 멸망당하기까지 80여 년간을 유지한 오월과 민閩 등의 국가는 불교에 대한 예우가 극진했다.

오대 각 왕조는 불교를 단속하는 조칙을 자주 발하였다. 후량의 말제末帝(재위 913~922)는 예부원외랑禮部員外郎 이추李樞가 상주한 불교 억제책을 듣고 다음과 같이 결정했다. 자의紫衣·사호師號는 결원이 있을 경우 고덕한 승려를 선택하여 충원하며, 매년 천자의 탄생일에 좌우가左右街 각각 7명씩만 도첩을 주고, 양가兩街에 승록僧錄만 두되, 승정僧正은 폐지하도록 명했다.

돌궐 사타부沙陀部 출신으로 사실상의 후당 건국자인 이극용李克用(856~908)이 후량과의 전투에서 병사하자 아들 이존욱李存勗, 즉 장종莊宗(재위 923~925)이 뒤를 이었다. 그는 수도를 낙양으로 정하고 명액名額이 없는 작은 사찰은 병합시켰다. 이후 황제들은 새로운 사찰 건립과 사도私度를 금지시켰다. 또한 승니의 풍기가 어지러워지는 것을 막고자 출가자에게 시험을 치르게 했다.

후당 시대의 특기할 만한 일은 역대 왕조를 본받아 경서를 돌에 새기는 일을 계획했다는 점이다. 하지만 경비 문제로 재상 풍도馮道(882~954)의 제안을 받아들여 목판인쇄로 변경했다. 932년 명종 대에 시작된 사업은 네 왕조의 멸망을 거쳐 953년 후주 태조 대에 완성되었다. 이는 경서가 인쇄된 최초의 일로 국가에 의한 출판 사업의 시작이기도 하다.

서역 출신 석경당石敬塘은 후당 명종의 두터운 신임을 얻고 거란 방어의 중요 요지인 진양절도사晉陽節度使에 임명되었다. 그는 폐제廢帝(재위 934~936)에게 반역의 의사를 내보이고 거란에 군사 원조를 청했다. 그 대가로 거란에 연운십육주燕雲十六州를 할양하고, 제위에 올라 국호를 후진이라 정하니 이가 바로 고조高祖(재위 936~942)이다. 고조는 탄일誕日과 절일節日에 시험을 치르고 사도승을 금지해 이를 어기는 자는 중벌에 처했다.

돌궐 사타부 출신 유지원劉知遠(즉 후한 고조)은 요遼나라가 후진을 멸망시키자 947년 제위에 올라 국호를 후한이라 하였다. 후한 시대에는 사찰·승니를 감축한 반면에, 백승재百僧齋를 열기도 했다.

● 951년 후한後漢의 천웅군절도사天雄軍節度使 곽위郭威가 오대 최후 왕조인 후주後周를 세웠다. 이가 바로 태조(재위 951~953)이고, 그를 이어 황위에 오른 이가 세종이다. 955년 5월에 실시된 폐불은 9월에 시행된 동금령銅禁令과 마찬가지로 동전 부족의 타개책으로 행해졌다.

천하통일을 눈앞에 둔 세종에게 군대의 정예화와 국가재정의 안정은 급선무였다. 당시 사찰은 광대한 장원莊園인 상주전常住田을 소유하고 있었으며, 몰락 농민·실업 병사·무뢰도 등을 다수 수용하여 용작傭作 등에 종사시키고 있었다. 또한 사도승도 사찰로 흘러들어 국가권력의 직접 개입을 어느 정도 거부하는 성역 같은 양상을 띠고 있었다.

세종은 왕조의 통치를 강화하기 위해 승니의 사도를 금지하고 도망친 군인이나 요역을 피해 출가한 자를 엄벌하여 불교 집단의 숙정을 추진했다. 국가에서 공인한 칙액勅額 사찰 2,694곳과, 사찰에 소속된 승려 4만 2,444명, 니尼 1만 8,756명을 용인하는 외에 그 밖의 사찰 3만 336곳을 폐하고, 승니 십수만 명을 환속시켜 일반 호적에 등재해 세역을 부담시켰다. 폐한 사찰에 예속

된 수십만의 용작도 세역 부담호에 소속시켜 재정의 증세를 꾀
했다.

불상이나 불구를 모두 훼손하여 주원통보周元通寶라는 동전으
로 주조해 새로이 편성한 금군禁軍 병사의 급여에 지급했다. 또
한 천하의 음사를 폐지하고 승니의 사신捨身·소비燒臂·연지煉指
등 육체를 훼손하거나 좌도左道의 유혹 행위를 엄금하기도 하여
단순한 폐불이 아니라 불교 신도의 정화를 목표로 삼았다. 동시
에 사도승을 방지하고자 도첩 제도를 엄격히 시행했다. 부모를
봉양해야 하는 자는 부모의 허가 없이는 출가를 허락하지 않았
다. 시험은 남자 15세 이상으로 송경誦經 100지紙 또는 독경讀經
500지, 여자는 13세 이상으로 송경 70지 또는 독경 300지로 하
였고, 이에 합격하면 사부에서 승려자격증을 주었다.

부분적으로는 동경東京 개봉부開封府와 서경西京 하남부河南
府, 대명부大名府(위주)·경조부京兆府(장안), 청주靑州의 5개 도시
에 계단을 설치하여 수계가 가능하도록 완화책도 시행했다.

● 　오월吳越의 창시자 전류錢鏐(재위 907~932)는 황소 반란군
의 절강 지역 침공을 격퇴하는 데 큰 공을 세우면서 두각을 나타
냈다. 907년에 후량 태조 주전충으로부터 오월 국왕에 봉해졌
고, 978년에 오월왕 전숙錢俶(재위 948~978)이 송나라에 귀순할
때까지의 72년간 전란 없이 평화로운 생활을 보냈다.

전숙은 제일의 불교 신봉자로 8만 4천 철탑에 각기 인쇄된 '보
협인탑다라니寶篋印塔陀羅尼'를 넣도록 지시했다. 항주를 중심으
로 크고 작은 사찰 수백 곳을 건립했고, 정토·천태·율종·선종·화
엄종 등도 중흥되었다.

천태종의 나계의적螺溪義寂(919~987)이 전란으로 잃어버린 천

3. 오월의 불교

태종의 논소論疏를 구하고 싶다고 전숙에게 청하자, 왕은 사신을 고려·일본에 파견하여 이를 구해 오도록 했다. 고려는 『천태사교의天台四教儀』의 저자 제관諦觀(?~970?)에게 여러 부의 논소를 가지고 나계의적에게 가도록 조치했다. 중국에 들어간 제관은 의적과 함께 10년간 천태학을 연구했다.

● 　민閩은 왕조王潮(846~898)·왕심지王審知(재위 909~925) 형제가 복건에 세운 일종의 정복국가다. 태조 왕심지는 불교를 보호한 황제로 504권의 『대장경』을 청산靑山에 납부했다고 한다. 그는 "북에는 조주趙州가 있고 남에는 설봉雪峰이 있다."는 말이 있을 정도로 명성을 떨친 선종의 설봉의존雪峰義存(822~907)에게 귀의해 가르침을 받고 민을 불교국으로 만들려고 했다.

태종도 불교를 존경하고 2만 명을 승려로 인정했다. 당시 선종이 가장 성행하여 청량문익淸凉文益(885~958)은 남당南唐(937~975) 왕에 부름을 받아 금릉金陵(현재의 남경)의 청량사에 주석하여 법안종을 열어 선종 5가家 중 일파를 확립했다. 문익의 제자 천태덕소天台德韶(891~972)와 그의 제자 영명연수永明延壽(904~975)는 충의왕忠懿王 전숙의 존경을 받고 선과 정토를 융합·통일시켰다.

오대 시대에 불교학의 진전이 특별하게 눈에 띤 것은 아니었지만, 불교의 백과전서라 할 수 있는 의초義楚의 『석씨육첩釋氏六帖』과 초기 선종 사서인 『조당집祖堂集』이 완성되었다. 본서는 위앙종潙仰宗이나 조동종曹洞宗의 옛 자료, 신라·고려 출신 선승의 전기 및 많은 시게詩偈를 볼 수 있는 점에 특색이 있다.

후주 세종이 죽은 이듬해인 960년, 거란과 괴뢰정권인 북한北漢 (951~979)의 연합군이 북변에 침입했다는 급보가 전해졌다. 총사령관 조광윤趙匡胤은 즉시 군대를 이끌고 국도 개봉開封을 출발했다. 개봉에서 북쪽으로 20킬로미터 떨어진 진교역陳橋驛에 도착한 그는 정변을 일으켜 후주의 공제恭帝(재위 959~960)로부터 선양을 받아 송나라를 건국했다. 이를 북송北宋이라 한다. 북송은 이후 1127년 금金나라의 침공을 받아 휘종徽宗(재위 1100~1125)과 흠종欽宗(재위 1125~1126)이 포로가 되는 정강靖康의 변變으로 멸망하고, 강남으로 피난한 한족은 강왕康王 조구趙構(즉 고종, 재위 1127~1162)를 추대하여 남송南宋을 세웠다.

● 후주 세종의 배불로 타격을 입은 불교는 송나라에 들어와 황실의 보호 아래 다시 부흥했다. 당나라 때는 출가와 득도得度의 법적인 구별이 없었던 데 반해 송나라 때는 이를 확연하게 구별했다. 도승度僧은 관아에서 동행童行의 경업經業을 시험하고 합격자에 도첩을 지급하는 시경도승詩經度僧, 황제나 황후, 황족의 탄생일이나 기일에 시험을 치러 도첩을 지급하는 특은도승特恩度僧, 출가 허가증인 도첩을 파는 행위인 진납도승進納度僧의

1. 불교 교단

세 가지 방법이 있었다. 신종神宗(재위 1067~1085) 이후에는 성명을 기재하지 않은 공명도첩도 발행되었다.

시험은 북송에서는 『법화경』을 독송했고, 남송에서는 『대반야경』의 염경念經 혹은 독경이었다. 이들 승니의 관할은 송나라 초부터 신종 원풍元豐(1078~1085) 이전까지는 공덕사功德使, 그 이후부터 북송 말까지는 홍려시鴻臚寺, 남송 시대에는 사부祠部였다. 북송의 중앙 승관은 수도 개봉開封에 좌우가左右街 승록사를, 서경 하남부河南府에도 승록사를 설치하고, 그 밑에 승록·부승록·강경수좌講經首座·강론수좌講論首座를, 승록 밑에 서무를 담당하는 감의鑑義를 두었다. 남송은 강경수좌·강론수좌는 폐지하였고, 정원 외의 승관인 액외감의額外鑑義가 증가되었다. 이 직책의 설치는 공명도첩의 발행이나 자의紫衣·사호師號의 남발로 인해 업무가 증가했기 때문이다.

지방 승관은 당나라의 제도를 계승하여 각 주에 관내승정管內僧正 1명을 두고, 그 밑에 부승정副僧正·승판僧判을 배치했다. 그 후 온주溫州·항주·태주·호주湖州·처주處州·명주明州 등지에서는 승정 위에 도승정都僧正을 설치했다. 이 외에 오대산과 천태산에는 특별한 승관을 설치했다. 오대산에는 이미 당대에 십사승장十寺僧長이 설치되었는데, 송나라 때도 진용원眞容院에 이 관직이 설치되었다.

북송 시대의 사찰은 4만여 곳, 승려는 진종眞宗(재위 998~1021) 연간에 비구 39만 7,615명, 비구니 6만 1,239명이었고, 남송 초기는 승니 20만 명이었다. 이는 공식적인 숫자로, 도첩의 남발로 인해 1125년에는 승려와 도사의 수를 합해 100만 명에 달했다고 한다.

한 권으로 보는 세계불교사

● 　　송나라 초 도원道圓은 18년간의 인도 여행을 마치고 불사리·패엽범경貝葉梵經을 들고 개봉으로 돌아왔다. 천축으로 구법을 떠나는 승려의 증가와 천축승의 도래로 태종은 982년에 태평흥국사太平興國寺에 역경원譯經院을 창설했다. 역경원과 그 서쪽에 창건한 인경원印經院을 아울러 전법원傳法院이라고 칭했다.

인쇄기술을 사상적으로 이용한 것은 불교 교단으로, 경전 인쇄를 선교 활동에 이용했다. 국가의 재정 보조를 얻어 태종太宗(재위 976~997) 연간에는 불교 경전, 교의서教義書의 전집인 대장경도 간행했다.

송나라 때에 『대장경』의 출판이 5회에 걸쳐 행해졌다. 제1차는 태조의 칙명에 의해 971년에 시작되어 983년까지 촉蜀의 익주益州(현재의 사천 성도)에서 개판開版된 촉판蜀版, 제2차는 1080년에 시작되어 1104년에 완성된 복건성 복주福州 동선사판東禪寺版, 제3차는 1112년에 시작되어 1146년에 완성된 복주 개원사본開元寺本, 제4차는 1132년에 절강성 호주湖州의 왕영종王永從 일족의 발원에 의해 사계思溪의 원각선원円覺禪院에서 간행된 사계판思溪版, 제5차는 1231년에 시작되어 1349년까지 백여 년, 즉 송宋·원元 두 왕조에 걸쳐 평강부平江府 적사연성원磧砂延聖院에서 간각된 적사판磧砂版이다. 이 외에 1269년에 절강성 항주 대보녕사大普寧寺에서 개판이 시작되어 1285년에 완성된 보녕사판이 있다.

촉판蜀版 『대장경』은 최초의 간본대장경刊本大藏經으로 후대 대장경의 표준이 되었다. 이 촉판을 이어받아 991년(고려 성종)부터 1011년까지 간행해 조인雕印한 것이 고려판 『대장경』이다. 고종 대에 재조再雕된 것이 현존하는 해인사판 『대장경』이다.

● 　당시 불교계는 일반적으로 여러 종파가 융합·조화하려는 경향이 강했다. 당나라의 불교는 주로 교의 해석에 치중했지만, 송나라 때가 되면 쇠락하여 단지 사대부 층에 선종, 민중 사이에 정토교가 살아남았다. 천태종도 부흥했다고는 하지만 선종의 성행에는 미치지 못했다. 선종은 불립문자不立文字나 교외별전敎外別傳을 표방하여 구도자 자신의 체험을 중시했고, 정토교도 염불에 의한 성불을 강설하는 등 모두 번잡하고 세세한 교의 해석을 버리고 이념이나 실천을 중시했다. 이러한 변화는 당나라의 훈고학訓詁學으로부터 이념적이며 실천적인 송나라의 도학道學으로 전환한 유교에 대한 대응이었다.

선종은 임제종·위앙종·조동종·운문종·법안종의 이른바 선종 5가家로 발전했는데, 북송 중기부터 운문종·임제종 두 종만이 번영했다. 운문계의 설두중현雪竇重顯(980~1052)은 『송고頌古』 백칙百則을 지었고, 임제계의 원오극근圜悟克勤(1063~1135)은 『벽암록碧巖錄』을 지었다.

정토교의 인물로 명성을 날린 이들은 모두 천태·선·율을 한 사람들이었고 미타신앙은 민중에 보급되었다. 남송 초에는 모자원茅子元(1096?~1166)이 이를 기초로 정토종의 지파인 백련교를 열었다. 이 염불결사는 미륵하생신앙과 결합해 비밀결사화하여 원나라 말에 한산동韓山童(?~1351) 등에 의한 종교 반란으로 연결되었다. 이후 미륵하생신앙은 백련교를 시작으로 다양한 종교 비밀결사에도 영향을 끼쳐 명·청 시기를 통해 민중반란의 토양이 되었다.

또 정토교는 선종과 함께 사대부 층에도 침투하여 명대가 되면 양명학陽明學의 성행과 함께 명나라 말기에는 유교사상의 혁신에 한몫 거들어, '현재 있는 그대로 성인聖人이다.' 라는 사고를 창출해 냈다.

● 송나라 불교사학佛敎史學 발전의 기초를 연 사람은 찬녕贊寧(919~1001)이다. 경사經史와 노장에 통달한 그는 당나라 이후 고승의 전기를 집대성한『송고승전宋高僧傳』을, 송대까지 중국불교의 역사적·사회적 성격, 특히 법제·의례의 발생과 변화를 사항별로 정리하여 개관한『대송승사략大宋僧史略』을 찬술했다.

염상念常은 지반志磐의『불조통기佛祖統紀』를 기초해 반고盤古부터 1333년까지의 중국 역조 세대를 경經으로, 불교에 관한 사실을 편년체編年體로 구성한『불조역대통재佛祖歷代通載』를 저술했다. 도원道原은 진종眞宗(재위 997~1022)의 칙명을 받아 과거칠불過去七佛로부터 천태덕소 문하에 이르는 선승, 그리고 그 밖의 승려의 전기를 수록한『경덕전등록景德傳燈錄』을 저술했다.

이처럼 선종계가 법등法燈 확립의 필요상에서 많은 편년체의 전등서를 작성한 데 대해, 대항 의식을 불태운 천태종 측에서도 자파를 중심으로 하는 기전체紀傳體의 불교통사를 완성했다. 대표적인 저술이 종감宗鑑의『석문정통釋文正統』과 석가모니로부터 1269년에 이르는 역대 조사祖師의 전기를 집대성한 지반의『불조통기』이다.

당나라 말부터 오대 시대에 걸쳐 중국이 전란을 겪는 동안 장성 이북의 몽골리아에서는 거란족 야율아보기耶律阿保機, 즉 요遼나라 태조(재위 907~926)가 부족을 통합하여 916년에 거란을 세웠다. 태조를 위시한 역대 황제들은 불교 신봉자로 보호정책을 취했다. 각지에 다수의 불교 사찰이 건립되는 등 대대적인 불교 숭배 사업이 추진되었다. 태조는 즉위 전인 902년에 용화주龍化州에 개교사開教寺를 건립했고, 안국사安國寺에 행차하여 승려들을 공양했다. 태조의 사찰 건립은 한인 이민정책과 불가분의 관계를 맺고 있었다.

태조의 뒤를 이은 태종(재위 926~947)은 수도인 상경上京 임황부臨潢府에 안국사安國寺를 건립하고 황태후의 회복을 기원하기 위해 보살당에 행차했다. 승려에게 재를 올리는 법회인 반승飯僧을 행하자 5만 명이나 모였다. 요나라 불교의 전성시대는 성종聖宗(재위 983~1031)·흥종興宗(재위 1032~1055)·도종道宗(재위 1055~1100) 시기였다. 성종은 불교와 도교에 정통하고, 부친 경종景宗(재위 969~982)의 기일에 조서를 내려 행향行香·반승시켰다. 황제는 각지에 사탑을 건립하고 사찰에 행차하여 불사를 행하였다. 이렇듯이 불교를 신봉했지만 한편에서는 사도승 금지

조치도 병행했다. 홍종 자신도 사찰에 행차하여 구족계를 받았고 반승을 자주 시행했다. 또한 승려를 높은 관직에 임명했다. 도종은 요나라 황제 중 제일의 숭불자였다. '일 년에 반승 36만, 하루에 축발祝髮 3000'이라고 할 정도로 불교에 심취했다. 도종은 불전 연구에도 힘을 쏟아 불서의 수집과 판행版行에 노력했다. 특히 화엄학과 밀교에 조예가 깊었고 범어에도 통달했다.

요나라에서도 송대 촉판『대장경』의 영향으로 대장경 조인이 기획되었다. 방산 운거사의 석경은 계속된 전쟁으로 인해 손상되었는데, 1004년 북송과 요나라 사이에 맺은 맹약인 전연澶淵의 맹盟이 체결된 다음 해부터 복구가 시작되었다. 또 당나라 말 이후 중단되었던 석경의 후속 사업이 황제의 원조를 받아 재개되었다.『대반야경』을 위시한 주요 대승불교 경전의 판각 작업이 완료되었다. 또한 홍종으로부터 도종 시기까지 30여 년의 세월에 걸쳐『거란대장경』이 출간되었다. 이 사업에 각원覺苑 등의 고승이 참여했다. 이는 촉판『대장경』에 뒤이은 대장경으로 한역 불교 경전 역사상 대단히 중요한 위치를 점하지만 현재 전해지지 않는다. 도종 이후『거란대장경』은 자주 고려에 사여되어『고려대장경』성립에 커다란 영향을 끼쳤다.

명승들도 배출되어 많은 저술을 남겼다. 희린希麟의『속일체경음의續一切經音義』, 행균行均의『용감수감龍龕手鑑』이 저명한데, 주목되는 사실은 법상종과 화엄종 학자가 많다는 점이다. 당나라에서 유행한 교학불교는 회창폐불 이후 쇠락하고, 송나라 때가 되면 선종이나 정토종이 유행했다. 반면 요나라에서는 교학불교가 우세했고『거란대장경』이 간행될 당시 선禪 관련 서적은 불태워졌다.

회창폐불 당시 유주 군벌이 중앙의 명령을 따르지 않자 많은 승려들은 이곳으로 피해 들어왔다. 이후 1004년 전연의 맹에 의해 연운십육주燕雲十六州가 요나라에 편입되자 비약적으로 발전했다. 요나라 말에는 인구 30만 명을 헤아리는 대도시로 성장했다. 승려와 사찰의 수가 북방에서 제일이라고 할 정도로 불교의 중심지로 자리잡았다.

송화강松花江 유역에서 발원한 여진족인 완안부完顔部 출신의 아쿠타〔阿骨打〕는 1115년에 요나라를 물리치고 금金나라를 건설했다. 이가 바로 금나라 태조(재위 1115~1123)이다. 태조와 불교의 관계는 확실하지 않지만, 다음 황제인 태종은 불교에 호의적인 태도를 보였다. 그는 사찰을 건립하고, 사탑 조영도 행하였다. 한편에서는 사도승을 금지하기도 했다. 희종熙宗(재위 1135~1149)은 고승 연혜演慧를 상경시켜 대저경사大儲慶寺를 건립케 했고, 한인 승려 오수悟銖를 도우가都右街 승록에 임명했다. 당시 정식 승려만도 100만 명이었다고 한다.

금나라의 전성시대를 연 세종世宗(재위 1161~1189)은 연경燕京에 대경수사大慶壽寺를 건립하고 현명선사玄冥禪師 의공顗公을 개산 제일조라 하고 전錢과 비옥한 토지를 하사했다. 세종은 사찰을 건립하고 도승을 자주 실시했다. 장종章宗(재위 1189~1208)은 금나라 불교계의 제일인자인 조동종曹洞宗을 크게 일으킨 만송행수萬松行秀를 궁중에 불러들여 설법케 했다. 1199년에는 대명사大明寺를 세우고 도승 3만 명, 도첩을 사여한 것이 5만 명이라고 한다.

한편 불교 교단에 대해서는 엄격한 통제를 강화하여 승도僧道

에 대한 '삼년일도三年一度' 즉 3년에 1회 도첩을 발급하는 제도를 시행했다. 승니와 도사가 친왕親王 및 황궁에 출입하는 것을 금지했고, 부모에게 배례하고 상례를 행할 것을 명하였다. 그러나 재정난에 처한 조정은 세종이 폐한 도첩·사호師號·명액名額을 매매하게 되자 교단은 부패하여 위상은 추락하게 되었다.

진사 출신인 병산거사屛山居士 이순보李純甫(1185~1231)는 『명도집설鳴道集說』을 저술하여 송나라 때의 주돈이周敦頤(1017~1073)·주희朱熹(1130~1200) 등의 배불론을 비판하며 불교 옹호의 입장에서 유불도 삼교의 융합을 주장했다.

금나라 불교의 특필할 만한 사건은 1934년 산서성 조성현趙城縣 광승사廣勝寺에서 발굴된 금각金刻 『대장경』이다. 1148년부터 세종 대정大定(1161~1188) 연간에 이르기까지 대략 30년간에 걸쳐 만들어졌다. 최법진崔法珍 비구니가 발원하고 산서성 남부 지방의 유지가 자금을 조력하여 조인雕印한 것이다.

● 　1206년 테무친은 오논하河 상류의 초지에서 쿠릴타이를 열어 즉위식을 거행하고 칭기즈 칸의 칭호를 얻었다. 그 뒤를 이은 우구데이는 1234년에 금나라의 애종哀宗(재위 1223~1224)을 압박하여 자살하게 만든 후에 금나라를 병합했다. 이후 뭉케 칸(재위 1251~1259)이 남송을 정벌하는 도중에 죽자 1260년 4월에 쿠빌라이는 내몽골초원의 본거지인 개평부開平府에서 자파의 쿠릴타이를 열어 6월에 황제에 즉위했다. 국호를 원元이라 정하고 중국식 연호年號를 사용했다. 마침내 1279년에는 남송을 멸망시켜 중국을 통일했다.

　원나라는 다민족으로 이루어졌기 때문에 중국 역사상 다른 시대보다 많은 종교, 즉 유교·불교·도교·회교回敎·야소교耶蘇敎·마니교摩尼敎 등이 활동했다. 종교인을 바라보는 원나라의 기본적인 자세는 황제나 그 일족을 위해 '하늘에 고하여 복을 기원하고 장수를 축원하는 것'이라는 표현에 단적으로 나타나 있다. 그 임무를 맡기기 위해 요역을 면제하고, 더 나아가서 종파에 따라서는 부세賦稅도 면제했다. 즉 그 활동이 반몽골적인 움직임으로 표출되지 않는다면 각 종교에 대한 원나라 왕조의 자세는 관용이었다.

1. 원나라 왕조의 종교 인식

세조世祖(재위 1260~1294), 즉 쿠빌라이는 티베트불교계인 개원사開元寺·파스파제사사[八思巴帝師寺] 사찰을 건립하고 방대한 토지를 사여했다. 1269년에는 대보녕사大普寧寺에서, 1277년에는 홍법사弘法寺에서 『대장경』을 조인하고 이를 여러 나라에 반포했다. 또 경길상慶吉祥 등은 티베트 경전과 한역 경전을 비교 연구하여 후한부터 1285년에 이르는 1200여 년간의 불전 총목인 『지원법보감동총록至元法寶勘同總錄』을 완성했다. 이러한 숭불 작업의 결과 1291년에는 사찰 4만 2,318곳으로 사찰 및 승니의 수가 대폭 증가했다.

원나라 순제順帝(재위 1333~1367) 연간에 각안覺岸은 삼황三皇부터 남송까지의 역조세대歷朝世代와 인도·중국 불교에 관한 사적을 편년체로 수록한 『석씨계고략釋氏稽古略』을 완성했다.

불교 교단은 승니를 통괄하는 선정원宣政院 아래에 총통總統·승록僧錄·도강都綱·부도강副都綱과 그 밖의 승관이 설치되었다. 지방에는 각 로路·주州에 승록사를 설치하고, 그 관하의 주에 승정사를 두고 승정과 부승정副僧正각 1명을, 현에 도강 1명을 두었다. 강남에는 이들 지방 승관을 통괄하는 석교총통소釋敎總統所를 두었는데, 이는 수도의 대도선정원大都宣政院에 직속되었다.

<table>
<tr><td>2. 티베트 불교</td><td>

● 원나라의 중심적인 불교 종파는 선종이다. 몽골정권 성립기에 조정의 신임을 얻어 불교계를 통괄하는 역할을 수행한 해운海雲도 선승이었다. 또 최근에는 화북의 화엄종華嚴宗이나 강남의 자은종慈恩宗의 활동도 주목받고 있다. 그러나 원나라 일대를 통해 정치적으로 커다란 힘을 가진 것은 티베트불교, 즉 라마교喇嘛敎였다.

티베트는 7세기 중엽 송찬강보松贊岡保 왕 시기에 불교가 전래</td></tr>
</table>

되어 그의 적극적인 보호 아래 크게 번창했다. 몽골 조정과 티베트 불교가 관련을 맺은 것은 1247년에 샤카파의 샤카판디타가 서량 西涼에 주둔해 있던 우구데이의 둘째 아들 쿠텐과 만나면서부터였 다. 당시 샤카판디타와 같이 온 자가 파스파〔八思巴〕(1235~1280)였 다. 숙부를 대신해 쿠빌라이를 알현한 파스파는 곧바로 신임을 얻었다. 1260년에는 칙명을 받아 몽골 문자(파스파 문자)를 제정했 는데, 이 해 '국사國師', 1269년에 '제사帝師'의 칭호를 하사받 았다. 이로써 불교 전체를 통솔할 수 있는 지위를 공인받았다. 1264년에는 총제원總制院이 설치되어 불교 전체와 티베트의 행 정을 담당했는데, 이들 부서는 파스파를 위해 설치되었다. 티베 트에서는 제사가 내는 명령인 법지法旨가, 황제가 내는 명령인 성지聖旨에 준하는 힘을 가지고 있었다. 파스파 이후에도 몽골 조정은 티베트불교를 계속 신봉했다.

몽골 조정을 배후에 둔 티베트불교 세력은 한인 사회와 대립 하는 일도 적지 않았다. 1309년에 '티베트 승려를 때리면 팔을 자르고, 저주하는 자는 혀를 자른다'는 법령이 제정되었다. 또 『원사元史』에 1277년에 옛 남송 지역의 불교 지배자인 강남석교 도총통江南釋敎都總統 지위에 오른 탕구트의 티베트 승려인 양련 진가楊璉眞伽를 기록하고 있다. 그는 남송의 제릉帝陵을 약탈하 여 유해를 방치하고 능묘 내의 재보를 탈취했으며 백성 50만 호 를 강제적으로 사찰의 전호佃戶로 삼는 등 강권을 멋대로 행사했 다. 이러한 행태를 부린 그는 재무 관료로 수완을 떨친 상가桑哥 (?~1291)가 처형되자 1291년에 실각되었다.

이처럼 원나라 황실의 보호를 받은 티베트불교가 사회에 끼친 폐해는 대단히 컸다. 또한 궁정 내부에서 불교의식에 탐닉하고 거액의 비용을 사용하면서, 원나라를 멸망에 이르게 하는 하나의 요인으로 작용했다.

●   민중 불교는 강남에서 남송 이래의 백련교와 백운종白雲宗이 세력을 뻗치고 있었다. 백운종은 북송 말 낙양 보응사寶應寺의 사문 공청각孔淸覺이 창시한 서민 불교의 일파이다. 송나라 때 자주 탄압을 받았지만 원나라에서는 공인되어 '강남백운종도승록사江南白雲宗都僧錄司'가 절강성 여항餘杭의 남산 대보녕사大普寧寺에 설치되었다. 또한 대장경국大藏經局도 설치되어 신도들의 힘으로 '보녕사판대장경普寧寺版大藏經' 6천여 권이 출판되었다. 그러나 후에 재차 탄압의 대상이 되어 백운종은 1320년에 역사에서 사라졌다.

한편 정토신앙에 의한 종교 결사인 백련교는 원조의 강남 정복 직후에 반원反元 봉기를 일으켰다고 하여 금지되었다. 보도普度의 활약으로 1311년에 공인되어 세력을 확장했지만 재차 금지되었다. 백련교에는 주술신앙이 혼합되어 있어 사교로 치안을 어지럽힌다는 이유에서였다. 원나라 말의 반란 시에 미륵하생의 신앙과 결합한 백련교가 그 실마리 역할을 하였다.

● 　명나라를 건국한 주원장朱元璋은 호주濠州(현재의 안휘성 봉양현) 소작인의 아들로 태어나 원나라 말 혼란을 틈타 봉기한 군웅들을 제압하고 1368년에 명나라를 건국하고 제위에 오른다. 바로 명 태조 홍무제洪武帝(재위 1368~1398)이다.

　주원장은 빈농생활을 한 지 10여 년이 되는 무렵, 지방을 휩쓴 가뭄과 메뚜기 떼, 설상가상으로 번진 전염병을 피해 먹을 것을 구하고자 황각사皇覺寺라는 시골의 오래된 사찰에 들어갔다. 곧 탁발승托鉢僧이 되어 수년간 걸식승으로 회하淮河 유역의 여러 지역을 방랑했는데, 이 지방은 백련교도의 활동이 가장 활발한 지역이었다.

　주원장은 걸식을 경험한 일이 계기가 되어 불교보호에 전력을 쏟기도 한다. 그러나 한편에서는 원대 라마교의 폐해를 인식하고 불교를 엄격히 통제하는 정책도 병행하여 실시했다. 태조는 유교·불교·도교의 삼교합일 방침에서 불교정책을 펼쳤다.

　백련교는 원래 불교의 일파로 동진의 승려 혜원이 402년 강서성 여산에 있는 동림사에서 문하의 제자들을 모아 조직한 백련사白蓮寺에서 기원한다. 이후 남송 때부터 중화민국 시대에 걸쳐 가장 유력한 민간 종교 결사로서 큰 세력을 이루어 온 교단이다.

1. 주원장과 백련교

본래 염불삼매를 수행하여 아미타불의 정토에 왕생을 기원하
는 교단이었는데, 교의가 변모하여 미륵신앙이 덧붙여지고, 당
나라 시대에는 페르시아에서 전해진 마니교와 혼합하여 명왕출
세明王出世의 신앙을 띠게 되었다. 교의에 의하면, 이 세상에는
명과 암의 두 근원이 있어 명은 선, 암은 악을 가리키는데 미륵불
이 하생하여 명왕明王이 세상에 나타나면 명종明宗은 반드시 암
종暗宗에 승리하여 용화세계龍華世界가 출현한다고 한다.

이 신앙은 "미륵불이 하생下生하고, 명왕이 출세出世한다."라
는 교리에서 볼 수 있듯이 현세를 부정하고 내세를 염원하는 의
식이 강하게 작용했다. 그 때문에 현 상황에 불만을 가진 사람들
을 흡수하여 반권력적인 정치결사로 전화轉化할 가능성을 가졌
던 것이다. 사실 이러한 성격이 현실적으로 나타났기 때문에 관
헌에서 요속妖俗의 종교로 인식을 했으며, 남송과 원나라 시대에
는 종종 이단異端의 사교邪教로서 탄압을 받기도 하였다.

그러나 원나라의 압정 아래에서 살 희망을 잃었던 농민들은
다투어 백련교에 들어와 비밀결사를 조직하여 지배층에 대해 저
항을 가속시켰다. 그 때문에 원조 말기에 이르러 교세는 황하와
회하 유역을 중심으로 강소·절강·강서·호광 등 각지로 확대되었
다. 이들 세력에서 이윽고 홍건군이 출현했던 것으로 '원나라 말
기 반란' 의 주역을 만들어 낸 모태가 되었다.

●　　　명 태조는 견식이 뛰어난 법수선사法秀禪師를 위해 1387
년에 공부우시랑 황립공黃立恭에게 명해 반야사般若寺를 건립했
다. 영락제永樂帝(재위 1403~1424)는 티베트의 승려 반적달班迪達
을 위해 정각사正覺寺를 건립했다. 그는 북경 천도를 단행하고
대흥륭사大興隆寺(후에는 대융선사)를 건립하여 승록사 아문을 설치

했다. 또한 원나라 지배하에 있던 티베트를 통치하기 위해서 널리 승려와 주민을 초유하려는 목적으로 티베트 승려를 우대했다.

선덕제宣德帝(재위 1426~1435)는 천천연공天泉淵公 선사에게 불교 교단을 총괄하는 승록사를 담당하게 했다. 선사는 1434년에 좌각의左覺義가 되어 황제의 칙령에 따라 대공덕사大功德寺를 건립하고 주지를 맡았다.

명나라 중기 이후 환관들의 정치적 위세가 대단해지는 상황에서 사찰의 건립과 중수重修 그리고 사액賜額을 빈번하게 남발하는 현상이 대두되었다. 1436년에 이현李賢은 "태학太學은 폐해지는데 반해, 새로이 건립되는 것은 불사佛寺다."라고 할 정도로 사찰의 건립·중수는 증가하였다.

경태제景泰帝(재위 1450~1457) 시기에는 불교가 성행하여 경사에 만연하고 군·현에 횡행하여 향촌에 널리 퍼졌다. 도첩승의 증가도 날로 심해졌다. 경태제가 대융복사大隆福寺를 건립하고 행차하자 태학생太學生들은 "황제가 즉위 초에는 태학에 행차하더니 후에는 유술儒術을 버리고 불교를 숭상했다."고 비판했다.

천순제天順帝(재위 1457~1464)를 이은 성화제成化帝(재위 1465~1487)는 호불好佛의 군주였다. 성화제는 예부에 명을 내려 경성 내외의 사람들이 모이는 곳에 내외관원은 사관과 묘우廟宇를 중수하지 못하도록 엄격히 금지시켰다. 그러나 이는 일시적인 조치에 지나지 않았다. 성화제는 모친인 효숙주태후孝肅周太后의 탄신일에 승려와 도사로 하여금 재를 지내게 하자, 예부상서 요기姚夔(1414~1473)가 군신을 이끌고 참배할 정도였다고 한다.

명나라 중흥의 군주라 칭해지는 홍치제弘治帝(재위 1488~1505)는 불교를 통제하려고 했으나 뜻을 이루지 못했다. 당시 불교는 중궁과 환관이 신봉하여 홍치제도 달리 어찌할 도리가 없었다.

가정제嘉靖帝(재위 1522~1566)는 도교를 신봉하여, 불교의 수계 의식과 계를 설하는 단장壇場을 금지했다. 그러나 만력제萬曆帝(1573~1620) 시기가 되면 황후들이 불교를 더욱 신봉하여 사찰을 조영하거나 중수하는 시대가 다시 도래했다. 특히 만력제의 생모인 효정이태후孝定李太后, 즉 자성황태후慈聖皇太后는 구련보살九蓮菩薩이라고 칭할 정도로 불교를 신앙했다. 공부랑중工部郎中을 역임한 사조제謝肇淛(1567~1624)는 "위로는 왕공·귀인으로부터 아래로 부인·여자에 이르기까지 항상 선禪을 담론하고, 부처를 예배하여 대단히 기뻐했다."라고 하여, 명말 상류층의 인사들이 불교에 심취해 있던 상황을 짐작할 수 있다.

명나라 말기에는 4대 선사인 운서주굉雲棲株宏(1535~1615)·자백진가紫栢眞可(1543~ 1604)·감산덕청敢山德淸(1546~1623)·우익지욱藕益知旭(1599~1655)이 등장했다. 이들은 각 종파를 융합하는 불교만이 아니라 유·불·도 삼교일치를 강설했다. 운서주굉은 종래의 불교의례를 집대성한 『수륙의궤水陸儀軌』를 저술했다. 자백진가는 감산덕청과 함께 만력 연간에 가흥 『대장경』을 조인雕印했다. 우익지욱은 주로 천태교학을 퍼뜨리는 데 공헌했다.

3. 승록사의 편성

● 　태조는 1368년에 불교를 통합하는 선세원善世院을 실치했는데, 그 관위는 종2품從二品에 해당했다. 1381년에는 남경에 새로이 선세원의 기능을 대신할 승록사僧錄司를, 부·주·현에는 승강·승정·승회사僧會司를 설치하여 천하의 사찰과 승려를 관할하게 했다.

승록사는 중앙은 정6품의 좌선세左善世·우선세右善世 각 1명, 종6품의 좌천교左闡敎·우천교右闡敎 각 1명, 정8품의 좌강경左講經·우강경右講經 각 1명, 종8품의 좌각의左覺義·우각의右覺義 각

1명으로 편성했다. 지방은 각 부에 종9품의 도강都綱과 부도강副都綱 각 1명, 각 주에 승정사僧正司 승정僧正 1명, 각 현에 승회사僧會司 승회僧會 1명을 두었다. 영락 연간에는 변경의 주·현에도 승강사와 승회사를 설치하여 지방의 인심 수습에도 커다란 역할을 수행했다.

승록사는 예부의 통할 아래 놓여 있었다. 남경에 천계사天界寺를 건립하여 이곳에 관아를 설치했으나, 1388년에는 승록사를 천희사天禧寺로 옮겨 도첩 발급 등을 담당하게 했다. 그러나 영락제가 북경 천도를 단행하자 북경에 대흥륭사를 건립하여 승록사 아문을 이곳에 두었다.

승관은 경전에 정통하며 계율을 지키고 불도를 수행하는 승려 중에서 단아하고 청렴한 자를 임명했다. 승관의 임무는 천하 승려들의 계율과 청규淸規를 지키도록 단속하는 일이었다.

승관 외에 각 사찰의 주지는 계행에 뛰어나야 임명될 수 있었다. 혹 주지에 결원이 생기면 소재지의 아문衙門이 계행이 깊고 경전에 정통한 자를 보증하여 천거했다. 그러면 관할하는 아문이 승록사에 보고하여 시험에 통과한 승려를 예부에 보고하고, 최종적으로 예부가 황제에 상주하여 임명했다.

● 　　태조는 1372년에 승니와 도사에게 도첩을 발급했다. 당시 천하의 승니·도사·여관女冠이 대략 5만 7,200여 명이었다. 다음 해 8월 9만 6,328명에게 도첩을 발행했다. 그러나 승려의 급격한 증가는 재정을 축내고 민호民戶의 수를 감소시킨다는 이유로 부·주·현에 대찰大刹 한 곳만을 남기고 시험을 보아 『반야심경』·『금강반야경』·『능가경』 등의 경전에 정통한 자에게만 도첩을 발급토록 했다.

1384년(홍무 17년)부터 도첩 발급은 3년에 1회로 규정했다. 일반 백성으로 20세 이상인 자는 승려가 되는 것을 불허하는 대신, 20세 이하의 자로 남경의 사찰에서 3년간 불사에 종사하여 청렴하고 결백하여 과오가 없는 자에 한해 승려가 되는 것을 허락했다. 홍무 말에는 20세 이상이라도 부모가 관련 부서에 고하면, 그 부서가 상주하여 3년 후에 남경에서 경전에 통달했는가를 시험하여 도첩을 발급했다.

이러한 홍무제의 조법祖法을 이어받은 영락제도 불교를 통제하는 과정 속에서 도첩 발급을 엄격하게 제한하는 정책을 펼쳤다. 승려 수가 점점 많아지자 3년에 1회 발급하던 도첩을 5년에 1회로 개정했다. 그러나 곧 승려의 대다수가 경전에 정통하지 않고 멋대로 머리를 깎는 폐해가 발생하자 규정을 새로이 정했다. 즉 10년에 1회 도첩을 발급하는 것으로 개정했고, 그것도 부는 40명, 주는 30명, 현은 20명을 초과하지 못하도록 규정했다. 더욱이 승려가 되는 연령을 이전의 20세에서 40세 이상으로 높였다.

경태 연간에는 태감 홍안興安이 불교를 믿고 신봉하자, 홍안은 황제에게 3년 1회의 도첩 규정을 요청하여 승려가 수만 명에 달했다. 그러나 천순제 때에 재차 10년 1회 발급 규정을 준수하게 했다.

명나라 초에는 도첩을 청하는 승도僧道의 수가 3만 6,000여 명에 지나지 않았으나, 성화成化 초가 되면 그 4배에 달하는 13만 2,200여 명으로 증가했다. 성화 22년(1486)에는 22만 4,500여 명으로 증가했다. 홍치 연간의 예부상서 예악倪岳(1444~1501)은 성화 연간의 승려와 도사 수를 50만 명으로 추정했다.

그런데 정통 연간 이후 기근 구제와 몽골의 침입에 대비한 군비 조달을 목적으로 미米 등의 곡물과 은銀을 납부하는 대신 정식 승려임을 증명하는 도첩을 발급한다고 하는 매첩제賣牒制가 개시되었다.

승려가 직접 쌀 5석石을 납부하면 도첩을 발급토록 했다. 성화 연간에는 구황救荒을 목적으로 쌀 10석에서 15석 혹은 은 5냥(쌀로 환산하면 10석 정도)을 국가에 납부하면 도첩을 발급받을 수 있었다. 이후 액수는 지역과 시기에 따라 차이가 나는데, 특히 성화 연간부터는 새로이 공명도첩도 발급했다.

승관의 결원이 생겼을 경우, 쌀 220석 혹은 은 100냥을 납부하면 승관에 임명되었다.

● 앞에서도 서술했듯이, 중국에서 유교와 불교의 다툼은 매우 오래전부터였다. 송나라 이후 유학을 배우는 자들은 불교 비판을 환호했다. 명나라 때 왕양명王陽明(1472~1529)이 양지良知의 학문을 주창하면서부터 불교에 입문하는 자가 수를 셀 수 없을 정도였다. 그런데 양명학陽明學이 쇠퇴하면서 정주程朱, 즉 정호程顥(1032~1085)·정이程頤(1033~1107) 그리고 주희의 학문을 배우는 자들이 지역을 파고들어 유교와 불교의 논쟁은 재차 극렬해졌다. 이러한 상황에서 거사 불교의 대표적인 인물 팽소승彭紹升(1740~1796)은 고인의 책을 읽고 같음과 다름을 변별하여 주자학과 양명학을 강설했다. 팽소승은 자신이 배웠던 것을 모두 버리고 오로지 불교의 가르침에 마음을 쏟아냈다. 양명학의 발전이 거사 불교 발흥의 한 요인으로 작용했던 것이다.

명나라의 불교는 교학적으로는 수·당 시대처럼 여러 종파가 논쟁을 통해 발흥한 기운이 없고, 또한 순수한 교의도 찾아볼 수 없다고 한다. 그러나 이 주장은 두 가지 논점을 놓치고 있다. 첫째, 명나라 사상의 변화·발전에 불교가 깊은 영향을 끼쳤다는 점이다. 둘째, 명나라 불교는 포교·사회 활동 면에 집중했다는 점이다.

명나라 사상에 불교가 끼친 영향은 다양한 사례에서 찾을 수 있다. 중국 근대의 사상가이자 정치가인 양계초梁啓超(1873~1929)는 중국사상의 조류를 한나라의 경학經學, 수나라·당나라의 불학佛學, 송나라·명나라의 이학理學, 청나라의 고증학考證學 넷으로 분류했다. 실제로 송나라·명나라의 이학은 외유내불外儒內佛이라고 말해지듯, 불교 배격을 사명으로 삼고 있으면서도 철학 체계는 불교에서 배우고 있다.

명나라 초의 송렴宋濂(1310~1381)은 노골적으로 불학에 접근한 학자이다. 그를 비판하는 사람들이 '선학禪學이 아닌 것이 없다'고 말할 정도였다. 그가 제창한 심학心學은 단순히 주자朱子나 육상산陸象山(1139~1193)의 흐름을 받아들인 것만이 아니라 불학이었다고 할 수 있다.

그의 뒤를 이어 불교의 영향이 더욱 커졌고, 마침내 왕양명에 이르렀다. 왕양명의 깨달음은 불교의 깨달음 그 자체였다. 양명학의 탄생은 이제까지 이단시된 경향이 있는 불교를 단숨에 되살려 냈다.

왕양명을 비롯해 많은 학자들에게 커다란 영향을 끼친 불교의 종파는 선종이었다. 번뇌를 버리고 깨달음에 드는 여래선如來禪보다 조사선祖師禪이 더 유행했다.

6. 『가흥대장경』 편찬

● 일찍이 명나라는 한경창漢經廠을 설치하여 많은 백성을 교화시키고자 홍무제·영락제로부터 어제서문御製序文을 지어 불경을 소중히 다루었다. 궁궐이나 제왕諸王의 분봉지, 학문하는 사대부에 이르기까지, 가까이는 촌리村里로부터 멀리는 변방 지

역까지 불력에 의지했다.

　명나라에 들어서도 대장경 조인 사업은 4회에 걸쳐 시행되었
다. 1회는 1372년에 남경 장산사蔣山寺에서 조판이 개시되어
1398년에 완성된 『남장南藏』과, 2회로 1419년에 북경에서 기획
되어 1440년에 완성된 『북장北藏』이 있다. 이들 모두 관아에서
조판한 대장경으로 『북장』은 한경창에 보관하여 황제의 허락이
없으면 인쇄할 수가 없었다. 또한 『남장』은 장판의 오류도 많고
훼손도 심했을 뿐만 아니라 인쇄비용이 많이 들어 불경의 배포
가 원활하지 않았다.

　3회는 가정嘉靖(1522~1566) 연간에 조판된 『무림장武林藏』으로
소실되어 현재 전해지지 않는다. 이는 민간에서 처음 조판한 대
장경으로 일반에게 보급이 편리하도록 방책형方冊形으로 만들어
진 데 특징이 있다.

　4회는 4대 고승의 한 명인 자백진가와 그의 제자 밀장도개密藏
道開 등이 주관하고 강남의 많은 거사들이 참여해 만든 『가흥대
장경』이다. 『가흥대장경』은 『능엄장楞嚴藏』·『가흥장嘉興藏』·『경
산장徑山藏』 등으로 불린다. 판각 기간이 1589년부터 1707년까
지 약 118년의 긴 기간에 걸쳐 조판된 대장경으로 명·청 시대 불
교 사료의 보고라 일컬어지고 있다.

● 건주여진建州女眞 출신의 누르하치〔努爾哈赤〕(태조, 재위 1616~1626)는 만주 전역을 거의 정복한 후인 1616년 정월에 칸위汗位에 올라 국호를 후금後金이라 칭했다. 그는 1626년에 명나라 군사를 공격하다 산해관山海關 앞에 자리한 영원성寧遠城에서 패전을 맛보고 같은 해 8월에 죽는다. 뒤를 이은 홍타이지皇太極, 즉 태종太宗(재위 1626~1643)은 국호를 대청국大淸國으로 개칭했다. 태종도 산해관을 돌파하지 못하고 죽자, 그의 뒤를 이은 6세의 어린 황제 순치제順治帝(재위 1644~1661)는 숙부인 섭정왕攝政王 도르곤多爾袞(1612~1650)의 도움을 받아 북경에 들어와 자금성紫禁城의 주인이 되었다.

여진족은 산해관을 넘어 명나라의 수도인 북경에 들어오는 소위 입관入關 전부터 이미 티베트불교와 접촉하고 있었다. 태조 누르하치는 라마교를 우대했고, 태종 홍타이지도 라마교를 신봉하는 몽골인을 통제하기 위해 달뢰達賴가 파견한 사신을 우대했다. 더 나아가 라마교를 국교로 삼아 한민족 이외의 변경 민족을 회유하는 정책을 실시했다.

순치제는 북경에 입성해 실질적으로 한족을 통치하면서부터 회유와 공포라고 하는 상반된 두 정책을 교묘히 구사했다. 순치제는 라마 관계의 사찰을 조영하고 수리하기도 했다. 자도사慈度寺는 쌍황사雙黃寺와 함께 라마가 거주하는 곳으로, 이 사찰 북쪽에 후흑사後黑寺가 있는데 1645년에 찰한라마察罕喇嘛가 성경盛京으로부터 오자 자금을 모집하여 사찰을 창건했다. 순치제는 선학禪學에 대한 지식이 상당히 깊었고 명각선사明覺禪師에게서 법을 구하고 청나라 일대의 고승이라고 칭송받은 옥림통수玉林通琇(1614~1675) 및 그 제자 계림행삼溪林行森(1614~1677)을 궁정에 불러들여 가르침을 받았다. 그러나 이민족 왕조였던 청조는 유교의 권위를 빌려 사회의 풍교風敎를 바로잡고 한민족의 민심을 지배자의 뜻대로 제어하려고 했다. 서민 교화를 위해 유교 도덕의 보급을 꾀한 것이었다.

청나라는 유교 국가 체제를 유지하는 한편, 명나라의 불교 통제정책을 계승했다. 청나라 황제들은 만주족의 라마교를 존경하고 신뢰하고 있었지만, 전통불교는 비난했으며 사찰과 승니를 민중으로부터 격리시키는 정책을 펼쳤다.

만주인과 한인을 공평하게 다루려고 노력했던 강희제康熙帝(재위 1662~1722)는 중국에서 옛적부터 불교를 신봉해 지금까지 전해져 내려왔으니 금혁할 필요는 없다고 보았고, 승니는 성규成規를 지키면 된다고 인식하고 있었다. 강희제는 홍경興京·성경盛京과 북경 사찰의 승려와 도사는 황제의 지늑로 설치하는 외에 전시대에 칙勅으로 세운 사찰은 승려 10명, 사적으로 건설한 대사찰은 8명, 그보다 작은 사찰은 6명, 더 작은 사찰은 4명, 아주 작은 사찰은 2명을 두도록 했다. 1667년 통계에 의하면 황제의 칙명으로 건립한 대사묘大寺廟는 6,073곳, 소사묘小寺廟는 6,409곳, 사적으로 건립한 대사묘는 8,458곳, 소사묘는 5만 8,682곳으로 합계 7만 9,622곳이다.

옹정제 雍正帝(재위 1723~1735)는 "이단을 물리치고 오로지 정학 正學을 받들어라"라고 훈유를 내렸다. 그러나 부정적인 인식을 표출하고 있던 일면 뒤에는 불교에 대한 깊은 조예가 있었다. 문 각선사 文覺禪師를 신임하여 좌우에 두고 그의 정치적 의견을 받 아들였다. 또한 선종의 종장임을 자처하고 스스로 원명거사 圓明 居士라고 칭하며 불교 관련 저술을 편찬했다. 『어선어록 御選御 錄』19권을 편찬하여 역대 선종 종장들의 어록도 정리했다.

건륭제 乾隆帝(재위 1736~1796)도 제도적으로는 옹정제처럼 불 교를 통제하는 정책을 폈다. 도첩제 실시에 의한 불교·도교의 숙 정정책을 통해 궁극적으로는 '유교주의 儒敎主義 중화황제 中華皇 帝'를 지향한 불교관을 표출했다. 그 결과 승니를 무용지물의 존 재로 인식하여 엄격히 단속했다. 그러나 자신은 불법을 존중하 여 신심이 굳고 근신한 황제였다. 대장경 및 국어장경 國語藏經 등을 간각하고 번역하는 데도 진력했고, 특히 만주어로도 대장 경을 번역했다.

전반적으로는 청나라 불교가 명나라 불교보다 침체했다고 이 야기할 수 있다. 명나라 말의 운서주굉·감산덕청·우익지욱·자백 진가와 같은 고명한 승려가 청나라 때는 출현하지 않았다. 반면 유·불·도 삼교합일의 움직임은 더욱 강해졌다. 민간 사회에서는 불교가 유·도를 포함하는지, 유·도에 불교가 포함되었는지 알 수 없을 정도로 융합이 진행되고 있었다.

●   일반적으로 청나라의 불교 제도는 명나라의 정책을 계승 했다고 일컬어진다. 일찍이 1632년에 승록사를 설치하여 승려를 총괄했다. 1674년에 편성된 승관 제도는 1381년에 정해진 명나 라의 승록사 제도를 그대로 계승했다. 관직이나 관품, 승관의 인

2. 승록사의 편성

원 수는 차이가 없으나, 다만 명나라는 부의 도강이 종9품인데 반해, 청나라는 부·주·현의 승강·승정·승회는 미입류未入流, 즉 관품官品이 없는 계층이었다는 점이 약간 다르다.

청나라는 승려 중에 수계를 지키며 정진하는 자에게 황제의 특은特恩으로 국사國師·선사禪師의 호를 사여했다. 승관은 예부에서 선발하고 이부吏部에 보내 보임補任했다. 만약 승관 후보자가 없을 경우에는 승록사에 문서를 보내 재경, 즉 북경의 승려를 선발하여 예부에 보내 고시를 치렀다. 경전에 뛰어나고 인품이 단아하고 정결한 자 10명 혹은 12명을 선발했다. 선발된 승려들의 성명을 이부에 통고하면 순차대로 보임하는데 봉록俸祿은 지급하지 않았다.

부의 승강사, 주의 승정사, 현의 승회사는 지방의 독무督撫가 예부에 자문을 보내고, 재차 이부에 자문을 보내 승관직을 제수했다. 이러한 과정을 걸쳐 발탁된 내외의 승관은 천하의 승려들이 계율을 지키고 청규淸規하는가를 관리 감독하였다. 그러나 실제적으로는 승관에게는 독립적인 권력이 없었고, 단지 세속 정권을 행사하는 임무만 있었을 뿐이다.

1667년의 통계에 의하면 승려 수는 11만 792명, 니尼는 8,615명으로 합계 11만 9,407명이었다. 1738년 이후 승려 감축정책이 상주되었지만, 1736년부터 1739년 사이에 순천부順天府·봉천부奉天府·직예直隷 각 성에 지급한 도첩은 34만 112장에 달했다. 여기에 초수생도初受生徒 1명과 사도師徒를 합치면 60여 만에 이른다. 건륭 연간에는 도첩을 소유한 승도에 생도를 더하면 68만여 명, 도첩이 없는 자들까지 포함하면 70만 명 이상에 달했다. 그런데 태복사太僕寺 소경少卿을 역임한 과원戈源은 "1739년부터 1774년까지 사이에 사사로이 머리를 깎은 자는 수백만 명

밑으로 내려가지 않는다.”라고 하여, 청나라 중기 이후 승도의 수가 명나라 때와 비교할 수 없을 정도로 대단히 증가했다는 사실을 짐작할 수 있다.

<h3>3. 대장경의 간각</h3>

● 청나라 때도 대장경 간행 사업은 계속되었다. 명나라 만력제 말부터 시작된 『가흥대장경』이 1707년이 되어서야 완료되었다. 강희 연간에는 『속장경續藏經』 및 『우속장경又續藏經』이 간행되었다. 이어 1735년에 장경관藏經館을 열어 대장경 조각 준비를 마치고 4년여의 시간을 들여 1738년에 완성된 『용장龍藏』 혹은 『청장淸藏』이 있다. 이 대장경은 명조의 『북장』을 기초로 고승의 찬술과 어록을 조금 증각增刻했는데 합계 1,672부, 7,247권이었다.

『용장』과 함께 건륭제의 사업으로 『만주어역대장경滿洲語譯大藏經』이 있다. 건륭제는 만주어로 된 대장경 간행을 염두에 두고 1757년에 『번장목록蕃藏目錄』을 끄집어내어 티베트 경전을 조사했다. 그로부터 2년 후에 만주어·몽골어·한어·티베트어 네 언어로 번역해 대조한 『대장전주大藏全呪』를 편찬했다.

이윽고 1773년에는 한문대장경을 만문滿文으로 번역하는 작업을 실시하여 1790년에 이르기까지 18년의 세월을 걸쳐 699부, 2,466권을 완성했다.

<h3>4. 거사 불교</h3>

● 중국불교사에서 세력이 가장 쇠미했던 시대는 청나라 때라고 할 수 있다. 그럼에도 지식인이자 유력한 관직을 가지고 있던 자들은 불교를 새롭게 인식했다. 승려가 아니면서도 승려 이상으로 이론에 통달하고 학해신행學解信行 면에서 뛰어난, 소위 거사居士에 의해 불교가 움직여지는 거사 불교의 성립은 주목할

만한 현상이었다.

거사란 사회적으로 상당한 지위와 교양을 지닌 우바새優婆塞, 즉 불교의 심오한 뜻에 정통하고 경전에 대해서도 전문적인 교양과 이해를 가지며, 불교 교단의 호지護持에도 노력하는 돈독하고 신실한 자를 가리킨다. 거사 불교는 송나라 때부터 점차적으로 발달하여 명·청 시대에 발전을 이루었다. 이후 불교에 대한 관심과 연구는 유자儒者에 의해 유지되어 갔다. 이는 유교·불교의 일치를 의미하는 것으로 청나라 불교를 거사 불교, 즉 재가在家 불교라 칭하게 된 까닭이다.

거사 불교 발흥은 명나라 말에 출현한 운서주굉·자백진가·감산덕청·우익지욱 대사의 영향이었다. 특히 운서주굉의 사상적 배경은 화엄종으로 참구염불參究念佛을 극력 주장했다. 명나라 말기의 거사들은 염불을 주요 수행 방법으로 삼았다. 거사의 배출은 장강長江 유역을 중심으로 하는 선종제가禪宗諸家인 종풍숙정宗風肅正·행의엄정行儀嚴正의 공헌 덕분이었다. 거사 불교의 대표적인 존재인 소주蘇州 장주長洲 출신의 팽소승彭紹升(1740~1796)은 자행화타自行化他·염불행念佛行에 생애를 바쳐 원왕생인願往生人의 숙망宿望을 달성했다. 이는 이전 시대에 유례를 볼 수 없는 일로 전수정토專修淨土의 발전을 이루어 중국 거사 불교사에 부동의 족적을 남겼다.

청나라 말 청일전쟁淸日戰爭의 패배로 열강의 침략이 격화되어 재정은 고갈되고 경제는 침체했다. 서양 세력은 영토 할양을 요구하여 양무자강洋務自强 운동만으로는 서구의 압력과 국내 문제를 해결할 수 없다고 인식했다.

서구 근대사상에 진화론과 불교를 보강한 개혁사상, 즉 대동大同의 정치철학을 구축한 캉유웨이康有爲(1858~1927) 등은 변법유신을 추진했다. 정치·경제·사회·교육·군사·가치관을 개혁하자는 변법變法을 주장하던 인사들의 많은 이가 불교에 끌렸다. 량치차오梁啓超(1873~1929)는 "청나라 말 사상가들에게 하나의 저류底流는 불교였다."라고 서술했다.

불교 부흥의 직접적 계기를 만든 이는 양원후이楊文會(1837~1911)였다. 그는 1866년 난징에 금릉각경처金陵閣經處를 창설하여 불서를 연구하고 수집하여 간행했다. 또한 동서사상의 융합을 시도한 담사동譚嗣同(1865~1898) 등과 함께 변법 활동도 함께했고, 불교 진흥과 서양에 불교 전파를 지향했다.

1912년 2월 12일에 청나라 선통제宣統帝(재위 1909~1911)는 위안스카이袁世凱(1859~1916)가 요구한 조건을 수용하고 정식으로 퇴위를 고했다. 260년을 지속해 온 청나라는 이렇게 멸망했다.

● 　 청나라 중기 이후로 전통적인 불교정책은 쇠퇴하게 되었다. 건륭제 이후 비밀결사 종교 활동이 활발해지고 관권官權의 엄중한 통제에도 반정부적 교비教匪가 전국적으로 연이어 발생했다. 민간 종교의 비밀화·비적화의 한 요인은 만주인 지배의 반감과 함께 종교 억압에 대한 반항이었다.

1. 묘산흥학운동

불교정책이 쇠퇴한 또 하나의 요인은 사회문제였다. 1840년 아편전쟁으로 민족적 위기를 느낀 지식인들은 구국의 방안을 서양에서 찾으려 했다. 서양의 근대 자연과학과 사회과학이 중국의 청년이나 지식인들에게 상당한 흡인력으로 작용했다. 전통문화와 불교는 사회문제를 해결할 수 없다고 본 것이다.

청나라의 운세가 쇠미해져 가는 가경嘉慶(1796~1820) 연간 이후 불교는 현저히 쇠퇴하는 반면에 그 자리를 민중 종교가 차지했다. 가경제는 "불교와 도교는 믿을 수 없다. 하물며 서양의 종교는 말할 필요도 없다."라고 하여, 불교를 믿을 수 없는 존재로 인식했다.

이 시기가 되면 유교 학자는 한유의 벽불辟佛 견해를 내세워 전력을 다해 불교를 배격했다. 당시 승니의 도덕은 이미 난잡해 졌고, 사묘는 유민들이 의탁하는 곳으로 변해 버렸다. 그렇게 변한 주요 요인으로 태평천국의 배불과 거사의 발흥을 들 수 있다. 기독교사상에 기초한 배상제교拜上帝教를 신봉하여 태평천국太平天國(1851~1864)의 난을 일으킨 홍수전洪秀全(1814~1864)은 이교異教를 배척했다. 홍수전은 우상숭배 배격이라는 입장에서 군대가 이르는 곳마다 사찰을 불태우거나 훼손했던 까닭에 불교는 큰 타격을 입었다.

동치同治(1862~1874) 연간 이후 불교의 구규舊規를 엄정히 하여 동남 지역의 불법은 부흥했다. 그러나 청나라 말부터 민국 초에 걸쳐 승니의 자질저하와 사찰의 황폐는 사찰의 재산으로 초등교육의 진흥을 꾀하는 '묘산흥학운동廟産興學運動'으로 결정타를 맞게 되었다.

1840년에 발생한 아편 폐기를 둘러싸고 중국과 영국 사이에서 벌어진 아편전쟁 이후 민족적 각성을 통한 자강自强 운동이 시작되었다. 서양 학문을 수용하자는 관료가 중심이 된 양무파洋務派의 대표적인 인물 호광총독湖廣總督 장지동張之洞(1837~1909)은 '유교를 체體로 하고, 서학을 용用으로 하자'는 교육방침을 내세우고는 사묘寺廟의 재산 7/10을 이용하여 학교교육에 이용하자는 극단적인 폐불정책인 묘산흥학廟産興學을 제시했다. 이 운동은 민국 시대가 되어서도 제기되었다. 난징 중앙대학中央大學 교수 타이솽추邰爽秋는 1928년에 "특수 계급으로 모든 죄악의 근원이 되는 승려 군벌軍閥을 타도하라. 이 승려 군벌 하에 고통받는 민중들을 해방시켜라. 승려 군벌 소유의 묘산廟産을 몰수하여 이를 가지고 교육 사업에 충당하자."라는 묘산흥학운동을 선언하고는 불교 교단을 압박하자 불교 측도 중국불교회를 설립하여 정부에 보호를 호소했다.

그러나 이 운동이 실시된 결과 토착호족과 군벌 등은 끊임없이 사찰의 재산을 침탈했다. 근대에 있어 삼무일종三武一宗에 버금가는 법난이었다.

● 묘산흥학운동으로 위기를 느낀 불교도는 일치단결하여 사찰 재산 보호와 불교 진흥에 나섰다. 불교계가 중대 위기에 처했을 때 반대 운동의 선두에 선 이가 타이쉬太虛(1890~1949) 법사였다. 그는 난징에서 중국불학회中國佛學會를 일으켜, 전국 사찰에 서신을 보내 불교도의 단결을 재촉하고 정부에 대해 반대 운동을 전개했다.

타이쉬 법사는 신해혁명의 세례를 받아 세습과 사유 상속제, 현실의 개혁을 목표로 '교리教理·교훈教訓·교산教産' 혁명을 주장하고, 1913년에 중화불교총회中華佛教總會를 발족시켰다. 5·4운동이 발생한 1919년에는 월간 불교잡지로 유명한 『하이차오인海潮音』을 창간하여 사회 개혁과 결합된 불교 보급운동을 계속했다. 1922년에는 중국 승려의 교육기관으로 대표적 기관인 우창불학원武昌佛學院을 세웠다. 후에 뉘중불학원女衆佛學院도 부설했다. 1928년에는 '인생의 불학佛學, 과학의 불학, 세계의 불학'을 제창하여 민족의 좁은 세계에서 탈출하여 세계를 통해 일체화하는 인류의 보편문화의 창출을 구상했다. 이는 어떠한 의미에서 근대 불교라는 과정의 귀결이었다.

우창불학원 외에 베이징에 훙츠불학원弘慈佛學院, 항저우에 밍자오학원明教學院, 양저우揚州에 줴하이학원覺海學院 등 각종의

불교 학교가 창설되었다.

이처럼 승학원과 불학원이 불교학 연구와 교육을 선도했고, 한편 재가에서 중국의 근대 불교를 주도한 이는 거사 양원후이 문하인 어우양젠歐陽漸(1871~1943)이다. 그는 1922년에 최초로 국가 공인의 불교대학인 즈나네이학원支那內學院을 창설했다.

한 권으로 보는 세계불교사

● 　마오쩌둥毛澤東(1893~1976)은 장기에 걸친 혁명 투쟁을 거쳐 1949년 10월 1일에 중화인민공화국이 탄생했음을 선포했다. 공화국 성립 후 유명 사찰들은 국가의 중점重點 문물文物로서 수복되었다. 1966년 무렵 불교 신자에 대한 정확한 통계는 없지만 승니는 3만여 명에 달했다. 이때부터 10년간 발생한 문화대혁명文化大革命으로 사찰 건물과 불상은 파괴되었으며 승니는 강제적으로 환속당했다. 그러나 개방정책이 서서히 진행되면서 불교 사찰은 부흥하기 시작했고 승니들도 복귀했다.

　1978년의 헌법에 '종교를 믿는 자유'가 명문화되었고, 1982년에 개정된 헌법 제36조에 다음과 같이 규정했다.

　중화인민공화국의 공민公民은 종교 신앙의 자유를 가진다. 어떠한 국가 기관, 사회단체 또는 개인도 공민에 신앙 또는 종교의 불신앙을 강제해서는 안 되며, 종교를 신앙하는 공민과 종교를 신앙하지 않는 공민을 차별해서는 안 된다. 국가는 전상인 종교 활동을 보호한다. 어떠한 사람도 종교를 이용하여 사회질서를 파괴하고 공민의 신체·건강을 해치거나, 혹은 국가의 교육제도를 방해하는 활동을 권해서는 안 된다. 종교 단

1. 종교정책

체 및 사무는 외국 세력에 의한 지배를 받지 않는다.

이처럼 헌법의 규정을 보면 종교를 믿거나 믿지 않는 자유를 모두 인정하고 있다. 그러나 별도의 형태로 종교의 자유의 한계를 명확히 제시하고 있다. 즉 한편에서는 정상적인 종교 활동을 보호한다고 명기하고, 다른 한편에서는 종교를 이용한 반사회적 활동을 금지하고 있다. 또한 외국 세력의 지배를 배제하고 있다. 이는 기본적으로 제국주의 세력이 종교를 방패삼아 침략을 행한 역사의 교훈에서 나온 것이다. 특히 기독교가 문제가 된다. 1994년에 사찰·도관·교회 등지에서 외국인의 종교 활동을 제한했다.

중국의 종교 중에서도 중요한 위치를 차지하고 있는 것은 불교를 위시해 이슬람교·천주교·기독교 등이다. 특히 라마교를 포함한 불교는 한족 사이에서도 영향을 지니며 티베트족·몽골족·타이족〔傣族〕 등의 대부분이 신봉하고 있는 종교이다.

2. 중국불교협회의 성립

● 정치와 종교의 중계자 역할을 수행한 단체가 8개 있는데, 그중의 하나가 1953년에 결성된 중국불교협회中國佛敎協會이다. 중화인민공화국이 성립된 후 얼마 지나지 않은 시점에서 결성된 것으로, 1953년에 베이징 광지사廣濟寺에서 중국불교협의회 성립 회의가 개최되었다. 회의에 한족·만주족·몽골족·티베트족·회족回族 등 7개 민족의 활불活佛·라마·법사·거사 대표 120명이 출석하여 '중국불교협회장정中國佛敎協會章程'을 결정했다. 당시 채택된 협회의 '장정章程'에 그 취지가 잘 드러나 있다.

제1조　본회의 명칭은 중국불교협회라고 정한다.

제2조　전국 불교도를 단결하고, 인민 정부의 지도하에 조국을

사랑하고 세계평화를 지키는 운동에 참가한다. 인민 정부가
종교 신앙 자유의 정책을 관철하는 데 협력한다. 각지의 불
교도에게 연락하여 불교의 뛰어난 전통을 발양한다.

중국불교협회가 탄생한 것이다. 이후 장정은 몇 차례 개정되는데,
1993년에 채택된 장정은 대폭적으로 내용이 개정되었다.

제1조　중국불교협회는 전국 각 민족의 불교도를 연합한 애국 단
　　　체이자 교무 조직이다.

제2조　불교도가 애국주의와 사회주의의 학습을 진행하고 헌법
　　　이나 관련되는 법률·법규·정책의 학습을 강화하고, 나라
　　　를 사랑하고 불교를 사랑하고, 규칙을 준수하여 법을 지
　　　키도록 추진한다.

1953년과 1993년 장정에서 확연히 차이가 나는 점은 55개의 소
수 민족을 포용한다는 내용과 불교도는 중국 인민 정부가 목표
로 하는 애국주의와 사회주의를 실현하여 국가사회 건설에 적극
참여해야 하는 의무가 강화되었다는 점이다.

　중국불교협회의 초대 회장에는 상하이 톈퉁사天童寺 위안잉圓
英(1878~1953)이 추대되었다. 당시 비서장이었던 자오푸추趙樸初
(1907~2000)는 1980년에 회장에 임명되어 사망할 때까지 전국정
치협상회의全國政治協商會議 부주석으로 불교계의 의견을 중앙에
반영시키는 데 노력했다. 현재 중국에서의 종교 활동은 국무원
종교사무국國務院宗敎事務局의 지도 하에 있고, 정치와의 관계를
무시할 수 없다.

　불교 조직은 중앙에 중국불교협회가 있고, 각 성이나 자치구,

주요한 시市·현縣에 각각 협회가 있어 지방의 활동을 통솔하고 있다. 중국불교협회가 창설된 이후 조국 건설과 평화 옹호 사업에의 참여, 교육·학술·문화 업무의 강화, 불교의 뛰어난 전통 드높이기, 적극적으로 정부를 도와 종교 신앙 자유의 정책을 관철한다고 하는 활동 방침을 정하고 실행했다.

3. 중국불학원의 개설

● 청나라 말 무술정변戊戌政變 이후 각지에 승학당僧學堂이 부흥했다. 1903년에 축운쓰雲이 일으킨 호남승학당湖南僧學堂이 가장 오래된 것으로, 일하日霞와 제한諦閑이 남경에 강소승범학당江蘇僧範學堂을 세웠다. 일본의 침략 이후 이들 대부분은 폐쇄되었다가 해방 후 불교 사찰이 수리되고 중건되자 승려가 사찰에 거주할 필요가 생겨났다.

중국불교협회가 운영하는 중국불학원은 1956년에 베이징 파위안사法源寺에 설치되었다. 불교 교육의 중심지로 문화대혁명이 시작되는 1966년에 활동을 정지했다가 1980년 중국불교협회 회장 자오푸추趙樸初가 청년 승려의 양성을 목적으로 재개하였다.

입학 조건은 고교를 졸업했거나 그에 동등한 학력을 소지한 자, 출가하여 2년 경과한 자, 주석하고 있는 사찰의 추천과 종교 부분의 허가가 있어야 하고 연령은 18세에서 28세로, 전국 5개소에서 법사 2명을 파견하여 입학시험을 치렀다.

수업은 4년간으로 처음 2년간은 각 종파 이론의 간단한 소개, 다음 2년은 각 종파의 심화된 이론을 배운다. 구체적으로 불학은 불교사·법상종·정토종·선종·천태종·화엄종·율종 등을 학습한다. 불학 이외의 문화 과목으로 영어와 일본어 중에 한 과목을 선택하고 외국어·고대 한어漢語·동서철학사·중국사·시사·정치·법률·중국혁명사 등을 배운다.

　중국불학원은 4년제의 고급 불학원으로, 각 지방에는 성급省
級에서 운영하는 초중급의 불학원이 있다. 주요한 초중급 불학원
은 16곳이 개설되었다. 이 중의 한 곳이 바로 1994년에 자오푸
추趙樸初가 쑤저우蘇州 교외에 창립한 중국불학원 링옌산사靈岩
山寺 분원이다. 이 분원에 12개 성省과 시市로부터 40명의 청년
승이 모였다. 연령은 16세부터 30세까지로 불교 역사·경전 내용
·좌선과 법식法式을 수업했다. 일반교양으로는 중국사·고대 한
어·시사·서예·영어·일본어 등을 습득했다.

　니승 양성을 위해 푸젠성 푸저우福州와 쓰촨성 청두成都에 니
중불학원尼衆佛學院이 개설되었다.

4

타이완불교사

명말·청초 시기, 푸젠성福建省을 중심으로 반청 운동을 벌이던 정성공鄭成功(1624~1662)은 청의 영향력이 중국 남서부 지방까지 확대되자, 타이완을 거점으로 지속적인 반청 운동을 전개하고자 했다. 당시 타이완은 네덜란드의 직접적인 통치를 받고 있었다. 1662년 정성공이 네덜란드 세력을 몰아내면서부터 1683년, 청의 공격으로 정씨 일가의 통치가 무너질 때까지 타이완은 마지막 반청 운동의 근거지로 남아 있었다.

타이완에 언제부터 불교가 전해졌는지는 확실하지 않다. 수와 당 대에 불교가 널리 퍼졌고, 강남과 푸젠성 지역에도 많은 사원들이 세워졌다는 점에서 이미 민간 차원에서는 교류가 있었던 것으로 보인다. 타이완불교가 중국불교의 역사에 공식적으로 관계를 맺었던 것은 정씨 일가의 통치와 함께 시작된다. 당시 타이완에는 푸젠 지역의 불교가 일부 유입되어 민간신앙과 혼합된 형태를 띠고 있었고 기독교도 네덜란드의 통치가 이어지면서 전파되어 있었다.

청은 타이완을 푸젠성 관할로 두고 불교에 대한 도첩제를 실시했다. 관에서는 수계와 관련한 내용도 푸젠성에 있는 용취안 사湧泉寺에서 담당하도록 지정했다. 푸젠 지역을 비롯한 남부에서는 주로 선과 정토 수행이 함께 이뤄지고 있었는데, 이러한 형태가 타이완에도 큰 영향을 미쳤다. 『타이완현지臺灣縣志』에 따르면, 황보사黃檗寺와 마조묘馬祖廟에 도교와 불보살의 존상이 함께 모셔져 있었으며, 출가 승려가 묘당에 거주하면서 민간신앙의 의례를 주지하기도 했다.

사원들은 타이난臺南을 중심으로 각지로 퍼져 나갔다. 주요 사찰을 살펴보면, 하이후이사海會寺는 정씨 일가가 별관으로 사용하던 곳으로 후에 카이위안사開元寺로 바뀌었다. 이 사원은 지금도 타이완에서 가장 큰 규모의 고찰로 유명하다. 주시사竹溪寺는 타이완에서 가장 오래된 사찰로 알려져 있으며, 미퉈사彌陀寺는 아미타불을 모신 대표적인 정토 도량이다.

타이완불교의 한 가지 특징은 재가 불교 형태인 재교齋敎의 활동이다. 명말·청초 시기, 중국의 신흥 종교들이 대부분 선이나 정토신앙에 기반을 두었듯이 재교 역시 선종에 기반을 두고 민간에 퍼져 나갔다. 이런 점 때문에 일제강점기에는 재가 불교의 단체 조직으로 인정하고 종교정책을 펼치기도 했다. 나교羅敎라고도 불리던 이들은 출가승들과 달리 머리를 깎지 않고 가사도 입지 않았다. 그들은 생업에 종사하면서도 육식을 금지하고 계율을 중시했다. 채식을 하기 때문에 '식채인食菜人'이라고도 불렸으며, 신도들 사이에는 '재우齋友'라고 했고 여자는 '채고菜姑', 남자는 '재공齋公'이라고 했다. 재교의 교의는 불교에 바탕을 두면서도 유교와 도교의 내용을 포함했다.

명대 말기, 중국의 동남부 지역을 중심으로 세력을 형성하고 있던 재교가 타이완으로 전파된 것은 1748년(건륭 13년), 푸젠성 북부에서 무력 충돌이 발생하면서 이들의 활동이 금지되었기 때문이다. 대륙에서 타이완으로 전파된 재교는 금당파金幢派, 용화

포광산 대웅전 ⓒ 하지권

파龍華派, 선천파先天派이다. 이들의 전통은 다르지만 수계와 경전, 의식 등에서 큰 차이를 보이지는 않는다. 오계五戒, 십선十善을 준수할 것과 불살생계를 특히 강조하며, 『금강경』과 『아미타경』 독송을 중시하고 관음, 석가모니를 본존으로 삼았다.

이들 가운데 타이완에 처음 들어온 것은 금당파였다. 원래 용화파의 신도였던 왕좌당王佐塘(1564~1629)이 창건했으며 청대 초기에 강남 일대와 푸젠성에 퍼져 있었다. 강희 연간에 타이완으로 전해지면서 금당파로 불리게 되었다. 정성공이 타이완을 점령할 수 있었던 배경에는 재교의 도움이 크게 작용했다. 청과 대립하던 시기에는 재당의 건립이 쉽지 않았으나 사회가 안정되면서 금당파도 지속적으로 세력을 확장시킬 수 있었다.

용화파는 산둥성山東省 출신의 나인羅因(1456~1527)이 창건했다. 그가 저술한 『오부육책五部六冊』은 주로 자신의 사상과 당시 불교에 대한 비판, 파사현정의 논술, 불과佛果 증득에 대한 내용으로 대부분 선종에 가까웠다. 타이완에 전래되면서 한양당漢陽堂, 일시당一是堂, 부신당復信堂의 3개 지파로 나뉘었다. 이들은 각각 자이嘉義 이남 지역, 신주新竹와 장화彰化 지역, 타이중臺中 지역을 중심으로 발전했다.

선천파는 선종 6조 혜능에게 기원을 두고 있다. 그들의 전통에 따르면, 혜능이 법난을 피해 남방으로 옮겨 숨어 생활하다가 바오린사宝林寺에서 마조도일馬祖道一(709~788)과 남악회양南岳懷讓(677~744)에게 법을 전하면서 발전했다고 한다. 다른 두 파와 달리 혼인을 허락하지 않으며 가장 엄격하게 계율을 준수한다. 1861년, 황창성黃昌成이 타이난에 바오언당報恩堂을 세우고 가르침을 전파했다.

재교의 무력 투쟁 이후, 결사 능력이 있는 신흥 종교 단체들에 대한 통제가 강화되면서 그들의 세력은 급격히 약화되었다. 그러나 타이완의 경우는 지리적인 영향도 있었지만, 민간에 이미 안정적으로 퍼져 있었고 외면적으로 일반인과 구별이 되지 않았기 때문에 거의 영향을 받지 않았다. 일제 시기에도 재당齋堂의 수는 불교 사원의 두 배에 달할 정도로 지속적으로 발전했다.

한 권으로 보는 세계불교사

1895년 일본은 청일전쟁에서 승리하면서 청으로부터 타이완을 할양받았다. 각 지역에서 무력 저항이 일어났지만 오래지 않아 진압되었다. 타이완 주요 지역에 군대가 주둔하면서 일본불교도 함께 전파되었다. 초기에 일본불교는 종군 포교의 성격을 띠며 군인과 그 가족을 대상으로 삼았다. 일본에 대한 저항이 줄어들면서 이들은 점차 포교 활동에 주목하기 시작했다. 당시 일본의 정토종淨土宗, 진종眞宗 본원사파本願寺派, 조동종曹洞宗, 임제종臨濟宗, 진종 대곡사파大谷寺派, 진언종眞言宗 등 각 종파들은 교세 확장을 위해 해외 진출을 모색하고 있었다.

1905년 일본은 타이완불교의 종파, 사원 종류, 법회 의식, 신도 현황, 재산 등 개괄적인 상황을 이미 파악하고 있었지만, 그들의 신앙 활동까지 간섭하지는 않았다. 그들은 의원이나 일본어 강습소 등 공익시설을 운영하면서 점차 포교 활동을 전개했다. 1900년을 전후하여 일본의 각 종파 본산에서 경제적인 문제로 포교 비용을 줄이거나 중지하자 타이완의 포교소들은 독립적으로 운영될 수밖에 없었다. 이들이 지속적인 운영을 위해 일본인 관리나 상인에게 집중하면서 타이완인을 대상으로 한 포교 활동은 위축되었다. 그러나 각 종파의 종지나 의례가 다르다는 점 때문에 일본 본산에서는 다시 타이완에서 종교 활동을 전개했다.

1900년대 초기, 대륙 불교의 영향을 받고 있던 타이완불교는 특정 도량을 중심으로 나름대로의 전통을 형성하고 있었다. 북부 지역에는 지룽基隆 웨메이산月眉山 링취안선사파靈泉禪寺派, 타이베이臺北 관인산觀音山 링윈선사파凌雲禪寺派, 먀오리苗栗 다후大湖 파윈선사파法雲禪寺派가 중심을 이루고 있었고, 남부에는 가오슝高雄 다강산大崗山 차오펑사파超峰寺派가 핵심적인 역할을 담당했다. 이들 사대법맥四大法脈은 비슷한 시기에 형성되어 점차 다른 지역으로 영향을 확대시켜 나갔다.

지룽의 링취안사는 산즈善智(1852~1906)와 산후이善慧(1881~1945)가 창건했다. 이들은 재교 출신으로 후에 푸젠성 구산鼓山 용취안사湧泉寺에서 계를 받고 타이완에 사찰을 건립하려고 했다. 1908년, 산즈의 뜻을 이어받은 산후이가 사찰을 건립하고 주지를 맡았다.

산후이는 이미 1907년에 일본 조동종 승적에 가입되어 일본 본산의 임명을 받아 조동종의 포교사로도 활약하고 있었다. 따라서 일제 통치 기간에도 별다른 영향을 받지 않고 교육과 홍법 활동을 전개할 수 있었다. 그의 제자인 더룽德融(1884~1977)은 타이완 승려로는 처음으로 일본에 유학했으며, 귀국 후에 타이완과 일본의 불교 활동에 중요한 역할을 수행했다. 산후이는 1910년, 단기학원을 개설하여 젊은 승려들을 교육시켰다. 1917년에는 조동종 별원別院의 신위안心源(1881~1970) 등과 함께 불교 청년회를 조직하고 인재를 양성하기 위한 교육기관인 불교중학림佛教中學林을 설립했다. 중학림은 초기에 모금으로 운영되었으나 후에 경제적인 어려움을 겪으면서 일본 조동종의 보조를 받았다. 이후 이름은 '사립 조동종중학림私立曹洞宗中學林'으로 바뀌었다.

한 권으로 보는 세계불교사

관인산 링윈선사凌雲禪寺는 1909년 바오하이寶海가 설립하여 번위안本圓(1883~1946)이 이어받아 발전시켰다. 번위안은 1917년에 일본 임제종 묘심사파妙心寺派에 가입했으며 타이완 포교사로 임명되었다. 그는 산후이와 함께 공진회共進會, 불교중학림 등의 활동에 적극 참여했다. 또한 '전난학림鎭南學林'을 창립하여 승려와 재우들을 교육시켰고 '타이완불교도우회臺灣佛教道友會'를 조직했다. 1915년 타이완 총독부가 타이완 불교계 전체를 포괄하는 조직을 구성하려고 하자, 산후이와 함께 회의에 참여하여 '난잉불교회南瀛佛教會'를 조직하게 된다.

파윈선사法雲禪寺는 1910년, 줴리覺力(1881~1933)와 그의 제자 먀오궈妙果(1884~1963)가 설립했다. 줴리는 다른 불교 법맥과 달리 푸젠성 출신의 승려로서 중국불교 총림의 전통에 따라 계율을 강조했고 타이완에서 7차례에 걸쳐 계법을 전했다. 불교중학림을 창립하는 데 참여했고, 1928년 전창眞常과 함께 '파윈불학사法雲佛學社'를 열었다.

차오펑사파는 타이난臺南에 자리한 카이위안사開元寺 출신의 이민義敏(1875~1947)과 융딩永定(1877~1939)이 차오펑사를 중심으로 발전시켰다. 이민은 타이난 카이위안사에서 출가하여 푸젠성 용취안사에서 계를 받았다. 1908년 제자 융딩과 함께 카이위안사를 떠나 가오슝 차오펑사에 주석했다. 융딩은 당시 남녀 구분 없이 함께 수행하는 분위기 속에서 비구니 수행을 위한 도량으로 룽후암龍湖庵을 세웠으며, 재교의 재고齋姑도 함께 수행할 수 있도록 했다.

일제 시기에 일본 종파들은 자신들의 교세 확장을 위하여 사원이나 사당을 구분하지 않고 자신들의 별원이나 분원으로 수용하고 있었다. 사대법맥 가운데 링취안선사와 파윈사파는 조동종에 소속되었고 링원선사와 차오펑사는 임제종에 소속되었다. 이들은 일본불교 종파에 소속됨으로써 법률상이나 종교 활동에서 보호를 받을 수 있었다.

일본이 종교 활동에 대해 방임적인 태도를 취하다가 통제하기 시작한 것은 1915년 발생한 시라이암西來庵 사건 이후이다. 당시 재교도인 위칭팡余淸芳(1897~1915)은 동료들과 함께 일본의 통치에 반대하는 항일운동을 펼쳤다. 농민들까지 함께했던 이 무력 투쟁으로 900명이 넘는 사람이 사형을 당했다. 일본은 이후로 민간의 종교 활동을 전면적으로 조사하고 대규모 활동을 통제했다.

일본불교계는 시라이암 사건 이전부터 재교를 포함하여 타이완불교계와 관계를 유지하려고 노력하고 있었다. 1912년 조동종은 타이난의 재교와 함께 '애국불교회'를 조직하여 타이완 전체로 영향력을 확대하려고 했다. 이런 가운데 시라이암 사건이 발생하자 처음에 참여했던 재교 조직보다 더 많은 조직들이 자신들의 신앙을 유지하기 위해 불교회에 참여했다.

일본 당국이 일본불교와 타이완불교의 연합을 촉구했고 일본의 각 종파에서도 적극적으로 포교 활동을 전개하면서 타이완불교 교육과 조직체를 담당하는 연합 조직이 성립되었다.

불교중학림은 일본 조동종에서 주도한 교육기관으로 타이완과 일본 승적의 출가자들이 교육을 담당하는 체계였다. 3년 교육과정을 마친 뒤에는 일본에서 중등과 불교대학 교육까지 받을 수 있도록 했다. 2년차 학생 모집 때에는 승려나 재우에 제한하지 않고 일반인을 대상으로 모집했다. 1922년 전난학림이 폐교되면서 불교중학림으로 편입되고 불교중학림 역시 후에 교육 법규에 따라 조동종중학림으로 바뀌었다. 불교계 교육기관이면서도 일반인을 대상으로 했고 출가를 요구하지 않았다.

난잉불교회는 타이완불교계와 재교계를 아우르는 연합 조직체로서 종교 단체의 성격이지만 실질적으로는 일본 당국의 관리를 받았다. 타이완과 일본의 승려들이 법회와 강연을 주관했으며 신사종교神社宗教 문제, 황국 정신, 일본불교사, 진종개론眞宗概論, 근대 일본불교 등의 내용과 일본어와 일본 국가에 대한 교육도 함께 이뤄졌다. 난잉불교회에서 발간하는 『난잉불교』는 일본 점령 말기에 일본어로 발행되기도 했다.

일본의 교육과 관리를 받으면서 타이완불교는 선과 정토 중심의 대륙 불교와 점차 단절되고 일본불교의 영향을 직접적으로 수용하게 되었다. 더구나 일본 유학을 경험한 출가자들이 타이완불교계의 교육과 조직을 담당하면서 일본화의 경향은 더욱 가속화되었다.

1920년에 성립한 재교 연합체인 '타이완불교 룽화회臺灣佛教龍華會'는 재당에서 사용하는 경문이나 의식 등을 모두 일본불교에 따라야 한다고 주장했다. 재교는 본래 선종에 근원을 두고 있었기 때문에 일본 선종 계통, 특히 조동종과 긴밀한 협력 관계를 유지하면서 일제 말기 황민화 정책에 호응하기도 했다.

중일전쟁 이후, 일본은 황민화 운동을 통해 일본어의 보급은 물론, 신사神社와 황실에 대한 숭배와 존중을 강요했다. 특히 사묘寺廟 정리 운동을 전개하면서 신상이나 불상이 훼손되는 등 민간의 종교 활동은 크게 위축되었다. 이 운동은 민간신앙을 개선한다는 취지였기 때문에 불교는 상대적으로 피해를 덜 입었다. 그러나 황민화 운동이 격화되면서 사원에서는 일본이나 타이완의 불교중학림에 반드시 출가 승려를 파견해야 한다고 규정하면서 황국 불교화를 강화하는 조치가 이뤄졌다.

일제 시기를 거치면서 타이완불교계의 변화는 자성에 의해서
라기보다 일본화와 일본불교로의 변화라는 한계성을 내포하고
있었다. 이 점은 수계 활동이 여전히 푸젠성 용취안사에서 이뤄
지면서도 비용만 지불하면 수계증을 받을 수 있었다는 점과 여
성 출가자들은 계를 받지 않은 경우가 일반적이었다는 점에서도
나타난다. 해방 이후, 타이완 불교계에 본토화와 주체화의 문제
가 대두되었던 이유는 당시 불교계에 퍼져 있던 이러한 분위기
에 따른 것이다.

● 　1945년 8월 15일, 일본이 항복하면서 이전까지 타이완불교계를 관리하고 있던 난잉불교회를 대신할 조직이 필요하게 되었다. 난잉불교회는 민간단체의 성격이었지만 총독부에서 통제하던 조직이었다. 1946년 2월, 타이완성불교회臺灣省佛教會가 타이베이의 룽산사龍山寺에서 성립되었고 관인산 링윈선사 주지를 맡고 있던 번위안이 이사장으로 선출되었다. 1947년 5월, 난징南京에서 중국불교회가 제1회 전국 회원 대표 대회를 열었고, 이를 계기로 중국불교회와 불분명하던 관계에 있던 타이완성불교회는 중국불교회 타이완성불교분회로 개편하였다.

　1949년 말, 대륙에서 밀려난 국민당 정부와 함께 중국불교계의 많은 인사들이 타이완으로 건너왔다. 당시 타이완은 거주민들과 국민당 정부 간의 충돌로 계엄이 실시되고 있었고 공산당과의 관계 때문에 전반적으로 민감하던 시기였다. 타이완에서 중국불교회가 활동을 시작한 것은, 이러한 사회적 분위기 속에서 대륙 출신의 승려들을 신분적으로 보증할 필요가 있었기 때문이었다.

　대륙이 공산화되면서 국민당과 함께 타이완으로 건너갔던 출가자들은 대부분 장쑤성江蘇省과 저장성浙江省의 불교계 인사들

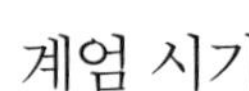

로, 타이완에서 중국불교의 전통을 부흥시키려는 강한 목적의식을 지니고 있었다. 그들은 타이완불교가 불가의 규정에 따라 여법하게 이뤄지고 있지 않다는 점을 지적했다. 특히 출가자의 생활과 의례가 일본화되고 출가자와 재가자, 재교도의 구분이 명확하지 않다는 점을 강하게 비판했다.

중국불교회가 실질적으로 타이완불교계를 대표하는 조직으로 자리잡게 된 것은 타이완 내 전계 활동을 담당하면서부터이다. 1953년, 다셴사大仙寺에서 이뤄진 수계 방식이 불교 전통과 다르다는 점이 제기되면서 중국불교회는 타이완에서의 전계 활동을 담당하게 되었다. 그들은 삼단대계三壇大戒를 받은 출가자만을 공식적으로 인정하고 전계 활동을 담당할 사찰까지 규정했다. 전계 법회의 확립은 이전까지 일본화 불교, 재교와 혼합된 특징을 보이던 타이완불교계를 다시 중국불교의 전통으로 바꾸는 전환점이 되었다. 국민당 정부 역시 타이완불교계의 변화를 촉구하던 상황에서 위안잉圓瑛(1878~1953)의 제자인 바이성白聖(1904~1989) 계열은, 전계 제도를 통해 중국불교의 전통을 수립하고자 했다. 바이성은 1960년 이후 중국불교회의 대표로서 불교회의 활동에 큰 영향을 끼쳤다.

재교는 계엄 초기까지도 250여 곳의 재당이 있었고 규모면에서 불교 사원을 능가했다. 일제 시기에 재가 불교로 인식되고 일본 종파에 소속되었던 재교는 계엄 이후, 불교계의 비판이 이어지고 종교 활동도 제약을 받게 되자 불교계나 신흥 교단인 이관다오一貫道로 바꿨다.

타이완에 국민당 정부가 들어서면서 기독교는 사회 전반적인 분야에서 영향을 발휘했다. 국민당 정부와 함께 많은 이주민들이 건너오면서 당시 타이완의 경제 규모로는 감당할 수 없는 상황에 이르렀다. 기독교 관련 단체와 선교 단체들은 미국에서 지원하던 물자와 구호품의 배급을 담당하면서 많은 발전을 이룰 수 있었다. 이들은 의료와 교육 방면에서 활발하게 활동하면서 도시는 물론 산지에 거주하는 원주민들에게도 성공적인 전도 활동을 펼쳤다. 이러한 활동에 힘입어 원주민 가운데 기독교인이 30퍼센트를 차지했고 신도 수는 1960년, 38만 명으로 증가했다.

그러나 1970년대 들어서면서 국제 관계의 변화와 경제발전에 따른 사회의 변화로, 국외 원조에 의존하던 기독교는 신도 수와 사회적인 영향력에서 정체 상태에 놓였다. 이전까지 타이완과 우호적이었던 외국 정부와 기관들이 중국 대륙과 관계를 개선하면서 국제 교류활동은 위축되었다. 또한 경제발전에 따라 도시화와 공업화가 이뤄지면서 도시로 이전하는 원주민들의 수는 점차 증가했다. 환경이 바뀌면서 종교 생활에도 변화가 요구되었지만 기독교는 적절하게 대응하지 못했다. 목사를 비롯한 교회 지도자들은 교회 활동에 전권을 행사했고 신도들은 참여할 수 있는 적절한 기회를 갖지 못했다.

● 계엄 상황이 지속되자 출가자들의 공적인 종교 활동도 제약을 받았다. 이러한 분위기 속에서 재가자를 중심으로 하는 불학 강좌와 연구 활동은 불교계에 새로운 활력을 불어넣었다. 그 가운데 대표적인 인물은 인광印光(1861~1940)의 제자인 리빙난李炳南(1891~1986)이었다. 그는 타이중에 위치한 파화사法華寺를 시작으로 링산사靈山寺, 바오줴사寶覺寺 등에서 신중들에게 불법을 강연했다. 1951년 이후로 타이중에 불교연사佛敎蓮社를 설립하여 정토신앙을 보급하는 등 수행에도 노력했다. 그는 남녀 신중으로 구성된 홍법단을 설립해 교도소 교화와 가정 홍법 활동을

전개하는 한편, 츠광慈光 강좌를 개설해 불학을 강의했고 국어학습반을 통해 사회교육 활동도 펼쳐 나갔다. 학술과 자선, 교육 활동을 중심으로 하던 불교연사는 타이완 전 지역에 설립되면서 급속히 성장했다.

당시 리빙난이 단기간에 청년층들에게 홍법 활동을 펼칠 수 있었던 배경에는 저우쉬안더周宣德(1899~1989)의 노력이 있었다. 저우쉬안더는 각 대학교에 불학사佛學社를 세워 대학생에게 홍법 운동을 펼치면서 훗날 리빙난과 함께 '대학청년학불운동〔大專靑年學佛運動〕'을 이끌었다. 그는 인순印順(1906~2005), 난팅南亭(1900~1982) 등 중국불교회 인사들의 지원을 받고 '중국불교회 국제 문교장학금中國佛敎會 國際 文敎奬學金'을 마련했다. 타이완대학, 사범대학 학생들에게 장학금을 지급하면서 재학 기간 동안 일정한 지도를 받고 불교 관련 글이나 연구 논문을 제출하도록 하였다. 당시 참여한 지도 위원들은 거사를 중심으로 구성되었다. 이러한 활동은 해외에도 알려져 캐나다 교포 잔리우詹厲吾는 거액의 기금을 지속적으로 기탁하며 후원했다.

1960년, 최초의 불학사인 '천시사晨曦社'가 타이완대학에 설립되었고 사범대학에 '중도학사中道學社', 정치대학政治大學에 '동방문화연구사東方文化硏究社'가 잇달아 설립되었다. 이들의 활동은 불학 강좌와 강연회, 토론회 등 학술뿐만 아니라 사회봉사 활동까지 포함하였다. 1970년대에 들어서면서 불학사는 이미 30여 곳을 넘었으며 6천 명이 참여하는 단체로 성장했다. 장학금 위탁 기관이던 '후이쥐慧炬'는 불학사와 함께 불교서적, 강연회, 청년 활동 등을 지원하면서 점차 불교 학습의 중심지로 자리를 잡았다. 이들의 활동은 선전과 자금 지원까지 조직적으로 이뤄지던 '학불운동學佛運動'이었다. 인순, 난팅, 성옌聖嚴, 옌페이

演培(1916~1996), 싱윈星雲 등 출가자들도 이들의 활동을 직간접
적으로 지원했다.

청년학불운동이 일어난 것은 대륙에서 문화대혁명이 일어나
전통적인 문화가 파괴되고 타이완 사회에서는 계엄령으로 종교
활동이 통제되던 시기였다. 이들은 '중화 문화를 부흥시킨다' 는
명목으로 학불운동을 전개했고 유교는 물론 인문적인 교육을 병
행하면서 사회의 호응을 이끌어 낼 수 있었다. 일부에서는 불법
을 학술적으로만 접근함으로써 청년들에게 종교로서의 영향을
주지 못한다는 점과 재가자가 지도한다는 점에서 강한 우려감을
나타내기도 했다.

그런데 불학사의 활동은 대학 내에서만 이뤄진 것이 아니었
다. 타이중연사蓮社에서는 청년 학생들을 위한 츠광 불학 강좌를
개설했으며, 렌인사蓮因寺에서는 매년 하계 재계회齋戒會를 열어
수행 활동을 도왔다. 가오슝 지역을 중심으로 성장하던 포광산
은 불학여름캠프〔佛學夏令營〕를 열고 이들에게 2주간의 교육과
정을 제공했다. 학불운동에 참여했던 학생들 가운데 많은 이들
이 신흥 불교 도량으로 출가하기도 했고, 사회활동을 하면서 불
교계의 지지세력으로 성장했다. 특히 여학생들은 1980년대 들어
서 성장한 샹광니香光尼 승단에 출가하거나 참여함으로써 타이
완 사회에 교육, 문화, 사회복지 활동에 중추적인 역할을 담당하
게 된다.

● 　 출가자들의 종교 활동이 대학 내에서 제약을 받았던 이유
는, 사회적으로 통제되었기 때문이기도 하지만 근대 교육 체계
에서 적합한 지도 능력과 역량을 보여주지 못한다는 인식도 자
리했다. 이러한 가운데 인순을 비롯한 성옌, 싱윈 등의 학술 및

3. 불교 교육

문화 활동은 출가승과 불교계의 전반적인 수준을 높이는 데 큰 영향을 끼쳤다.

불학원 활동은 1948년, 먀오궈妙果(1884~1963)가 중리中壢 위안광사圓光寺에 타이완불학원을 설립하면서 시작한다. 그는 츠항慈航(1895~1954)을 초빙하여 교육을 담당해 달라고 요청하고 대륙과 타이완 출신의 청년들을 모집했으나 6개월 후에 중단되고 말았다. 다싱大醒(1899~1952)은 신주新竹 링인사靈隱寺에 단기 강습회를 열었고 싱윈과 옌페이 등이 교무업무를 이어서 담당하기도 했다. 1953년, 인순이 홍콩에서 이 지역으로 오면서 설립한 푸옌정사福嚴精舍는 점차 타이완불교계를 대표하는 교육기관으로 자리잡게 되었다. 승가 교육의 필요성이 불교계에서도 요구되면서 불학원은 타이완 전 지역에서 비교적 활발하게 설립되었다. 비록 체계적인 운영이나 교육이 이뤄지지 않아 곧 문을 닫는 경우도 많았고 중국에서 건너온 출가자와 학생들 간에 대화가 통하지 않는 경우도 있었지만, 교육으로 불교계의 변화를 시도하려는 노력은 활발하게 전개되고 있었다.

오늘날까지 이어지고 있는 대표적인 불학원을 살펴보면 다음과 같다.

1969년 설립된 푸옌불학원福嚴佛學院은 인순의 푸옌정사에 기원을 두고 있다. 초기에 푸옌정사는 학사學舍 형태로 운영되었는데, 옌페이, 쉬밍續明(1919~1966) 등 점차 대륙 출신의 출가자들이 교학 활동에 참여하면서 규모를 확장시켰다. 인순의 뒤를 이어 속명은 1961년, 푸옌학사福嚴學舍를 설립하여 정식으로 학생을 모집했다. 1960년, 타이베이에 건립된 후이르강당慧日講堂은 푸옌정사 비구들의 홍법 활동을 담당하고 있었다. 쉬밍은 승가 교육을 중시한 인순의 뜻에 따라 타이쉬불학원太虛佛學院을 설립하여 운영했으나 1969년에 중단되었다. 이후 불학원은 기존의 푸옌정사와 통합되어 푸옌불학원으로 이어졌다. 1971년 1회 졸업생을 배출한 뒤에 중단되기도 했으나, 1978년 다시 설립되어 오늘날까지 이어지고 있다. 푸옌불학원은 불교 경전 이외에도 인순의 저술 내용을 정식 교과과정에서 학습함으로써 도사導師인 인순의 사상을 계승한다는 점을 분명히 밝히고 있다.

중화불학연구소中華佛學硏究所는 1965년 설립된 중화학술원 불학연구소中華學術院 佛學硏究所가 전신이다. 중국 문화대학 설립자인 장치윈張其昀(1901~1985)이 중국 문화학원 내에 설립한 연구소로 1981년에 정식으로 학생을 모집하였다. 1984년, 중국 문화학원이 대학으로 바뀌면서 교육정책에 따라 학생 모집은 중단되었다. 당시 소장직을 맡고 있던 성옌聖嚴(1930~2009)은 중화불학연구소를 설립하여 학생 모집을 계속했고 1987년에는 교육부의 인가를 정식으로 받았다. 2001년, 진산金山 지역에 파구산法鼓山이 자리를 잡으면서 중화불학연구소도 함께 이전했으며, 파구산의 학술, 연구 기능을 담당하면서 타이완 최고의 불학 연구 기관으로 성장했다.

포광산 총림학원佛光山 叢林學院은 1965년, 싱윈이 가오슝에 서우산사壽山寺를 지으면서 설립한 불학원이 발전한 것이다. 그는 초기부터 교육을 강조하고 인간불교人間佛敎의 이념을 실천할 승가 인재양성에 노력했다. 1968년 지금의 포광산으로 이전하면서 동방불교학원東方佛敎學院으로 개명했고, 1989년 고등학교 수준부터 불학 연구를 담당할 수 있는 고급 인력을 양성하기까지 포광산 교육 학제를 동방불교학원, 포광산 총림학원, 중국 불교연구원의 3단계로 개편했다. 계엄 이후에 독자적인 전법 활동이 자유로워지면서 불학원은 타이완뿐만 아니라 세계 각지의

불학원	창립자	창립 연도
난톈타이불학연구원南天台佛學研究院	파위안사法源寺 빈쭝斌宗	1949
링인불학원靈隱佛學院	다싱大醒 원장	1950
중국불교삼장학원中國佛敎三藏學院	바이성白聖	1957
츠밍불학원慈明佛學院	성인聖印	1962
제광불학원戒光佛學院	셴둔賢頓	1964
불학연구소佛學研究所	중화학술원中華學術院	1964
서우산불학원壽山佛學院	싱윈星雲	1964
하이밍불학원海明佛學院	우밍悟明	1965
중화학술원 불학연구소	저우방다오周邦道	1965
징줴불학연구소淨覺佛學研究所	징신淨心	1967
불교문화연구소	중화학술원中華學術院	1967
중화불교학원中華佛敎學院	성인聖印	1974
더위안선학원德源禪學院	카이퉁開通	1974
화옌전종학원華嚴專宗學院	난팅南亭 청이成一	1975
롄화학불원蓮花學佛園	샤오윈曉雲	1978
중화학술원 불학연구소	중국문화학원 성옌聖嚴 소장	1978
푸옌불학원福嚴佛學院	인순印順	1979
타이베이여자불학원臺北女子佛學院	츠룽慈容 원장	1983
중화불학연구소	성옌聖嚴	1985
카이위안선학원開元禪學院	우츠悟慈	1987
위안광불학원圓光佛學院	우파悟法	1987
불교문화연구소	루쉐如學	1989
위안헝불학원元亨佛學院	푸먀오菩妙	1990
츠광선학원慈光禪學院 츠광불학연구소慈光佛學研究所	후이쿵惠空	1994

도량과 연계되어 홍법 활동을 펼칠 수 있는 체계를 갖추면서 포광산 발전의 토대로 작용하게 된다.

타이완에서 일본불교의 분위기를 없애는 데 가장 효과적으로 작용했던 것은 전계 활동과 불학원의 설립이었다. 국민당과 함께 타이완으로 건너온 대륙 승려들은 대부분이 각 도량과 불학원을 통하여 타이쉬의 인간불교 이념을 전파하고 있었다. 당시 성립되었던 불학원 가운데는 오래 지속되지 않은 경우도 많았다.

1970년대에 들어서면서 불교계는 출가자를 포함해 불자의 수가 급증했다. 강경講經은 물론 불교계의 출판 활동도 활발하게 이뤄졌다. 이때 설립된 불학원 가운데는 자신들의 종풍을 교육의 중요 내용으로 다뤄 다른 도량들과 차별화를 이루기도 했다.

1. 전법 도량의 설립

● 계엄 시기에 중국불교회는 동일한 조직이나 단체의 설립을 금지하는 '인민단체법' 규정에 따라 불교계를 대표하는 유일한 기구로 인정되었다. 그러나 1970, 1980년대를 거치면서 정치와 사회적으로 변화를 요구하는 사회 분위기 속에서 불교계 역시 독자적인 전법 활동을 전개하려는 노력이 이어졌다. 그동안 절대적인 영향력을 행사하던 중국불교회의 위상은 급격히 떨어지고 사단법인이나 기금회 형태의 조직이 활발히 설립되었다. 타이완불교계는 중국불교계를 이끌고 있던 바이성 계열인 북파北派, 가오슝 지역을 중심으로 활발한 전법 활동을 펼치던 싱윈의 남파南派, 불학 연구를 중심으로 하는 인순 계열의 불교 조직, 그리고 국민당 정부 이전부터 각 지역에서 활동했던 타이완 전통 사찰들이 중심이 되어 독자적으로 전법 활동을 확대시켜 나갔다.

전법 활동의 중심 포광산사

싱윈은 장쑤성 장두江都 출생으로 1941년, 치샤산사棲霞山寺에서 즈카이志開를 은사로 모시고 출가하였다. 국민당 정부와 함께 타이완으로 건너왔으며 1953년, 이란宜蘭 레이인사雷音寺를 중심으로 전법 활동을 시작했다. 그는 사회적으로 중시되지 않던 아동복지에 관심을 갖고 불교계 최초로 츠아이慈愛 유치원을 설립했다. 또한 청년회, 이란염불회宜蘭念佛會, 홍법단弘法團 등을 조직하여 지역을 순회하며 홍법 활동을 전개했고 환등기, 합창단 등 현대적인 포교 방식을 개발하기도 했다.

1964년, 싱윈은 타이완 남부 가오슝에 지역 재가자들의 도움을 받아 서우산사와 서우산불학원을 건립하고, 3년 뒤에 가오슝현 다수향 마주위안大樹鄉 麻竹園으로 옮기면서 포광산으로 개창하였다. 포광산의 종지는 "교육으로 인재를 양성하고〔以敎育培養人才〕, 문화로써 불법을 홍양하며〔以文化弘揚佛法〕, 자선으로 사회복지를 이루고〔以慈善福利社會〕, 수행으로 마음을 정화시킨다〔以共修淨化人心〕."는 것으로 '인간불교'의 실천을 목표로 하고 있다.

1960년대 말, 타이완 남부 지역의 가공업이 발달하면서 농촌 젊은이들이 급증하자, 포광산은 이들을 대상으로 적극적인 홍법 활동을 전개했다. 또한 텔레비전을 통해 홍법과 문필, 문화 활동을 지속적으로 전개하면서 이전의 수동적인 불교에 대한 인식을 바꾸는 데 성공했다. 적극적인 전법과 사회활동으로 도량 수는 1975년부터 1987년 이전까지 14곳, 1987년부터 1996년까지 35곳, 1997년 이후 2007년까지 26곳으로 급격한 증가세를 보였다. 이러한 활동은 국제적으로도 확대되어, 2000년대 들어서 아시아는 물론 아메리카, 유럽, 오스트레일리아, 아프리카까지 전 세계 33국가와 지역에 200여 도량을 열었다.

포광산이 발전을 이룰 수 있었던 데에는 사원 운영과 관리가 조직적으로 함께 이뤄졌기 때문이다. 포광산은 중국 총림 도량의 엄격한 체제를 수용하여 사찰에서의 지휘 관계를 분명히 하고 있다. 관리의 측면에서는 군대식 제도를 도입하여 일정한 평가를 실시하고 보직을 순환하여 맡도록 했다. 또한 유아부터 노인에 이르기까지 복지시설을 제공하고, 자체 내에서 교육과 문화 등 종합적으로 이뤄질 수 있도록 했다. 포광산에서 다양한 조직과 활동이 이뤄지는 이유는 교육과 활동 기회를 신도들에게 제공하고 적극적인 참여를 이끌어 냈기 때문이다.

자비 실천의 츠지기금회

츠지기금회慈濟基金會의 전신은 츠지공덕회慈濟功德會로서, 1966년 정옌證嚴(1937~)이 타이완의 동부 지역인 화롄花蓮에서 창립한 자선 단체이다. 정옌은 타이완 타이중현臺中縣 출신으로 1960년, 숙부이자 양아버지가 세상을 떠나면서 불법을 접하였다. 1962년, 스승을 만나지 못해 스스로 삭발하고 출가했다가 다음 해, 인순을 스승으로 모시고 '정옌'이란 법명을 받는다. 구족계를 받고 화롄花蓮으로 돌아간 뒤, 정옌은 푸밍사普明寺에 머물면서 경참과 법회, 탁발에 의거하지 않고 옷이나 신발을 만들면서 자립생활을 통해 청빈하게 수행했다.

  1966년, 정옌은 한 병원에서 수술비를 마련하지 못해 치료도 받지 못한 채 피를 흘리며 세상을 떠난 어느 여인을 알게 되었다. 이 사건을 계기로 정옌은 '불교 극난츠지공덕회佛敎克難慈濟功德會'를 설립하여 사회 구제활동을 시작했다. 이때부터 얻은 경험들은 가난과 질병을 함께 해결하기 위한 의료 시설 설립과 의료인 양성을 포함한 교육 사업으로 확대하는 데 커다란 원동력이 되었다. 1972년 진료소를 개설하고 병원이 부족한 동부 지역에 종합적인 의료 시설을 구상하게 된다. 정부와 사회 각 계층의 지원을 받으며 1986년 정식으로 종합병원이 설립되었다. 1993년에 의료인을 양성하는 츠지의학원慈濟醫學院이 세워졌고, 2000

한 권으로 보는 세계불교사

년에 종합대학인 츠지대학으로 승격했다. 현재는 유치원에서 대학교까지 종합적인 교육 체계를 갖추고 있으며, 미국과 말레이시아에도 교육기관을 운영하고 있다.

츠지기금회는 1990년대에 들어서면서 쓰레기를 분리수거하는 환경보호 운동을 전개했다. 각 지구별로 '환경보호 교육장〔環保教育站〕'을 설립하고 자원봉사자들이 참여해 쓰레기를 분리수거하며, 일부 물품은 담요나 목도리 등 구호물품을 제작하는 데 사용하기도 한다. 여기서 얻는 수익금은 자체 방송국인 츠지 다아이방송국〔慈濟大愛台〕 운영기금으로 사용되고 있다.

또 1991년 방글라데시에서 발생한 재난 구호를 계기로 국제재난구조사업을 전개하기 시작했다. 이들은 2007년까지 전 세계 65개국에서 구제 활동을 펼쳤으며 38개국에 츠지공덕회 사무소와 180여 곳의 지부를 운영하며 봉사활동을 펼치고 있다. 츠지병원 내 설립된 츠지골수간세포센터慈濟骨髓幹細胞中心는 외국에서 요청하는 경우에도 필요한 자료들을 제공한다.

불학 연구의 중심 파구산

파구산은 1989년, 성옌(1930~2009)이 창건한 불법 도량으로 인품을 높이고 인간 정토를 건설한다는 이념에 따라 설립되었다. 파구산의 전신은 스승인 둥추東初(1907~1977)가 세운 눙찬사農禪寺와 중화불교문화궁中華佛教文化館이다. 1977년, 둥추가 세상을 떠나자 성옌은 뜻을 이어 타이완불교 문화와 인재양성에 매진한다.

성옌은 장쑤성 출신으로 14세 때 랑산狼山에서 출가했다. 1949년 입대한 뒤 타이완에 근무하면서 타이쉬와 인순의 인간불교 이념을 접하게 되었다. 제대 후에 성옌은 둥추를 스승으로 모시고 후이쿵 성옌慧空聖嚴이란 법호를 받았다. 둥추는 타이쉬의 제자로서 인간불교 이념을 고취시키는 데 노력했으며, 월간지 『인생』을 발간하는 데도 참여하고 있었다. 이후 성옌은 일본 릿쇼대학立正大學에 입학하여 불교를 전공하고 1975년 박사학위를 받았다. 당시 타이완은 장징궈蔣經國가 국정을 이어받아 해외 학자들을 불러들이고 있었는데, 그는 불교계를 대표하여 '해외학자 국가건설연구회海外學人 國家建設研究會'에 참여하면서 불교계의 의견을 개진하기도 했다.

불교계는 고등교육과 연구의 필요성을 이미 깊이 인식하고 있었다. 성옌은 이에 불교 교육을 통한 정체성을 확립한다는 취지를 내세워, 당시 전법 활동에 적극적이던 포광산과 자선 사업을 주목적으로 삼던 츠지공덕회와 구별 짓고 대중의 지지를 얻을 수 있었다. 파구산이 창건되면서 중화불학연구소와 승가대학이 이전했고 이후에 인문사회학원, 파구산 사회대학, 파구 불교학원 등을 운영하면서 교육과 수행이 함께 이뤄지는 도량으로 성장했다. 파구산은 사회활동으로 1992년부터 '심령환보心靈環保' 운동을 펼치고 있다. 이것은 마음에서 출발하여 사회, 인류, 환경, 자연, 생태의 관심을 넓히는 사회운동으로 현재 타이완에서 활발하게 전개되고 있다.

수행 중심의 중타이선사

웨이쮀惟覺(1928~)는 쓰촨성四川省 잉산營山 출신으로, 1963년 지룽 다쮀사大覺寺에서 출가했다. 고행 수행을 주로 하던 그는 1987년 링취안사靈泉寺를 세우면서 대중을 대상으로 선 수행을 지도하기 시작했다. 이후 제자와 신도가 급증하자 난터우현南投縣 푸리진埔里鎭에 오늘날의 도량을 건립하였는데, 1994년에 시작하여 2001년 완공되었다.

중타이선사中臺禪寺는 전통적인 선 수행을 쉽게 접할 수 있도록 예술·문화 활동을 포함한 다양한 프로그램을 제공함으로써 타이완 내에 불교 수행의 분위기를 조성할 수 있었다. 그런데 1996년 불학여름캠프에 참여했던 백여 명의 대학생들이 집단으로 출가하는 사태가 발생했다. 이들은 가족들과 연락을 끊은 상태에서 출가함으로써 사회적으로 큰 문제를 일으켰다. 이 사건 이후, 각 도량에서 제공하는 여름캠프와 불교 활동에 참여하는 학생 수가 급감하기도 했다. 불교계에서도 이 사태를 중시하고 포광산과 파구산 등에서는 출가할 때 속가의 부모가 함께 참석해 줄 것을 요청하고 감사의 예를 올리도록 했다.

중타이선사는 타이완의 다른 도량과 달리 직접적인 구제 활동 방식이 아니라 선 수행과 프로그램을 통한 마음 수행에 중점을 두고 있다. 불학원과 강연, 언론 매체를 통한 홍법 활동과 인재양성을 위한 초·중·고등학교 교육을 중시함으로써 타이완 교육계에서 주목할 만한 성과를 나타내고 있다.

교육과 자비 실천의 샹광니 승단

우인悟因(1940~)은 1980년 초, 샹광사香光寺에 샹광니중불학원香光尼衆佛學院을 설립하고 이를 중심으로 샹광니 승단의 교육, 문화 사업을 펼쳐 나갔다. 샹광니 승단은 여름캠프와 단기 프로그램을 통해 공동생활 속에서 자주적인 비구니 승단의 모습을 보여줌으로써 많은 인재들의 참여를 이끌어 냈다. 출가한 이들 가운데는 불학사에서 연구와 수행을 경험했던 대학생들도 많이 있었다.

샹광니 승단은 생명 존중과 시대에 대한 관심, 불교 이념을 통한 사회 실천을 강조한다. 따라서 교육과 문화, 사회봉사 활동을 주요 활동으로 내세우고 있다. 교육 내용은 출가자에 대한 전문 교육을 포함하여 일반 사회 교육 기능을 강화하고 있다. 도심 불학 연구반은 학교 형태의 수업을 통해 체계적으로 관리하고 있으며 불교 교의를 포함한 인문 강좌, 선 수행 프로그램 등 다양한 과목을 제공한다. 사회봉사 활동은 샹광니 승단의 주된 활동으로, 모든 사원을 불자들에게 개방하고 가정 상담이나 개별 지도 활동까지 펼치고 있다. 지역 학교와 교육기관을 방문해 심성 교육을 담당하고 아동이나 청소년 성장캠프를 운영하기도 한다. 지역 사회에는 이주민 교육 및 독서회, 가정 강좌 등 지역공동체를 위한 프로그램을 제공함으로써 유대 관계를 강화하고 있다.

이외에 타이완의 주요 불교 조직으로는 1969년 재가자의 불법 수행 도량으로 설립된 중화불교거사회中華佛敎居士會, 1989년 설립되어 대학 청년을 대상으로 홍법 활동과 자선 활동을 주목적으로 하는 중화민국불교청년회中華民國佛敎靑年會가 있다. 1960년 설립된 중화민국 일련정종 불학회中華民國 日蓮正宗 佛學會는 일본 일련정종의 가르침을 전파하기 위해 설립된 단체로 계엄 해제 후에야 정식 인가를 받았다.

2. 스자오후이의 불교 운동

● 전후 타이완불교계에서 여성 출가자는 2000년대까지도 전체 수계자 가운데 75퍼센트를 넘는 것으로 나타났다. 상당수의 여성 출가자들이 대학 교육을 경험했다는 점에서 샹광니 승단을 비롯해 다른 도량이나 종교 단체에서 이들의 역할은 상당히 주목을 받았다. 여성 출가자들은 교육과 자선, 복지 현장에서 뛰어난 능력을 발휘하면서 오늘날 타이완불교의 발전에 중추적인 역할을 수행해 왔다. 이런 가운데 스자오후이釋昭慧(1957~)는

불교 호법 운동을 전개하고, 불교 정신을 통해 적극적인 사회운동을 추진하면서 사회적으로 큰 반향을 불러일으켰다.

스자오후이는 미얀마 출신의 화교로, 8세 때 부모를 따라 타이완으로 이주했다. 타이완 사범대학 국문과 재학 중에 출가했으며, 1980년에 가오슝 룽취안사龍泉寺에서 구족계를 받은 이후 불교교육을 담당하고 있다.

스자오후이가 불교 호법 운동을 시작한 것은 1987년, 예술학원 학생들이 비구니의 갈등을 그린 희극 '쓰판思凡'을 졸업 공연으로 올리는 것에 반대 운동을 펼치면서부터이다. 이후로 타이베이 치하오공원七號公園에 있던 관음상을 옮기려는 움직임에 반대하고, 크리스마스를 휴일로 지정하자 석가탄신일 역시 공휴일로 지정되어야 한다고 주장하여 관철시켰다.

1993년, 그는 생명사랑협회를 설립하고 동물 환경 개선을 촉구하는 사회운동을 펼쳤다. 이 조직에는 법조계와 학계를 포함해 천주교와 개신교 등 타종교에서도 참여했고 법안을 통한 실질적인 활동을 추진했다. 이들의 노력으로 야생동물보육법이 국회를 통과하면서 무분별한 인공 양식이나 증식을 막는 데 성공했다. 또한 동물보호법도 입법해 경마를 금지하는 첫 번째 나라가 되었다.

2001년, 홍스기금회弘誓基金會에서 주관한 '제2회 인순도사 사상 이론과 실천학술 세미나〔第二屆印順導師思想之理論與實踐學術研討會〕'에서 스자오후이는 '팔경법八敬法 폐지 선언문'을 낭독하고 '팔경법' 조문을 찢어 버렸다. 이 사건은 팔경법이 비구니에 대한 차별법이라고 인식하면서도 그동안 공식적으로 제기하지 못한 문제를 공론화했다는 점에서 불교계뿐만 아니라 사회적으로도 크게 주목받았다.

● 　계엄 해제 후, 다양한 종교 단체들이 설립되면서 사회활동도 활발하게 전개되었다. 대부분의 활동은 인순의 인간불교 사상을 계승하여 실천하는 성격을 표방했다. 타이완불교계는 자신의 자리를 찾으려는 노력과 함께 생사 또는 생명, 환경운동 등을 전개함으로써 사회의 건전한 방향성을 제시했다.

포광산에 속한 난화대학南華大學은 타이완 내에서 생사학연구소를 처음 설립하고 생사와 생명 문제를 연구하고 있다. 이들은 서양의 사망학(Thanatology) 연구 결과에 중국의 생사 문화를 포함한 생명학 연구를 결합함으로써 중국의 죽음 문화를 제시하려고 노력한다.

또한 타이완불교계는 새로운 사회윤리 이념으로 환경보호를 제시하면서 활발하게 운동을 펼친다. 가장 주목할 만한 업적은 츠지기금회의 '예약 인간정토豫約 人間淨土' 운동과 파구산의 '심령환보心靈環保' 운동이다.

츠지기금회가 추진하는 운동은 주로 쓰레기 분리수거에서 시작한다. "마음이 청정하면 국토가 청정하다."는 말에서 알 수 있듯이 인간정토를 구현한다는 실천의 한 방식으로 전개되고 있다. 이 활동의 배경에는 1991년 진처교육기금회金車敎育基金會, 중화민국 여동군총회中華民國 女童軍總會와 연합으로 주최한 '예약 인간정토' 활동이 있다. 3개월간 이어진 마음, 가정, 사회 정화 활동은 당시 최대의 군중 운동으로 전개될 만큼 사회적 호응을 이끌어 냈다. 이 운동을 계기로 그해에만 츠지 회원이 80만 명이나 증가하기도 했다.

파구산의 '심령환보' 운동은, 1989년 "인간의 품격을 높이고 인간정토를 건설한다."는 이념을 제창하면서 전개되었다. 쓰레기 분류 및 회수, 식목, 재생지 사용, 화장 문화 확산, 태양에너지 이용, 검소한 생활 방식 지향 등을 내세웠다. 1994년에는 구체적으로 마음, 예의, 생활, 자연의 네 가지 환경에 대한 청정과 안정 개념을 강조하고 불교화된 제례, 혼례, 회갑연 등을 거행함으로써 실생활에서 실천할 수 있는 방법을 제시하기도 했다.

파구산은 타이베이현臺北縣 정부와 함께 '진산환보생명원구金山環保生命園區'를 운영하고 있다. 이곳은 종교에 관계없이 사회에 개방되어 있으며 묘지나 분봉을 만들지 않는 '자연장自然葬'을 시행하고 있다. 환경 교육을 위한 학습장으로도 이용되고 있으며 불교화된 장례방식으로 주목받는 곳이다.

계엄이 해제되면서 티베트불교와 남방불교, 일본의 신흥 불교 종파가 활발하게 타이완에 소개되었다. 티베트불교는 국민당 정부와 함께 일부 티베트 승려가 타이완으로 건너오면서 알려지기 시작했다. 초기에는 북부의 일부 지역에 한정되었고 밀법의 전수 또한 지극히 제한적으로만 이뤄졌다. 1982년 이후 네팔, 인도 등에서 많은 티베트 승려들이 전법이나 정사 설립을 목적으로 입국했다. 이때 미국에서 밀법 수행을 했던 천젠민陳健民의 저작이 대량으로 소개되면서 티베트불교에 대한 관심이 급증했다. 지금은 티베트의 4대 종파인 닝마빠, 까규빠, 겔룩빠, 싸꺄빠가 모두 소개되어 있으며 주요 지역에서 활발한 홍법 활동을 펼치고 있다.

남방불교는 1960년대에 태국과 미얀마, 스리랑카 등의 일부 출가자들이 대학에서 강연하거나 수행하면서 알려졌다. 그러나 본격적으로 소개된 시기는 1980년대 이후이다. 이들은 타이완에서 도량을 건립하지 않고 교의와 수행법을 전파하는 형태로 활동을 시작하였다. 불학원 등 학술, 연구 기관에서도 남방불교에 대한 관심이 증가하면서 학계에서도 더욱 활발한 교류활동이 이뤄지고 있다.

츠지 다아이 방송국 © 하지권

해방 후, 중국불교의 전통이 타이완에 다시 들어오면서 일본 불교는 거의 사라졌다. 1977년에 중화불교거사회와 일본의 신흥 종교 레이유카이靈友會가 자매결연을 맺으면서 정식 교류가 이뤄지기 시작했다. 지금은 정토진종, 진언종 등 전통적인 종파 이외에도 레이유카이, 소카각카이創價學會, 릿쇼 오코오세이카이立正佼成會 등의 단체가 설립되어 있다.

이처럼 다양한 환경 속에서 중국불교 전통의 타이완불교는 50년이라는 짧은 기간에 세계종교계가 주목할 만한 성과를 이루었다. 성과의 요인은 먼저 승가를 이끄는 강력한 지도력에서 찾을 수 있다. 바이성을 중심으로 한 중국불교회의 계율 준수, 그리고 인순의 인간불교 실천 사상을 사회에 성공적으로 적용시킨 싱윈, 성옌, 웨이줴, 정옌 등의 지도력은 타이완불교계의 방향을 명확히 제시하며 실천을 이끌어 왔다. 이 과정에서 신흥 4대 도량은 특히 문화와 언론 매체를 적극 활용하며 사회와 소통했다. 포광산의 포광위성TV방송국〔人間衛視〕, 츠지기금회의 다아이방송국 등 각각 유선 방송국을 통해 불교 교리와 종풍宗風 교육, 사회 활동 같은 다양한 프로그램을 제공하고 있다. 포광산이나 파구산, 샹광니 승단 등이 도심에 도량이나 포교 시설을 세우는 것도 소통을 위한 노력이다.

포광산의 경우 2007년 당시까지 세계 33개 국가나 지역에 200여 도량을 세웠으며, 츠지 역시 32개국에 조직을 두고 봉사 활동을 전개하고 있다. 이처럼 광범위한 조직을 운영할 수 있는 이유는 체계적인 교육으로 인재를 양성하고, 전법과 실천 사이에 선순환을 이루고 있기 때문이다. 다른 타이완의 불교 도량들 역시 교육을 중시하며 자신들의 종풍과 이념이 실천으로 옮겨질 수 있도록 교육과정을 운영한다. 이론과 실천을 중시하는 이러한 정신은 "출세出世의 정신으로 입세入世한다."는 인간불교의 실천에 따른 것이다.

5

티베트불교사

티베트불교를 라마교喇嘛敎 Lamaism라고 부른 적이 있다. 라마Lama를 중심으로 전승되고 계승된 불교라고 보았기 때문이다. 이것이 티베트를 처음으로 방문했던 사람들의 눈에 비친 티베트불교의 모습이다. 그러나 티베트불교는 어느 나라보다 순수하고 엄밀한 인도불교의 전통을 계승해 왔기에 오늘날 더는 티베트불교를 라마교라고 부르지 않는다.

티베트불교를 올바로 이해하기 위해서는 티베트인들이 살아온 역사를 이해하지 않으면 안 된다. 티베트의 역사는 티베트불교의 역사라고 해도 과언이 아닐 정도로 밀접한 관련이 있다. 따라서 티베트와 티베트불교를 이해하기 위해서는 티베트불교사를 이해하는 것이 선행되어야 한다.

1. 불교의 전래

● 　티베트에 처음 불교가 전해진 것은 기원후 433년경 최갤 Chos rgyal 왕조의 28대 왕 하토 토리녠짼 Hha tho tho ri snyan btsan 때라고 하지만, 일반적으로는 33대 왕인 쏭짼감뽀 Srong btsan sgam po(581~649) 때로 본다.

594년에 등극한 쏭짼감뽀 왕은 티베트를 통합하여 완전한 통일 왕국을 건설했다. 말년에 왕자 궁쏭궁짼 Gung srong gung btsan 은 당나라로부터 문성文成 공주를 왕자비로 맞이했다. 하지만 왕자가 일찍 죽자 문성 공주는 646년에 노왕과 재혼했다. 공주는 당나라의 불교를 티베트에 전하고, 먼저 간 남편을 위해 라모체 Ra mo che 小招寺를 건립했다.

쏭짼감뽀 왕은 퇸미쌈보따 Thon mi saṁbhoṭa를 인도에 파견하여 인도 글자를 본떠 티베트 글자를 만들게 하고, 문법을 정립하게 했다. 이것은 불교 경전을 티베트어로 번역하기 위한 기초 작업이었다. 왕은 또 네팔의 브리꾸띠 공주를 아내로 맞이하기도 했다. 왕비는 문성 공주의 협력을 얻어 툴낭 Phrul snang 大招寺을 세웠다.

그 뒤 티데쭉짼 Khri lde gtsug brtsan(703~754) 왕 때에 불교가 본격적으로 도입되었다. 왕은 당나라의 금성金城 공주를 왕비로 맞이했는데, 열렬한 불교 신자인 공주의 청을 받아들여 라모체와 툴낭을 중수하고, 새롭게 사원을 세우며, 다섯 명의 젊은이를 중국에 보내어 불교를 배우게 했다. 이들이 『십선경十善經』 등의 불전을 티베트에 전했다고 한다.

다음 왕인 티쏭데짼Khri srong lde tsan(742~797)은 20세가 되자 불교 부흥정책을 펼칠 것을 결심했다. 바셀낭dBaʼs gsal snang을 네팔에 파견하여 당시 그곳에 와 있던 날란다 승원의 학장인 샨따락쉬따Śāntarakṣita를 초청했다. 그러나 조정의 반대 등에 부딪혀 샨따락쉬따는 네팔로 돌아갔다. 그 뒤 숭불파가 힘을 얻어 사정이 호전되자 왕은 다시 바셀낭을 파견하여 샨따락쉬따를 초청했다.

샨따락쉬따가 두 번째로 티베트에 들어올 때 우드야나Uddyāna의 유명한 밀교 수행승 빠드마삼바바Padmasambhava와 동행했다. 빠드마삼바바는 티베트에 들어와 뵌Bon교도의 배불파를 굴복시켰다. 샨따락쉬따는 닥말Brag dmar에 깨끗한 땅을 선택하고 빠드마삼바바가 지진地鎭 의식을 거행하여, 775년에 시작해 12년 만에 쌈예gSam yas 사원을 완성했다. 777년에 본당인 우쩨dBu rtse가 완성되자 낙성을 경축하는 법요식에서 설일체유부說一切有部의 계율을 수지한 열두 명의 승려를 초청하고, 샨따락쉬따가 계사가 되어 바셀낭을 포함한 여섯 명의 티베트인들에게 구족계를 주었다. 이것이 티베트 최초의 출가 승단이다. 또 티베트의 우수한 젊은이를 선발하여 범어梵語를 가르쳐 국가적인 차원에서 본격적으로 불전을 번역하기 시작했다. 아울러 왕은 왕비와 고관들에게 숭불의 서약을 하도록 했다.

●   샨따락쉬따는 인도불교와 중국불교가 근본적으로 차이가

있기 때문에 언젠가는 논쟁이 일어나리라 예견하고, 자신의 제자인 까말라쉴라Kamalaśīla를 초청하라는 유언을 남겼다. 이에 왕은 까말라쉴라를 초청하기 위해 사절단을 파견했다. 중국의 선불교 측에서도 논쟁에 대비하여 약 300명이 쌈예에 있는 선정원禪定院 bSam gtan gling에서 4개월간 『십만송반야경十萬頌般若經』을 연구했다고 한다. 까말라쉴라는 794년에 티베트에 들어와 왕 앞에서 인도불교를 대표하여 중국불교를 대표하는 마하연摩訶衍 선사와 논쟁을 벌이는 유명한 쌈예논쟁에 참가했다. 이 논쟁에서 까말라쉴라는 철저하게 보당종保唐宗의 견해를 취하고 있는 마하연 선사를 논파했다. 논쟁에서 패한 중국 마하연의 돈문파頓門派는 티베트를 떠났고, 이후 티베트불교는 나가르주나 논사의 견해를 따르는 인도불교를 전적으로 받아들였다.

까말라쉴라의 견해는 그의 저술인 『수습차제修習次第』에 잘 나타나 있다. 『수습차제』에서 까말라쉴라는 먼저 수습하는 방법으로 일체법을 듣고, 생각하고, 수습하는 셋을 통해야 한다고 설명한다. 이 세 가지에서 각각 지혜가 생기기 때문이다. 이것은 중국의 선불교에서 무념무상無念無想을 주장하는 것과 대비된다. 중국의 선불교가 무분별無分別을 통해 무분별로 나아가는 방법이라면, 까말라쉴라는 분별分別에서 무분별로 나아가는 방법을 취하고 있다. 또 내용적인 측면에서는 비민悲愍, 보리심菩提心, 수습修習의 셋을 통해 일체지를 증득할 수 있다고 설명한다.

3. 역경사업

● 9세기에 들어서면 샨따락쉬따 부자가 뿌린 씨앗이 열매를 맺기 시작했다. 불교 교단도 점차 안정을 찾아가자 역경사업에 힘을 기울였다. 왕은 남발미똑빠rNam par mi rtog pa를 포함한 54명의 사절단을 당에 파견하여 한역 불전을 번역하게 했다. 역

경사업을 진행하기 위해서는 역어를 통일할 필요가 있었다. 왜냐하면 이전의 역경가들이 번역한 경전에는 티베트에서 통용되지 않는 중국, 서역, 인도 등지에서 전래된 명사처럼 일치하지 않는 것이 많아 혼란을 야기하고 있었기 때문이다. 이런 문제를 해결하기 위해 왕은 예쎄데Ye shes sde를 중심으로 인도와 티베트의 학승들이 힘을 합쳐 『번역명의대집 飜譯名義大集 Mahāvyutpatti』을 만들게 했다.

역경사업은 티쭉데짼Khri gtsug lde tsan(806~841) 왕 시대에도 계속되어, 824년에는 뻴첵dPal brtsegs과 루이왕보kLu'i dbang po가 티베트 최초의 역경 목록집인 『댄깔마lDan kar ma목록』을 완성했다. 이 목록에는 법성法性이 한문을 장역한 불전도 포함되어 있다. 목록을 통해 당시에 벌써 대소승의 주요한 경론이 번역되었음을 알 수 있다. 그 후에도 『팡탕'Phang thang목록』과 『침푸Mchims phu목록』이 만들어져 14세기의 대학자 부뙨dBu ston(1290~1364)의 『불교사』에서 대장경의 목록으로 인용되었다. 이와 같이 불교 사업은 토번 왕조가 완전히 붕괴하는 843년까지 지속적으로 계승 발전되었다.

● 티쭉데짼 왕이 죽자 동생이 즉위했는데, 이 왕이 불교 암흑 시기를 주도한 파불의 왕 랑달마gLang dar ma(809~842)였다. 왕은 하룽 뻴기도제lHa lung dpal gyi rdo rje에 의해 살해되었다고 한다. 이로써 토번 왕국은 윰땐Yum brtan과 외쑹'Od srung에 의해 분할 통치되었고, 여러 부족에 의해 분열과 혼란이 거듭되었다. 토번 왕조의 몰락과 함께 불교도 급속도로 붕괴되었다. 대규모 불교 사업은 더 이상 진행되지 않았다. 그러나 이 시기에 불교는 민중들 사이에서 뿌리내리기 시작했다. 특히 비밀리에 전해지던

4. 토번 왕조의 멸망

밀교가 공공연하게 설해지고, 무상유가無上瑜伽딴뜨라와 관련된
일부의 경전들이 번역되고 실천되었다.

국가적인 규제가 사라지자 중국불교인 선불교가 부활했고, 뵌
교는 복을 불러들이고 재앙을 막기 위한 목적으로 민간에 전승
되었다. 사상과 실천의 융합도 진행되고, 닝마빠sNying ma pa에
는 구역의 딴뜨라와 대원만大圓滿 rDzog chen이 전해졌다. 이와
같이 불교는 여러 가지가 혼합된 형태로 민간에 전해졌고, 티베
트불교를 형성하는 토대가 되었다.

불교 부흥운동은 동쪽의 청해靑海 지방과 서쪽의 아리mNga' ris,
중앙티베트에서 동시에 일어났다. 그것은 계율을 부흥하고 승가
를 재흥하는 토번 시대 정통 불교의 재건을 의미했다. 계율의 부
흥은 11세기 초 티베트 동부와 서부에서 동시에 일어났다. 동부
의 캄Kham 지방에 전해진 계율의 전통을 저지율低地律이라고 하
는데, 중심인물은 공빠랍쎌dGong pa rab gsal이었다. 서부의 아리
지방에 전해진 계율의 전통을 고지율高地律이라고 하는데, 중심
인물은 린첸상보Rin chen bzang po(958~1055)와 옥 렉빼쎄랍rNgog
legs pa'i shes rab이었다.

이 시기의 불교는 이전과 다른 모습으로 전개되는데, 전전기
불교의 특징을 국가불교라고 한다면 후전기의 불교는 종파불교
라고 할 수 있다. 티베트인들이 불교를 재해석하면서 티베트불
교의 성격이 종파불교의 형식으로 완성되기 때문이다. 종파불교
는 인도의 부파불교와 마찬가지로 교학과 수행 측면에서 대립하
며 발전적인 방향으로 나아가지만, 티베트불교의 한 특징인 정
교일치의 문제와 맞물려 종파 간의 갈등이라는 문제를 비껴갈
수는 없었다.

● 　불교 교단이 어느 정도 정비되었을 때 아리의 왕 장춥외Byang chub 'od는 인도 비끄라마쉴라Vikramaśīla 승원의 대학승 아띠샤Atīśa(982~1054)를 티베트에 초청했다. 아띠샤는 벵골의 어느 왕가에서 왕자로 태어났다. 어려서 다섯 가지 학문[五明]에 통달했고, 『정리일적正理一滴』을 한 번 듣고 외도의 논리학자를 굴복시켰다. 29세에 보드가야에서 대중부大衆部의 계율을 수지하고, 디빰까라스리즈냐Dīpaṃkaraśrījñāna란 법명을 받았다. 그 후 대소승의 논서를 배웠고, 쎌링빠gSel ring pa로부터 보리심의 가르침을 전수받았다. 무형상유식설無形相唯識說로 유명한 라뜨나끄라샨띠Ratnakraśānti로부터도 가르침을 받았다.

1040년 말에 인도를 떠난 아띠샤는 다음 해에 네팔에 이르러 1년 정도 머물고, 1042년 토딩mThong lding에 도착했다. 여기서 아띠샤는 대역경승 린첸상뽀를 만났다. 린첸상뽀는 인도와 카슈미르에서 약 17년간 유학하면서 다수의 범어 경론을 티베트어로 번역하여 불교부흥에 크게 기여한 인물이다. 아띠샤는 린첸상뽀의 도움으로 티베트인들을 위해 불교를 배우는 기본적인 수행 차제로서 소승, 대승, 금강승을 아우르는 『보리도등론菩提道燈論』을 설했다. 이 『보리도등론』에서 계율을 지키면서 대승의 보살행을 실천하고, 아울러 딴뜨라 불교의 수행으로 보다 깊은 깨달음의 길이 가능하다고 설명한다. 모든 중생에 대해 자비심을 키움으로써 일체중생을 위해 부처님의 깨달음을 증득하는 보리심을 키우고, 이타의 방편과 반야의 지혜를 함께 닦는 수행을 쉼 없이 정진해야 한다고 설명한다.

2년 후 귀국하려고 했지만, 상황이 여의치 않아 귀국하지 못하던 차에 중앙티베트에서 돔뙨 갤왜중내'Brom ston rGyal ba'i 'byung gnas(1005~1064)가 찾아와 중앙티베트로 갈 것을 청하자, 요청을 받아들였다. 쌈예에서 세친世親의 『섭대승론攝大乘論』을 낙초 Nag tsho의 번역가와 번역했다. 옥 렉빼쎄랍의 초청으로 라싸의 튈낭으로 가서 청변靑辨의 『중관사택염中觀思擇炎』 등을 번역하고, 『개보협론開寶箧論』 등을 저술했다.

아띠샤의 불교철학적 입장은 티베트인들을 위해 설한 『보리도등론』에 잘 나타나 있다. 『보리도등론』은 68개의 게송에 불과한 작은 논서이지만, 11세기 이후 티베트불교에 준 영향은 크다. 또한 『자주自註』에서는 논서를 성문장, 바라밀장, 비밀진언장의 세 부분으로 나누어, 불교를 수학하는 사람들이 배우고 닦아야 할 부처님의 가르침을 간략하게 논술했다. 아띠샤는 중앙티베트에서 13년 동안 머물면서 역경과 포교에 힘쓰다가 라싸 근교의 녜탕sNye thang에서 입적했다.

까담빠dKa' gdams pa는 아띠샤를 기원으로 하는 종파이다. 그렇다고 해서 아띠샤가 까담빠의 개조는 아니다. 아띠샤의 가르침인 『보리도등론』을 근거로 하는 종파이다. 까담빠의 개조라고 할 수 있는 이는 아띠샤를 중앙티베트로 초청했던 돔뙨이다. 돔뙨은 원래 쎄쭌 왕축 쉰누Se btsun dBang phyug gzhon nu의 제자였다. 스승은 공빠 랍세dGong pa rab gsal로부터 계율을 받았고, 둠 예쎄 곌첸Grum Yes shes rgyal mtshan의 가르침을 받았다. 돔뙨은 아띠샤가 입적한 후 1056년에 라뎅Rva sgreng에 밀교 도량을 건립하고 후학을 지도했다. 제자들 중에 밀교의 실천을 중시하는 교계파教誡派 gDams ngag pa와 까담육종전bKa' gdams gzhung drug을 중시하는 현교의 교설파教說派 gShung pa가 생겼다.

교계파의 밀교는 쨴아와 출팀발sPyan snga ba Tshul khrims 'bar (1038~1103)에 의해 아띠샤 자신의 의도를 반영하는 방향으로 전개되었지만, 자율와 쉰누외Bya yul ba gZhon nu 'od(1075~1138)에 이

르자 교계파처럼 현교를 배우고 구족계를 받아 점차 현교 겸수
의 경향을 띠었다.

뽀또와 린첸쎌Po to ba Rin chen gsal(1031~1105)과 샤라와 왠땐
닥Shar ra ba Yon tan grags(1070~1141) 등으로 대표되는 교설파는
『보리도등론』을 소의경전으로 삼았으며, 까담육종전인『대승장
엄경론大乘莊嚴經論』,『보살지菩薩地』,『대승집보살학론大乘集菩
薩學論』,『입보리행론入菩提行論』,『보살본생만론菩薩本生鬘論』,
『법집요송론法集要頌論』을 강설하여 현교를 위주로 했으며, 밀교
에 대해서는 소극적인 태도를 취했다.

위dBu 지방에 있던 옥 렉빼쎄랍은 1073년에 라싸lHa sa의 남
쪽 쌍푸gSang phu에 네우톡Ne'u thog 학당이자 현교의 전문 도량
인 쌍푸 승원을 건립하고, 중관과 유식을 근간으로 하는 현교의
중심지로 만들었다. 이 도량은 조카인 로댄쎄랍Blo ldan shes rab
(1059~1109)에 의해 한층 성황을 이루었다.

2. 닝마빠

●   '오래된 것'을 의미하는 닝마snying ma는 '새로운 것' 즉
쌀마gsar ma와 상대되는 말이다. '쌀닝' 즉 '신구'의 구분은 밀
교의 가르침이 전해지는 것을 근거로 한다. 여러 가지 설이 있지
만, 가장 일반적으로 역경가 린첸상보 이후의 번역을 신역新譯이
라고 설명한다. 그 이전은 구역이 된다. 구역의 가르침을 근거로
하는 것이 닝마빠sNying ma pa이다.

앞서 언급한 것처럼, 티쏭데짼 왕은 불교의 성장을 싫어하는 토
속신을 조복하기 위해 빠드마삼바바를 초청했다. 빠드마삼바바는
25명의 제자들에게 높은 단계의 밀교의 가르침을 주었다. 빠드마
삼바바 외에도 비말라미뜨라Vimalamitra, 붓다구흐야Buddhaguhya
등 많은 수행자들이 티베트에 들어와 밀교의 가르침을 폈다.

닝마빠는 부처님의 가르침과 깨달음에 이르는 길을 구승九乘으로 나눈다. 처음의 삼승三乘은 원인의 승으로 성문승, 연각승, 보살승이다. 화신인 석가모니부처님께서 말씀하신 공승共乘이다. 나머지 여섯 승은 결과의 승이다. 이 승에 밀교적인 가르침이 포함된다. 여섯 승은 외外딴뜨라승 셋과 내內딴뜨라승 셋이다. 외딴뜨라승에서 끄리야Kriyā요가는 정화와 단순한 관상실천을 목적으로 한 육체적인, 언어적인 행위와 같은 외적인 행동을 실천하는 것에 중점을 둔다. 우빠Upa요가는 명상하는 본존에 대한 깊은 확신을 성취하는 것을 목적으로 내외의 능력을 발전시키는 것에 중점을 둔다. 요가Yoga승은 금강살타가 설한 내적인 심신의 활기를 개발하는 것을 목적으로 한다. 내內딴뜨라에서 마하Mahā요가는 주로 생기차제生起次第를 강조하는데, 일반적인 단계의 인식과 집착은 신성한 관상과 신성한 아만에 의해 없어진다. 아누Anu요가에서는 금강의 몸이 근본적인 인식을 증득하는 방편으로 사용되는 원만차제圓滿次第를 강조한다. 아띠Atī요가에서는 보현불께서 가르치신 것처럼, 요가 수행자가 일반적인 시간과 경험을 뛰어넘을 수 있도록 생기차제生起次第와 원만차제圓滿次第의 완전한 구현으로 향하는 것을 강조한다.

대원만大圓滿의 가르침을 설명하는 방법에 따라 삼부三部로 구분된다. 심부心部는 스리심하Śrisimha와 바이로짜나Vairochana를 시원으로 하고, 계부界部는 롱데 도제잠바kLong sde rDo rje byams pa와 스리심하, 바이로짜나를 시원으로 하고, 교계부教誡部는 직접 빠드마삼바바를 시원으로 한다.

닝마빠의 수많은 수행자들 중에서는 냥랠 니마외셀Nyang ral Nyi ma 'od zer, 구루최왕Guru chos dbang, 도제링빠rDo rje gling pa, 빼마링빠Padma gling pa, 잠양켄쩨 Jam dbyang mkhyen brtse를 다

섯 보배의 왕이라고 한다. 대장경의 경론 외에 발견되지 않은 닝마빠의 수많은 딴뜨라는 13세기에 뗄뙨 라뜨나 링빠gTer ston Ratna gling pa)와 꾼켄 롱첸 랍잠빠Kun mkhyen kLong chen rab ·byams pa에 의해 발굴되었다.

3. 싸꺄빠

● 싸꺄빠Sa skya pa는 쾬·khon 씨의 꼰촉걜뽀dkon mchog rgyal po(1034~1102)로부터 시작되었다. 교학적인 근원은 가야다라Gaya-dhaara를 거쳐 인도의 수행자 비루빠Virūpa에 닿아 있다. 그의 제자인 독미로짜와·Brog mi lo tsā ba, 싸꺄Śākya yes shes, 예쎄가 인도로 구법여행을 떠나 깔라차끄라Kālacakra와 도과Lam ·bras의 가르침을 받아 티베트로 돌아왔다. 그의 제자 중의 한 사람인 꼰촉걜뽀가 '회색의 땅Sa skya'을 의미하는 싸꺄 사원을 중앙티베트에 세웠다. 꼰촉걜뽀의 아들인 싸첸 꾼가닝뽀Sa chen Kun dga· snying po(1092~1158)는 나가르주나와 비루빠의 모든 현밀의 가르침을 계승한 뛰어난 정신적 능력을 가지고 있었다. 그에게는 꾼가발Kun dga· ·bar, 쏘남쩨모bSod nams rtse mo(1142~1182), 닥빠걜첸Grags pa rgyal mtshan(1147~1216), 뻴첸외뽀dPal chen ·od po라는 네 명의 아들이 있었다. 두 번째 아들인 쏘남쩨모는 16세에 뛰어난 학자가 되었다. 닥빠걜첸은 11세에 헤바즈라Hevajra의 가르침을 주었다.

닥빠걜첸의 제자가 조카인 뻴첸외뽀가 유명한 싸꺄빤디따 꾼가걜첸Sa skya pandita Kun dga· rgyal mtshan(1182~1251)이다. 싸꺄빤디따는 불교와 그 외의 시작詩作, 천문학 등에 대해 인도와 네팔, 티베트의 학자들로부터 가르침을 받았다. 27세에 카슈미르의 학자 싸꺄스리바드라Śākyaśribhadra로부터 비구계를 받았다. 『정리보장正理寶藏』, 『삼율의분별三律儀分別』 등 뛰어난 저술이 있다.

포탈라궁 ⓒ 구광국

　1244년 싸꺄빤디따는 칭기즈 칸의 손자인 고단 칸Godan khan
의 초청으로 몽골을 방문하여 가르침을 주었다. 1253년에는 쿠
빌라이 칸의 초청으로 싸꺄빤디따의 사촌인 도괜최걜팍빠Drogon
Chos rgyal 'phags pa(1235~1280)가 몽골을 방문했다. 팍빠는 몽골
어를 표기하는 새로운 문자를 고안했고, 쿠빌라이 칸은 이에 감
동하여 불교를 몽골의 국교로 정하고, 팍빠를 티베트의 통치자로
임명했다. 팍빠는 티베트에서 처음으로 정교일치를 실현한 인물
이고, 약 100년 동안 싸꺄빠가 티베트를 통치했다.

　싸꺄빠 교학의 특색은 도과설道果說이다. 이는 현교와 밀교의
수행도와 별개의 불과佛果가 존재하지 않는 것을 설명한다. 도과

설은 나가르주나의 제자인 비루빠, 아와두띠Avadhūti, 가야다라
Gayadhara, 싸꺄미뜨라Sakyamitra 등에 의해 전승되었고, 독미로
짜와가 티베트에 전했다. 외계外界는 마음과 별개로 존재하지 않
는다. 외계의 현상은 마음의 작용이고, 마음도 환상으로 존재한
다. 이 환상은 독자적인 자성이 없는 빈 것이다. 이를 증득하는 것
이 곧 무집無執이고, 이 외에 별도로 성취되는 열반은 없다. 따라
서 '윤회열반무차별輪回涅槃無差別'이고 이것이 곧 도과설이다.

4. 까규빠

● 까규빠dKa' rgyud pa는 바즈라다라Vajradhara 持金剛佛를 근
원불로 신앙하고, 이 부처님의 경지를 얻기 위해 『대인大印 Mahā-
mūdra』의 법을 설한다. 인도의 성자 띨로빠Tilopa(988~1069)가 바
즈라다라로부터 영감을 얻어 가르침을 받고, 이것을 나로빠Naro-
pa에게 전했다. 이 『대인』의 가르침을 티베트에 전한 이가 말빠
최기로되Mar pa Chos kyi blo 'dro(1012~1097)이다.

말빠 최기로되는 독미 역경승 싸꺄예쎄로부터 범어를 배웠으
며, 수차례 인도와 네팔을 방문하여 무상유가無上瑜伽딴뜨라와
모母딴뜨라 계통을 배웠다. 초기에는 나로빠로부터 『호금강呼金
剛』과 『대환大幻』을 배웠고, 후에는 동인도에서 마이뜨리빠Maitri-
pa로부터 『대인』의 비법을 배웠다. 말빠는 여러 명의 부인을 둔 세속
의 수행자다. 말빠의 가르침은 제자인 밀라레빠Milaraspa(1040~1123)
로 이어진다.

밀라레빠는 서부 티베트와 네팔의 국경 지대 근처에 있는 부
유한 집안에서 태어났다. 7세 때 아버지가 죽자 큰아버지가 후견
인이 되었지만, 재산 전부를 가로챘다. 밀라레빠와 그의 어머니는
노예 신분으로 전락했다. 밀라레빠는 흑마술을 배워 잔치를 벌이
는 큰아버지의 가족을 모두 죽이고, 농작물까지 없애 버렸다.

38세가 되었을 때 밀라레빠는 그동안 쌓은 악업을 후회하고 참회하기 위해 말빠에게 귀의했다. 그러나 말빠는 수행의 길로 이끄는 대신 땅을 파서 탑을 쌓고, 이것이 완성되면 허물고, 다시 탑을 쌓는 것을 반복하게 했다. 말빠가 이렇게 시킨 이유는 밀라레빠가 쌓은 악업을 없애기 위해서였다. 마침내 말빠는 밀라레빠에게 입문의 관정灌頂식을 주었고, 밀라레빠는 설산에서 얇은 천으로 겨우 몸을 가리고, 쐐기풀과 같은 거친 음식만 먹는 혹독한 수행 끝에 마침내 깨달음을 성취했다. 밀라레빠는 깨달음을 노래한 『십만송十萬頌』을 남겨 수행하는 이들을 경책하는 가르침이 되었다.

밀라레빠의 제자로는 '태양과 같은 깨달음'을 성취한 닥뽀하제Dwags po lha rje 감뽀빠sGam po pa(1079~1153)와 '달과 같은 깨달음'을 성취한 래충빠Ras chung pa(1083~1160) 두 사람이 있다. 닥뽀하제는 닥뽀 지방에 사는 의사이기 때문에 붙여진 이름이다. 감뽀빠는 젊은 나이에 유행병으로 처자를 잃자 의학이 소용없다는 것을 실감하고, 까담빠로 출가하여 샤와링빠Sha ba gling pa로부터 구족계를 받았다. 여러 스승으로부터 까담빠의 가르침을 배우다가 32세경에 밀라레빠를 만났다. 1년 가까이 스승으로부터 가르침을 듣다가 닥뽀 지방으로 돌아와 은둔 수행에 들어가 깨달음을 열었다. 감뽀빠는 보리심菩提心을 일으켜 보살행을 실천함으로써 윤회와 해탈 어디에도 머물지 않는 무주처열반無住處涅槃을 성취하는 까담빠의 전통과 "반야바라밀행의 귀결점인 마음을 법계法界에 놓는다."고 하는 『대인』의 가르침을 통합하는 실천법을 설명했다.

감뽀빠의 뛰어난 제자로는 뒤쑴켄빠Dus gsum mkhyen pa(1110~1193)와 팍모두빠Phag mo gru pa(1110~1170) 두 사람이 있다. 뒤쑴

켄빠로부터 까르마까규Karma dka· rgyud와 팍모두빠로부터 팍두까규Phag gru dka· rgyud가 생겼다.

팍모두빠는 1158년에 얄룽 계곡의 입구에 까규빠의 대승원 댄싸틸lDan sa thil을 세웠다. 팍두까규는 랑rLangs 씨라고 하는 씨족과 결합하여 생긴 종파로서, 랑 씨의 속인 행정관과 승려의 승원장 자리는 이 씨족 출신이 맡았다. 원나라 말기에 랑 씨의 장춥갤짼Byang chub rgyal mtshan이 싸꺄빠를 물리치고 티베트의 지배권을 손에 넣었다. 팍두까규는 원조의 칭호와 관제를 사용하지 않고, 과거 쏭짼감뽀 시대의 법규와 제일祭日 등을 사용함으로써 고대 티베트 왕조의 부활을 꿈꿨다.

팍모두빠의 쇠퇴를 불러온 린뿡Rin spung은 종교적으로는 까르마까규와 밀접한 관련이 있다. 까르마까규는 씨족의 정치와 종교의 도구로 전락한 팍모두빠와 달리 순수한 종파적인 측면에서 발달하여 까규빠를 대표하는 종파로 자리매김했다. 1189년에는 라싸 북동쪽에 출푸mTshur phu 사원을 건립했다. 뒤쑴켄빠는 아띠샤의 제자인 욜최왕Yol chos dbang과 샤라와Sha ra ba로부터 까담빠의 가르침과 차와 최끼셍게Phywa ba Chos kyi seng ge로부터 중관과 논리학을 배웠다.

2대 까르마빠 까르마 빡시Karma pakshi(1204~1283)는 몽골과 중국을 방문해 많은 사원을 세우고, 왕사로서 가르침을 주었다.

3대 까르마빠 랑중도제Rang rdo rje(1284~1339)는 『시륜時輪』에 대한 방대한 주석을 남겨 출푸 사원을 천문학과 역학 분야의 본산으로 만들었다. 이런 전통을 근거로 매년 사원에서는 출푸 달력을 발행하기도 했다. 랑중도제는 까르마빠의 밀교 교리와 수습에 관해서도 저술을 남겼는데, 『대인기도大印祈禱』나 『미세微細한 내적인 의미』도 까규빠의 요가에 관한 기본적인 논전이다.

8대 까르마빠 미꾀도제Mi bskyod rdo rje(1507~1554)『입중론入中論』과 『마하무드라』에 대한 주석서를 저술하여 현밀에 대한 중요한 업적을 남겼다.

까르마빠에서는 네 명의 위대한 라마들이 출현했다. 3대 까르마빠의 제자인 샤말Zha dmar, 5대 까르마빠의 제자인 씨두Situ, 6대 까르마빠의 제자인 갤찹rGyal tshab, 8대 까르마빠의 제자인 빠오dPa· bo 린포체가 있다. 까르마빠는 입적할 때 이 네 명의 제자에게 태어날 시간, 장소, 부모의 이름 등을 남긴 서한을 남기고, 환생한 까르마빠가 사원을 찾아오면 동시에 개방하여 환생자를 결정하는 방식으로 환생자를 찾는다. 17대 까르마빠에게는 이 전통이 적용되지 않아 두 명의 까르마빠가 현존한다.

● 티베트불교에서 가장 나중에 성립하지만 가장 큰 영향력을 가진 종파가 겔룩빠dGe lugs pa다. 처음에는 간댄빠dGa· ldan pa라고 하다가 나중에 '겔룩빠' 라고 불렀다. 겔룩빠를 세운 쫑카빠롭상닥빠Tshong khapa bLo bzang grags pa(1357~1419)는 티베트 동북의 쫑카Tsong kha에서 태어났다. 3세 때에 4대 까르마빠 로뾔도제Rol pa· i rdo rje(1340~1383)로부터 우바새계를 받았다. 16세에는 더 깊은 공부를 위해 스승의 허락을 얻어 중부 티베트로 들어갔다. 디꿍·Bri gung, 찰Tshal, 네탕Nye thang, 쌍푸gSang phu 등지에서 수학했다. 19세에 짱gTsang에 있는 샬루Sha lu 사원에서 부뙨의 후계자로부터 『승락勝樂딴뜨라』의 관정灌頂을 받았다. 쩨첸rTse chen에서 싸꺄빠의 뀐가발Kun dga· dpal로부터 『반야경』에 대한 강의를 들었다. 또 그의 제자인 제쭌 렌다와 쉰누로되rJe btsun Red mda· ba gzhon nu blo gros(1349~1412)로부터 『입중론入中論』과 『구사론俱舍論』 등 불교 전반에 대한 가르침을 받았다. 1390년

5. 겔룩빠

딴뜨라를 배우기 위해 렌다와를 방문하는 도중에 라마 우마빠 쬔두쎙게bLa ma dbu ma pa brTson ·grus seng ge를 만났다. 그 후 렌다와로부터 『비밀집회秘密集會딴뜨라』를 들었다. 현교를 공부하라는 렌다와의 충고를 무시하고, 쫑카빠는 『시륜時輪딴뜨라』를 배우려고 생각했다.

그 후 부뙨의 제자로부터 『시륜딴뜨라』의 가르침을 듣고 배우며 실천했다. 1392년에는 우마빠의 지도로 라싸 근처의 가와동dGa· ba gdong에서 함께 수행하면서 신비적인 체험을 통해 귀류논증파歸謬論證派와 자립논증파自立論證派의 차이, 구생俱生아집과 변계遍計아집의 차이, 논리를 통해 부정되는 대상의 기준, 중관을 증득하는 기준 등 많은 문제를 해결했다고 한다. 1395년 초청을 받아 호닥lHo brag에 가서 1395년 켄첸 남카겔첸mKhyen chen rNam mkha· rgyal mtshan(1326~1401)으로부터 까담빠의 두 갈래 도차제道次第 Lam rim인 옥로lNgog lo와 도룽빠Gro lung pa의 도차제를 배웠다.

1400년 렌다와가 가와동으로 쫑카빠를 방문했고, 두 사람은 함께 라뎅Rva sgreng에서 겨울을 보냈다. 이듬해 여름에는 렌다와의 딴뜨라 스승인 로첸 깝촉뺄상Lo chen sKyabs mchog dpal bzang과 하안거를 보냈다. 렌다와가 돌아간 후 쫑카빠는 로첸의 요청에 따라 라뎅에서 『보리도차제광론菩提道次第廣論 Lam rim chen mo』을 저술했다.

그 후 올카 잠바링·Ol kha Byams pa gling에서 『비밀집회 딴뜨라』를 설하고, 동시에 로첸 등의 청을 받아들여 『비밀도차제광론秘密道次第廣論 gSangs chen lam gyi rim pa』을 저술했다. 그 다음 해에 『선설심수善設心髓 Legs bshad snying po』와 『정리대해正理大海 Rigs pa·, rgyamtsho』를 썼다.

툴냥사의 개보수를 시작했다가 완성을 기회로 1409년 음력 1월 1일에서 15일까지 인근 사원들의 재정적인 문제와 일반 대중에게 불교를 전파하기 위해 '대기원제大祈願祭 sMon lam chen mo'를 시작했다. 대기원제를 마치고 난 후 연례적인 행사로 개최하기 위해서는 쫑카빠의 거처가 정해지지 않으면 안 된다고 하여 걜찹 달마린첸rGyal tshab dar ma rin chen(1364~1432)과 닥빠걜쩬Grags pa rgyal mtshan(1374~1436)을 중심으로 제자들이 간댄dGa· ldan 대승원을 건립했다. 그 다음 해에 간댄 승원에 들어온 쫑카빠는 『비밀집회비결오차제조명秘密集會秘訣五次第照明』을 저술했다.

1414년에는 『승락』과 『비밀집회』 관계의 교정과 주석에 전념하고, 1418년에는 『입중론광석밀의명석入中論廣釋密意明釋』을 완성하고, 다음 해에 『승락근본딴뜨라』의 주석을 완성하고 난 다음 입적했다

● 쫑카빠로부터 법을 들은 제자들은 대단히 많지만, 중요한 제자로는 제얍쎄쑴rJe yab sras gsum이라고 하는 걜찹 달마린첸과 케둡 겔레뺄상mKhas grub dge legs dpal bzang(1385~1438), 그리고 게뒨둡dGe ·dun grub이 있다.

걜찹 달마린첸과 케둡 겔레뺄상은 쫑카빠와 마찬가지로 싸꺄빠의 렌다와로부터 수학했다. 걜찹 달마린첸은 불교논리학, 반야 등 현교에 대한 다수의 주석을 남기고 있고, 케둡 겔레뺄상은 현교에 대한 주석을 남기고 있지만, 그보다도 밀교에 대한 뛰어난 주석을 남기고 있다. 쫑카빠가 입적한 후 초대 '간댄좌주dGa· ldan khri pa'는 걜찹 달마린첸이 맡았고, 그 다음 2대는 케둡 겔레뺄상이 맡았다.

쫑카빠 대사가 열반한 후, 그 가르침을 펴기 위해 라싸 근교에

는 다수의 겔룩빠 승원이 건립되었다. 쫑카빠 대사 생전에 건립된 간댄 외에도 대붕Bras spung과 쎄라Se ra와 같은 대규모의 승원이 세워졌다. 1416년에 문수文殊법왕 잠양최제 따시뺄덴Jam dbyang chos rje bKra shis pal ldan(1379~1449)이 대붕을 세웠고, 1419년에 대자大慈법왕인 잠첸최제 싸꺄예쎄Byams chen chos rje Śākya ye shes(1354~1435)가 쎄라를, 1447년에 게뒨둡이 시가체gZhi ka rtse에 따시룽보bKra shis lhun po 사원을 세웠다. 이 4대 사원이 위짱dBu rtsang에 있는 겔룩빠의 사원 중에서 대규모의 학문사로 자리잡았다.

3대 간댄좌주로서 따시룽보사를 건립한 게뒨둡이 입적하자 겐둔갸초dGe 'dun rgya mtsho(1475~1542)가 환생자로 인정되었다. 게뒨둡의 전기에는 그가 관음보살의 화신이고, 전생에 쏭짼감뽀 왕이라고 적고 있다. 그는 최콜걀Chos 'khor rgyal 사를 건립하고, 쎄라, 대붕, 따시룽보의 주지를 역임했다. 대붕의 주지로 있을 때에는 팍모두빠Phag mo gru pa의 섭정이 간댄궁을 만들어 주었다. 이때부터 대붕의 간댄궁은 역대 게뒨둡의 환생자들이 머무는 거처로 사용되었다.

겐둔갸초가 입적하자 겔룩빠에서도 까르마빠처럼 적극적인 환생의 제도를 통해 결속력 있는 종파로 거듭닐 필요가 있다는 것을 인식하고 환생자 쏘남갸초gSod snams rgya mtsho(1543~1588)를 찾아냈다. 이 환생자는 4세에 대붕, 10세에 간댄, 16세에 쎄라의 주지가 되었다. 이를 통해 겔룩빠도 명확한 종파 의식을 세울 수 있었다.

1571년 몽골의 알탄Altan 칸이 사신을 보내 명망이 높은 쏘남갸초를 몽골로 초청했다. 그러나 티베트의 내분으로 초청에 응하지 못했다가 1577년 알탄 칸이 직접 청해青海로 온다는 전갈을 받

고 쏘남갸초는 라싸를 출발하여 간댄을 거쳐 청해에서 알탄 칸과
왕비를 만났다. 왕은 '지금강불持金剛佛 달라이라마Dalailama' 란
칭호를 올렸고, 쏘남갸초는 '법왕대범천法王大梵天' 이란 칭호를
내렸다. '달라이' 란 말은 몽골어로 '바다' 라는 의미이다. 그는
후에 3대 달라이라마로 선정되었다. 3대 달라이라마는 몽골에
대대적인 포교를 행하여 많은 겔룩빠 사원을 세웠다. 마침내
1642년 구시Gu sri 칸의 도움으로 5대 달라이라마 아왕 롭상갸초
Ngag dbang bLo bzang rgya mtsho(1617~1682)가 티베트의 실권을 장
악했다.

그렇지만 5대 달라이라마는 대원만大圓滿의 교의에 기울고,
입적한 후에는 섭정인 쌍개갸초Sang rgyas rgya mtsho가 닝마빠의
명가 뻬마링빠Padma ring pa로부터 6대 달라이라마를 찾아냈다.
이와 같은 움직임을 대붕과 간댄 승원의 지도자들이 대단히 우
려하여, 섭정이 실각한 후에는 대대적으로 닝마빠를 탄압했다.

이런 과정에서도 겔룩빠에서는 여러 학자가 출현하여 중요한
저술을 남겼다. 먼저 잠양쌔빠·Jam dbyang bshad pa(1648~1722)는
유명한 『대학설강요서大學說綱要書 Grub mtha· chen mo』를 저술했
다. 쏨빠캔뽀 예쎄뺄졸Sum pa mkhan po Ye shes dpal ·byor(1704
~1788)은 『여의보수사如意寶樹史 dpag bsam ljon bzang』라고 하는
불교 역사서를 남겼다. 짱꺄 로배도제lCang skya Rol pa·i rdo rje
(1717~1786)는 『짱꺄학설강요서 lCang skya grub mtha·』로 유명하
다. 꾄촉직메왕뽀dKon mchog ·Jigs med dbang po(1728~1791)는 간
단한 학설 강요서인 『학설보환學說寶鬘, Grub mtha· rin chen phreng
ba』을 저술했다. 이 학설 강요서는 겔룩빠의 학문사에서 지금도 널
리 읽혀지고 있다. 마지막으로 투갠 롭상최기니마Thu· u bkwan bLo
bzang chos kyi nyima(1737~1802)는 『학설수정경 學說水晶鏡 Grub

mtha´ shel gyi me long』이라고 하는 티베트 종파를 위주로 한 학설 강요서를 남기고 있다.

18세기에 들어와 달라이라마가 정권의 조정자로서의 기능을 점차 상실해 가자, 정치적으로 겔룩빠에 눌려 지내던 여러 종파로부터 반격이 일어났다. 이것은 상대적으로 겔룩빠의 영향력이 적었던 동부 티베트 캄kham에서 무종파無宗派주의로 나타났다.

켄쩨왕뽀mKhyen brtse´i dbang po(1820~1892)는 델게sDe dge 근처에서 태어나 닝마빠에서 구족계를 받고, 싸꺄빠의 스승들로부터 가르침을 받아 여러 종파의 교의를 통달했다. 24권에 이르는 저작을 포함하여 많은 서적을 출판했다. 만년에 집대성한 『딴뜨라부집성』과 『성취법집성成就法集成』 등은 후기 딴뜨라불교를 연구하는 중요한 자료가 되고 있다.

꽁뚤 왼땐갸초Kong sprul Yon tan rgya mtsho(1813~1899)는 뵌교의 가문에서 출생하고 성장했다. 그의 업적은 '오장五藏'이라고 하여 자신의 저작을 비롯하여 각파의 딴뜨라 의궤, 관정의 의궤, 라마들의 가르침 등을 수록한 저술을 발간한 것이다. 꽁뚤이 추구한 무종파 운동은 비겔룩빠의 대인을 조낭빠Jo nang pa의 여래장사상과 결합시키는 것이었다. 미팜갸초Mi pham rgya mtsho(1846~1912)는 약간 늦게 무종파 운동에 참여한 인물이다. 주로 닝마빠 복권을 위해 노력했다. 직메링빠·Jig med ling pa는 족첸빠 랑중도제rDzogs chen pa Rang ´byung rdo rje로 알려져 있다. 롱첸랍잠빠kLong chen rab ´byams pa 이래 『대원만』의 대가로 알려져 있다. 중부 티베트의 닝마빠 사찰인 민돌링sMin grol gling에 소장되어 있는 『고파古派딴뜨라집』 25권을 정리했다.

닝마빠 복권을 중심으로 한 무종파 운동은 결국 쫑카빠의 제자들이 주축이 된 겔룩빠 학승들의 업적을 상쇄시킬 수 없었다.

한 권으로 보는 세계불교사

네탕 사원의 대불 ⓒ 구광국

그러나 13대 달라이라마는 이런 경향을 존중하여 겔룩빠 이외 종파의 서적들을 활발하게 인쇄하여 보급시켰다.

● 　1950년 10월 7일 중국의 인민군 8만 명이 티베트의 국경을 넘어 침공해 캄Kham의 참도Chamdo에 있던 군사시설을 파괴했다. 소수의 티베트군은 혼신의 힘을 다해 저항했지만 역부족이었다. 티베트는 1951년 5월 중국의 티베트자치구로 통합되었다. 당시 중국과 티베트는 유엔 회원국이 아니었기 때문에 티베트 문제는 무시되었다. 티베트 정부 대표단이 협상을 위해 베이징으로 떠났다. 하지만 중국은 일방적으로 작성한 17개 조항에 서명하라고 위협했다. 티베트를 중국의 통치하에 둔다는 일방적인 협약이었기 때문에 서명할 수 없었다. 하지만 결국 물리적인

7. 현대 티베트의 상황

위해까지 가하겠다는 위협에 굴복하여 결국 서명하고 말았다. 1954년 달라이라마는 중국과 직접 협상을 벌이기 위해 중국으로 향했다. 그러나 1년을 머물렀지만 별다른 성과를 얻지 못했다.

1957년 티베트 동부에서 사찰을 무자비하게 파괴하는 중국군에 항거하는 폭동이 일어났다. 이런 와중에도 달라이라마는 중국과 평화를 유지하려고 최선을 다했다. 하지만 흩어진 티베트인들은 무력으로 중국에 저항했다. 중국의 학대와 억압에 맞서 티베트의 전사들이 사방에서 결성되었다.

1959년 3월 10일 중국군을 위한 연극 공연에 달라이라마가 초청되었다. 3명의 경호원만 데리고 연극 공연에 참가하라는 것이었다. 그 소식을 듣고 티베트 국민들은 술렁이기 시작했다. 그날 아침 3만 명의 티베트인들이 달라이라마의 여름 궁전인 노블링카를 에워쌌다. 달라이라마는 승복을 벗고 군복으로 갈아입은 채 궁을 빠져나와 인도로 망명길에 올랐다.

달라이라마는 인도 북부 다람살라에 임시정부를 수립했다. 달라이라마는 망명정부의 개혁에 박차를 가해 티베트 정부의 최고 입법기관으로 티베트국민대표위원회를 창설했다. 이를 통해 새로운 티베트의 정치구도를 만들어 갔다.

중국과의 협상도 지속적으로 진행했다. 1965년 중국은 문화혁명의 불길에 휩싸였고, 티베트도 예외가 아니었다. 그 결과 티베트의 불교 사원은 98퍼센트가 파괴되었다. 1987년 달라이라마는 5개 조항 평화안을 유엔총회연설에서 밝혔다. 1988년에는 티베트의 외교권과 국방권을 중국에 양보하고, 티베트는 자주권만을 갖는 제안을 내놓았다. 이러한 평화적인 노력을 전 세계가 인정하여 1989년에 노벨평화상을 수여하게 되었다.

티베트의 정치와 종교 지도자로서 달라이라마에게는, 티베트 문제가 가장 중요할 것이다. 중국의 지배하에서 전통적인 티베트의 종교와 문화를 지켜 가기란 쉽지 않을지 모른다. 그러나 달라이라마를 티베트인들의 지도자로만 생각할 수 없다. 왜냐하면 달라이라마는 세계평화, 인권, 종교화합, 환경문제 등 범세계적인 문제에 지속적인 관심과 활동을 보이기 때문이다. 이런 문제를 달라이라마 개인이 해결할 수 없기 때문에 사람들의 관심을 이끌어내기 위해 끊임없이 노력해 왔다. 그렇기 때문에 종교를 초월하여 달라이라마가 이 시대의 현자로 존경받는 것은 놀랍지 않다.

6

몽골불교사

1924년 입헌 군주 복드 칸(1869~1924)이 사망하면서 혁명 정당 '몽골인민혁명당'이 주축이 되어 새로운 국가를 건설한다. 바로 몽골인민공화국이다. 그 뒤 1990년 평화적 민주혁명을 거쳐 오늘에 이른다. 당시 북방외교의 중요성을 강조하던 한국 정부는 1990년 3월 몽골과 정식 국교를 수립하여 몽골의 새로운 동반자로 자리매김해 왔다.

현재 3만 명이 넘는 몽골인이 한국에서 활동하고 있고 이는 전체 몽골 인구의 1퍼센트, 경제활동 인구의 3퍼센트를 넘는 수준이어서 양국의 교류가 양적 성장을 거듭하고 있음을 알 수 있다. 최근 한국 사회의 몽골 문화나 종교에 대한 관심은 이러한 양적 팽창이 질적 성장으로 전환되고 있음을 보여 준다. 대중문화는 물론 의료나 종교계의 활동이 두드러지며 전통문화에 대한 관심도 깊이를 더해 가고 있다.

양국 국민들은 상호 인종적 연결성은 물론 같은 알타이어족에 속하는 언어를 공유한다는 점에서도 상당한 유대감을 갖고 있다. 이는 역사적으로도 멀리는 선사 시대에서 가까이는 고려 시대에 이르기까지 양자의 긴밀한 관계 속에서 이루어져 왔음을 발견할 수 있다. 물론 몽골은 유목이라는 독특한 경제 형태를 위주로 하며, 한국은 농경을 위주로 하는 탓에 의식주 생활 문화에서 적잖은 차이를 보인다. 그러나 한국문화 저변에 자리하고 있는 북방적 요소는 직접 몽골과 맞닿아 있음은 분명하다.

그러나 현재까지 몽골의 역사, 문화, 전통에 접근할 때 한국 사회가 중요성을 충분히 인식하지 못한 분야가 있다. 몽골과 불교의 관계이다. 마치 다수의 유럽인이 교회에 정기적으로 가지 않더라도 오랜 기독교 문화 전통 속에서 삶을 영위하고 있듯이, 현대 몽골인의 많은 수가 스스로 불교도라고 여기고 있을 뿐만 아니라 사회주의의 영향 아래 스스로를 무신론자로 규정하더라도 불교문화의 전통 속에 살고 있다.

혁명 이전 몽골 사회는 더 말할 나위 없어서 마지막 입헌군주였던 복드 칸이 달라이라마와 유사한 전세활불轉世活佛이었다. 또 1921년에서 1941년 사이 숙청된 사회 지도층의 상당수가 승려였고, 몽골인민공화국의 탄생 이후 1952년까지 여러 차례 수상을 역임하며 몽골을 이끌어 온 초이발상(1895~1952) 또한 승려 출신의 혁명가였다. 이는 불교가 전근대 몽골 사회에서 차지한 위치를 이해하고 승려의 사회적 역할을 가늠해 볼 수 있는 몇 가지 좋은 예다. 이러한 측면에서 몽골의 불교사를 이해하는 것은 현대 몽골을 이해하는 초석이며 전근대 몽골로 인식을 확대시킬 수 있는 출발점이라는 점에서 의미가 있다.

이러한 문제의식을 중심으로 몽골의 제국 출현 이전 초원에서 전개된 불교 수용 과정, 몽골제국 시대의 불교 수용, 제국 붕괴 이후 불교의 발전과 활불제도, 마지막으로 청조에 의한 몽골 지배기 주목되는 불교의 역할 등 모두 4개의 주제를 통해 몽골불교와 내륙아시아 역사 전개의 상관관계를 알아보고자 한다.

그동안 몽골과 불교의 관계에 큰 관심을 갖지 못한 이유는 유목을 위주로 하는 몽골 사회를 대승불교의 주요 전파 지역 중 하나로 이해하지 못했기 때문이다. 인도로부터 북방 중앙아시아로 전파된 대승불교는 중원을 거쳐 동아시아로 전파되었으며, 만리장성의 북쪽은 중원의 문화와는 극히 이질적인 세계이니 한전漢傳으로 대표되는 대승불교와는 무관하다고 여긴 것이다. 여기에 주로 몽골이 티베트에서 불교를 받아들였다는 사실 때문에 몽골 지역에 전파된 불교를 중국이나 한국에 전파된 대승불교와는 별개로 인식하고 막연한 거리감을 두어 왔다.

그러나 인도 북서부에서 이슬람화가 진행됨에 따라 인도불교는 히말라야를 넘어 티베트에서 새롭게 자리잡았고, 12세기 말경 티베트불교는 후기 인도불교의 계승자로서 자리를 굳건히 하게 되었다. 7세기 현장玄奘 이래 인도와의 직접 교류에서 점차 소원해지기 시작한 중원의 경우와는 다른 경로를 걷고 있었던 셈이다. 따라서 우리는 대승불교의 긴 호흡 속에서 티베트는 물론 몽골 지역의 불교를 이해할 필요가 있으며, 그 시작은 물론 티베트불교의 몽골 전교가 시작되는 13세기 이전으로 거슬러 올라가야 한다.

동아시아에 불교가 전파되는 과정에서 인도와 중원을 연결하는 주요한 교통로는 중앙아시아와 현재 중국의 신강성을 잇는 실크로드였다. 19세기 후반 유럽에서 쓰기 시작한 용어 '실크로드'는 비단을 운송하는 교역로의 의미를 널리 부각시켰지만, 종교를 포함한 각종 문화 현상이 소통되는 통로로서 더욱 중요했다. 파미르고원을 넘나드는 이 교통로는 페르시아(현재 이란)나 북부 인도의 문화를 중원으로 유입시키며, 불교 출현 이전부터 인도 북부 및 중앙아시아와 신강 지역을 하나의 문화권으로 묶어주는 역할을 했다. 불교는 물론 마니교, 동방기독교(네스토리안 기독교), 이슬람교 등 다양한 종교가 이 지역을 통과해 동아시아로 전파되었고, 마지막으로 전파된 이슬람교가 오늘날 신강과 중앙아시아를 석권했다. 파미르의 동서로 뻗어 있는 이 교통로가 중앙아시아 각지에 미친 영향이 매우 컸음을 알 수 있다.

실크로드의 동쪽 끝자락은 다시 신강을 거쳐 중국 감숙성의 기련산맥을 따라 하서회랑河西回廊이라는 좁은 통로를 통해 감숙성 난주, 섬서성 서안(장안)에 이른다. 하서회랑에는 돈황, 주천, 장액, 무위 등의 도시가 동서로 이어져 있는데, 이는 중원과 서역을 이어주는 동서 교통의 요지임은 물론 몽골초원과 서역, 또는 티베트 지역을 연결하는 남북 교통의 요지이기도 했다. 후에 몽골이 티베트로부터 불교를 수용하는 통로도 바로 이곳이었다. 따라서 중원의 왕조는 물론 초원에서 출현한 여러 정권들도 이 지역을 장악함으로써 서역과 티베트로 통하는 교통로를 확보하고자 했으니, 흉노, 선비 등이 이에 해당한다.

인도 북부와 중앙아시아에 쿠샨 왕조를 건설한 월지月氏(月支)계 승려들이 후한의 수도 낙양에서 활동하면서 중원에 불교가 본격적으로 전파된 것은 잘 알려진 사실이다. 그에 앞서 이들이 몽골초원에서 활동했을 가능성도 충분히 인정되지만 분명한 흔적은 보이지 않는다. 이 가능성은 흉노를 이어 몽골초원을 제패하는 선비의 시대에 들어 사실로 입증된다.

하서회랑에서 몽골초원의 동부에 이르는 광활한 지역을 장악한 선비는 기타 5호胡(흉노, 선비, 저, 갈, 강)와 함께 16국을 세우고 본격적인 불교 수입에 나섰다. 이는 장강 유역에 성립된 동진 등 남조南朝의 여러 정권에도 영향을 미쳤다. 산서성 오대산 및 운강과 용문 석굴로 대표되는 이 시기 불교 유적과 구마라집의 역경 및 법현의 구법 활동, 『낙양가람기洛陽伽藍記』에 그려진 낙양의 모습을 통해 선비 시대 불교의 동아시아 전파가 갖는 의미를 되새겨 볼 수 있다. 결국 초기 중국불교의 북아시아적 전통에 대한 의미심장한 회고이기도 하다.

이렇듯 중국의 전통 왕조로 여겨지는 북위, 수, 당, 요, 금, 원, 청 등은 모두 몽골초원에서 기원한 선비, 거란, 여진, 몽골, 만주 등 여러 민족에 의해 건설되었다. 이들 정권은 민족의 기원과는 별개로 중원문화에 동화되어 독자성을 상실한 대표적인 민족으로 언급되어 왔다. 그러나 이들은 독자적인 언어와 문자를 기반으로 불경을 번역하고 이를 중원에 적극 소개함으로써 동아시아 불교문화 발전에 이정표를 남겼다. 그럼에도 유목 정권에 의한 불교의 발전은 중국불교의 한 부분으로 처리되어 정작 동아시아 불교 수용의 북아시아적 전통은 무시되어 온 것이 사실이다.

유목사회와 불교의 관계는 이것의 중국 유입 경로가 보여 주듯이 실크로드는 물론 신강 북부를 관통하는 초원의 길과 결코 무관할 수 없었다. 중원과 초원을 아울러 통치했던 이상의 정권은 물론, 중원을 직접 지배하지는 않았지만 6∼9세기 몽골초원의 패권을 장악했던 돌궐이나 위구르回鶻의 경우에도 중앙아시아와 중원의 선비계 정권 사이에서 불교를 수용하고 확산시켰던 예가 확인된다.

　제1돌궐 제국 시대(552~612) 때 이미 돌궐 사회에서 불교 승려의 활동이 보이기 시작하는데, 북주北周(556~581)의 효민제孝愍帝 때 장안에는 돌궐계 불교 사원이 건설되었고, 북주의 명제明帝가 세운 비문에는 돌궐의 무한 카간(553~572)이 불교에 귀의했다는 기록도 남아 있다. 또한 북제北齊(550~577) 조정이 파견한 승려 혜림慧林이 무한 카간을 계승한 타파르 카간(572~581)을 불법으로 귀의시켰다고 전하는데, 이때 전래된 『열반경涅槃經 Mahāparinirvāṇa Sūtra』은 당시 동서 교통로에서 주요한 상인 집단으로 활동했던 소그드인과 그 문자의 영향을 받아 소그드어로 번역되었을 가능성이 크다.

　6세기 후반 몽골초원에 세워진 부구트Bugut 비문에서는 타파르 카간의 명령에 따라 돌궐 사회 내부에 승가가 성립되었고, 쿠샨의 중심지 캬피샤에서 온 승려 지나굽타Jinagupta(528~605?)가 돌궐에서 활동했음을 기록하고 있다. 그러나 이는 계속 뿌리를 내리지 못해 8세기 초 혜초慧超는 이미 돌궐 사회에 석가의 가르침이나 승려가 없다고 기록하고 있다.

　돌궐의 뒤를 이어 등장한 위구르 제국(744~840)의 경우, 이전까지 불교의 흔적이 보이다가 762년 마니교를 국교로 받아들이면서 사라진다. 하지만 위구르 제국 분열 이후 하서회랑 일대 감주甘州와 사주沙州, 그리고 오늘날 신강성 타림분지 북부 천산天山 지역으로 이주한 위구르 왕국들은 10세기 말경 이미 상당 부분 불교로 개종한 모습을 보였다. 이 시기부터 위구르 집권층은 사원의 건설은 물론 역경사업에도 후원을 아끼지 않아 『관무량수경觀無量壽經』, 『대방광불화엄경大方廣佛華嚴經』, 『장아함경長

阿含經』 등 다양한 계통의 경전과 주석서 80여 편을 남겼다. 이러한 위구르어 경전은 소그드어 경전과 쿠차, 투르판 일대의 토카라吐火羅어 경전 등의 영향을 받아 형성되었으며 이후 티베트, 서하, 한문 경전과 함께 몽골어 경전에 지대한 영향을 미쳤다.

이상에서 언급한 돌궐과 위구르의 예를 통해서도 부분적이나마 동아시아 불교 수용의 다양한 경로가 존재했음을 이해해 볼 수 있다. 7세기 신라 출신의 승려 원측圓測(613~696)의 『해심밀경소解深密經疏』가 티베트어 대장경 텐주르에 실려 있음은 주지의 사실이다. 이와 같이 한문 이외의 경전 사이에 교류가 활발히 있었고 이를 비교 분석하는 일은 서로의 교류 사실을 밝힘은 물론 경전의 심도 있는 이해를 위해 의미 있는 작업이 되리라 생각한다.

이상에서 살펴본 불교 전파의 북아시아적 전통은 거란, 서하, 여진, 티베트 등 다양한 계통으로 계승 발전되는데, 13세기 몽골의 등장으로 대몽골국(예케 몽골 울루스)이라는 통일 정권 아래 새로운 발전을 모색한다.

칭기즈 칸에 의해 제국이 건설되면서 몽골 지배층은 불교, 이슬람교, 동방기독교, 도교 등 다양한 종교와 접촉한다. 이는 광대한 지배 지역을 파악하고 지역의 지도자를 포섭한다는 차원에서 시작되었다. 도교의 일파 전진도全眞道의 지도자 장춘진인長春眞人 구처기丘處機(1148~1227)가 칭기즈 칸의 존숭을 받은 것도 그가 금金 황제들의 종교적 스승이었던 것과 무관하지 않다.

따라서 중원의 불교이든, 서하나 티베트의 불교이든 몽골정권의 입장에서 어느 한쪽에 특별한 지위를 부여하는 일은 없었으며, 또한 이슬람교, 기독교 등 다른 종교와 구별하여 불교에 특별한 지위를 부여하는 일은 더욱이 없었다. 그러나 칭기즈 칸의 손자 쿠빌라이 칸이 티베트불교계와 돈독한 관계를 형성하면서 상황에 변화가 발생한다.

처음 몽골정권이 티베트 교단과 접촉한 것은 샤카 교단의 교주 사뻰(샤카판디타의 준말)·뀐가겔첸(1182~1251)과 우구데이 칸의 둘째 아들 쿠텐 Köten(?~1251)의 만남에서 비롯되었다. 당시 쿠텐은 서하의 옛 영토를 분봉받아 서량부 西凉府(현재 감숙성 무위)에 주둔하면서 티베트 등지로 세력을 확대시켜 티베트 지배의 기초를 마련하고자 했다. 몽골군의 공격을 받은 티베트 각지의 세속 군주 및 불교 교단은 샤카 교단의 사뻰을 대표로 추대하여 몽골과 타협하도록 했다. 이에 1246년 사뻰은 어린 조카 팍빠와 체나도르지를 데리고 서량부로 가서 쿠텐을 만났다. 쿠텐은 그에게 종교 사무의 고문을 맡게 함으로써 샤카 교단과 몽골 황실의 관계가 시작되었다. 그러나 많은 티베트 측 사서에서는 샤카 교단의 시조 꾄가닝뽀(1092~1158)가 이미 칭기즈 칸을 만나 그의 존숭을 받았다고 기록함으로써 역사적인 사실과는 무관하게 티베트와 몽골의 관계가 제국의 창시자 칭기즈 칸과 샤카 교단의 시조 사이에서 이미 시작되었다고 주장하기도 한다.

여기에 등장하는 샤카 교단은 11세기 말 티베트에서 성립된 종파로 전형적인 씨족 교단의 형태를 띠고 있다. 즉 쾬 ·khon 씨 가문이 교주와 세속 영주의 지위를 모두 장악한 것이다. 이 교단은 꾄가닝뽀가 티베트에서 명망을 얻으면서 성장하기 시작했고, 13세기 몽골의 후원 아래, 티베트 최대의 교파로 자리잡게 되었다. 그러다 14세기 후반 팍모두 교단이 성장하면서 샤카 교단의 영향력은 점차 약화되었다. 곧 샤카 교단의 발전과 몽골의 후원이 불가분의 관계에 있었음을 확인할 수 있는데, 꾄가겔첸의 뒤를 이어 교단을 계승한 팍빠의 역할이 결정적이었다고 하겠다.

칭기즈 칸의 손자 쿠빌라이 칸(재위 1260~1294)은 동생 아릭부케와의 경쟁을 거쳐 칸의 지위를 획득했다. 우구데이 칸의 아들 쿠텐을 통해 몽골정권과 연결되기 시작한 샤카 교단의 입장에서는 우구데이의 후예가 아닌 톨루이(우구데이의 동생)의 후예들이 정권을 장악하는 새로운 몽골의 정치 상황에 적응해야 했다.

어린 나이에 쿠텐을 만나고 몽골 조정에서 생활하던 팍빠·phags pa 八思巴(1235~1280)는 몽골 정계의 변화에 발 빠르게 대응했고, 톨루이의 아들 쿠빌라이를 배알하는 등 그가 칸에 등극하기 이전부터 관계를 형성하기 시작했다.

쿠빌라이와 팍빠의 관계는 1252년으로 거슬러 올라간다. 당시 남송의 배후를 공격하기 위해 사천을 거쳐 운남 대리국大理國으로 진공하고 있던 쿠빌라이는 진중에서 팍빠를 만났고, 그는 법회를 열어 호법신護法神 대흑천大黑天 마하칼라Mahākāla가 쿠빌라이와 그의 군대를 보호하도록 기원했다. 집권 이후, 쿠빌라이는 적극적으로 티베트불교를 수용하고 팍빠를 국사國師에 이어 제사帝師로 임명했다. 이는 당시 주요 종파의 하나였던 샤카 교단의 지도자인 그의 권위를 통해 티베트불교 영향권 아래에 있던 광활한 지역을 통치하려는 의도에서 비롯되었다. 한편 팍빠의 동생 체나도르지(1239~1267)를 백란왕白蘭王에 봉하고 몽골제국 대원 울루스의 부마駙馬로 삼은 부분도 같은 맥락에서 이해할 수 있다.

동시에 쿠빌라이는 자신이 건설한 새로운 도시 대도大都(현재 북경)를 불교식으로 꾸미기 시작했는데, 제사 팍빠는 쿠빌라이의 종교적 스승인 동시에 대도에서 거행하는 각종 불교식 행사의 주재자였다. 대도에는 묘응사妙應寺(현재 북경 백탑사)가 건설되고, 대도의 북쪽 관문 거용관居庸關의 운대雲臺에는 화려한 사천왕상과 산스끄리뜨, 한문, 서하문, 몽골문, 티베트문 등으로 쓴 불경을 새겨 넣음으로써 대도로 들어오는 모든 이들이 불법의 영역으로 들어옴을 느끼게 했다.

무엇보다 국사였던 팍빠를 제사의 반열에 오르게 한 계기는

한 권으로 보는 세계불교사

1270년 새로운 몽골 문자 즉, 팍빠 문자의 창제였다. 팍빠 문자
는 당시 다양한 언어로 된 고유명사를 기록해야 했던 몽골 제국
의 공문서 작성을 돕기 위해 고안된 새로운 형태의 문자였다. 따
라서 몽골 문자로 표기하기 어려운 여러 종류의 음운을 모두 표
현할 수 있는 우수한 표음문자였다. 이는 당시 티베트계 승려들
이 불교철학은 물론 음운학 등 다양한 형태의 학문에서 두각을
나타내고 있었음을 뜻한다. 이를 통해 13~14세기에 걸쳐 티베
트와 티베트의 승려들이 동부 유라시아의 지성계를 이끄는 하나
의 중요한 축이었음을 알 수 있는데, 이는 당시 몽골 지배층이 팍
빠를 비롯한 티베트의 승려들에게 관심을 가졌던 중요한 요인이
었다.

  이를 계기로 팍빠는 제사대보법왕帝師大寶法王의 칭호를 수여
받았고, 이후 14세기 중엽까지 모두 14명의 제사가 샤카 교단
퀜 씨 가문에서 임명되었다. 샤카 교단과 몽골 조정의 관계는 매
우 돈독했으며 이런 이유로 인해 몽골이 샤카를 통해 티베트를
통치했다는 해석이 가능하다.

  그러나 몽골 제국 말기로 갈수록 샤카 교단의 역할은 점차 약
화되는데 실상 몽골정권은 초기부터 샤카 이외의 다른 교단과도
관계를 맺고 있었다. 이들이 치궁, 닥룽, 팍모두 등의 교단이며
이들은 제국 초기부터 몽골 중앙정권과 연결되어 활발한 정치활
동을 벌이면서 샤카 교단과 경쟁했다. 이렇듯 확대일로에 있던
티베트와 몽골의 관계는 14세기 후반 몽골정권이 대도를 상실하
고 몽골초원으로 퇴각하면서 점차 역사의 기억 속에서 사라지는
듯했다.

14세기 말 몽골 제국의 와해는 분명 티베트에 대한 몽골의 영향력을 약화시켰다. 이후에도 계속된 몽골 내부의 분열은 과거의 영향력을 회복시킬 여지를 모두 앗아가는 듯했다. 초원으로 퇴각한 이후 몽골은, 소위 칭기즈 칸과 쿠빌라이의 후예임을 주장하는 동부 몽골 세력과 오이라트로 대표되는 서부 몽골 세력이 동서 대립의 나날을 보내고 있었다. 한때 오이라트는 에센이 중심이 되어 명조를 압박했고, 급기야 1449년 명明의 정통제正統帝가 에센에게 포로가 되는 사태까지 발생하게 되었다. 동부 몽골의 경우 15세기 후반부터 다시 세력을 확대시키기 시작하여 다얀 칸(?~1517) 시대에 이르러 동부 몽골의 통합에 기틀을 마련하기 시작했다.

『명실록明實錄』의 기사에 의하면, 화림和林 즉, 대몽골국 시대 우구데이 칸이 건설한 제국의 수도였던 카라코룸에서 온 승려가 티베트의 승려와 함께 명조에 이르렀다. 오이라트 몽골에서 명조에 파견된 사신 중에도 승려가 포함되었다는 기록으로 보아, 동서 분열기에도 몽골과 티베트 간의 관계가 완전히 끊어졌다고 보기는 어렵다. 그러나 명 초기 하서회랑과 신강 동부 하미 일대에 대해 명조가 상당한 영향력을 행사하고 있었으므로 티베트와 몽골 양자 간의 관계에 분명 커다란 장애로 작용했고, 이것이 해소되는 15세기 중후반부터 점차 관계가 회복되기 시작했다.

앞서 언급했던 다얀 칸을 중심으로 한 동부 몽골의 성장은 점차 서부로 확대되었고, 이들은 오이라트를 압박하는 동시에 몽골 중서부에서 하서회랑을 거쳐 청해호 일대로 연결되는 남북 교통로를 확보하기 시작했다. 마치 과거 몽골초원의 선비계가 동부 티베트 암도(현재 중국 청해성)에 토욕혼吐谷渾 정권을 건설하고, 티베트계 탕구트가 청해, 몽골에 서하를 건설한 것과 같은 맥락에서 이해해 볼 수 있는 부분이다. 이로써 16세기 몽골과 티베트 관계는 다시 급속한 회복 국면으로 접어들었으니 불교사에서는 이를 몽골에 대한 티베트불교의 2차 전교라고 부른다. 이는 앞서 몽골 제국 시대에 진행된 1차 전교와는 비할 수 없는 막대한 영향을 서로에게 남겼는데, 몽골의 티베트 지배와 불교의 초원 확산이 그것이다. 그렇다면 이 시기 왜 몽골의 정치적 발전이 불교, 그것도 티베트불교와 깊이 연결되어 전개되었을까?

몽골의 정치사에서 16세기는 칭기즈 칸의 후예, 소위 '황금가족'에 의한 새로운 통합의 시대가 열렸다는 점에서 중요한 시기였다. 몽골 제국 분열 이래 계속된 혼란을 어느 정도 마무리하면서 몽골 중동부를 중심으로 다얀 칸 정권이 등장했다. 그의 후예들은 6개의 만호萬戶(좌익·우익으로 구성)를 구성하여 각자 발전을 거듭하면서 몽골 제국의 영광을 회복하고자 했다. 이렇게 중흥을 꿈꾸던 몽골 사회에 티베트불교가 다시금 영향력을 확대시킬 수 있었던 원인은 무엇이며, 그 속에서 과연 티베트불교는 어떤 역할을 수행했을까?

다얀 칸의 사후, 그의 권위는 계속해서 직계 후손인 차하르 몽골(6만호의 하나, 6만호의 중심)의 보디 칸에 의해 계승되었다. 보디

칸을 정점으로 한 좌·우익 6만호는 다얀 칸의 유지를 받들어 몽골 제국의 권위와 질서를 회복하고자 노력했는데, 그 사업의 일환으로 서부 몽골 오이라트에 대한 공격이 감행되었다. 물론 대對오이라트 전쟁은 형식적으로 차하르 대칸을 중심으로 전개되었으나, 실제로 이 전쟁을 통해 두각을 나타낸 것은 우익 몽골을 중심으로 한 다얀 칸의 손자 투메트 몽골(6만호의 하나)의 알탄 칸俺答汗(1508~1582)이었다.

16세기 중엽 두각을 나타내기 시작한 알탄 칸은 대외적으로는 대오이라트, 대명 전쟁에서 승리를 거듭했으며, 대내적으로는 우익 이성異姓 제후諸侯의 도전을 물리치면서 점차 세력을 키워 가고 있었다. 그는 차하르 대칸의 종주권을 인정하면서도 투메트의 영역을 동서로 확장시켜 갔고, 동시에 감숙 남부와 청해로 연결되는 티베트 동부의 초원 지대도 자신의 영향권 아래에 편입시켰다. 이 같은 우익 몽골의 청해 진출은 자연스럽게 동부 티베트의 여러 민족과 몽골이 보다 밀접한 관계를 형성할 수 있는 계기를 마련해 주었는데, 이때 알탄 칸과 연결된 것이 티베트의 겔룩 교단이었다.

겔룩 교단은 15세기 초 쫑카빠를 중심으로 한 새로운 교리 연구자들을 중심으로 성립된 교파로서, 팍모두 정권의 시지 아래 티베트 라싸를 중심으로 활동 영역을 확대시켜 갔다. 이 교파는 기존의 씨족 교단과는 달리 초기 철저히 스승에서 제자로 교권을 승계하다가, 4세 달라이라마로 몽골 알탄 칸의 증손이 선택됨으로써 활불에 의해 교권이 계승되는 활불 교단으로 발전하게 되었다. 곧 달라이라마를 구심점으로 하는 전세활불 제도를 마련하고, 17세기 중엽부터 5세 달라이라마가 티베트의 세속과 종교계의 지도자로 군림하게 되었으니 이 모든 과정이 몽골과 불

한 권으로 보는 세계불교사

가분의 관계에 있었다.

투메트 알탄 칸과 겔룩 교단의 승려 쏘남갸초(3세 달라이라마, 1543~1588)가 1578년 청해호 남부에서 만났다. 이 만남에서 쏘남갸초는 알탄 칸에게 그가 쿠빌라이의 전세자轉世者(호빌간Qubil-ghan)이며, 자신은 팍빠 라마의 전세자라고 규정함으로써 쿠빌라이 시대의 전통을 회복했음을 선포했다. 이로써 몽골 사회는 점차 정치적 정통성의 확보를 위해 티베트불교가 얼마나 유용한 도구인가를 인식하기 시작했고, 이에 투메트를 뒤이어 6만호의 일파 할하 몽골과 서부의 오이라트 몽골 등도 불교 수용에 적극적으로 참여하기 시작했다. 사실상 차하르 대칸의 권위가 투메트를 비롯한 우익을 장악하지 못하는 상황으로 치닫게 되자, 알탄 칸을 중심으로 한 우익은 과거의 명분론(차하르 정통론)에서 탈피하고자 했다. 그 일환으로 투메트의 알탄 칸은 자신의 정통성을 조부 다얀 칸에서 찾는 데 그치지 않고, 대원 울루스의 창시자 쿠빌라이까지 소급하기 시작했다. 16세기 말 시작되는 적극적인 불교 수용 정책은 쿠빌라이의 후예로서의 정통성을 확보한다는 차원에서 중요한 의미를 갖는 것이었다.

이러한 맥락에서 티베트불교는 불교 자체의 의미보다는 몽골 제국 시대 쿠빌라이와 연결된 종교였다는 이유로 몽골에서 환영받았고, 또한 그런 이유에서 역사적 사실과는 별개로 불교와 몽골의 관계를 칭기즈 칸의 시대로까지 소급시켰다. 1580년대 할하 몽골의 아바다이 칸이 카라코룸의 반석 위에 에르데니조라는 사원을 건설했고, 알탄 칸의 증손이 4세 달라이라마로 전세하는가 하면, 황금가족의 후예들이 다수 유수한 활불로 지정되어 몽골은 물론 티베트불교계에서 활동하게 되었으니 당시 몽골의 지배층이 불교를 자신들의 정치적 정통성 확보와 동일시하는 모습을 확인하게 된다. 이 글의 서두에서 언급했던 복드 칸(8세 제브준담바호톡토)도 이러한 분위기에서 등장한 활불 계통이었으니, 할하 몽골 최고의 활불 1세 제브준담바호톡토(1635~1723)가 바로 복드 칸의 전생자였다.

티베트불교 세계에서 활불의 등장은 13세기 말 카르마카규 교단에서 일찍이 시작된 것으로 알려져 있다. 그러나 활불이 티베트의 거의 모든 교단으로 보편화되고 심지어 티베트를 넘어 몽골초원 지역으로까지 확대된 데는 몽골의 불교 수용이 결정적인 역할을 했다. 정치적으로 볼 때 몽골은 불교 세계의 수호자임을 자임하면서, 투메트를 이어 할하, 차하르, 호쇼트(오이라트의 일파) 몽골 등 여러 세력이 청해를 차례로 장악하여 티베트의 실질적인 지배자로 부상했다. 그러나 티베트 전체의 운명과는 별개로 겔룩 교단의 입장에서 몽골의 후원은 교단의 성장에 결정적인 역할을 했다. 이후 달라이라마나 판첸 등 겔룩 교단의 주요 승려들은 티베트 내부는 물론 여러 몽골 정치 세력과 연결되면서 막대한 후원을 받아 종교적으로나 정치적으로 그 어느 때보다 막강한 권력을 누렸다. 마치 몽골 제국이 샤카 교단을 통해 티베트를 장악했듯이 17세기 몽골은 겔룩 교단을 통해 티베트를 장악했던 것이다.

16세기 중엽 몽골이 암도青海(四川 북부)를 장악하면서 재개된 티베트와의 접촉은 1578년 투메트 몽골의 알탄 칸이 3세 달라이라마를 만나면서 몽골 전역으로 확대되었다. 당시 몽골 전교는 오늘날 훅호트(내몽고자치구 호화호특시), 차간호트(내몽고자치구 적봉시 북쪽)를 중심으로 확산되기 시작하여 할하, 오이라트 몽골 등지에도 사원이 다수 건설되었다. 현재 카라코름의 유적 한쪽에서 만날 수 있는 에르데니조도 당시 할하 몽골에 조성된 대표적인 사원이었다. 이렇게 형성된 몽골의 불교 성지들은 이미 당시 몽골의 정치적 중심지인 경우가 많았다. 여기에 종교적 중심지로서의 역할이 더해짐으로써 내륙아시아 불교 세계의 출현을 함께 이끌었다. 이 대열에는 실승사實勝寺, 동서남북의 백탑白塔 등이 건설된 청조의 성경盛京(현재 요녕성 심양)도 함께했으나, 당시 몽골의 사원들이 티베트, 암도 등지의 주요 사원과 활발하게 직접 교류한 것에 비하면 불교 세계의 변연邊緣에 불과했다.

청조의 성경 시대는 물론 중원을 장악한 후 순치제를 거쳐 강희제 초년에 이르기까지 불교가 전파된 내륙아시아 지역 내부에서 청조의 입지는 그리 공고하지 않았다. 이는 결국 몽골과의 대립 구도에서 청조가 유리한 위치를 차지하고 있지 못했음을 의

미한다. 당시 몽골 내부는 할하와 오이라트(특히 준가르) 몽골의 동서 대립이 주요한 갈등 구도였고, 여기에 암도를 장악한 오이라트의 일파 호쇼트 몽골의 움직임이 복잡함을 더했다. 이러한 경쟁 속에서 몽골의 제 정권은 각자의 정치적 정통성과 위상의 제고를 위해 교단과 밀접한 관계를 맺었다. 달라이라마가 속한 겔룩 교단은 종교적 중심인 동시에 불교 세계 내부의 중재자로서 영향력을 확대해 갔다. 몽골 등 각지의 승려와 세속 군주가 달라이라마를 비롯한 겔룩 교단의 고위 승려들을 만나기 위해 티베트 라싸로 몰려들었으며, 5세 달라이라마가 집권하던 17세기 후반은 그 절정에 달해 있었다.

매년 티베트력 정월에 거행되는 신년기원대법회新年祈願大法會(묀람첸모)가 열리는 기간에는 티베트는 물론 몽골 각지에서 밀려드는 인파로 라싸는 인산인해를 이뤘다. 신년기원대법회는 1409년 겔룩 교단의 창시자 쫑카빠(1357~1419)가 제안하여 라싸에서 티베트력 정월 초하루부터 16일간 진행되는 티베트의 최대 종교 행사였다. 이 기간에 조캉, 라모체 등 라싸의 주요 사원에서 다양한 불교의식이 진행되었고, 겔룩 교단의 승려들은 엄격한 시험을 거쳐 라람빠 등 학위를 수여받았다. 4세 달라이라마가 사망하고 5세가 전세를 허락받기 전까지 약 7년 동안 겔룩 교단의 승려는 신년기원대법회에 참석할 수 없었다. 그러나 그것을 제외하면 대법회는 겔룩 교단, 특히 데붕 사원에서 관할하는 행사였다. 이는 데붕 사원의 활불이며, 이곳에서 집정했던 5세 달라이라마와 깊이 연결되어 있었음을 뜻한다.

매년 신년기원대법회에는 티베트를 비롯하여 몽골의 승려와 세속 군주가 대거 참여해 법회의 시주로서 역할을 했다. 그 시기가 분명하지 않지만 대개 몽골 출신인 4세 달라이라마(1589~

1616, 투메트 알탄 칸의 증손)가 라싸에서 활동하기 시작했던 1604년 무렵부터 많은 몽골의 시주가 라싸의 종교 활동에 적극 참여하였다. 청조의 경우 1639년 청해 출신의 승려로 몽골에서 전교 활동을 하고 있던 서친 초르지가 청 태종의 부탁을 받고 사신으로 파견된 것이 처음이었다. 1651년에서 1652년 5세 달라이라마의 북경 방문이 성사됨을 전후하여 청조 사신의 파견이 상시화되었다.

이 행사는 종교행사였지만, 많은 세속 군주가 참여하여 그들의 정치 현안을 논의하고 때로는 교단의 중재를 요청하는 등 신년기원대법회의 정치적 의의는 매우 높았다. 그러나 승려들의 저작에는 정치 문제를 본격적으로 다루지 않는 경우가 많아 실상을 살피는 데는 한계가 있었다. 그럼에도 매년 조금씩 바뀌는 주요 시주의 명단, 그들이 나눈 짧은 대화 속에서 실마리를 찾아보는 것은 이 시대를 이해하는 데 중요한 단서가 되고 있다.

이처럼 신년기원대법회에 참여하는 주요 외부 인사가 늘어남에 따라 참석자들의 좌석을 배치하는 일은 매우 중요했다. 예의禮儀 문제가 발생하지 않도록 미리 원칙을 정해 둘 필요가 있었는데, 1672년 5세 달라이라마가 이 문제를 해결하기 위해 조치를 발표했다. 5층 방석과 등받이로 이뤄진 달라이라마의 좌석부터 샤카, 카르마黑帽, 紅帽, 닥룽 등 티베트 주요 교단의 대표는 물론 암도와 몽골의 세속 군주 및 승려에 대한 좌석도 자세히 구분하여 순서를 매겨 두었다. 이를 통해 알 수 있듯이 몽골의 후원으로 성장한 겔룩 교단은 여러 몽골 세속 군주는 물론, 청을 건국한 만주 사회에까지 영향력을 확대시키면서 내륙아시아 불교 세계 내부의 질서를 조정하는 구심점으로 역할하고 있었던 것이다.

보통은 강력한 무력을 바탕으로 한 청 제국이 중원을 장악하고 뒤이어 몽골, 티베트, 위구르(현재 신강성)를 차례로 복속시킴으로써 대제국을 건설했다고 믿어 왔다. 그러나 청 제국의 건설은 소수의 만주인이 주축이 되어 몽골과 한족 사회를 아우르면서 가능했다. 만滿·한漢·몽蒙을 아우르는 팔기八旗 조직이 그러하며, 태종 홍타이지가 차하르 몽골의 통합을 기념하기 위해 국호를 후금後金에서 청淸으로 바꾸던 1636년의 상황이 그러했듯이, 몽골과 한족에 대한 통치력의 확대는 청조의 발전 과정에서 중요한 전기를 마련해 주었다.

특히 주변 몽골의 극복을 통해 세력을 키워야 했던 만주로서는 몽골의 정통성 계승과 유목 군주로서의 정체성 확립이 당면 과제였다. 따라서 몽골의 통치자이며 계승자로서 청의 황제는 유목 군주로서 자신의 입지를 굳건히 할 필요가 있었다. 다시 말해, 이미 티베트불교가 시대정신으로 자리잡은 내륙아시아에서 때로는 문수보살의 화신이며, 전륜성왕인 동시에 티베트불교의 신실한 시주施主로서 자신의 역할에 충실해야 했다. 유목 군주 칸으로서 몽골을 계승한 내륙아시아의 패자인 자신의 정체성을 확립해야 했던 것이다.

16~17세기 초를 거쳐 몽골과 만주는 티베트불교권의 주요한 신자로 일찍이 등장했다. 그럼에도 청조의 황제가 신자였는지, 그렇지 않은지가 오늘날까지도 논란의 대상이 되고 있다. 이는 요遼·금金·원元이 그랬듯이 만주도 한화漢化의 운명을 거스를 수 없었기 때문에 한족처럼 만주의 황제도 결코 티베트불교를 받아들이지 않았으며, 그들과의 관계는 철저히 지배를 위한 수단이었다는 생각에서 비롯되었다. 다시 말해, 유목 군주에서 출발한 후금의 지배자가 중원 진입을 전후해 중원의 황제로 탈바꿈했다고 이해되는 것은, 중원의 군주가 유목 군주에 군림하는 상위의 존재라는 한인漢人의 막연한 민족적 우월감이 작용한 탓이다.

그러나 현실적으로 청조의 황제는 한인에게는 황제였지만, 유목의 세계에서는 몽골 자신을 포함한 불교 세계 전체를 수호하는 '복드 칸^{聖汗}' 이었다. 또한 만주의 요람은 유목 세계의 동편 자락에 있었고, 그들은 몽골을 철저히 계승함으로써 동시에 경쟁자 몽골을 극복해야 했다. 청조의 황제가 라마를 만났던 것은 자신의 신앙이었기 때문이고, 그 신앙은 유목 세계의 보호자로서 청조에 의무와 책임을 요구했다.

동으로 만주의 요람에서 카스피해 연안의 칼믹 공화국(오이라트의 후예)에 이르기까지 유라시아 동서에 길게 늘어서 있는 티베트불교의 흔적들은 사실상 16세기 이래 전개된 몽골의 확산과 뒤를 따라 형성된 '티베트불교문화권' 의 잔영인 셈이다. 이러한 과정에서 몽골 전교는 중요한 시발점이며 원동력이었다는 점에 주의를 기울여야 한다. 즉, 불교문화권의 확산은 몽골 팽창의 부산물이었다. 그러나 뒤이어 이것이 청조에 의해 통합되고, 불교 세계의 수호자로서의 지위를 청조에게 양보함으로써 몽골과 티베트의 강고한 유대는 점차 희미해져 갔다.

7

일본불교사

● 　일본에 불교가 유입된 시기에 대해서는 여러 이설이 있다. 그 가운데 공전公傳만 놓고 본다면, 대체로 6세기 중엽 무렵으로 알려져 있다. 이는 아스카飛鳥 시대인 552년 10월에 백제의 26대 왕인 성명왕聖明王(재위 523~554)이 석가불의 금동상, 번개幡蓋, 경론 등과 함께 불법을 전했다는 『일본서기日本書紀』의 기록에 따른 것이다. 부처님을 마레비토가미客神, 즉 외래의 신으로 본 당시 사람들은 불교를 받아들일 것인가 말 것인가를 놓고 정쟁에 휘말렸다. 숭불파의 소가蘇我 씨와 배불파의 모노노베物部 씨의 두 호족이 대표적이었다. 약 반세기 동안 지속된 정쟁은 소가 씨족의 승리로 돌아갔다. 584년에는 고려의 환속승 혜편惠便을 법사로 하여 일본 최초로 젠신니善信尼, 젠조니禪藏尼, 에젠니惠善尼가 출가했다. 소가노 우마코蘇我馬子는 불전을 만들고 미륵상을 안치하여 이들을 모시고 법회를 보았다.

우마코가 모노노베노 모리야物部守屋를 멸망시킨 후, 596년 우마코는 일본 최초의 절이자 자신들의 씨사氏寺인 아스카데라飛鳥寺를 건립했다. 백제는 혜총惠聰, 영척令斤, 혜식惠寔 등을 파견하여 불사리를 보냈고, 사찰 건립을 위한 기술자들을 파견했다. 일본 최초의 사찰인 아스카데라가 당시 모든 사찰의 지도적 위치를 갖게 된 이 시기의 불교를 씨족 불교라고 할 수 있다.

스이코推古 천황의 섭정을 하게 된 쇼토쿠聖德(574~622) 태자에 이르러 불교는 비로소 고대국가의 확립에 기여한다. 그는 『17조 헌법』의 제2조에 "깊이 삼보를 공경하라. 삼보는 사생의 종귀終歸, 만국의 극종極宗이라." 하고, "사람은 악한 자가 적다. 잘 가르치면 이에 따르리라. 삼보에 귀의하지 않는다면 무엇으로 굽은 것을 바루겠는가."라는 것으로 불법의 가르침을 명문화하고, 백성 교화의 지침으로 삼았다. 태자는 『승만경』 『법화경』 『유마경』에 대한 『삼경의소』를 지었다. 여기에는 고구려 승려 혜자慧慈의 도움이 있었다. 『법왕제설法王帝說』에 의하면, 태자는 혜자를 스승으로 모시고 3경의 본지를 깨닫고 의소를 짓는 데 도움을 청했으며, 혜자는 그 의소를 고구려로 가져갔다. 이로써 당시 한반도의 불교 수준이 뛰어났음을 알 수 있다.

쇼토쿠 태자의 사후 스이코 천황은 승려의 악행을 구실로 승정僧正·승도僧都·법두法頭에 의한 승관 제도를 설치하여 불교를 통제했다. 639년에는 죠메이舒明 천황의 씨사인 쿠다라오데라百濟大寺가 건립됨으로써 궁정 불교의 막이 올랐다. 645년 코토쿠孝德 천황은 당나라의 10덕德 제도를 모방하여 승려들을 법답게 지도할 10사師를 임명했다. 다음 해에는 소가 씨족의 멸밍을 계기로 국가권력의 강화를 가져온 타이카大化의 개신改新을 단행함으로써 불법 홍륭과 불교 통제의 권한은 명실공히 천황의 수중에 들어갔다. 율령국가 체제가 확립되면서 8세기에 들어서는 승관제가 확립되고, 승니령僧尼令이 제정되어 국가불교의 법적인 체제도 정비되었다. 따라서 국가에 봉사하는 정행淨行의 승려 집단을 확보하기 위해 승려의 득도 및 신분을 관이 통제하고 증명서를 교부했다.

710년 수도를 아스카에서 나라奈良로 옮긴 후, 불교는 진호鎭護 국가의 기원에 봉사하면서 국가불교의 길을 걸었다. 또한 당나라로부터 불교 전적을 수입하고, 국가에서 사경소를 직접 운영했다. 사경의 목적은 경론의 소유, 수집, 독경, 공양 등을 위해서였다. 722년 천황의 추선공양을 위해 『화엄경』 등 4백 권의 경전을 서사한 것처럼 많은 불전 사경이 이곳에서 이루어졌다. 겐보玄昉는 『개원석교록』에 기록된 경론을 중국으로부터 수입하여 사경소에 제공함으로써 승정僧正에 오르기도 했다. 외국으로부터 건너온 여러 승려들에 의해 사경소의 경전들이 늘어났다. 이후 대사찰과 민간에서도 사경이 활발하게 이루어졌다.

한편, 당나라의 측천무후가 세운 대운사大雲寺를 모방하여 국가가 관리하는 국분사國分寺를 지방에 설치한 것도 이 시기였다. 741년 쇼무聖武 천황의 조서에 의해 국분사에는 비구 승려 20명, 국분니사國分尼寺에는 비구니 승려 10명을 배치하여 전자에서는 『금강명최승왕경』을, 후자에서는 『법화경』을 독송하여 호국과 멸죄를 기도하도록 했다. 토다이지東大寺는 총국분사, 홋케지法華寺는 총국분니사로 칭했다.

토다이지는 쇼무 천황의 비로자나대불 건립의 칙령에 의해 건립되었다. 『화엄경』을 근본으로 하여 세워진 이 사찰에 천황 스스로가 삼보의 노예라고 말하며 개안식에 참석했다. 당시 민간 포교에 공을 세운 도래인계의 승려 교키行基(668~749)의 노력과 전통신앙인 신도神道의 협력에 의해 완공되었다. 이는 고대 불교의 신불습합神佛習合의 모습을 보여 주고 있다.

신불습합은 불교가 일본에 정착하는 과정에서 생긴 자연스러운 현상이다. 8세기에는 신사의 경내에 부속된 진구지神宮寺가 출현하기 시작했다. 즉, 신은 미혹된 존재이므로 부처님의 구제가 요청된다는 설에 바탕을 둔 본지수적설本地垂迹說에 의한 것이다. 진구지에서는 승려들이 신전에서 부처님의 가피를 비는 가지加持 기도나 독경을 올렸다. 유구한 신불습합의 관습은 근대의 폐불훼석을 통해 한때 단절되기도 했다.

고대 나라 불교는 남도南都 불교라고 부른다. 남도 불교의 특징 중 하나는 대사찰 내에서는 6종 겸학이 행해졌다는 점이다. 토다이지는 6종 겸학의 장으로 널리 알려져 있다. 토다이지의 기록에 의하면 6종은 법상·삼론·율·구사·성실·화엄을 지칭한다. 종宗은 각 사찰 내에 있는 연구 단체인 중衆을 통괄하는 정부 공인의 조직을 말한다. 지도자에는 대학두·소학·유나의 직책이 임명되었다.

법상종은 도쇼道昭(629~700)가 중국에서 현장으로부터 전수받은 것으로부터 유래한다. 중국으로부터 4대에 걸친 전수가 있었으며, 3전傳 치호智鳳의 제자로 기엔義淵이 배출되고, 그 문하인 겐보·교키·센쿄宣教·료빈良敏·교다츠行達·류손隆尊·료벤良辨을 상족7인上足七人이라고 한다. 겐보의 문하에는 일본 최초의 인명서 『인명론소명등초因明論疏明燈抄』를 쓴 센쥬善珠가 있다.

삼론종은 중국의 길장吉藏으로부터 전수받은 고구려 승려 혜관慧灌(생몰년 미상)이 일본에 전했다. 3전으로 전해진 도지道慈는 길장의 손제자 원강元康으로부터 배웠다. 간고지元興寺의 치조智藏로부터 배운 치코智光 또한 한 문파를 이루었는데, 도지 계통은 다이안지류大安寺流, 치코의 계통은 간고지류元興寺流다. 전자의 문하에서 헤이안平安 시대에 『대승삼론대의초大乘三論大義鈔』를 쓴 겐에이玄叡가 나왔다.

율종은 당에서 계율을 배워 귀국한 도코道光가 제1전으로 전해진다. 그는 칙명을 받아 『의사분율초찬록문依四分律抄撰錄文』

을 지었으며, 당나라 도선道宣의 저서인 『사분율행사초四分律行事抄』를 강의했다. 초기에는 주로 사분율이 연구되었고 실천에 의한 율의 의미에 대해서는 무지에 가까웠다. 즉, 정식 수계 제도가 없었던 것이다. 754년 요에이榮叡와 후쇼普照의 간청에 의해 중국으로부터 감진鑑眞(688~763)을 비롯하여 그의 제자 법진法進과 사탁思託 등이 들어와 토다이지에 처음으로 계단원戒壇院이 설립되었다. 감진의 활동이 활발해지면서 동서에 해당하는 토치기 지방의 야쿠시지藥師寺와 후쿠오카의 칸제온지觀世音寺에도 각각 국립계단이 세워졌다. 이를 천하의 3계단이라고 불렀다.

구사종은 이 시대에 『대비바사론』·『아비담심론』·『순정리론』 등을 연구했다. 초기에는 법상종을 전한 도쇼에 의해 전해졌다. 806년 관부官符에 의하면 법상종 부속의 종인 우종寓宗으로 매년 1명의 득도가 행해졌다고 한다. 성실종은 680년경 백제 승려 도장道藏에 의해 전해졌다고 알려지며, 또한 법상종의 우종으로 연구되었다.

마지막으로 화엄종은 보적普寂의 제자로 전해지는 당나라 도선道璿(702~760)이 율 및 천태와 함께 장소章疏를 전했다. 법상종 기엔의 제자인 료벤이 화엄의 개강을 계획하고, 다이안지의 신라승 심상審祥이 처음으로 경을 강설했다. 740년에 시작하여 60권본 『화엄경』을 3년에 걸쳐 강의했다. 나라 시대에는 신라계의 화엄, 지론종계地論宗系의 원시화엄, 법장의 성립화엄의 세 종류가 자유롭게 연구되었다.

이 시대는 국가의 사찰만이 아니라 민간에서도 불교의 전파가 이루어졌다. 일본 최고最古의 불교 설화집인 『일본영이기日本靈異記』에는 민간 포교로 유명한 교키에 관한 설화가 많이 등장한다. 그는 민중구제 사업을 펼쳐 보살로 불렸으며, 국가도 결국 이러한 힘을 빌려 토다이지를 완성하게 했다. 그는 또한 민간 포교의 일환으로 신목神木에 불상을 새긴 감득불感得佛을 제작한 것으로 널리 알려져 있다.

관의 허가를 얻지 않고 스스로 승려가 된 자도승自度僧들은 자신을 보살로 부르고, 신분의 제약을 초월하여 민중의 교화를 목표로 삼았다. 또한 지역의 사찰에 기진寄進을 담당했던 지식知識이라고 불리는 사람들이 경전 서사書寫를 발원하여 소위 지식경知識經을 만들기도 하였다. 이러한 민간 포교의 전통은 중세에 이르러 신불교 탄생의 배경이 되었다.

나라 말기에 이르러 도쿄道鏡(?~772)와 같은 정치승의 등장이 보여 주듯 불교는 점점 퇴폐하기 시작했다. 도쿄가 몰락하고 코닌光仁 천황은 새로운 불교정책을 펼쳤다. 금지했던 산림 수행을 허락하는 한편, 자도승을 엄하게 금지하였다. 그리고 계행청정을 중요시하고, 지행이 뛰어난 자의 출가를 허락했다. 호국불교를 지탱하는 불교의 정화를 국가의 안위와 직결시킨 것이다. 이에 따라 승관제 및 도첩제를 새롭게 개혁하기도 했다. 헤이안 불교는 이러한 분위기에서 새롭게 전개되었다.

2. 헤이안 시대의 불교

●　헤이안平安 불교는 9세기 초엽 사이쵸最澄(767~822)와 쿠카이空海(774~835)에 의한 천태종과 진언종의 성립으로부터 12세기 말 가마쿠라鎌倉 신불교가 출현할 때까지 약 4백 년간의 시기를 말한다. 천태종과 진언종은 나라 말기 강조된 산림 수행과 국가불교의 그늘을 벗어난 민간 포교의 토양 위에 관대사官大寺 불교에 대한 비판의식으로부터 형성되었다.

불교가 국가에 포섭된 남도 불교와는 달리 불교와 국가는 별도의 차원에 있으면서도 성속 이원론에 입각한 왕법불법상의론

王法佛法相依論의 국가불교 이념을 확립했다. 또한 종래의 종을 중심으로 한 학단 불교와는 달리 실천적 구제론에 바탕을 둔 대승적 불교를 지향했다. 사이쵸가 "논論은 경經의 말末, 경은 논의 본"이라는 입장을 주장한 것처럼 천태종과 진언종은 각지의 지식 집단과 연대하여 불법의 대중화에 성공했다.

수도를 교토京都로 옮긴 칸무桓武(재위 781~806) 천왕 대의 불교정책은 율령제를 재건하려는 일환으로 세워졌다. 불교의 문란을 엄하게 다스리고자 승니령 조문을 사회의 실정에 맞게 현실적으로 적용시켰다. 나라 말기에는 묘당과 유착하는 등 불교계의 세속화가 두드러졌다. 이에 조정은 코닌 천황이 허락했던 신성한 산림에서 수행한 지계 청정한 승려들이 국가를 지키고 민중에게 이익을 줄 것으로 보았다. 사이쵸와 쿠카이는 시대의 추이에 맞추어 『법화경』과 진언다라니의 의미를 각각 새롭게 해석하고, 보편적인 구제 종교로서 천태종과 진언종을 입종立宗했다. 또한 이 시기에는 엔노 오즈노役小角를 창시자로 하는 수험도修驗道의 출현으로 전통적인 산악 영장과 불교사상이 자연신앙의 한 갈래를 형성하기도 하였다.

사이쵸는 9개월간 중국의 천태산 등을 역방하며 원선계밀圓禪戒密이라고 하는 소위 4종상승을 받고 귀국한 후, 수도 교토의 동편인 히에이산比叡山에 천태법화종을 세운다. 현재 일본 천태종의 총본산인 엔랴쿠지延曆寺는 그때 사이쵸가 세운 이치죠시칸인一乘止觀院이다.

그러나 이러한 행보가 순탄치만은 않았다. 시련은 남도 육종의 대표 주자였던 법상종 토쿠이치德一와의 논쟁으로 시작되었다. 토쿠이치는 인간의 능력은 태어날 때부터 결정되어 있는바 삼승으로 구별되고, 누구라도 부처가 될 수 있다는 것은 『법화경』의 방편일 뿐이라는 5성각별설에 근거하여 사이쵸를 비판했다. 토쿠이치의 주장에 대해 사이쵸는 『조권실경照權實鏡』·『수호국계장守護國界章』·『법화수구法華秀句』 등의 저술을 통해 『법화경』에 나온 삼승의 구별이야말로 방편이며, 오히려 누구나 부처가 될 수 있다고 하는 일승을 설한다고 반론했다.

법상 교학을 혁파한 그가 다음으로 부딪힌 현실적인 장애는 계단戒壇 설립에 관한 문제였다. 당시에 정식으로 계를 받아 승려가 되기 위해서는 나라가 설립한 계단을 통하지 않으면 안 되었다. 『산가학생식山家學生式』을 조정에 제출하여 독립된 계단의 획득을 목표로, 그것도 기존의 소승계가 아닌 대승계 수여를 목표로 교리와 실천의 양면에서 대승불교의 실질적인 확립을 주장했다. 이러한 과정에서 『현계론顯戒論』을 저술하여 승관을 두어 승려를 국왕이 통제하는 것은 정도에 어긋난다고 하는 반론을 제기하기까지 했다.

독립 계단의 숙원은 그의 생애에 실현되지 못했다. 하지만 그의 사후 7일이 지나 마침내 칙허를 받았다. 이에 따라 다음 해부터 새 수계 제도가 시작되고, 5년 뒤에 마침내 히에이산에 천태계단원이 만들어졌다. 사이쵸는 대승불교의 최고봉인 천태, 선, 화엄, 정토, 밀교 등의 사상을 총망라하는 법화일승의 통일불교를 일본에 완성시킨 것이다.

쿠카이는 당나라에 들어가기 전부터 유불도 삼교의 우열을 논한 『삼교지귀三敎指歸』를 찬술할 정도로 불교에 해박한 지식을 자랑했다. 2년 동안 중국의 여러 사원에서 가르침을 받았다. 특히, 불공不空과 선무외善無畏의 제자인 현초玄超에게 각각 금강계와 태장계의 밀교를 배운 청룡사의 혜과惠果로부터 진언밀교를 전수받았다. 귀국 후에는 왕실과의 관계가 깊어졌으며, 이를 통해 나라 토다이지에 관정灌頂 도량을 만들고 고야산高野山에 진언종의 총본산인 콘고부지金剛峰寺를 건립했다. 더불어 교토에 토지東寺를 부여받고 이를 진언밀교의 전문도량으로 만들었다. 여기에 서민을 위한 종합 교육 학교인 슈게슈치인綜藝種智院을 세웠다.

『비밀만다라십주심론秘密曼荼羅十住心論』과 이의 요약본인『비장보약秘藏寶鑰』은 쿠카이의 핵심 저서이다. 이는 보살심 발현의 과정을 인간 성장의 단계와 비교하여 십종의 단계로 분류한 것이다. 즉, 현교顯教와 제종의 각각을 단계별로 두고 최상위에 밀교가 자리하고 있음을 설한 종합 교리서이다. 이 외에도『변현밀이교론辨顯密二教論』·『즉신성불의 卽身成佛義』·『성자실상의 聲字實相義』등을 통해 즉신성불사상은 물론 진언종의 교학을 체계화하였다.

오늘날 잘 알려져 있는 민중신앙의 하나인 대사신앙의 대상이 바로 이 쿠카이이다. 이는 밀교가 전하는 신비성과 대중성, 보편 종합성에서 발현된 것으로 그가 중국에서 배워 온 토목사업과 민중 교육·교화 활동이 이 시대부터 널리 알려진 것에 기인한다.

이처럼 사이쵸와 쿠카이는 헤이안 불교의 중핵이자 양대 산맥이었다. 사이쵸는 연장자임에도 불구하고 밀교의 부족한 면을 메우고자 제자의 예를 갖추고 쿠카이로부터 관정을 받기도 했다. 그런데 사이쵸가 보낸 제자 타이한泰範이 쿠카이 문중에 귀의한 것이 빌미가 되어 둘의 교류는 끊어져 버렸다. 그럼에도 이들의 업적은 혁혁하여 사이쵸는 법화일승의 묘법을 통해 대승의 불법을 총섭하려고 시도했으며, 쿠카이는 진언밀교의 비의를 통해 모든 사상과 철학을 체계적으로 종합하고자 했다. 이들은 개유불성과 즉신성불의 정신으로 구제 종교로서의 대승적인 불법을 비로소 일본에 정착시켰다고 할 수 있다.

두 사람의 사후, 천태종은 밀교의 영향을 받아 불이不二와 현실 긍정의 천태본각 사상으로 발전하여 일본의 문화 및 사상 형성에 큰 영향을 끼쳤다. 천태종의 히에이산은 인재를 길러 내는 학당으로서의 역할도 수행하여 이후 중세 불교를 수놓을 호넨法然, 에사이榮西, 신란親鸞, 도겐道元, 니치렌日蓮 등 가마쿠라 신불교의 조사들을 배출한다. 진언종은 쿠카이의 사상이 완결되는 바람에 교상敎相보다는 사상事相의 신비체험을 중시한다. 이를 통해 왕실과 민중의 밀교화를 촉진했다.

천태종은 엔닌圓仁(794~864)에 의해 더욱 발전했다. 그는 사이쵸로부터 사사받고 입당하여 오대산에서 5회 염불, 즉 인성引聲 염불을 도입하여 천태정토교 발생의 계기를 만드는 한편, 밀교를 배워 천태종의 소위 태밀台密의 기초를 확립했다. 특히 9년간의 중국 여행기인 『입당구법순례행기入唐求法巡禮行記』에는 신라의 장보고가 세운 적산 법화원과 관련된 기사를 비롯해 당시 중국불교의 상황이 기술되어 있어 높은 사료적 가치를 얻고 있다.

헤이안 불교는 중기로 접어들어 일종의 섭정 정치인 셋칸攝關 정치의 시대로 이행하면서 귀족불교의 경향을 띠었다. 특히 왕실과 귀족의 천태종과의 관계가 깊어지며, 동시에 현세 구복을 위한 밀교의 수법이 발달하여 진언종의 영향력도 확대되어 갔다. 소위 셋칸 체제 아래 모든 사원의 불교 행사는 귀족 사회의 연중행사처럼 변해 갔다. 따라서 화려한 사원의 건립과 밀교 수법修法에 의한 조복調伏이나 안산식재安産息災를 비는 5단법 등의 연단법이 발달했다. 11세기 무렵에는 양적인 공덕주의가 정형화되는 귀족화의 길을 걷게 되었다.

이 시기 천태정토와 진언정토의 출현은 물론, 쿠야空也(903~

972)의 칭명염불 포교, 겐신源信(942~1017)의 『왕생요집』에서 보듯이 천태의 영향을 받은 관상염불과 제행왕생을 기원하는 정토사상이 출현한다. 또한 기록문학격인 왕생전의 연이은 출현은 정토 계통의 불교가 왕성해지는 토대를 형성했다.

고대 말에 해당하는 11세기 후반부터 12세기 말기까지는 사회적인 대격변이 일어났다. 각종 천재지변과 정쟁의 난무, 고대국가의 기반이었던 율령제의 해체 등으로 말법 도래의 위기감이 고조되었다. 이러한 가운데 전통 교단과 교학에 대한 의문이 확산되고, 이를 이탈하여 지경자持經者, 히지리聖, 쇼닌上人 등으로 불리는 포교자 혹은 개인 수행자들은 물론 특정한 장소를 중심으로 한 염불 집단도 등장하기 시작했다. 이는 중세 일본불교의 민중화 및 토착화의 주역인 신불교의 조사들이 배출되는 토양이 되었다.

1. 가마쿠라 시대의 불교

● 일본 중세에 해당하는 가마쿠라鎌倉(1180~1333) 시대는 현재 일본불교를 대표하는 조사들이 등장하여 불법의 시대화와 대중화를 외친 시기이기도 하다. 중국으로부터 수입한 천태와 밀교 역시 고대 진호鎭護 국가의 사상을 기반으로 국가불교화했다. 권력을 둘러싼 왕실 내부의 암투와 실권을 향한 무사들의 항쟁 속에서 민중들의 고통이 커지는 가운데 불교는 왕법불법의 논리에 안주하여 불법 고유의 정신이 점점 쇠퇴해 가고 있었다. 특히 전국의 동란은 물론 천지자연의 이변은 민중들의 피난처마저도 앗아가 버렸다. 시신이 인산인해를 이루는가 하면 수도가 불타는 광경은 말세에 가까워 왔음을 실감케 했다. 불교의 말법사상은 이러한 현상에 더욱 심리적인 절망감과 자괴감을 부여하여 민중이 지옥을 경험하는 것과 다를 바 없었다.

이러한 시대의 조사와 종파는 호넨(1133~1212)의 정토종, 에사이(1141~1215)의 임제종, 호넨의 제자인 신란(1173~1262)의 정토진종淨土眞宗, 도겐(1200~53)의 조동종, 니치렌(1222~82)의 일련종, 잇펜一遍(1239~89)의 시종時宗 등을 들 수 있다. 이들은 전통불교권 내에서 수학하고 수행하며, 한계를 절감한 사람들이었다. 특히 천태종의 본찰이 있는 히에이산에 입산해서 내면의 치열한 문제의식으로 깊은 교학과 수행을 쌓은 사람들이었다. 도겐은 중국에서 구법을 통해 자신의 철학을 정립하기도 했다. 이들은 기성 종단에 대한 반발로 독자적인 길을 걸으며, 자기류의 불교 개혁을 완수한 인물들이었다.

이 시기 조사들의 특징은 다음의 세 가지로 정리할 수 있다. 첫째는 말법 시대라고 하는 인식으로 가득 차 있었던 시기에 시기상응의 불법을 전개했다는 점이다. 일본의 경우 길장吉藏의 『법화현론法華玄論』에 근거한 정법 천 년, 상법 천 년 설이 일반화되었다. 그리고 당나라 법림法琳의 『파사론破邪論』에 나오는 기원전 949년(주나라 목왕 53년)을 부처님의 입멸설로 봄에 따라 1052년에 말법의 시대에 들어왔다고 보았다. 조사들은 말법사상을 자기 교설의 근간으로 삼았다. 단 도겐의 경우는 비록 말법사상을 부정했지만, 정법인 부처님의 가르침에 더욱 근원을 대고자 한 것은 이러한 시대적인 분위기를 충분히 의식해서였다.

둘째는 염불, 좌선, 제목題目 등 일행一行을 통한 선택과 집중의 교화 방식을 전개했다는 점이다. 이러한 택일 사상은 당시의 민중 입장에 서서 불법의 가르침을 하나로 모음으로써 삶 속으로 보다 쉽게 뿌리내릴 수 있었다. 더욱이 천태와 밀교가 고대사회의 몰락 속에서 자신의 안위와 번영만을 챙기는 교단주의에 대한 대중들의 반감을 쉽게 누그러뜨렸다. 또한 새로운 형태의 권력 집단인 무사 정권이 탄생한 시대적 분위기에서 기성 종단의 방해에도 불구하고 쉽게 적응할 수 있었다. 막부幕府는 왕권을 견제하는 세력이었으므로 신흥불교세력을 끌어들이고자 했다. 또한 선택과 집중은 무사들의 정신세계에도 크게 기여할 것으로 기대했다. 이러한 전환의 시대를 잘 활용하여 불법의 토착화에 성공한 것이다.

셋째는 앞의 선택과 집중에 이어지는 것으로, 조사들이 불·법·승 삼보의 한 가지에 집중했다는 점이다. 먼저 불보에 해당하는 조사는 정토계의 호넨, 신란, 잇펜이다. 호넨은 선도의 『관무량수경소』를 읽고 그를 스승으로 삼았다. 칭명염불이야말로 극락왕생을 위한 바른 정정업正定業이라고 했기 때문이다. 그는 『선택본원염불집選擇本願念仏集』(1198)을 통해 법멸의 시기에는 자력을 버리고 타력에 의지하는 이행도로써 왕생 정토하는 구제의 길을 걸을 것을 역설했다. 아미타불의 본원에 기반을 두고 염불을 선택한 것이다.

호넨의 사후에는 그의 묘당이 파괴되는 등 박해가 이어졌다. 그러나 염불에 대한 민중의 신앙은 더욱 깊어져 갔다. 또한 다른 교단 승려들의 귀의도 늘어나면서 자연히 교의에 대한 해석에 따라 분파되어 갔다. 대표적으로는 벤쵸弁長의 진서의鎭西義, 쇼쿠証空의 서산의西山義, 코사이幸西의 일념의一念義, 류칸隆寬의 다념의多念義, 쵸제이長西의 구품사의九品寺義 등으로 나뉘어졌다. 이 가운데 벤쵸의 진서의는 다시 6파로 나뉘어 가장 큰 세력을 형성했다. 7개의 대본산과 교토 지온인知恩院을 총본산으로 하는 현재의 정토종은 진서의의 흐름을 잇고 있다.

신란은 스승 호넨의 사상을 더욱 발전시켜 신심의 염불을 세울 것을 주장했다. 『교행신증教行信証』(1224년경)에 신란의 이러한 교설이 설파되어 있다. 그는 『무량수경』에서 법장비구가 세운 본원이 아미타불 성취로 인해 중생들이 이미 구제되었다는 신심의 염불을 세우고, 현생에서 왕생의 인因인 정정취正定聚를 얻을 수 있다고 했다. 그는 아미타불의 본원에 나타난 중생 구제를 위한 모든 가르침〔教〕이 가장 진실하다고 했다. 진실한 행行은 아미타불의 48원 가운데 제17원, 진실한 신信은 제18원, 진실한 증証은 제11원으로 보았다. 따라서 신심위본, 타력회향 등의 개념에서 보듯 자력으로 행증行証을 세우지 못하는 중생, 즉 번뇌로 가득 차 있고 한없는 생사유전으로 죄악에 물든 범부임을 먼저 철저히 자각하는 동시에 믿음에 의지하는 것이 말세 중생 구원의 근본임을 설하고 있다.

신란의 사후 그의 묘당은 사원화되어 혼간지本願寺로 불렸다. 이후 분파가 이루어졌으며, 초기에는 제자 신부츠信佛가 주지로 있던 붓코지佛光寺를 중심으로 한 고전高田파의 세력이 가장 컸다. 그러나 15세기부터 신란의 8대손 렌뇨蓮如의 활동으로 혼간지파가 가장 큰 세력을 형성했다. 에도 막부 시대를 연 장군 도쿠가와 이에야스德川家康는 분할정책을 써 현재의 니시혼간지西本願寺와 히가시혼간지東本願寺로 세력을 나누었다. 전자는 본원사파로, 후자는 대곡大谷파로 불리며 양대 교파가 오늘날에도 가장 큰 세력을 이루고 있다.

마지막으로 잇펜은 열반에 들 때까지 전국을 돌며 '결정왕생육십만인決定往生六十萬人'이라고 쓴 명패를 민중들에게 나누어 주며 6자 명호 자체의 신앙을 강조했다. 그 뜻은 '육자명호일편법 십계의정일편체 만행이념일편증 인중상상묘호화六字名號一遍法 十界依正一遍體 萬行離念一遍証 人中上上妙好華'의 머리글자를 의미한다. 6자의 명호야말로 모든 사물을 평등하게 하며 그 덕으로 나타난 것이므로 자력과 집착행을 버리면, 아미타불과 절대불이의 세계에 이른다고 했다. 이처럼 정토계 조사들은 아미타불이 바로 유일한 절대 구제의 부처님임을 내세우고 있다.

잇펜은 교단을 조직할 의도를 가지고 있지 않았다. 그의 사후에 자연스럽게 해산된 집단을 제자인 타아他阿가 재편성했다. 제자들이 계승한 신앙 집단은 14세기 무로마치室町 시대를 거치면서 따르는 대중들이 크게 늘어났다. 근세 에도 시대에 들어와 막부의 정책에 따라 교단이 성립되고 이름을 시종이라 하였다. 선도가 법회에 모인 대중을 시중時衆이라고 한 것에 바탕을 두고 잇펜이 자신의 유행 집단을 그렇게 부른 것에서 유래했다. 나무아미타불 6자의 명호를 본존으로 하고 있으며, 현재는 4대 돈카이呑海에 의해 1325년 개산한 쇼죠코지淸淨光寺를 본산으로 하고 있다.

법보에 해당하는 조사는 니치렌이다. 그는 천태대사 지의智顗의 법화삼대부에 근거하여 법화경의 교리와 수행 체계를 나무묘법연화경南無妙法蓮華經이라는 7자로 집약했다. 즉 『법화경』 후반부인 본문本門을 통해 구원久遠의 과거에 성불하여 사바세계에서 중생을 교화하시는 석가불의 인행과덕因行果德이 이 7자에 구족되어 있음을 설파했다. 그의 사상을 정토사상으로 본다면 상적광토에 해당한다. 『입정안국론立正安國論』(1260)은 니치렌사상의 핵심이 담긴 저술이다.

그는 현실의 고통을 내세의 정토로 돌리는 정토종을 비난하여 많은 고통을 당했다. 이러한 고난을 통해 자신을 자비이타행을 실천하는 지용地涌 보살에 비유하고, '일본 제1의 법화경 행자'라는 자부심을 지녔다. 그리고 본문의 본존, 계단戒壇, 제목題目이라는 3대 비법을 확립했다. 본문의 본존은 일체 제불을 통일하는 석가모니불을 말한다. 본문의 계단은 나무묘법연화경을 외는 것을 불도 수행자로서 계를 받는 것으로 보고, 묘법5자(묘법연화경)를 수지하는 도량이라고 하였다. 마지막으로 본문의 제목은 석가모니불이 구원겁래로부터 중생 구제의 보살행을 성취한 공덕이 담긴 『법화경』에 귀의한다는 5자 내지는 7자를 말한다. 이처럼 니치렌은 평생 『법화경』에 기반을 둔 신앙과 수행으로 일관했다.

시대의 전변轉變과 인간 삶의 고통스러운 환경을 불법과의 관계 속에서 해석한 니치렌의 일련종은 제자들에 의해 교세가 더욱 확장되었다. 근세에 종조의 교의 계승을 둘러싸고 『법화경』의 전반부인 적문과 후반부인 본문의 일치를 주장하는 본적일치론파와 본문을 선택적으로 이해하는 본적승렬론파의 2대 조류가 이 시대에 등장했다. 일치론파는 일련종으로 계승되고, 승렬파는 일련정종, 일련본종, 법화종, 본문법화종, 본문불립종 등 다수의 종파로 나뉘었다. 또한 신앙의 순수성을 강조하여 불신자의 보시를 완강히 거부한 불수불시파不受不施派는 근세에도 막부에 의해 기독교와 더불어 탄압을 받았지만, 근대 신교의 자유와 더불어 활동을 인정받게 되었다.

이 외에도 일련종계는 20세기 전반기에 이르러 재가 중심의 신종교적인 성향을 띠는 분파들이 나왔다. 국주회, 정법회, 영우회, 창가학회, 입정교성회 등으로 그중 창가학회는 한때 연립 여당이 되기도 한 공명당을 세웠으며, 오늘날 일본 사회에 큰 영향을 미치고 있는 종교단체로 성장했다.

마지막으로 승보는 임제종의 에사이와 조동종의 도겐이다. 에사이는 중국 천태산의 만년사와 천동산의 경덕선사에서 허암회창虛庵懷敞으로부터 황룡파의 선을 전수했다. 그는 자신의 사상이 담긴 『흥선호국론興禪護國論』(1198)을 저술하여 선을 흥하게 함은 곧 호국이 된다는 것을 설파했다. 이 저술의 10장 중 첫 1, 2장에서 계율을 지켜 청정하면 불법이 영원히 상주한다는 것과 선종을 받들면 제천이 국가를 수호한다는 것을 강조하고 있다. 실제 승원의 청규로써 계율을 부흥시키고자 했으며, 계율이야말로 불법을 흥하게 한다고 했다. 불법을 계승하는 승려의 막중한 역할을 강조함으로써 임제의 법풍이 확립되었다.

임제종은 막부의 세력권 아래 5산 제도로 인해 선종 문학의 황금기를 낳았다. 14세기 중엽에는 무로마치 막부室町幕府의 성립과 함께 무소 소세키夢窓疎石를 개산조로 하는 텐류지天龍寺와 쇼코쿠지相國寺를 축으로 재편된다. 일본 임제종의 주류는 대혜종고와 함께 원오극근을 잇는 송조宋朝의 소수파인 호구소륭虎丘紹隆 계통이다. 무엇보다도 임제종은 18세기 중흥조인 하쿠은白隱에 의해 집대성을 이루었다. 그는 선어록을 재편하여 공안을 체계화시켰다. 현재 임제종은 각각의 본산을 둔 14파를 이루며, 조동종 및 황벽종과 더불어 일본의 선종 문화를 풍요롭게 하고 있다.

도겐은 송나라의 천동산에서 천동여정天童如淨을 만나 지관타좌只管打坐, 즉 좌선 수행으로 깨달음을 얻었다. 귀국 후에는 온 심신을 쏟아 오직 좌선하는 것 외에는 불법을 체득할 수 없다는 지관타좌의 묵조선법을 전파했다. 그는 "참선이라는 것은 심신탈락心身脫落이며, 지관타좌로 시작해서 얻는다."고 하며, 이를 수십 년간 설파한 『정법안장正法眼藏』에서 체계화했다. 그는 모든 존재는 지금 성립되어 있으며, 이것이 절대의 진리이자 인간 또한 이 절대의 진리에 의해 살아간다는 현성공안現成公案을 설파했다. 현성공안이야말로 정전의 불법이며, 5가7종의 불법 이전의 전불법全佛法이라고 하였다. 결론적으로 좌선수행 자체는 부처님의 행이라는 본증묘수本証妙修라는 설을 확립했다. 이처럼 도겐은 출가자의 철저한 수행이야말로 불법의 요체임을 강조했다.

도겐 사후, 조동종계는 2대 코운 에죠孤雲懷奘, 3대 텟츠 기카이徹通義介, 4대 케이잔 죠킨瑩山紹瑾에 이르러 아산파峨山派와 명봉파明峰派로 나뉘어 전국의 민중 속으로 전파되었다. 조동종에서는 도겐을 고조高祖, 케이잔을 태조太祖로 칭하고, 도겐이 주석한 후쿠이현의 에헤이지永平寺와 케이잔이 세운 요코하마의 소지지總持寺를 양대 본산으로 하고 있다.

일본 가마쿠라 신불교의 조사들은 이처럼 시대인의 삶이 요구하는 불법을 창의적으로 개혁하여 확고하게 정착시켰다. 불·법·승 삼보 중 선택이라고 하지만 근본적으로는 하나를 통해 신앙과 수행 전체를 아우르고 있다. 형식을 불문하고 불법을 어떻게 계승할 것인가를 각자의 위치에서 선택하여 전력을 기울였던 것이다. 즉 일불一佛은 일체불一切佛, 일법一法은 일체법一切法, 일승一僧은 일체승一切僧의 정신, 그리고 이를 통해 불법의 궁극으로 향하는 정신이 일본에서 극적으로 꽃을 피웠다고 할 수 있다.

신불교의 조사들 외에도 구불교 측도 시대에 대해 다양하게 대응했다. 그러나 원래 교학 중심이었으므로 실천 수행에서 근본적 개혁은 일어나지 않았다. 하지만 남도 불교 측에서는 새로운 형태의 전수專修 불교에 대해 불법의 정신을 훼손하는 것으로 보고 강력하게 항의했다. 대표적인 인물은 화엄사상을 계승한 묘에明惠(1173~1232)였다. 그는 『최사륜摧邪輪』(1212)에서 호넨이 왕생 정토를 위해서는 칭명만을 주장하며, 지계, 독송, 보리심 등의 제행을 부정한 것에 대해 비판했다. 묘에는 둔세의 수행을 행하며 교토 북부의 코잔지高山寺에 머물며 화엄교학의 도량으로 삼았다. 계율을 엄격하게 지키고, 보살행을 함으로써 귀족은 물론 무사 계층으로부터 존경을 받았다.

법상종의 죠케이貞慶(1155~1213) 또한 남도 불교의 핵심 사찰 중 하나인 코후쿠지興福寺에서 호넨의 염불 집단을 비난하며, 전수염불의 금지를 요청하는 상소문을 작성했다. 전통적인 8종 체제의 입장을 9개조의 과실로 개진하여 신종파를 경계한 것이다. 죠케이는 불교의 재건에는 계율 부흥이 우선됨을 역설한 『계율흥행원서戒律興行願書』를 지었다. 묘에와 마찬가지로 죠케이도 석가 이후 출현할 미륵을 신앙했다.

이처럼 구불교는 계율 부흥을 주장했고, 당시 가장 앞장선 종파는 율종이었다. 율종은 교토의 북경율과 나라의 남경율로 나누어져 있었다. 북경율에는 슌조俊芿(1166~1227)가 입송하여 남산율을 전하고 교토의 센유지泉涌寺를 재흥하여 계율의 강설을 행했다. 남경율에서는 에이존叡尊(1201~1290)과 닌쇼忍性(1217~1303)가 계율의 민중화에 노력했다. 에이존은 특히 민중 포교를 위해 비인非人 구제 사업에 앞장섰으며, 닌쇼는 나환자의 숙소를 만드는 등의 활동으로 세인들은 물론 막부 권력자들의 존경을 받고 이들이 교단에 귀의하기도 했다.

가마쿠라 시대는 앞에서 본 것처럼, 구불교의 타락에 반발한 신불교 조사들이 시대와 민중을 지향하는 불법을 태동시킨 시기로 현대 일본불교 교단의 기원은 전자와 함께 후자의 성립에 기원을 두고 있다고 볼 수 있다.

2. 남북조 및 무로마치 시대의 불교

● 남북조南北朝는 무로마치室町 막부가 성립된 시기부터 전국戰國(1336~1573) 시대까지를 말한다. 즉 막부 초대 장군 아시카가 타카우지足利尊氏(1305~1358)가 북조의 코묘光明 천황을 옹호하면서 고다이고後醍醐 천황이 요시노吉野로 옮겨 남북의 2조가 대립하던 시기를 시작으로 한다. 이에 따라 무장들이 전국의 패권을 놓고 할거하였다. 이러한 시대의 격변과 더불어 천태와 진언 계통은 신불교의 종파에 비해 발전이 정체되어 있었다.

이 시기 정토종은 앞에서 언급한 진서의에서 일어난 6파 가운데 백기파白旗派의 쇼게이聖冏(1341~1420)가 다른 파들을 압도했다. 그는 정토종의 종맥과 계맥의 상승을 강조하여 호넨의 저술로 전해지는 『왕생기』를 필두로 여러 조사들의 다섯 종류의 저술을 묶어 오중상전五重相傳의 제도를 확립했다. 이 제도는 우종寓宗으로 불리는 정토종의 독립을 위한 것이며, 재가신도들에게는 안심결정安心決定, 즉, 확실한 신심을 심어 주는 것이었다. 그는 승려의 학문 수행 도량인 단림檀林에서 필독서가 된 『이장송의二藏頌義』를 남겼다. 제자 쇼소聖聰(1366~1440)는 포교와 저술에 힘을 쏟는 한편, 에도江戸(현재의 동경)에 대본산 조조지增上寺를 세워 뛰어난 제자들을 많이 배출했다. 무로마치 이후 이들 일파가 가장 번영하였다.

정토진종의 경우는 중흥조 렌뇨(1415~1499)의 활동으로 오늘날의 본원사 교단이 거대 교단으로 발전하는 기틀이 놓였다. 혼간지 7대 존뇨存如의 장남으로 태어나 대를 이은 그는 침체된 교단을 개혁했다. 또 교토에 야마시나 혼간지山科本願寺를 건립하여 포교의 근거지를 두고, 오사카大阪에도 방사坊舍를 두는 등 전국에 걸쳐 교세를 확장시켰다. 특히 그는 신란의 『정신게正信偈』, 『삼첩화찬三帖和讚』을 개판하여 문도들에게 독송하도록 힘쓰는 한편, 서신인 오후미御文와 아미타불의 명호名號를 다량으로 써서 문도들에게 보내 가르침을 전파했다. 이러한 활동으로 모든 중생들이 아미타불 앞에서는 평등하다는 동붕同朋 의식으로 문도 간 동료의 연대를 강화하였다. 따라서 혼란한 사회 속에서 오히려 교단의 결집을 가져오고, 이것이 발전의 동력이 되었다고 할 수 있다.

시종은 4대째의 돈카이(1265~1327)에 이르러 교토에 곤코지金光寺, 카나가와현에 쇼죠코지를 설립하여 교세의 발전을 도모했다. 그는 사후 왕생과 관련한 『시중과거장時衆過去帳』과 조사 잇펜의 『회사전繪詞傳』 원본을 가지고 쇼죠코지가 시종의 중심임을 각인시켰다. 시종은 전란의 시대, 사자死者에 대한 장송 의례를 통해 서민층의 지지를 받았다. 또한 시종의 승려들이 승병으로 참여하여 무사들에게 일대사의 최후 일념을 전수하는 등 왕생의 안심을 주어 무사 층의 신뢰를 받기도 했다. 이처럼 한때 각광을 받았지만, 다른 신종파에 비해 사원의 소실, 종풍의 해이, 조력자들의 몰락 등으로 크게 발전하지는 못했다.

일련종은 니치렌이 후사를 부탁한 여섯 제자〔日昭, 日朗, 日向, 日持, 日興, 日頂〕 가운데 뒤의 두 명을 제외한 나머지 제자들의 포교 활동으로 관동에까지 교세를 넓혔다. 무로마치 시대에 이르러서는 교토를 중심으로 관서에도 정착했다. 신앙 집단의 형태로 도시와 농촌에까지 진출한 일련종은 곳곳에 사찰을 건립했다. 하지만 니치렌의 정신을 표방하는 의궤儀軌의 존재 방식에 문제가 제기되고, 앞장에서 언급한 대로 소의경전인 『법화경』의 해석 문제로 분파가 생겼다.

가마쿠라 신불교의 정토계 및 일련종계의 각 종파는 대체로 남북조 및 무로마치 시대를 거치면서 본격적인 분열이 일어났지만 오히려 교세 확장에는 크게 기여했다. 이러한 현상은 종조의 가르침에 대한 해석을 둘러싸고 각 분파의 주장을 확립하기 위한 과정과 시대적 상황이 결합하여 일어난 것으로 볼 수 있다.

이 시기 주목할 것은 선종을 중심으로 5산이 성립되고, 이를 기반으로 한 5산 문학이 발생했다는 점이다. 중국의 남송 말기에 이루어진 5산10찰의 사격寺格 제도가 일본에도 정착한 것이다. 시초는 가마쿠라 시대 말기에서 무로마치 시대에 걸쳐 막부 및 공가公家의 씨사 5개 사찰을 선택하여 가마쿠라 5산이 정해진 것에서 비롯되었다. 바로 켄쵸지建長寺·엔카쿠지圓覺寺·쥬후쿠지壽福寺·죠치지淨智寺·죠묘지淨妙寺였다. 이후 임제종의 무소 소세키夢窓疎石(1275~1351) 및 그 일문一門의 발전에 따라 여러

한 권으로 보는 세계불교사

차례의 사찰 선정과 사격의 변화를 거쳐 교토를 중심으로 하는 5산 제도가 정착했다.

당시는 난젠지南禪寺를 5산의 상위에 두고, 텐류지天龍寺·쇼코쿠지相國寺·켄닌지建仁寺·토후쿠지東福寺·만쥬지萬福寺를 교토 5산이라고 불렀다. 무가나 공가의 유력한 비구니 승려들의 사원을 니사尼寺 5산이라고도 했다. 이 외에 10찰 제도도 확립했는데 5산은 주로 교토나 가마쿠라에 소재하는 사찰에만 지정되었지만 10찰은 지방에도 있었다. 후에는 10개소에 한정하지 않고, 시기에 따라 그 수를 늘려 단지 사격만을 나타내는 것으로 변화되어 근세에 이르러는 60여 개소에 달하기도 했다. 이 5산10찰은 대부분 임제종계의 사찰이 독점했다. 여기에 속하지 않는 임제종 대응파大應派와 환주파幻住派, 그리고 조동종계의 사찰들은 임하林下라고 불렀다.

5산은 막부와 중요한 관계를 맺고 주로 학술이나 문학에 관한 기능을 담당했다. 막대한 재정 후원을 얻은 5산에서는 5산판五山版이라고 부르는 출판물을 간행했다. 이것은 선승들이 출판한 것으로 주로 중국 송원宋元판의 복각이지만 일본 승려들의 저작도 들어 있었다. 내용은 선적禪籍이 주를 이루었으며 한적漢籍도 들어 있어 이후의 출판문화에 크게 영향을 끼쳤다. 출판한 사원에 따라 이름을 붙였으며 지방에서도 사원의 이름을 딴 출판이 이루어졌다.

또한 이러한 출판문화는 5산 문학의 황금기를 떠받쳐 주었다. 5산 문학은 주로 5산10찰의 선승들 사이에서 이루어진 문학작품을 말한다. 시초는 중국의 북송 시대 과거에 실패한 선승들이 관료 문서에 사용되는 46병려체문騈儷體文의 사교성 문학에서 출발했다. 이러한 풍조는 가마쿠라 시대 중국 임제종 선사 일산일

넝一山一寧(1247~1317)이 일본에 들어오면서부터였다. 이후 남북조 시대 『원형석서元亨釋書』를 저술한 코칸 시렌虎關師錬(1278~1346)에 의해 전수되고, 주로 토후쿠지에 전통이 전해졌다. 중국의 원나라 때부터는 선림 문학의 속화를 비판하여 시문의 제재題材를 불교의 영역으로 한정하고자 하는 게송주의가 제창되었다. 이러한 풍조가 축선범선竺仙梵僊에 의해 일본에 전해지고, 남북조 시대 류산 토쿠켄龍山德見(1284~1358) 등을 중심으로 유행하였다.

대표적인 작가는 류산 등의 가르침을 받은 기도 슈신義堂周信(1325~1388)과 젯카이 츄신絕海中津(1334~1405)이었다. 기도는 게송 중심의 작품활동을 했으며, 그의 문류는 쇼코쿠지를 중심으로 전해졌다. 젯카이는 원대와는 다른 46문의 유행과 재속 문학을 지향하는 명나라 초기 선림 문학의 경향을 띠었으며, 그의 문류는 켄닌지를 중심으로 전승되었다. 이러한 5산 선림으로부터 근세에 활약한 후지와라 세이카藤原惺窩와 하야시 라잔林羅山 등이 배출되어 일본 주자학을 성립시켰다.

한편, 임하에 속하는 조동종은 이 시기 커다란 발전을 이루었다. 4대 케이잔 죠킨 아래에는 소위 4철로 불리는 메이호 소테츠明峰素哲, 가잔 죠세키峨山紹碩, 무가이 치코無涯智洪, 코안 시칸壺菴至簡이 배출되었다. 특히 전자의 명봉파明峰派와 아산파峨山派 문하의 민중 포교 활동으로 전국적인 분포의 교세를 이루었으며, 에헤이지永平寺를 근본 도량으로 교단의 체제를 갖추게 되었다. 경이적인 교단의 발전에는 전국 무사들이 비호하는 힘이 컸다. 이러한 민중화를 위해 밀교적인 기도를 도입하고, 하루 세 시간의 독경을 신도들에게 일반화하거나 치병, 기복, 조상 공양 등에도 관여했다. 한편, 혈맥 전수를 위한 수계회가 생겼으며, 이를 위해 참여한 많은 민중들이 교단의 확대에 큰 계기가 되었다. 교단의 전통적인 엄격한 참선은 끊어지지 않았으며, 스승으로부터 제자에게 비전서秘傳書가 전해지는 형식이 발전하기도 했다.

15세기 후반에는 거의 전국적 내전인 오닌應仁의 난을 전후하여 지배계급의 권위가 실추되고 장원제가 붕괴되어 갔다. 중앙권력에 대항한 전국의 다이묘大名가 지역의 실질적 권력을 장악한 영국제領國制로 이행되어 간 시기이기도 하다. 이 시기 지역 혹은 동일한 성격의 집단이 중앙 혹은 지역권력에 대항해 일어난 봉기를 소위 잇키一揆라고 한다.

그중 종교와 관련하여 정토진종의 잇코잇키一向一揆, 일련종의 홋케잇키法華一揆가 유명하다. 전자는 정토진종의 사원을 근거지로 상공업자, 농민을 중심으로 조직된 문도단門徒團이 이끌었다. 교단의 이익을 지키기 위해 약 백여 년에 걸쳐 막부를 비롯해 지역의 권력자에 대항했다. 결국 오다 노부나가織田信長와 벌인 이시야마 합전石山合戰(1570~1580)에서 패배하여 교단의 세력이 오사카에서 퇴거하는 운명에 처하기도 했다. 후자는 수도 교토 내 자치 발전과 시정권市政權을 획득하기 위해 쵸슈町衆라고 불리는 일련종 세력과 히에이산의 승도들과의 잇키(1532~1536)를 말한다. 결국 일련종의 세력은 괴멸되어 큰 타격을 입었다. 전국을 통일한 도쿠가와 이에야스(1542~1616)는 이러한 불교계의 세력을 권력의 하부 구조에 두기 위해 통제 정책을 실시한다.

1. 에도 시대의 불교

● 　에도江戶 시대는 도쿠가와 이에야스의 에도 막부를 중심으로 정치가 이루어진 시기를 말한다. 장기간에 걸친 평화 시대가 특징이다. 유럽 제국의 진출에 대응하면서 중국과 그 문화로부터는 자립을 강화했다. 또한 쇄국정책을 펼치는 한편 내외의 학예와 기술 등을 흡수, 소화하여 일본적인 사회와 문화적인 색채를 드러낸 시기이기도 하다. 정치는 장군을 정점으로 막번체제幕藩體制를 형성하여 중층화된 집단의 힘으로 영지의 백성을 지배했다. 비록 민중들은 정치로부터 소외되어 있었지만, 발달된 행정제도와 직능별 집단에 의해 일상생활이 이루어졌다. 이처럼 안정된 사회 분위기를 발판으로 에도 막부는 집권 초기에 불교 통제를 강화하기 위해 법도法度를 제정했다.

모든 종파와 사원에 관한 법도는 1601년부터 1615년까지 집중적으로 공포되었다. 대상 사원은 진언종, 천태종, 법상종, 정토종, 임제종, 조동종에 해당되었는데, 특히 천태종과 진언종의 사원에 집중적으로 이루어졌다. 실무를 주관한 중심인물은 임제종에 소속된 교토의 콘치인金地院 출신 이신 수우덴以心崇傳(1569~1633)이었다.

진언종에 대해서는 1601년의 『고야산사중사원법도高野山寺中

寺院法度』에서 학려와 행인의 구별을 확실히 하여 세력을 양분하도록 했다. 1609~1610년에는 교토와 고야산, 관동의 사원에 집중적으로 10건의 법도를 발포하였다. 즉, 유서 깊은 고사찰은 학문을 갖춘 승려가 상속하도록 하는 한편, 본산 주지의 재임 기간, 생활 규칙, 승려의 자격, 풍속의 교정 등을 상세히 언급했다. 1612~1613년도에는 3건으로 횟수가 줄어들지만 본사의 권한이 강화되고, 사원 간의 상하 관계에 대한 언급이 대두된다. 1613년도에 관동신의진언종關東新義眞言宗 법도에는 "모든 말사의 승중은 본사의 명을 어기고 족연이나 권문이라고 하여 비법을 기도하지 말 것, 더하여 타사의 문도를 빼앗지 말 것"이라는 강력한 규제를 가하고 있다. 1615년에는 관동과 관서 전체에 해당하는 2건의 법도가 포고되었다. 여기에는 "모든 말사는 본사의 법도를 지킬 것이며, 혹시 법류가 단절될 경우에는 타사에서 구하지 말고 자문의 남상濫觴을 조사해 세울 것. 임의로 할 경우에는 사령寺領을 바꿀 것"이라고 하는 내용과 같이 진언종의 본말사 관계에 대한 규제를 명확히 했다.

다음은 천태종의 법도에 관한 것으로 1608~1609년에는 3건으로 특히 히에이산 법도에서 학문, 계율, 주지의 상속, 사령 등의 매매 금지, 도당徒黨 소송 금지 등 중세의 관습에 대한 근절을 목표로 하고 있다. 이후 1612년에 1건, 1613년에 8건, 1614년에 2건으로 주로 1613년에 집중적으로 공포되었다. 1613년의 관동 천태종 법도에는 "본사에 품의하지 않고 마음대로 주지를 하지 말 것, 모든 말사는 본사의 명에 반하지 말 것"이라고 하여 본사의 우위를 확고히 하는 한편, 본말사의 질서 개편에 주력했다. 초기 단계에서는 관동을 중심으로 포고되고 있으나, 후대로 내려갈수록 관서에 대한 포고가 주를 이루어 막부의 지역적 영향력이 확대되었다.

이외에 정토종은 1601년에 1건, 1615년에 2건으로 "주지 노승의 규정에 위반하지 말 것, 모든 말사는 본사의 일에 대해 노력할 것" 등의 포고를 통해 위계질서를 세우고 있다. 법상종에는 초기에는 발포되지 않다가 1612년 1건의 법도가 제정되었고, 조동종도 같은 해에 1건, 1615년에 이르러서 2건, 임제종은 같은 해 3건이 포고되었다. 양 선종에 있어서도 주지의 본말사 관계와 주지의 자격에 대한 규제를 통해 막부의 권력을 강화했다.

이 시기 종파와 사원에 관한 법도의 의도는 막부 체제의 말단에 본말사 제도를 정착시켜 봉건적 사원 체제를 구축하는 것이었다. 즉 본말사 관계를 확립하여 본사의 특권을 강화시키는 한편, 각종 승려의 교학 및 수행의 양면에 있어 재교육을 실시하고, 중세 사원이 가지고 있었던 특권을 박탈하여 사원을 정치경제적으로 규제하는 것이었다. 이러한 조치를 기반으로 1632년에는 본말사를 기재하는 본말장本末帳이 작성되고, 1635년에는 막부의 본격적인 종교 행정을 위한 사사부교寺社奉行가 설치되었다.

이를 기반으로 더욱 공고해진 것은 단가제도檀家制度였다. 분수령이 된 사건은 시마바라島原의 난이었다. 이 난은 1637년 현재 나가사키의 시마바라와 구마모토의 아마쿠사天草 농민들이 연대해 일으킨 대농민 잇키이다. 가혹한 세금과 가난에 억눌려 있던 당시의 농민들이 시마바라 성을 최후의 보루로 삼고 막부와 제번諸藩에 무력으로 대항했지만, 약 3만 7천 명에 가까운 가담자 전원은 물론 노인과 어린이마저 죽임을 당했다. 이 지역은 주민들 가운데 기독교 신자가 많았고, 1587년 도요토미 히데요시의 기독교 금지령 이후 일본 교회의 중심지 역할을 하기도 했다. 따라서 기독교인에 대한 탄압의 강도도 높았고, 농민들에 대한 조세의 불만이 함께 폭발하여 농민 봉기, 즉 하쿠쇼 잇키百姓 一揆가 일어난 것이다. 실제 도화선은 가뭄임에도 불구하고 과도한 세금을 거둔 것이 발단이었다.

시마바라의 난으로 기독교 금지가 한층 강화되는 한편, 이를 위한 사청제도寺請制度가 더욱 확고해졌다. 사청제도는 숨어 있는 기독교인인가 아닌가를 확인하기 위해 모든 백성을 단나사檀 那寺에 고정시키고 사원에 확인을 요청하는 제도이다. 사원에 말단 행정의 역할을 떠맡긴 것이다. 사청제도에 의해 사청증문寺請 証文이 발행되었는데 사원에서 단가임을 증명하기 위한 문서였다. 절에 소속된 단가의 여부를 매년 조사하여 관청에 신고했다. 이는 종문인별장宗門人別帳에 기록되었고 진위에 대한 책임을 단나사가 져야 했다. 사청증문을 지니고 다녀야만 이전과 거주가 자유로웠다.

종문인별장은 종문아라타메宗門改め와 인별아라타메人別改め를 합친 것이다. 종문아라타메는 에도 막부가 기독교인을 적발하고자 실시했고, 인별아라타메는 부역 능력을 조사하고자 작성했다. 사청제도가 실시된 것은 1613~1614년경이며, 전국적 단위에서 일제히 실시된 시기는 1635년으로 보고 있다. 1665년에는 막부가 모든 번에 종문인별장의 작성을 명령했다. 이리하여 지배, 피지배의 관계를 떠나 전국적으로 전 민중이 사원에 강제적으로 소속되었다. 이 종문인별장은 1872년 사청제도가 폐지된 후, 호적법이 제정됨에 따라 호적으로 이어졌다.

한편, 1632년 막부에 의해 각종 본산에 본말실태조사를 명령한 후부터 본사의 말사 지배는 강화되었다. 또한 사청제도의 정착으로 전국적 차원의 신도 체계가 확립됨에 따라 사원은 단가를 경제적 수탈의 방편으로 이용했다. 이러한 폐해를 낳은 단가

제도의 고착화는 장제 葬祭 불교화의 과정을 통해 이루어졌다.

불교의 장제가 본격적으로 정착되기 시작한 것은 가마쿠라 시대 정토 계통의 신불교가 발흥하면서부터이다. 가마쿠라 말기에 이르러 49재, 백일, 1주기, 3주기, 13회기, 33회기의 불교의례가 완전히 갖추어졌다. 중세를 통해 씨사를 중심으로 장의와 추선이 행해지고, 이는 동족 집단의 구심점이 되었다. 장의는 공동으로 행하기 때문에 근세 촌락의 성립 뒤에도 동족이나 지연적 결합을 기초로 해서 장식 葬式의 협력 조직이 만들어졌으며, 근세에는 단가 및 사청제도를 발판으로 사원이 장악하게 된 것이다. 즉, 에도기로 접어들어 향촌제로 이행함에 따라 동족 집단은 해체되었지만, 이 향촌은 장의를 매개로 하여 단가사 檀家寺에 소속된 종적인 가家의 모습으로 변모하게 되었다. 단가사는 종문인별장에 단가의 가족 구성원을 누대로 기록하여 축적했던 것이다.

이러한 단가제 아래 설교를 위해 사용하는 이야기체의 텍스트인 담의본 談義本이 종파에 따라 다양하게 출현했다. 단가제도 및 장의 불교와의 관계에서 주목되는 담의본의 텍스트로는 왕생전류를 들 수 있다. 여기에는 극락왕생했다고 믿어지는 출가 및 재가의 이야기를 수집하여 전기체 형식으로 기록했다. 고대의 헤이안 시대 중엽에서 중세 가마쿠라 초기까지 양산되다가 사라졌는데, 다시 에도 시대에 들어와 양산되기 시작한 것이다. 이는 단가제도와 장의 불교 정착을 계기로 포교 차원에서 발간한 것으로 보이며, 사후의 왕생 정토에 대한 교설을 민중에게 전파하기 위한 유효한 방법으로 활용되었다.

이러한 왕생전류는 일반 민중 사이에서 왕생의 전범 典範으로 소개되었다. 여기엔 촌락공동체와 세속 권력에 대한 순종이 주를 이루며, 현세의 윤리인 충과 효, 우애, 부부애 등이 왕생을 이루는 주요한 요소로 작용하고 있다. 신앙의 요소에 막부의 통치 이념인 유교의 봉건적 윤리 이념이 스며든 것이다. 또한 이들 왕생전에는 왕생에 필요한 인간적인 조건으로써 정직, 자비, 유화有和 등의 윤리적인 사상이 농후하게 기록되어 있고, 인물 됨됨이를 강조하고 있다. 이는 막부가 승려들에게 실천을 강요한『제종사원법도』,『제사원조목諸寺院條目』,『제종승려법도諸宗僧侶法度』등의 정신이라 할 수 있다. 단가제도는 불교화를 촉진시킨 장제 의식 정착의 모체가 되었으며, 단가에게 제공되는 담의본류를 통해서는 사원 스스로 봉건 윤리에 대한 의식을 확산시킨 것이다. 구조화된 제도 아래 전통적인 왕법불법상의론을 사원 스스로가 강조하게 된 것이다.

근세 후반기로 넘어오면서 배불론의 움직임이 있었다. 유학파와 복고신도파는 사원들이 민중을 수탈한 돈으로 가람과 당탑의 신개축을 하는 것을 보고 단가제를 비판했다. 근세 말기 미토번水戶藩과 오카야마번岡山藩에서는 이러한 비판 사상을 받아들여 배불정책을 통해 절반에 가까운 사원을 철폐하기까지 했다.

미토번의 번주 도쿠가와 나리아키德川齊昭(1800~1860)의 경우, 존왕양이尊王攘夷 사상과 요시다吉田 신도에 경도되어 폐불정책을 실시했다. 먼저 1831년에는 대파되었거나 승려가 상주하지 않는 사원을 정리하기 위한 포고를 단행했다. 1843년에는 관내의 사원으로부터 야외의 불상이나 동종, 범종을 거두어들여 당시 외국의 개항 요구에 대항하기 위한 대포를 주조했다. 또한 승려의 비법적인 행위에 대해 엄격하게 대처하는 법령을 제정, 실행했다. 더욱이 중요한 행사를 유일신도唯一神道의 제식으로 강행하기도 했다. 이러한 정책은 다른 지역에도 영향을 주었으며, 결국 근대 초기 폐불훼석의 전조가 되었다.

**1. 메이지 시대 및
그 이후의 불교**

● 　근대는 메이지 유신明治維新을 계기로 왕정복고王政復古와 근대화라는 2중 구조에 의해 막이 올랐으며, 근대 불교의 역사 또한 이에 따라 이루어졌다. 1686년(메이지 원년) 신정부는 3월부터 10월에 걸쳐 신불분리령神佛分離令을 시행했다. 주요 내용은 별당別堂 혹은 사승社僧으로 불렸던 승려를 환속시킬 것과, 신명神名에 불교적 용어를 사용하고 있는 신사를 조사할 것, 신체神體를 불상으로 하는 신사는 이를 제거하고 신사의 본지불, 범종 등을 제거하라고 명했다. 여기에 더해 환속한 별당과 사승은 신주神主·사인社人의 명칭으로 바꾸어서 신도로 전환하고, 신직神職의 가족에 이르기까지 불교식의 장제를 폐지하고 신도식으로 행할 것을 명하고 있다. 이러한 포고령은 전국적으로 폐불훼석의 행동으로 이어져 경전·불상·불구를 포함한 불교적인 색채를 없애고 아울러 사찰의 합사, 폐사에까지 이르렀다.

　다음 해에 불교계는 임제종 승려 토코쿠韜谷의 발기로 일본 최초의 불교 회합인 교토제종동덕회맹京都諸宗同德會盟을 결성하고, 불교계의 총체적 난국에 대한 8개조의 대책을 강구했다. 첫째는 왕법과 불법은 불리不離의 관계임, 둘째는 사교邪教를 연구해서 배척할 것, 셋째는 3도〔儒佛仙〕가 제휴해서 연마할 것, 넷째

는 자종自宗의 교의경전을 연구할 것, 다섯째는 자종의 폐해를
일신할 것, 여섯째는 신규 학교를 경영하고 인재를 양성할 것, 일
곱째는 각종各宗의 영재 등용의 길을 넓힐 것, 여덟째는 민중 교
화에 노력할 것이었다. 이러한 논의의 결과는 향후 근대 일본불
교가 걸어갈 지향점이기도 했다.

1871년에는 종문인별장제가 폐지되어 봉건적인 사단 관계의
의무가 해소되었다. 1873년에는 기독교 금지령이 해제되면서 사
청제도 또한 없어져 단가에 대한 지배의 근거나 권리가 사라졌
다. 한편, 신정부는 제정일치 국가 확립을 위한 사상적 작업을 위
해 국가 신도 체제를 구축하기 시작하였다. 이에 따라 국가 신도
작업을 위한 교부성教部省과 대교원大敎院 체제의 확립, 3조교칙
三條敎則을 통한 신불神佛 합동 포교의 실시, 마침내는 7종, 즉
천태종·진언종·정토종·선종·정토진종·일련종·시종 각 종단에
대해 국가가 주도하는 통합 작업을 실시했다.

불교계는 서양의 신문물을 받아들이며 다양한 개혁운동을 일
으켰다. 이는 계몽·결사운동을 비롯하여 근대 불교학의 확립과
재가자들을 중심으로 한 혁신운동으로 나누어 볼 수 있다.

계몽·결사운동은 메이지 혁명을 계기로 새로운 사조에 대응하
는 불교 계몽에 주안을 두었다. 활동의 주요한 통로로 기관지를 발
행했다. 초기 대표적인 것으로는 오즈 테츠넨大洲鐵然(1834~1902)
과 오우치 세이란大內靑巒(1845~1918) 등이 중심이 되어 불교의
보은사상을 전파하고자 한 『보사총담報四叢談』(1874), 오노 아즈
사小野梓(1852~1886)와 바바 타츠이馬場辰猪(1850~1888)가 주도하
여 불교와 국가주의의 결합을 꾀한 『공존잡지共存雜誌』(1874)가
있다. 뒤이어 시마지 모쿠라이島地默雷(1838~1911)와 아카마츠
렌죠赤松連城(1841~1919) 등이 불교 교단의 개명을 촉구하며 결

성한 영지회令知會와 『영지회 잡지』(1884)가 있으며, 앞의 오우치 세이란을 중심으로 불교의 국가주의를 지향한 존황봉불대동단尊皇奉佛大同團과 『대동신보大同新報』(1889) 등을 들 수 있다.

이와 더불어 교단 내에서는 근대적 종학 수립은 물론 교단의 제도 개혁을 위해 자파의 승려나 학자들을 서양 종교의 시찰이나 유학승으로 적극적으로 파견했다. 특히 가장 큰 규모의 교단인 정토진종의 동·서 양 본원사파에서는 1872년에서 1874년에 걸쳐 대표자들이 유럽의 각국을 시찰하여 유럽 문물을 적극적으로 수용하는 계기를 마련했다. 양 파에서는 난조 분유南條文雄(1849~1927), 카사하라 켄쥬笠原研壽(1852~1883), 타카쿠스 쥰지로高楠順次郎(1866~1945) 등의 영국 파견을 시작으로 미국, 프랑스, 독일 등으로 유학생을 보내 산스끄리뜨어나 빨리어를 기반으로 한 서구의 문헌학적인 연구방법을 익히기도 했다. 이들이 귀국하자 공사립을 막론한 연구 기관에서는 불교의 원형을 추구하는 역사적이고 과학적인 연구 풍토를 조성하게 되었다. 이러한 자극으로 인도나 스리랑카와 같은 서남아시아에서 직접 수학하는 경향이 일어나기도 했으며, 역으로 일본의 불교적 전통을 서구에 소개하기도 했다. 근대 초기 교단의 학문적 개혁은 타이쇼大正(1912~1926) 시기 각 종파의 불교 전서는 물론, 『대일본불교전서』, 『일본대장경』, 『대정신수대장경』과 같은 경전 편찬의 기반을 구축하게 되었다.

교단 내외의 계몽운동과 개혁의 기운이 활발히 일어나는 가운데 출재가를 막론한 혁신운동도 새롭게 전개되었다. 출가인들로는 광명주의의 야마자키 벤네이山崎弁榮(1859~1920), 계율운동의 와타나베 카이쿄쿠渡辺海旭(1872~1933), 정신주의의 키요자와 만시淸澤滿之(1863~1903) 등이 대표적이다. 재가 불교인들은 선과 검

일치의 무상검 無想劍을 주장한 야마오카 텟슈山岡鐵舟(1836~1888),
불교의 사회적 역할을 주장하며 명도협회明道協會를 창립한 토
리오 토쿠안鳥尾得庵(1848~1905), 관음신앙을 바탕으로 구제 활
동을 펼친 구세교의 다이도 쵸안大道長安(1843~1908), 그 밖에도
니치렌의 법화사상에 기반을 두고 일련주의를 내세우며 국립 계단
설립을 주장한 국주회國柱會의 타나카 치가쿠田中智學(1861~1939)
등을 들 수 있다.

한편으로는 정치와 종교의 근본적인 일치를 주장함으로써 국
가에 대한 불교의 입장을 적극적으로 개진한 공인교 운동이 전
개되었다. 당시 불교계의 국수주의적 잡지인『일본인』의 발간에
참여한 이노우에 엔료井上円了(1858~1919)는 공인교 확립의 논리
를『일본정교론日本政敎論』(1889)을 통해 전개했다. 이는 불교계
로 확산되어 불교계의 각종 협회를 통해 각 종파의 관장을 연서
로 하는 청원서가 내무대신 앞으로 제출되었다. 비록 공인교 운
동과 관련한 종교 법안은 귀족원의회에서 1900년 2월에 부결되
었지만, 이에 고무된 불교 교단은 승려들의 국민적 권리인 참정
권 문제를 제기했다.

1915년 13종 56파가 결집한 불교연합회와 다음 해에 설립된
불교호국단은 과거의 제정일치, 정교일치의 풍조에 비추어 종교
교사나 승려에게 참정권을 주어야 한다고 주장했다. 결국 1925
년 의회에서 정부의 치안유지법을 대가로 성립된 보통선거법의
실현으로 해결되었다.

이 시기 대일본제국헌법 발포 및 황실전범皇室典範 제정(1889)
을 계기로 불교계의 국가주의에 대한 논의가 본격적으로 일어나
기 시작했다. 근대 일본불교계의 국가주의적 색채는 메이지 초
기 천황제 국가 성립 선언과 연이은 제도의 정착, 그리고 국체론

적 국가 의식의 확산 아래 복고적인 왕법불법상의론 사상을 띠었다.

앞의 이노우에 엔료는 기독교를 비판하는 동시에 호국과 애리 愛理의 불가분의 원리를 제창했다. 또 불교의 정신에 입각한 국가의 형성과 전통적인 왕법불법론을 통해 천황제를 정점으로 하는 국가의 윤리 도덕을 제창했다. 이러한 논리는 앞에서 언급한 1889년 불교 정치운동의 일환으로 결집한 존황봉불대동단에 의해 현실화되었다. 이러한 결사운동의 특색은 국수주의와 결합되었을 뿐만 아니라 근세 말기의 호국, 호법, 기독교 배척사상과 본질적으로 다르지 않았다.

그러나 이미 근대국가 체제와 국체론의 확립 과정에서 나온 신교 자유 보장의 방침(1875)에서 보듯 신정부는 종교의 자유에 대한 간섭을 노골화하였다. 즉 "정치의 방해가 되는 경우, 주의할 뿐만이 아니라 인민을 선유善誘하고 통치를 익찬益贊할 것"이라는 점에서 종교 활동을 통제하고자 한 것이다. 신정부의 이러한 방침은 헌법 제28조에 "일본 신민은 안녕질서를 방해하지 않거나 신민다운 의무에 위배하지 않는 한에 있어서 신교信教의 자유를 가진다."라고 명문화하였다. 신민의 안녕질서와 신민다운 의무라는 것은 천황의 신성 불가침성과 국가가 정한 규율을 침해하거나 벗어나지 않는 것을 의미한다. 헌법에서 천황의 권한 17조 가운데 특히 제3조 "천황은 신성하여 침범할 수 없다."고 하는 조항은 국체론적 국가와 사회를 전면적으로 규정한 것이다. 불교계를 비롯해, 모든 종교계가 천황을 정점으로 한 종적인 질서를 유지하지 않는 한 존립할 수 없는 상황이나 마찬가지다. 불교 교단의 지도자 및 불교학자들의 국가주의 행보는 이러한 한계 속에서 자발적으로 이루어졌으며 결국, 불교의 이념은 군

한 권으로 보는 세계불교사

국주의 및 파시즘의 수단으로 전락했다.

불교계의 국가불교화는 불교호국단처럼 해외전쟁을 승인하는 한편 국민 교화 및 국민정신의 통일을 위한 불교도의 결집 활동으로 이어졌다. 각 교단은 자발적으로 1894년 청일전쟁 및 1904년 러일전쟁 때부터 국가에 적극 협조했다.

먼저 정토진종은 청일전쟁 때부터 군인 포교, 종군승 파견, 자금 등을 지원했다. 이러한 국가불교화의 논리는 신심정인칭명보은信心正因稱名報恩과 왕법위본인의위선王法爲本仁義爲先이라는 진속2제眞俗二諦의 교의로써 드러났다. 즉 전자는 자력 수행을 버리고 아미타불의 본원력을 믿고 의지하면 반드시 왕생 정토하며, 이러한 득신得信 후 염불은 자신을 왕생 정토하도록 결정해주신 불佛에 대한 감사의 행위라는 것이다. 또한 후자는 왕법을 근본으로 하고, 세속의 윤리인 인의를 앞세워 실천한다는 것이다. 이러한 교의 아래 정토진종이 다른 교단보다도 적극적인 전쟁 수행의 역할을 할 수 있었던 것은 황실과의 친인척 관계를 가진 법주에게 집중된 절대적인 권력 때문이기도 했다.

조동종은 청일·러일 전쟁기에 군인 포교 및 해외 포교, 초혼제·법계증보·계맥증수 등의 전사자 특별 공양, 감옥 내 포교 등을 통해 국가불교의 길을 걸었다. 1890년 재가자들을 교화 전도하는 전범典範인 『조동교회수증의曹洞教會修証義』를 편찬한 오우치 세이란은, 같은 해에 발포된 교육칙어를 보급하는 데 앞장섰다. 그는 1891년 『존황봉불론』에서 불교의 사은 중 국왕은을 제시하며, 불자로서 황실을 지키지 않으면 안 된다고 역설했다. 천황과 신민의 관계를 부모와 자식의 관계로 보고, 불법을 보호하는 천황을 존숭하도록 하고 있다.

이 밖에도 중일전쟁과 태평양전쟁에서 많은 선사들이 소위 전쟁선戰爭禪을 통해 병사들의 살생 행위를 정당화시켰다. 특히 철학자 니시다 키타로西田幾多郞(1870~1945)에 의한 천황제의 추종 원리는 선적인 기반에서 나왔다. 그는 화엄의 '일즉다一卽多 다즉일多卽一'의 교리를 원용하여 황실을 순수 절대의 존재로 보았으며, 그의 언설은 젊은이들을 비롯한 많은 일본 국민들을 전쟁터로 내모는 결과를 초래했다.

일련종이야말로 말법사상에 의거한 시대적 위기의식의 조장과 현세의 초복招福 및 불국토 건설을 목표로 한 현실주의적 사고가 전쟁 수행의 기반이 되었다. 일련주의를 제창한 타나카 치가쿠는 국체론을 받아들여 일본이 독자적인 역사성을 갖는 통일 국가로서 전 세계를 지배할 유일한 국가로 보았다. 그리고 니치렌이 세속법과 불법의 일치를 설한 왕불명합론王佛冥合論을 개조하여 부처님과 동일시된 천황이 일련주의를 전파할 사명을 갖는다고 보았다. 이것이 실현되었을 때 최승最勝의 땅인 영산정토靈山淨土와도 같은 곳에 계단戒壇이 건립된다는 것이다. 따라서 천황에게 전쟁으로 세계를 통일할 사명이 있다고 보고, 일본의 제국주의적 대외 침략을 정당화했다. 타나카의 영향 아래 우익 활동가 이노우에 닛쇼井上日召, 만주국 육군 참모 이시하라 칸지石原莞爾, 천황기관설天皇機關設의 제창자 키타 잇키北一輝 등 많은 군국주의자들이 배출되었다.

불교연합회가 황국 불교로서의 길을 선언한 다음 해인 1939년, 종교단체법이 귀족원과 중의원 양원에서 통과되자 일본은 군국주의에서 파시즘 체제로 나아갔다. 그리고 국민정신 총동원 체제하에 전쟁 수행을 효과적으로 하기 위해 불교를 비롯한 모든 종교를 적극 활용했다. 불교계는 이러한 전시 교학에 기반을 두고 스스로 국주법종國主法從의 길을 걸었다. 그 대가로 대외적으로는 일본의 식민지가 된 타이완·조선·만주 등 이웃 국가에 포교의 노선을 넓히는 계기가 되기도 했다. 하지만 자신의 신도들을 전쟁 수행의 도구로 전락시킨 과오는 씻을 수 없었다. 청일전쟁 이후, 거의 10년 단위의 전쟁 과정을 거쳐 마침내 1945년 태평양전쟁의 패배에 이르기까지 행해진 근대 불교의 굴절과 왜곡의 뼈아픈 유산을 현대의 일본불교는 여전히 짊어지고 있는 것이다.

● 　근대에는 불교를 비롯한 종교가 국가의 관리 체제하에 있었다. 메이지 유신 이후 종교단체를 하나로 관리할 법령이 필요해지자 1899년 제1차 종교 법안이 귀족원에 제안되었지만 부결되었다. 그 후 1927년과 1929년도에도 제출되었으나 불교계를 비롯한 종교계의 반대로 무산되었다. 국가 신도 체제 아래에 있던 신사를 종교가 아닌 공법상의 법인으로 간주했기 때문이었다. 그러다가 마침내 1939년에 종교단체법이 처음으로 제정되었다. 종교단체법으로 비록 불교는 법적인 지위를 얻었지만, 전시 체제 아래 국가의 관리, 감독, 통제를 위한 조치에서 나왔으므로 공익 법인으로서 실질적인 역할을 하기에는 한계가 있었다.

　일본이 태평양전쟁에서 패배한 후, 1945년 연합군 총사령부에서는 종교법인령을 제정하여 실행했다. 비로소 불교계도 하나의 정교분리 원칙 아래 종교의 자유를 보장하는 법인의 자격을 갖게 되었다. 1951년에는 한시적인 종교법인령을 철폐하고, 종교법인법이 정식으로 제정되었다. 이로써 불교계는 오랫동안에 걸친 국가 종속의 굴레를 벗고, 민주국가 내에서의 종교 활동을 자유롭게 펼칠 수 있게 되었다.

　현재 일본불교는 7만 5천여 개의 사원 및 포교소를 중심으로

2. 현대 일본의 불교

전일본불교회에 가입한 중요한 59개의 종파가 활약하고 있다. 그중 가장 큰 교단은 전통적인 종파인 천태종, 진언종, 정토종, 정토진종, 일련종, 임제종, 조동종 등이다. 그 밖에도 근대에 창립된 영우회, 입정교성회, 창가학회 등 불교계 신종교가 교선을 확장하고 있다. 전 일본불교회는 1900년 국가 통제에 반대한 불교계가 불교간담회라는 이름으로 결성하여 대일본불교회·일본불교연합회라는 명칭을 거쳐, 마침내 1957년 재단법인화하여 오늘에 이르고 있다. 재단의 운영은 이사회·상무이사회·평의원회를 중심으로 사무총국을 두고, 전 일본의 불교계를 대상으로 다양한 활동을 하고 있다. 또한 세계불교도연맹WFB의 일본 센터로 활동하며 해외 불교도와의 교류를 촉진하고 있다. 신도, 기독교, 신종교계와도 연합하여 재단법인 일본종교연맹을 구성하는 등 불교계를 대표하여 국내 타 종교와의 연락이나 정관계와의 협력 창구로 기능하고 있다.

현대 일본불교의 성격에 대해서는 종파의 다양성에 비추어 한 마디로 정의할 수 없는 상황이다. 그러나 몇 가지 공통적인 요소는 발견할 수 있다. 대표적으로는 신불습합神佛習合과 장제葬祭 불교의 전통이 유지되고 있다는 점이다.

신불습합의 현상은 일반 불교인들의 가정에서 모시는 부츠단佛壇이나 카미다나神棚에서 찾아볼 수 있다. 전자는 선조 공양을 위해서, 후자는 지역의 우지신氏神을 모시는 작은 불단이나 신단을 말한다. 물론 이들의 보유율은 전후에 점점 저하되어 전자가 전 국민의 약 60퍼센트, 후자가 약 50퍼센트에 이른다. 대도시일수록 보유율은 낮아지고 있고, 부츠단의 경우에는 종파에 따라 다양한 모습을 보이고 있다. 부처님을 비롯하여 자파의 종조, 중흥조를 모시는가 하면, 조상의 위패를 안치하기도 한다. 이러한 현상은 일본 특유의 종교적 습관이다. 이를 모심으로써 현당現當 2세, 즉 현생과 내생의 평온을 기원한다. 전통이 여전히 일상생활 속에 깊이 뿌리를 내리고 있다는 사실을 알 수 있다. 또한 정기적으로 하츠모우데初詣, 즉 정월 초하루에 사원이나 신사에 참배하는 생활이 의례화되어 있다고 해도 과언이 아니다. 사원과 신사를 구별하지 않으며, 유명한 곳에는 양자를 왕래하는 행렬이 인산인해를 이룬다. 불교와 신도를 생활 속에서 자연스럽게 받아들이고 있는 것이다.

다음으로는 장제 불교의 현상이다. 현재 일본인의 90퍼센트는 불교식 장례를 활용한다. 정기적으로 조상의 묘를 참배하는 비율도 전 국민의 약 70퍼센트를 넘는다. 장례 불교의 기원은 근세 단가제도에서 찾을 수 있다. 집안 대대로 사원의 단가로 소속되어 이를 관습적으로 계승하기 때문이다. 앞에서도 언급했듯이 장제 불교화는 중세에 정토 계통의 신불교가 발흥하면서부터이다. 비록 근대에 단가제도는 법적으로 해체되었지만, 유풍이 여전히 현대 불교에 남아 있다. 사원이 단가의 묘지를 관리하고 있어 자연적으로 불교식 의례에 의존할 수밖에 없는 점도 있다. 누대로 내려오는 가족묘가 많은 것도 이러한 역사에 기인한다. 일본불교의 성격과 관련하여 종래에는 불교의 타락으로 보기도 했지만, 현대에는 민속학적인 관점에서 전통을 중시하고자 하는 움직임도 일어나고 있다.

불교는 민중의 삶 속에 깊이 뿌리를 내리고 있으며, 기독교를 비롯한 외래의 종교가 소수에 머무는 이유도 여기에 근원한다. 현대 일본불교는 종교의 이미지를 넘어 삶의 연속성과 함께 유전되어 일상화되어 있는 것이다. 8월 중순의 전 국민적인 오봉お盆 행사는 이러한 모습을 잘 보여 준다.

현대 일본불교의 학문적인 수준은 양적으로나 질적으로 세계적인 수준을 갖추고 있다. 비록 근대에 전시 교학과 같은 파행을 겪었지만, 이를 극복한 전후에는 불교학이 눈부시게 발전했다. 그 예로 근대 말 불교학에 한 획을 그은 교토학파京都學派를 들 수 있다. 니시다 기타로를 중심으로 선과 서양철학을 접목하고자 했던 교토학파의 시도는 그의 사후에도 다양한 방면에 영향을 주었다. 또한 나카무라 하지메中村元(1912~1999), 히라카와 아키라平川彰(1915~2002), 카마타 시게오鎌田茂雄(1927~2001), 야나기다 세이잔柳田聖山(1922~2006) 등 불교학계의 거목들이 활동하여 훌륭한 학문적 성과는 물론 유능한 후속 세대들을 양성했다. 이들은 과거 불교학의 반성 위에 일본불교의 보편성과 특수성을 잘 조화시켰으며, 동아시아의 불교를 균형 있는 관점으로 바라보았다.

일본불교는 이제 문호를 개방해 세계 각지에서 포교소를 열고, 동시에 현지화를 지향하고 있다. 외국인들을 받아들여 현지인들로 하여금 포교를 담당하게 하는 등 해외 포교 체제를 새롭게 정비하는 중이다. 특히 신종교계의 불교는 한국을 비롯한 인근 국가와 남북미, 유럽에 전통 불교와는 다른 새로운 형태로 변화되고 있다. 불교가 동점東漸의 마지막 지역인 일본열도에서 머물지 않고, 현대 문명과 조우하며 세계와 직접 소통하는 장면을 목격하고 있는 것이다.

8

미국불교사

미국불교의 역사는 한 세기 이상 거슬러 올라가지만, 불교가 중
요한 종교의 하나로 떠오른 것은 비교적 최근의 일이다. 2008년
조사에 따르면, 미국인 중 개신교도가 51퍼센트, 가톨릭이 25퍼
센트로 종교 인구의 대다수(76퍼센트)를 차지한다. 그러나 1990년
86퍼센트의 성인 미국인이 기독교를 믿는다고 한 조사에 비하면
상당히 줄어들었다. 이 변화는 다른 종교로 개종한 결과라기보
다 종교에 무관심해진 사람이 늘어난 결과라 설명할 수 있다. 또
조사에서 종교가 인생에서 가장 중요하다고 말한 사람은 17퍼센
트로 가족(45퍼센트), 돈이나 경력(17퍼센트)이 중요하다고 말한 사
람보다 적다. 아직 유럽에 비해 높은 비율이지만 미국에서도 종
교가 삶에 대해 갖는 중요성이 많이 약화되었음을 보여 준다.

　최근 들어 기독교를 믿어야 한다는 보이지 않는 압력이 조금
씩 약화되고 있지만, 미국은 청교도들이 종교적 자유를 찾아 건
설한 국가인 만큼 기독교가 사회문화적으로 압도적인 영향력을
행사한다. 여전히 상당수 미국인은 주위 사람들이 기독교 신자
일 것이라고 기대한다. 특히 대통령 후보, 자신의 자녀를 가르치
는 교사, 직장 상사와 같이 자신의 삶에서 중요한 역할을 하는 사
람이 반드시 기독교 신자여야 한다고 생각하는 사람이 인구의 3

분의 1을 넘는다.[1]

이에 반하여 최근 교세를 확장 중인 이슬람이나 불교 같은 기독교 이외의 종교를 믿는 사람은 성인 인구의 약 3.9~5.5퍼센트에 불과하다. 불교를 믿는 사람은 조사에 따라 0.5~0.9퍼센트에 이르는데, 본래부터 불자였다가 미국으로 이민 온 사람들이, 다른 종교를 믿다가 불교로 개종한 사람들보다 9배 정도 많으며 대부분 아시아계이다.

이처럼 이민은 불교가 미국에 전파되는 중요 통로이다. 미국에서 불교를 전파한 첫 번째 선사인 소케이-안Sokei-an(1882~1945)과 뇨겐 센자키Nyogen Senzaki(1876~1958) 또한 이민자였다. 지금도 태국, 스리랑카, 한국, 일본, 타이완에서 꾸준히 승려들이 건너오고 있다. 또 베트남, 티베트, 미얀마 같은 국가에서 정치적인 이유로 망명한 승려들도 있다. 이들은 이민 공동체의 범위를 넘어 개종 불교인들과 접촉하면서 미국인의 불교 이해를 돕고 불교적 생활양식을 전하는 등 미국불교 발전에 공헌하고 있다. 대부분의 미국불교 단체에서 이민 사회의 승려와 신도, 그리고 주류 사회에 속하는 개종 불교 지도자들과 수행자들 사이에 지속적인 상호 접촉이 이루어지고 있다. 미국인 불교 지도자들이 배출되는 오늘날에도 아시아에서 건너온 승려들은 미국불교에 새로운 인적 자원과 전통적인 가르침을 퍼뜨리고 있다.

비아시아계 미국인은 불교의 가장 중요한 요소로 명상과 철학적 분석, 자비의 윤리, 개인적 경험을 강조하는 경험심리학을 꼽고 있다. 아시아에서 전통적으로 내려오는 불교와 달리, 그들은 맹목적인 권위나 도그마를 부정하고 미신, 주술, 성상 숭배를 배제한

---

1) 이현송, 「불분명한 믿음과 미국 사회의 세속화?」, 『한국사회학』, V.43, No.4. 한국사회학회. 2009. p. 163.

다. 뿐만 아니라 불교가 현대 과학이나 자유민주주의와 양립할 수 있다고 생각한다. 또한 미국인들은 불교를 부처님의 깨달음, 빨리어나 산스끄리뜨 경전, 아시아 문화의 한 형식으로서 이해하는 것 못지않게 유럽 계몽주의, 낭만주의, 초월주의Transcendentalism, 위빠사나Vipassana, 명상과 연관된 현대화된 하이브리드 전통으로 이해하고 있다.[2]

●   미국불교의 구성원은 기독교에서 개종한 개종자들, 아시아에서 이민 온 불자, 그들의 2세와 3세, 1965년 이후의 이민자들과 난민들, 그리고 개종자들의 2세, 3세들에 이르기까지 다양하다. 이 다양성은 미국불교를 통일적으로 이해하는 것을 불가능하게 만든다. 엄격히 말해 '미국불교'가 존재하는 것이 아니라 미국이라는 지역에 여러 개의 불교가 있다고 해야 맞다. 최근의 연구들은 미국불교를 구성원과 신행 내용에 따라 개종 불교, 이민 불교, 일본에서 건너온 신흥 불교로 구분한다.[3]

  첫째, 개종 불교는 미국 주류 사회의 구성원인 고등교육을 받은 백인 중산층의 불교를 말하지만 그중 아시아계, 흑인도 섞여

1. 미국불교의 종류

2) Snodgrass, Judith. *Presenting Japanese Buddhism to the West : Orientalism, Occidentalism, and the Columbian exposition*, (Chapel Hill: University of North Carolina Press), 2003. 과 Seager, Richard Hughes. *Buddhism in America*, (New York: Columbia University Press), 1999.
3) 스노드그래스Snodgrass는 미국불교를 위의 세 가지로 분류하지만, 시거Seager는 미국불교를 일본에서 건너온 정토종 계통의 불교와 개종 불교, 아시아의 다른 나라에서 온 민족 불교로 나눈다. 그러나 필자의 관찰과 미국 불교학자와의 대화(Jamie Hubbard, Peter Gregory 등)를 통해 본다면, 최근 괄목할 만한 성장을 하고 있는 소카각카이는 인구구성이나 내용에서 이민 불교나 개종 불교로 분류될 수 없는 특징을 가지고 있다. 즉 아시아계뿐 아니라 흑인과 히스패닉계, 백인까지 포괄하는 다양한 인종적 구성과 만트라를 암송하는 신행의 '기복적' 성격은 다른 두 가지 불교 유형과 구별되는 특징을 보여 주고 있다. 따라서 여기서는 스노드그래스의 견해를 따른다.

있다. 이들은 자신이 믿었던 기독교에서 개종했기 때문에 '개종 불교'라고 하지만 개종 불자들의 2세, 3세도 이 그룹에 포함된다. 이들은 부모의 영향으로 어려서부터 불교를 접했기 때문에 '개종'이라는 말이 적합하지 않지만, 인종적 사회적 배경 때문에 '개종 불자'로 분류된다. 개종 불자들은 대부분 독서를 통해 불교를 접했으며 주로 명상에 관심을 가지고 있다. 그러나 '개종'이 불교의 가르침을 모두 받아들인다는 의미는 아니다. 1980년대부터 이들은 미국불교 단체의 지도자, 법사, 학자로서 부상하고 있으며 미국 주류 문화에 적합한 형식을 창조하고 있다.

둘째, 이민 불교[4]는 아시아에서 이민을 오거나 난민, 또는 정치적 이유로 추방당해 미국으로 온 사람들이 신행하는 불교이다. 18세기 중국인 노동자에 의해 불교가 처음으로 미국에 도입되었으며 이어서 일본, 한국을 비롯한 아시아 전역에서 이주해 온 이민자들과 더불어 전해졌다. 1965년 이민법 개정으로 아시아로부터의 이민자가 급증하면서 불교 인구가 기하급수적으로 증가했다. 또 캄보디아, 베트남, 티베트 등 아시아에서 온 난민들의 불교까지 더해졌다. 흔히 미국을 '샐러드 볼'이라고 하여 다민족, 다문화가 교류하고 융합한다고 생각하지만 실제로 각 이민 공동체는 자신의 정체성을 굳게 보존한다. 종교는 민족적 문화적 정체성을 표시하는 가장 강력한 요소이기 때문에 이들의 종교 활동은 모국에서 행하는 방식을 그대로 고수하는 경향이 있다.

그러나 이민 불자 역시 그들 나름의 방식으로 불교의 미국화에 기여하고 있다. 여기에는 경제, 문화, 언어의 문제가 깊이 관련되며, 빠르게 미국화되어 가는 자녀들에게 모국의 전통과 종

---

4) '이민 불교'라는 말 대신 'ethnic Buddhism'이라는 용어도 사용된다. '민족 불교' 또는 '인종 불교'로 번역될 수 있다.

한 권으로 보는 세계불교사

교를 전달해야 한다는 절박함 때문에 미국에 적합한 불교를 형성하는 데 힘써야만 했다. 그들 중 몇몇 지도자들은 토착 미국인에게 불교를 가르치고 개종 불교 단체를 창립했다.

셋째, 일본에서 발생한 니치렌 불교(한국에는 일런종으로 알려져 있다.)와 소카각카이Soka Gakkai 創價學會 그룹이 있다. 이들은 일본뿐 아니라 미국을 비롯한 서양에서 활발하게 활동하고 있으며, 백인뿐 아니라 흑인, 히스패닉계 등 소수 인종까지 끌어들였다. 이 그룹은 『법화경』을 신봉하고 '나모호랑게꾜'를 염불하는데, 강력한 기복적 성격 때문에 경제적 사정이 열악한 중하층 미국인들에게 환영받고 있다.

● 　개종 불교인들의 성향과 신행 정도에는 다양한 스펙트럼이 존재한다. 신이 없는 종교인 불교는 서양적인 '종교' 개념에 맞지 않기 때문에 처음에는 종교라기보다 철학으로 서양에 소개되었고 최근에 와서 심리치료의 일종으로 환영받고 있다. 따라서 서양에는 신앙 차원에서 관심을 갖는 사람보다 철학이나 사상 또는 명상 기술로서 불교에 관심을 갖는 사람들이 더 많다. 그러므로 이들을 모두 '불자'로 보기는 어렵다.

불교에 관심이 있는 미국인들 중 스스로 불자라고 생각하지 않고 불교 단체에서 열리는 행사에 정기적으로 참여하지 않는 사람들이 대다수이다. 미국에서 발간되는 유명한 불교 잡지 『트리사이클Tricycle』의 편집자 헬렌 트보르코브가 '침대맡 전등 불자nightstand Buddhist' 5)라고 부른 이 사람들은 불교에 호감을 가지고 있지만 종교로 받아들이지는 않는다. 대부분 무신론자이거

2. 누가 미국 불자인가

5) Snodgrass, Judith. 위의 책, p. 20.

나 특정 종교를 믿지 않지만 개중에는 유대교나 유니테리언 교회 신자, 퀘이커 신도, 가톨릭 신도 등 다른 종교인들도 섞여 있다. 하지만 이들은 좌선을 하고 불교 잡지를 구독하며 불교와 명상 관련 서적을 즐겨 읽는다. 지역 대학에서 열리는 불교 관련 강의를 열심히 청강하며 불교 센터의 웹사이트를 방문하고 온라인 토론에도 참여한다. 그들의 집은 불상이나 탱화, 염주 등 불교 용품들로 장식되어 있고 침대 머리맡에는 불교 명상에 대한 서적이 놓여 있다. 밤새워 불교 서적을 읽고 아침이면 서툴지만 전날 읽었던 대로 벽을 마주하고 명상을 하려고 애쓴다. 바로 이들에 의해 미국불교가 지금의 형태로 발전했다고 해도 과언이 아니다. 이 동조자들은 폴 캐루스Paul Carus(1852~1919)와 앤드루 카네기 Andrew Carnegie로부터 존 케이지John Cage에 이르기까지 1880년대 이래 미국과 서양 불교사에 중요한 부분을 이루고 있다.

그러므로 서양에서는 깨달음이나 해탈처럼 엄숙한 주제나, 출가한 승려들의 고행과 금욕은 관심의 대상이 아니다. 이들의 관심은 명상이 일상생활에 어떤 효과가 있는가에 쏠려 있을 뿐, 윤회와 내세에 대한 관심이 없다. 아시아에서 재가신도의 가장 중요한 역할로 간주되는 승가의 외호와 보시는 강조되지 않으며, 평화·환경·반전 운동, 빈민 구제와 같은 사회활동에 참여하지만 그 공덕으로 내세에 복을 받는다는 관념은 없다.

제도적인 측면의 변화도 주목할 부분이다. 승려와 재가신도 사이의 구분이 사라지고 교리에 대한 권위의 탈중심화가 이루어지고 있다. 승려의 역할은 줄어드는 반면, 여성을 포함한 재가자의 비중이 높아지며 사회활동에 적극적으로 참여한다. 또 수행의 심리학적 효용이 더 중요시된다. 이는 개인주의, 비순종주의, 민주주의, 인본주의 심리학, 여성주의, 환경문제 등 다양한 요소로부터 영향을 받았다. 이 같은 변화가 기독교, 유대교, 이슬람교 등 타종교뿐 아니라 아시아의 다양한 불교가 만나는 다문화 환경 속에서 만들어지고 있다.

문화의 이식은 개인의 창조성도 요청되지만 본질적으로 집단적 작업이기 때문에, 불교가 미국이라는 새로운 환경에 뿌리내리는 데에는 아시아에서처럼 수세기가 걸릴 것이다. 더구나 미국은 인종과 문화에 따라 다양한 집단에서 다양한 종류의 불교가 신행되기 때문에 아직 고유한 특징을 형성하지 못하고 있다. 따라서 미국불교의 특징과 역사를 일목요연하게 소개하기란 거의 불가능하다. 여기서는 신행되는 불교의 종류에 따라 각각의 역사를 기술하는 방식을 택했다.

1. 중국불교의 도입

● 불교는 1820년경 신대륙에 처음 이주한 중국인과 더불어 미국에 알려졌다. 중국인은 처음에 극소수였으나 1849년 캘리포니아의 골드러시 이후 2만 명으로 늘어났으며 19세기 말에는 무려 6만 3천 명이나 되었다. 금산(중국인들이 북아메리카의 금광 지역을 일컫던 말)에는 광산과 철도 노동자를 비롯하여 요리사, 세탁사, 이발사 등 다양한 직종의 중국인들이 공동체를 이루고 생활했다. 그들은 친목과 복지를 위해 같은 지역 출신끼리 상인조합을 만들었는데, 미국 최초의 사찰은 그중 하나인 체얍 조합이 1853년 샌프란시스코에 세웠다. 이듬해 닝영 조합이 두 번째 중국 사

찰을 세웠다. 조합 건물 제일 위층에 자리한 사찰은 조상 제사와 민속 축제가 거행되는 이민 생활의 중심이었다. 그 후 1875년 8개의 사찰이 건축되었고 1900년에는 약 400여 개의 중국 사찰이 미국 서부에 세워졌다.

사찰에서는 고향인 광둥 지역에 유행하던 유교와 도교가 습합된 형태의 불교가 신행되었으며 관음신앙과 미타신앙도 인기가 있었다. 승려가 거주했다는 기록은 있으나 사찰을 관리하고 의식을 집전하는 정도였으며 미국인들에게 불교와 참선을 가르친 선승은 없었다.

중국인들은 다른 사람을 개종시키려고 하지 않았음에도 중국인에 대한 인종적 편견이 심해짐에 따라 중국 사찰은 점차 의심과 무시의 대상이 되었다. 자스의 집joss house(포르투갈어 '신'의 저급한 표현)이라는 경멸적 용어로 불렸던 중국 사찰은 백인들에게 미신과 이교의 장소로 여겨져 테러의 표적이 되었다. 수차례 방화와 총격이 가해진 뒤 1882년 추방령으로 중국인들이 갑자기 철수하면서 불교도 미국에서 사라졌다.

● 　중국인 다음으로 일본인이 들어오면서 불교가 다시 미국 역사의 무대에 등장한다. 미국에 현존하는 가장 오래된 불교 단체인 미국불교단Buddhist Churches of America은 미국에서 'Shin Buddhism'으로 알려진 정토진종 니시혼간지西本願寺의 미국 분원이다. 2011년 현재, 미국불교단은 약 60여 개의 사찰과 분원, 약 1,600명의 신도를 거느리고 있다.

미국 정토진종의 기원은 1870년대 일본인들이 농장에서 일하기 위해 미국 서부에 온 시점으로 거슬러 올라간다. 일본인들은 중국인들과 달리 미국 문화를 받아들이려고 노력했기 때문에 종

2. 일본불교의 도입

교적, 문화적 전통을 이식하는 것은 문제되지 않았다. 1900년경, 일본계 미국인은 2만 4천 명이 넘었으며 이즈음 정토, 니치렌, 선불교가 시카고의 세계종교회의를 통해 미국에 소개되었다.

1898년 첫 번째 포교승이 일본인 공동체를 위해 샌프란시스코에 도착했다. 짧은 체류 기간 동안 재가 불자 조직이 결성되었는데, 이것이 미국불교단의 전신인 불교청년회Young Men's Buddhist Association이다. 불교청년회 회원들의 요청에 따라 1899년 니시혼간지 교토 본부에서 승려 수에이 소나다와 카쿠로 니시지마를 파견했다. 그해 샌프란시스코에 니시혼간지 말사(현재의 미국 본부)가 세워져 토요강연회와 일요법회가 열렸으며 일본인을 위한 사회봉사 프로그램들이 만들어졌다. 일본인들이 증가함에 따라 그들의 거주 지역을 따라 시애틀에서 샌디에이고까지 북미불교선교단The Buddhist Missions to North America과 소속 사찰이 세워졌으며 불교여성연합Fujunkai도 창립되었다.

그 후 미국불교단의 역사는 일본과 미국의 관계 변화에 크게 영향을 받았다. 1900년대 초 미국 서부 지방에서 반일본 정서가 격화되면서 일본인의 사업체와 건물들이 공격받았으며, 1907년에 이미 미국에 거주하는 일본인의 아내와 아이들에게만 이민을 허용하는 신사협정이 체결되었다. 그것은 북미불교선교단 활동을 위축시켰지만, 다른 한편으로 안정적이고 가족 지향적인 일본인 공동체가 절실하게 필요해짐에 따라 결과적으로 일본인 공동체에서 정토진종의 역할을 강화시켰다. 그 결과 일본에서와 달리, 사찰은 바자회, 댄스파티, 야구 경기, 영화, 장례식, 결혼식, 추도회, 일요법회, 젊은이를 위한 일요학교 등 광범위한 종교적 사회적 기능을 떠맡게 되었다. 1914년 북미불교선교단은 약 25개의 지부와 사찰을 가진 조직으로 성장했으며 제2차 세계대전 전까지 교토의 니시혼간지 관할 아래 있었다.

1920년대 초 일본인의 재산 소유권을 제한하는 외국인토지법이 시행되었고 1924년 동양인 추방령이 발의되었다. 이에 따라 일본인은 새로운 사찰을 건립하기 위한 토지를 확보하는 데 어려움을 겪었다. 그러나 한편으로는 일본인들을 단결시켜 사찰은 일본 문화와의 연속성을 유지시키는 센터로서, 사회적 문화적 서비스를 제공하는 본부로서 더욱 중요해졌다. 사찰은 육상 리그, 보이스카우트 캠프, 미국식의 댄스파티 등을 지원함으로써 적응과 변화를 위한 문화적 종교적 연속성과 장치를 제공하는 이중적 기능을 수행했다.

그 사이 미국에서 태어난 이민 2세가 성장하며 세대교체가 시작되었다. 이민 1세와 북미불교선교단 승려들은 일본어를 사용했지만, 1930년대 이민 2세가 나날이 늘어남에 따라 일본어로 된 불교 용어를 번역할 필요가 생겼다. 단기적으로 기독교화의 우려를 가져왔지만, 장기적으로 일본어와 영어가 혼용되어 오늘날까지 뚜렷한 민족적 종교적 특징을 부여하는 새로운 불교 용어들이 만들어졌다.

1941년 일본의 진주만 폭격 이후, 11만 1,170명의 재미 일본인이 12개의 수용소에 나누어 수용되었다. 이 수용소에서 북미불교선교단에 두 가지 중요한 변화가 일어났는데, 이민 2세 지도자의 등장과 이들의 미국화가 가속화된 것이다. 수용소에서는 모든 의식이 영어로 집전되었으며 미 당국과 협상할 일도 많았기 때문에 영어에 능통한 이민 2세가 자연스럽게 정토진종의 지도자로 부상했다. 또한 재미 일본인들의 충성심과 미국화의 의지를 보여주기 위하여 1944년 토파즈 수용소에서 '미국불교단Buddhist Churches of America'이라는 새 이름이 채택되었으며 차츰 일본 교토에 있는 니시혼간지와의 관계도 소원해졌다.

　제2차 세계대전 이후, 미국불교단은 정상으로 복귀하며 동부에도 사찰을 건립했다. 곧이어 이민 3세 지도자가 등장했고 1966년 캘리포니아 버클리에 불교학연구소Institute of Buddhist Studies가 설립되었다. 이로써 일본어로 강의하는 교리 공부를 듣고 지도자가 되기 위해 교토로 갈 필요가 없어졌다. 1968년 캐나다 출신 이민 2세가 주지로 선출되었으며 취임식도 처음으로 교토가 아닌 미국에서 거행되었다.

　1960년대 일본계 미국인들은 인종적, 종교적으로 소수 그룹이지만 미국 중산층으로 부상했다. 그러나 미국불교단의 주류화는 문제점도 낳았다. 신도들은 인종적 종교적 정체성을 잃어버렸으며 많은 이민 2세들이 불교에서 멀어졌다. 회원의 감소와 함께 다른 인종과의 결혼이 늘어나면서 성인교육에 대한 관심을 새롭게 했으며 일본 정토진종과 다른 정토종파와의 국제 교류를 촉진시켰다. 동시에 초창기부터 신도이자 교역자로서 활동했던 비일본인[6]에게 중요한 역할과 지위가 맡겨졌으며 좌선 그룹을 사찰에 끌어들이는 등, 개종 불자와 이민자 사이에 소통의 문을 열고자 노력했다.

　1980년대와 1990년에 들어서서 미국불교단은 미국 공립학교 종교 교과서 선택 논쟁에서 다른 단체와 연합하여 친기독교적이고 반불교적인 성향의 교과서 사용을 금해 달라는 헌법소원을 제기했다. 또한 인종적, 종교적 차별에 대하여 항의하는 등 한 세기 이상 축적된 경험을 바탕으로 여러 가지 활동을 벌였다. 초기

---

6) 노먼 박사는 소노다 스님의 친구였으며 초창기에 많은 도움을 주었다. 그들은 다른 미국인 5명과 함께 '불법 승가The Dharma Sangha of Buddha'라는 모임을 결성했으며 곧 미국인 25명, 일본인 20명으로 늘어났다.

한 권으로 보는 세계불교사

부터 미국불교단의 대들보였던 불교여성연합이 더욱 활발하게 활동했으며 여성들도 지도자로 임명되었다.

좌선에 관심이 있는 개종 불자들은, 염불을 위주로 하는 정토진종에 별 흥미를 못 느끼기 때문에 미국불교단은 개종 불교 외부에 작지만 뚜렷한 구역을 형성하였다. 반면 아시아계의 다른 이민 공동체와 철학, 교리, 신행에서 많은 유사성을 가진다. 적은 규모와 집단적 성격 때문에 미국불교에 대한 논의에서 종종 간과되지만, 미국불교단은 다른 일본계 또는 중국계 미국인과 더불어 중산층 이민 불자 그룹이라는 독특한 위치를 차지하고 있으며, 미국 사회에 알맞은 형식을 모색하는 개척자 역할을 담당했다.

1. 미국적 배경

●　미국불교의 근원은 에머슨, 휘트먼, 소로H. D. Thoreau(1817
~1862)와 같은 초월주의자들과 미국 초기 낭만주의자까지 거슬
러 올라간다. 유럽의 낭만주의자와 마찬가지로 그들은 아시아
종교에 매혹되었지만 그에 대한 지식은 영역된 힌두교와 불교서
적을 통하여 얻은 것이 전부였다. 소로는 『바가바드기타Bhagavad
Gita』를 읽었으며 에머슨과 함께 편집한 『다이얼The Dial』 지에
『법화경』 일부를 번역해 싣기도 했다.[7] 불교와 힌두교에 대한 그
의 관심과 독서는 훗날 월든 호숫가의 생활과 내적 체험에 큰 영
향을 주었다. 시인 휘트먼도 인도 종교에 관심을 가졌는데, 그들
의 지식과 경험은 제한적이었지만 자신의 내면적 체험 속에서
동양을 만났다. 그러나 에머슨, 소로, 휘트먼과 같은 작가들의 사
상과 작품에 나타난 불교적 성격은 그동안 과대평가된 점이 적
지 않다. 미국불교에 대한 그들의 역할은 오히려 한 세기 후에 나
타난 잭 케루악, 게리 스나이더, 앨런 긴스버그, 안네 월드만과
같은 비트 세대 시인과 작가들을 고무한 점에 있다.

7) 서양에서 처음으로 『법화경』을 번역한 사람은 소로가 아니라 엘리자베스 팔
　머 피버디(1804~1894)이다.(Thomas Tweed, The American Encounter With
　Buddhism; 1992, p. xvii.)

시와 예술은 지금까지도 불교를 수용하는 중요한 매체이다. 특히 빅토리아 시대 뉴잉글랜드 지역의 미국인, 특히 예술계에 관여했던 미국인들은 오리엔탈리스트적 낭만주의를 투사하여 일본을 이국적이고 낭만적이며 철학적이고 이상적이며 문명화된 장소로 이상화했다. 머지않아 이 이미지는 정치·군사적으로 위협하는 '적'으로 바뀌었지만, 일본은 이를 활용하여 정치·경제적 이권을 증진시켰다.

일본은 1875년 필라델피아 박람회를 비롯하여 1893년 시카고 박람회에도 참여했다. 이는 상품에 대한 호감뿐 아니라 일본에 대한 미국인의 태도도 크게 개선시켜 양국의 외교협상에까지 영향을 주었다. 파리(1867, 1878, 1889), 필라델피아(1876), 시카고(1893) 박람회에서 소개된 일본의 예술 작품들은 서양 미술에 새로운 조형 원리를 제공했으며 사실주의, 인상주의, 아르데코, 아르누보, 그리고 글래스고로부터 비엔나 분리파에 이르는 일련의 문화운동 전반에 영향을 주었다.

유럽과 비교해 미국과 아시아의 관계에서 주목해야 할 점은 미술관 수집품이다. 1860년대 뉴잉글랜드 지역에서 중국과 교역하면서 아시아 예술에 대한 감식안이 발생했으며 1890년에는 비겔로우W. S. Bigelow(1850~1926), 웰드C. G. Weld(1857~1911), 페놀로사E. Fenollosa(1853~1908)가 수집한 불교 미술, 회화, 수묵화를 포함한 중국과 일본의 미술 작품과 공예품이 보스턴미술관에 증축된 아시아 예술 전시 공간을 채웠다.

아시아 예술 작품 수집에 가장 영향력 있는 사람은 도쿄제국대학에서 철학과 미학을 가르쳤던 페놀로사였다. 그는 1890년 보스턴미술관의 첫 번째 아시아 예술 큐레이터로 임명되었다. 『중국과 일본 예술의 신기원: 동아시아 디자인사 개요』를 저술했는데, 이 책은 미국에서 여러 세대 동안 동아시아 예술에 대한 취미를 형성시켰다. 뒤를 이어 오카쿠라 텐신 岡倉天心(1862~1913)이 보스턴미술관에서 일했으며, 영국에서 교육받은 세일론 태생의 쿠마라스와미 A. K. Coomaraswamy(1877~1947)는 큐레이터와 학자로서 동아시아에 맞춰진 보스턴의 동양 예술의 취미를 무용을 포함한 인도 예술로 확대시켰다.

페놀로사와 스터지스 비글로우는 미국인으로서 제대로 대승 불교를 배우고 수행한 사람들이기 때문에 불교가 자기 구제만 추구하는 이기적 종교라는 편견을 바꾸는 데도 공헌했다. 이른바 '하버드 동양학' 전통을 세운 하버드대학의 란만 C. R. Lanman, 휘트니 D. Whitney, 블룸필드 M. Bloomfield 등 뛰어난 산스끄리뜨어 학자와 인도유럽어 비교문법학자들도 주로 문헌에 나타난 가르침에 근거하여 불교 신자가 되었다.

불교, 특히 선은 미국 문학 중에서도 20세기 미국 시에 지대한 영향을 주었다. 파운드를 비롯한 미국 시인들은 한산시 寒山詩를 비롯한 중국 시와 하이쿠를 영역했다. 중국어의 표의적이면서도 시각적인 특징과 선시의 단순하면서도 암시적인 표현은 미국 현대시 이론과 작품에 근본적인 변화를 가져다 주었다. 엘리엇 T. S. Eliot의 시와 사상에서도 인도철학과 불교에 대한 관심을 발견할 수 있다. 비트 세대 시인들은 미국인들이 좋아할 만하게 불교를 변형시킴으로써 불교 전래에 중대한 역할을 했으며 파운드, 엘리엇, 휘트먼, 초월주의자의 문학도 불교를 미국에 토착화시키는 데 큰 역할을 했다. 그 결과 불교적 이미지와 관념은 오늘날 고급 예술과 대중 예술에 광범위하게 나타나고 있다.

한편 신지학 Theosophy은 동양과 서양 사이에서 진정한 소통이 거의 없었던 시대에, 양자 사이의 일종의 하이브리드이며 전형적인 19세기식의, 그리고 빅토리아 시대의 발명이라고 할 수 있다. 1875년 뉴욕에서 창립된 신지학회는 처음에는 영매 활동 연구에 관심을 두었으나 아시아 철학과 세계종교의 비의적 차원을 연구하는 데 몰두했으며 곧 북미, 유럽, 아시아 전역에 지부를 두었다. 신지학회는 아시아 정신성과 신비주의에 대한 관심을 서양에 확산시키는 데 깊은 영향을 주었을 뿐 아니라, 아시아의 지식인들에게 자신들의 유산과 철학적 종교적 사고에 대하여 자부심을 갖도록 고무했다.

신지학회의 창립멤버인 러시아 태생의 헬레나 블라바츠키H. P. Blavatsky(1831~1891)와 미국인 헨리 스틸 올코트H. S. Olcott(1832~1907)는 1879년 반식민주의와 민족주의, 고대 종교에 대한 관심이 일어나고 있는 인도와 스리랑카로 건너갔다. 1879년 블라바츠키와 올코트는 신지학회 센터를 인도로 옮기고 1880년 5월 스리랑카에 불교신지학회를 창설했다. 그들은 콜롬보에서 열린 공식 기념식에서 오계를 받아 첫 번째 미국인 불교도가 되었다.

그들은 모든 종교의 초월적 통일성에 대한 신념을 견지했으며, 블라바츠키는 자신의 저술 중 다수가 정신적 스승인 마하트마들과의 영적 접촉을 통해 기술되었다고 주장했다. 이처럼 많은 신지학자들은 신지학이 불교의 하나라고 주장하지만 많은 특징들은 불교보다 뉴에이지 종교운동에 가깝다. 이는 기껏해야 제례주의, 과학적 사고, 기독교와 유대교의 몇몇 요소, 힌두교와 불교에서 발췌한 것들이 혼합된 현대적 정신성으로 이해할 수 있다. 몇몇 오래된 개종 불자들은 정통 불교를 받아들이기 전에 신지학에 관심을 가졌으며, 일반적으로 통합주의적인 입장을 가지고 불교를 철학의 일종으로 받아들였다.

그러나 올코트는 끝까지 불교에 충실했다. 그는 불교기를 제정하고 기독교 교리문답을 모방하여 『불교교리문답』을 저술하는 등 여러 가지 노력을 아끼지 않았다.[8] 이 책은 스리랑카에서 불교 전통을 더 잘 이해하고 기독교 선교사들의 논쟁적 저술에 대응하기 위해 널리 사용되었다. 그러나 서양 종교의 관점에서 불교 전통과 교리를 재해석하여 불교의 정체성과 고유한 수행 형식을 성서의 권위와 교리를 강조하는 기독교의 성서 중심주의에 짜 맞춤으로써 불교를 기독교와 구별되면서도 상호 교환이 가능한 세계종교의 하나로 변형시켰다. 스리랑카 사람들은 올코트가 불교를 되살리기 위해 기울인 노력을 기리고자 오늘날까지도 그의 기일인 2월 17일을 기념하고 있다.

18세기 후반과 19세기에 '동양적 신비주의', '신비로운 동양', '동양의 정신성'이라는 스테레오타입들은 동양의 전통문화와 사상을 신비한 것, 달리 말해 합리적이고 현세적인 서양과 대조시켰다. 그 결과 종교적 실천의 정신적 차원은 점차 개인에게 가장 내적인 것으로 이해되었고, 정신성 역시 관조적이며 내적인 수행, 요가나 명상과 같은 아시아적 수행과 결부된 것으로 여겨졌다.

2. 시카고 세계종교회의

● 1893년 세계종교회의는 불교가 미국에 전파된 결정적인 계기이다. 시카고 세계종교회의는 전 세계의 여러 종교 대표자들이 모인 역사상 가장 포괄적인 다종교 모임이었다. 미국이 고립주의를 버리고 세계 제국으로 발돋움하기 위해 국력을 과시할

---

8) 올코트는 부처님이 성도할 때 부처님 몸에서 여섯 가지 빛이 방출되었다는 것에 근거해서 육색기(六色旗)를 만들었으나 현재 사용되는 깃발은 청색·황색·적색·백색·주황색을 가로와 세로로 배치한 기(旗)이다. 1952년 일본에서 열린 제1회 세계불교도우의회에서 공식 깃발로 사용한 후 1954년 스리랑카에서 열린 '세계불교도대회'에서 정식 승인되었으며 모든 불교 국가와 불교 단체에서 사용하고 있다.

목적으로 추진된 컬럼비아 박람회와 함께 개최되었으며, 미국 개신교를 전 세계에 선교하려는 목적을 가지고 있었다. 대부분의 대표가 기독교인이었으나, 예상치 않게도 이 대회를 통해 유대교와 가톨릭이 미국 사회의 주류 종교로 떠올랐으며 여성주의도 크게 진작되는 등 미국 종교 지형에 많은 변화가 일어났다.

종교회의에서 불교의 역할은 부수적이었지만 미국불교사에서 보는 의미는 크다. 무엇보다 테라바다, 선불교, 니치렌 등 다양한 불교 전통이 대중들에게 소개됨으로써, 불교가 단일하지 않고 다양한 전통의 복합체라는 사실이 미국인들에게 이해되는 계기를 낳았다. 또한 대부분의 서양인들이 불교를 신비주의나 이국적인 것으로 생각하고 있었던 당시, 다르마빨라A. Dharmapala(1864~1933), 올코트, 소엔 사쿠釋 宗演(1860~1919) 등은 불교를 과학과 유사한 완전히 새로운 종교로 소개했다. 이는 현대성의 관점에서 불교를 설명한 첫 번째 시도이다.

종교회의는 또한 종교 간 대화의 시발점이다. 다양한 종교를 믿는 사람들이 한 자리에 모여 친밀하게 접촉함에 따라 종교 간의 대화가 활발하게 이루어졌다. 이는 미국불교의 특징 중 하나이며 20세기 종교사에 중요한 부분으로 기록된다. 개종 불자와 이민 불자뿐 아니라 불교, 기독교, 유대교가 참여하는 종교 간의 대화는 불교를 미국 주류 종교에 편입시키는 데 큰 도움을 주었다.

무엇보다 종교회의의 불교사적 의의는 이를 계기로 아시아 승려가 최초로 미국에 파견된 데에 있다. 종교회의 참석을 위해 중국, 일본, 태국, 스리랑카에서 대표를 파견했으며 회의가 끝난 뒤 그들은 미국 전역을 순회하면서 불교를 알렸다. 다르마빨라는 미국을 수없이 순회하며 불교에 관심을 가진 여러 사람들을 만났으며, 그중 뉴욕 출신 사업가인 유대인 찰스 스트라우스에게

계를 주기도 했다. 이것이 미국 땅에서 행해진 첫 번째 수계식이다. 소엔 사쿠도 수많은 순회를 했으나, 더 중요한 것은 이를 계기로 소케이-안, 뇨겐 센자키, D. T. 스즈키鈴木大拙(1870~1966)와 같은 동료와 제자들이 미국에 오게 되었다는 사실이다. 청중으로 참석했던 폴 캐루스가 소엔 사쿠에게 동양 철학서들의 번역을 도와 달라고 요청하자 그는 자기 대신 스즈키를 추천했는데, 바로 이들이 20세기 초반 미국 선불교의 기초를 다진 주역이었다.

19세기에 불교 출판은 불교를 알리는 교두보 역할을 했다. 1870년 에드윈 아놀드Edwin Arnold는 부처님의 일대기와 가르침을 서사시 형식으로 쓴 『아시아의 빛The Light of Asia』을 출판했다. 이 책은 미국에서 8판을 거듭하여 5만 부 이상 팔릴 정도로 엄청난 성공을 거두었다. 폴 캐루스의 오픈코트 출판사에서는 철학, 과학, 종교 관련 서적을 출판했으며, 그중 1894년 기독교 복음서 형식으로 구성된 『붓다의 복음The Gospel of the Buddha』은 대중적인 성공을 거두었다. 그는 또한 불교의 미국화를 위하여 서양 고전음악 양식의 불교음악을 작곡했다. 1887년 필란기 다사Philangi Dasa(1849~1931)는 캘리포니아 산타크루즈에 기반을 둔 첫 번째 불교 잡지 『불광The Buddhist Ray』을 발간했으나 1894년 폐간되었다. 1900년 샌프란시스코에서 정토진종 포교사와 함께 일하던 6명의 미국인들이 '불법 승가The Dharma Sangha of Buddha'를 결성하고 격월간지 『법광The Light of Dharma』을 발간했다.

다르마빨라는 근대 개혁가라는 또 다른 면모도 보였다. 올코트의 영향을 받은 그는 불교사를 서양 오리엔탈리스트의 렌즈를 통해 읽었다. 또 미신을 부처님의 순수한 옛 가르침에 대한 훗날의 왜곡이라고 간주하여 경멸하고, 스리랑카불교를 회복시키기 위해 불교 신행을 경전의 가르침과 일치시키려고 노력했다. 이

태도는 '프로테스탄트 불교' 또는 '불교 모더니즘'이라고 불리는, 불교에 대한 근대적 독서와 관련이 있다. 남방불교 대표로서 참가한 1893년 시카고 종교회의에서 다르마빨라는 불교를 현대 과학, 특히 진화론과 양립할 수 있는 것으로 제시했다. 종교회의 직후, 그리고 1896년과 1902년에서 1904년까지 미국 전역을 돌며 불교 강연을 했는데, 그의 연설은 엄청난 성공을 거두었다. 젊고 확신에 찬 그의 모습은 예수와 비견되는 성자의 모습으로 미국인들의 뇌리에 깊이 새겨졌다.

●

20세기 초반 일본선의 전래

1905년 미국에 초청된 소엔은 샌프란시스코 인근에서 아홉 달 동안 작은 선방을 열고 정기적으로 좌선을 가르쳤다. 미국에서 행한 첫 번째 선불교의 전래였다. 뒤이어 그의 사제와 제자가 미국으로 건너왔다.

소엔의 사제인 소케이-안은 1906년 미국에 도착한 후 몇 년 동안 서부 지역을 돌아다니다 1916년 뉴욕에 정착했다. 그러나 다시 일본으로 돌아가 수행하고 1928년 수계를 받은 후, 뉴욕으로 돌아와 선을 가르치기 시작했다. 그는 1931년 미국불교협회 The Buddhist Society of America를 조직했는데, 나중에 '제일선원 The First Zen Institute'으로 이름을 바꾼다. 앨런 와트 Alan W. Watts(1915 ~1973)의 장모이며 나중에 소케이-안의 두 번째 부인이 된 루스 풀러 에버릿 Ruth Fuller Sasaki(1892~1967, 사사키는 결혼 후에 붙여진 이름이다.)이 미국인을 위한 첫 번째 사찰인 이곳에 참여했다. 그는 소케이-안 사후 일본 승가에서 공부하고 수계를 받은 최초의 미국 여성이었다.

소엔의 제자인 뇨겐 센자키는 미국 서부에 도착했으나, 소엔의 명령에 따라 17년 동안 불교를 가르치지 않고 샌프란시스코에서 접시닦이, 잡일꾼, 세탁부, 농장 경영, 호텔 사업 등 여러 종류의 일을 하면서 세월을 보냈다. 1922년 비로소 그는 불교 공부와 수행을 위한 비공식적 그룹을 만들었다. 일정한 장소가 없어서 '떠다니는 선원floating zendo'이라고 부른 이 모임에서 그는 영어와 일본어를 섞어 가며 혈족, 고장, 직업, 성, 종교, 나이 등의 고정관념을 타파하고 궁극적으로 선의 이념에, 다시 말해 공의 상태로 나아가야 한다고 가르쳤다.

그러나 처음 미국에 소개된 일본선은 너무 근엄하여 미국인에게 충격을 주었다. 그의 가르침은 '고지식' 했을 뿐 아니라 그가 고백하듯 프로파간다의 공격적인 정신도 없고, 대중을 끌어당기는 매력적인 인격도 없었다. 그는 샌프란시스코에서 시작하여 1931년 로스앤젤레스에 정착한 뒤 1958년 죽을 때까지 일본계와 유럽계 미국인들에게 참선과 일본 문화를 가르쳤다. 제자는 없었으나 임제선과 조동선을 모두 수행한 선승인 나카가와 소엔 中川宋淵(1907~1984)과 야스타니 하쿠운安谷白雲(1885~1973)이 그의 뒤를 이었다.

소케이-안과 뇨겐 센자키가 창립한 선원은 20세기 초 불교에 관심을 가졌던 소수의 미국인을 위한 전초기지였다. 그들의 가르침은 개종 불교의 성격을 형성하는 데 큰 영향을 주었다. 두 사람은 선종 사찰에서 엄격한 훈련을 받았지만 제도적 형식에 대해 비판적이었으며 재가자들을 가르치는 데 관심을 가졌다. 이처럼 승가에서 훈련받은 일본인 스승과 미국인 재가자 제자의 결합은 개종 불교의 일반적인 특징이다.

선의 미국화는 사실 19세기 일본에서 시작된 불교 개혁에서 비롯되었다. 19세기 말 이마타 코젠今北洪川(1816~1892)은 자신의 가장 명민한 제자인 소엔 샤쿠에게 세속 공부를 시키는 한편, 사원을 일반 학생들에게 개방했다. 스즈키도 그들 중 하나였다. 코젠은 또한 도쿄에 일반 학생들을 위한 명상 그룹 료모쿄카이를 결성했다. 그의 개혁은 승가의 기존 관습보다 선의 정신을 고양하는 데 목적이 있었기 때문에 제도와 엄격한 형식을 좋아하지 않는 미국인에게 선을 전파하는 데 매우 효과적이었다. 20세기 초반 미국에 선을 전파한 사람이 코젠의 문하에서 나온 것도 우연의 일치가 아니다.

대부분의 개종 불자들은 승려도 아니고 재가신도도 아니지만 공동체를 구성했으며, 전통적인 승가의 수행보다 재가자들에게 맞게 변형시킨 수행법을 좋아했다. 그러나 일부 사람들은 승가가 없다면 장기적으로 볼 때 미국의 불교 발전을 저해하고 불법에 대한 이해를 약화시킬 것이라고 생각했다. 그중 한 사람이 미국인 드와이트 고다드D. Goddard(1861~1939)이다. 그는 1920년대 기독교 선교사로 중국에 갔다가 불교를 접한 뒤 개종했지만 재가 수행에 한계가 있다고 생각하여 1934년 전통적인 수행승 승가를 만들기 위해 '붓다를 따르는 사람들The Followers of Buddha, an American Brotherhood'을 조직했다. 버몬트와 캘리포니아에 사찰을 건설하고자 했으나 이루지 못했다. 그의 노력은 1932년 테라바다와 대승불교 자료들을 모아 편집한 『불교성전The Buddhist Bible』의 출판으로 결실을 보았다. 이 책은 수십 년 뒤 비트 세대가 처음 불교를 접하는 통로가 되었다.

스즈키, 앨런 와트, 비트, 그리고 젠붐

1960년대 젠붐은 미국불교사에서 분수령으로 간주된다. 1950년대까지 보헤미안들의 구역에 제한되고 매우 적은 구도자들의 관심 대상이던 불교가 1960년대에 이르러 대중 종교운동과 유사하게 변화했다. 여기에는 여러 가지 원인이 있지만 스즈키와 와트의 저술과 강연이 기폭제가 되었다.

1897년 폴 캐루스의 초청으로 미국에 온 스즈키는 캐루스가 운영하는 오픈코트 출판사의 불교 자료 번역자로 일했다. 처음에는 캐루스의 『도덕경』 번역을 도왔으며, 1900년에는 『대승기신론Awakening of Faith in the Mahayana』을 번역하고, 1907년 『대승불교 개론Outlines of Mahayana Buddhism』을 출판했다. 1909년 일본으로 돌아간 뒤 서양인 아내와 함께 대승불교에 관한 영어 잡지 『동양불교도The Eastern Buddhist』를 발간했으며, 잡지에 실린 글들을 모아 1927년 『선불교 에세이Essays in Zen Buddhism』를 영국에서 출판했다.

그의 초기 영어 저서들은 서양에서 선불교와 일본 문화를 선전하려는 목적을 가지고 있었다. 1920년대 근대화된 아시아 국가로서의 일본에 대한 관심이 증가하자, 스즈키의 독자는 정신적 문제에 관심을 가진 사람부터 문화적, 미적 관점에서 일본을 알고자 하는 사람들에 이르기까지 다양해졌다. 그는 새로운 독자에게 "일본 문화를 알려면 선을 알아야 한다."고 주장했다.

스즈키의 성공 뒤에는 냉전 시대 미국과 일본의 정치경제학이 자리 잡고 있다. 제2차 세계대전 후 일본은 미국의 주적에서 성공적인 민주주의이자 자본주의의 아시아적 모델을 제공하는 미국의 우방으로 바뀌었다. 이 시점에서 양국의 친선을 위해 일본의 부드럽고 미적이며 정신적인 측면을 소개할 문화 사절이 필요했다. 스즈키는 이 요구에 완벽하게 맞아떨어졌다. 영어로 쓴 그의 책은 선불교를 서양에 알리는 탁월한 수단이었다. 이미 절판되거나 일본에서만 출판되었던 책이 서양 출판업자에 의해 다시 출판되었다. 1959년에는 프린스턴대학에서, 1938년에 출판한 『선과 일본문화Zen and Japanese Culture』를 다시 간행했다. 스즈키의 영향은 서양 전체에 퍼졌지만 특히 미국에 많은 영향을 주었다.

1951년 스즈키는 미국으로 돌아왔다. 캐루스 밑에서 일할 때와는 상황이 완전히 달라져 있었다. 스즈키는 미국불교의 독보적인 존재였으며 1950년대 컬럼비아대학에서 6년 동안 강의를 하면서 영향력은 더욱 커졌다. 뉴욕에 사는 수많은 문학가, 예술가, 학자, 명사들이 그의 강의를 들었으며 비트 운동의 핵심이었던 젊은 뉴욕 시인들과 보헤미안들의 관심을 끌었다. 심지어 『보그Vogue』, 『타임Time』과 같은 잡지에서도 관심을 가졌다. 그는 20세기의 창조적인 많은 사상가들과 예술가들에게 영감을 주었는데, 존 케이지, 에릭 프롬, 카렌 호니, 아놀드 헉슬리, C. G. 융, 토마스 머튼, 아놀드 토인비, 앨런 긴스버그, 잭 케루악, 앨런 와트, 게리 스나이더가 그들이다.

스즈키는 또한 서양 독자를 위해 서양인에게 익숙한 심리학적 개념으로 선을 소개함으로써 불교와 서양 심리학 사이에 대화의 문을 열었다. 그는 모든 선입견을 비우고 자유롭게 삶을 있는 그대로 경험하는 것이 선 수행의 기초라고 역설하면서, 추론적인 마음을 비우고 주관성과 객관성의 개념이 사라지며 시간과 공간을 통한 단일성의 무한한 상태가 곧 천진한 공성이라고 설명했다. 천진은 그렇게 비었으므로 모든 것을 받아들일 수 있으며 따라서 선의 마음을 '모든 것을 포괄하는 마음'이라고 함으로써 '공emptiness'이 영어 단어에 포함되기도 했다. 그러나 선을 철학적 니힐리즘으로 오해하게 만들었다는 평가도 받았다.

앨런 와트는 젠붐을 더 광범위하게 퍼뜨렸다. 1958년『타임』은 와트에 대한 기사에서 젠붐을 보도했다. 영국인인 와트는 처음에는 영국에서, 다음에는 뉴욕에서 여러 해 불교를 공부했다. 공식적으로 스즈키의 가르침을 받은 적은 없지만 영향을 크게 받았다. 와트는 직접 선불교 소개서를 쓰기로 결심하고 1935년『선의 정신』을 저술했는데, 엄청난 대중적인 성공을 거두어 지금까지 출판되고 있다. 그는 1936년 영국을 방문한 스즈키를 만났으며 뉴욕에서 잠깐 소케이-안의 제자가 되기도 했다. 그러던 중 와트는 돌연 신학교에 돌아가 감리교파 목사 안수를 받고 노스웨스트대학에서 사목으로 일했다.

그 후 와트는 목사직을 그만두고 첫 번째 아내와 이혼한 다음 서부로 이주했다. 1959년 출판한『비트 선, 고지식한 선, 그리고 선Beat Zen, Square Zen and Zen』은 1960년대 젊은 독자들에게 큰 영향을 주었다. 이 책에서 그는 "너무나 자기 의식적이고 너무나 주관적이며 너무나 귀에 거슬리는" 비트의 불교, "거드름을 피우는 동양으로 회귀하는 고지식한 선", 그리고 "형식에서 자유로우며 진정한 깨달음을 구성하는 자유롭고 자동적인 경험"으로 선을 나누고, 자기 자신을 세 번째 유형에 두었다. 와트는 진정한 선의 정신을 자유로운 형식, 창조적 잠재성을 가진 인간적 정신성이라고 보았다. 이와 같이 개인주의적이고 경쾌하며 인간주의적인 특징은 1960년대 초기의 이상주의와 잘 어울렸으므로 불교는 빠르게 대중화되었다.

와트는 비트 선의 마리화나 과용을 비판했지만 빡빡한 강의 일정을 구실로 줄담배와 과음을 했다. 또한 마약LSD 사용을 옹호했으며 자신도 마약을 사용했다. 1960년대 그는 미국과 유럽에서 베스트셀러 작가였으며 저항문화의 스타였다. 그러한 위상

한 권으로 보는 세계불교사

에도 와트는 시민의 권리나 베트남전쟁과 같은 정치적 이슈를
회피했다. 그는 선이 일본이나 중국에서 존재했던 방식, 즉 깨달
음에로의 고요한 접근 이외의 다른 방식으로 보지 못했고 따라
서 그의 혁신적 역할은 선을 서양에 소개하는 것에 그쳤다.

비트 운동은 불교 대중화에 중요하며, 때로 논쟁적인 역할을 했
다. 잭 케루악Jack Kerouac (1922~1969), 앨런 긴스버그Allen Gins-
berg (1928~1997), 게리 스나이더Gary Snyder (1930~) 같은 초기 비
트는 시와 문학작품에서 불교를 창조적으로 활용함으로써 불교
의 미국화에 도움을 주었다. 긴스버그는 『아우성Howl』을 발표하
여 일약 비트 세대의 교주로 떠올랐다. 게리 스나이더는 케루악
의 소설 『법의 부랑자들Dharma Bums』의 주인공인 제프 라이더
의 실제 모델이었으며 그들 중 가장 존경받는 인물이었다. 비트
세대의 다른 인물과 달리 스나이더는 지속적이고 공식적인 참선
수행의 필요를 느꼈다. 1953년 가을 UC버클리에서 일본어와 중
국어, 붓글씨와 당시唐詩를 배웠으며 1956년 사사키의 도움으로
일본으로 건너갔다. 일본에서 10년 동안 쇼코쿠지의 미우라 잇
슈Mirura Issu 선사 밑에서 임제선을 공부하고 다시 다이토쿠지의
오다 세소Oda Sesso 선사 아래서 공부를 계속했다. 스나이더는
일본에서 결혼을 하고 가족을 부양했으며 처음으로 시집 두 권
을 출판했다. 1970년대 시에라네바다에 골환선원骨環禪院 the
Ring of Bone Zendo을 설립하고, 포괄적이며 생태 중심적인 선원을
만들었다. 후기 시와 에세이에서 그는 토착적인 미국 신화, 자연,
환경과 같은 광범위한 미국적 주제들과 불교를 결합시켰다. 스
나이더의 관점과 실천은 오늘날까지 불교생태학을 위한 중요한
지침을 제공하고 있다.

케루악은 1950년대 중반 도서관에서 마명보살의 『붓다의 생

애』와 스즈키의 책을 읽었으며 『불교성전』에서 큰 감동을 받았다. 이 시기 그의 시에는 불교의 가르침과 상징 및 하이쿠와 오언시의 영향이 반영되어 있다. 1953년 '자동적 산문' 형식의 『길에서On the Road』를 출판했다. 1960년 출판한 『황금빛 영원의 경전The Scripture of the Golden Eternity』에서 케루악은 자아라는 환상에서 깨어남과 같은 추상적인 불교 관념들을 생생한 재즈 리듬의 미국 버전으로 바꾸는 재능을 보여 주었다. 그러나 불교에서 궁극적인 위로를 발견하지 못한 전형적인 서양인이었던 그는 1958년 이후 불교에 대한 관심이 식자 말년에는 젊은 시절에 믿었던 가톨릭으로 돌아갔다.

비트는 불교 용어로 정신적 반항을 표현했으며, 선의 공성을 자유의 다른 말로 받아들였다. 이 같은 오해는 불교에서 가르치는 마음의 자유를 사회적 관례로부터의 자유와 혼동하게 만들었다. 한편으로 이들은 사회정치적 비판과 불교를 일치시키는 길, 즉 참여불교의 길을 열었다.

한편 비트는 환각 상태를 선적 경험과 일치시킴으로써 불교를 심각하게 오해하도록 만들었다. 마약은 1960년대 대항문화에서 널리 퍼져 있었지만 불교에 심취한 많은 서양인이 향정신성 의약품을 사용했다. 그들은 수행이 아니라 환각제를 통해 선적인 황홀경을 경험하고자 했으며 환각제와 불교 수행 사이에 근본적인 갈등이 없다고 보았다. 당시 대부분의 선 센터에 퍼져 있었던 마약중독은 선에 대한 대중들의 호기심을 계속 유발시켰다.

비트 시인 외에도 20세기 중반 이후 미국 문학과 예술에 끼친 불교의 영향은 일반적으로 알려진 것보다 훨씬 깊다. 짐 해리슨Jim Harrison, 찰스 존슨Charles Johnson, 피터 매티슨Peter Matthissen은 불교의 가르침에 빚지고 있는 현대 작가들이다. 존 케이지John Cage의 음악은 컬럼비아대학에서 청강한 스즈키의 강의에서 결정적인 영향을 받았다. 그 밖에 에드 라인하르트A. Reinhardt, 로버트 마더웰R. Motherwell, 마크 토비M. Tobey도 선이라는 주제를 탐색한 현대 화가이다. 특히 서양의 불교 발전에서 케루악의 『법의 부랑자들』은 정신적 반항의 원형이었다.

스즈키, 와트, 비트는 불교에 대해 창조적이면서 문제적인, 미국적인 접근을 만들어 냈다. 불교는 1960년대 경제적 번영에도 불구하고 미국 중산층이 느낀 소외와 정신적 공허함에 호소함으로써 대안적이고 대중적인 운동으로 발전했다. '의식 전환'은 시대의 슬로건이었다. 베이비붐 세대는 기성세대에 반발하여 '자신을 찾아' 대학이나 히피 공동체로 떠나갔다. 일부는 새로운 마약 문화에서, 일부는 명상에 바탕을 둔 대안적 정신성에서, 일부는 계급의식을 고취시키는 좌파 운동에서 그것을 찾았다. 이 운동의 예술적 창조성과의 연계, 독단적 엄격성으로부터의 자유, 자발성의 강조와 더불어 스즈키의 선에 대한 규정은 그들이 찾던 처방에 딱 들어맞았다. 그중 일부는 선을 직접 체험하고자 일본으로, 인도로 구도의 여행을 떠났다.

그들은 주로 책을 통해 불교를 접했으며 깨달음이 개인화되고, 사적인 인본주의 심리학을 통해 걸러지고, 지속적인 수행 없이도 추구되며, 제도로부터 벗어난 것이라는 결론을 쉽게 이끌어 냈다. 1960년대 불교에 관여하게 된 대부분의 미국인들은 스스로 관여하고 있다는 생각조차 하지 않았다. 그러나 불교 수행을 계속한 사람들은 대부분 1950년대의 극단적인 자유에 대하여 일정한 거리를 두고 있다.

전반적인 상황은 미국학계에도 영향을 주었다. 선은 더 이상 대부분의 미국인에게, 알려지지 않은 아시아 전통이 아니라 '동양의 고대 지혜' 그 자체였다. 게다가 1960년대와 1970년대 초기 대학생들에게 선은 개인적 변화의 길뿐 아니라 군산복합체와 자본주의적 상업주의에 대한 대항문화로서 이중적인 매력을 가지고 있었다. 학생들은 사회변화를 위해 교육개혁을 요구했으며 대학 과정에 아시아 종교, 특히 불교 강좌의 개설을 요청했다.

이렇게 불교학은 미국에서 중요한 학문이 되었다. 대학의 모든 교수가 전공과 관계없이 선불교와 스즈키에 대해 들었다. 대부분의 학생들은 불교학을 한두 강좌 수강했지만 총명하고 진지한 많은 학부생이 대학원에서 전공으로 불교학을 희망했다. 따라서 불교학은 많은 대학에서 학과로 독립하거나 적어도 독립된 학위 과정이 되었고, 도서관들도 불교학을 지원했다. 버클리, UCLA, 하버드, 예일, 컬럼비아, 시카고, 위스콘신, 미시간 등은 미국 전역의 여러 대학에서 요구하는 많은 종교학 프로그램 중 불교를 강의할 수 있는 불교학자를 길러 냈다.

미국불교의 또 한 가지 중요한 특징은 여성의 적극적인 참여이다. 백인 지식인은 여성이든 남성이든 좌선에 대한 책을 좋아했지만 남성들은 좌선에 그다지 적극적이지 않았다. 반면 여성들은 1960년대 초에 일어난 젠붐에 처음부터 적극적으로 참여했다. 서예, 도자기, 다도, 꽃꽂이 등 선과 미학의 결합은 뉴잉글랜드의 상류층 일부와 특히 여성들이 선에 더 쉽게 접근하도록 도왔다. 또한 이들은 1960년대 중반까지 몇몇 선사들의 든든한 재정적 후원자 역할을 했다.

스즈키의 저술이 일본에서 쇠퇴해 가는 선을 미국에서 되살릴 수 있는 가능성을 보여 주었다면, 10년 후 미국에 도착한 일본

한 권으로 보는 세계불교사

선사들은 현실화를 위하여 구체적이고 실제적인 노력을 기울였다. 1960년대 초 일본 선사들은 일본에서 선을 수행했지만 일본의 제도에 비판적인 생각을 가지고 있었다. 그들은 미국에 도착한 다음, 진정한 정신적 경험을 추구하면서도 제도화된 종교에 반발하는 미국인들을 만났다. 바로 일본인 선사와 미국인 제자들의 공동 관심사로부터 선의 진정한 미국화가 시작되었다.

미국 선의 많은 혁신적 특징은 야스타니 하쿠운의 공로이다. 그는 일본에 현존하는 조동종과 임제종이 자기만족에 불과하며 진정한 법을 전할 수 없다고 주장한 하라다 다이운 소가쿠Harada Daiun Sogaku(1871~1961)의 뒤를 이어 현대 일본 선을 개혁한 선사이다. 야스타니의 수행 경력은 전통적인 일본 선승과 사뭇 달랐다. 1885년에 태어난 그는 5세 때 임제종 선원에 보내져 교육을 받고 11세에 조동종으로 옮긴 뒤 조동종 승려가 되었다. 16세에 다른 조동종 지도자 문하로 옮겨 도겐의 『정법안장』을 공부했다. 20대와 30대에 여러 스승에게 훈련을 받았으며 세속 공부를 마친 뒤에는 교육자로서의 경력을 시작했다. 30세에 결혼을 하고 다섯 아이를 길렀다.

40세에 일본에서 조동선을 포교하던 중, 임제종과 조동종을 두루 섭렵한 하라다 다이운 선사를 만나 가르침을 받았다. 1927년 42세에 견성을 체험한 뒤, 1943년 하라다의 법맥을 전수받았다. 야스타니는 선의 전통에 깊이 뿌리내리고 있었지만 승가 제도에 대해서는 비판적이었다. 그는 재가자 지도에 관심을 가지고 그 후 30년 동안 재가자를 지도했다. 1954년 마침내 조동종과 임제종과의 관계를 끊고 그 수행법을 절충하여 자신의 종파, 삼보교단을 창설했다.

야스타니의 개혁 중 많은 부분은 일본에서 논란이 되었으나 미국에서는 당연하게 받아들여졌다. 그는 의례를 최소화했으며 비일본계 수행자들을 위해 전통 수행법의 언어·사회적 장벽을 과감하게 제거했다. 그는 좌선을 강조하는 조동종과 공안을 사용하는 임제종을 통합시켰으며 재가자들에게 맞춘 단기 집중 안거를 실행했다. 순류 스즈키가 좌선의 일상화와 공동체를 강조하고 깨달음이나 견성을 언급하지 않은 반면, 야스타니는 집중 수련이야말로 탁월한 견성의 기회라고 보았다.

선이 일본인에게서 미국인 선사에게 전해지면서 극적인 변화가 발생했다. 야스타니의 첫 번째 미국인 학생인 필립 캐플로Phillip Kapleau(1912~2004)는 1945년 전범 재판 기록관으로서 일본으로 갔다가 선을 접했으며, 1950년대 중반 20일간의 집중 수련 때 야스타니의 지도를 받았다. 그는 1953년부터 일본에서 다시 11년을 보낸 뒤 미국으로 돌아와, 1965년 야스타니의 법문과 독참, 그 밖의 글을 모아 『선의 세 기둥The Three Pillars of Zen』을 출판했다. 이 책은 스즈키나 와트의 책과 달리 실제 불교 수행의 방법을 다루었다. 1966년 캐플로는 로체스터 선 센터를 개원하고 제자들에게 미국식 옷을 입도록 했으며 영어 법명을 지어 주고 영역된 경전을 사용하여 법문을 했다. 이 점에서 야스타니와 의견이 일치하지 않았으며 결국 삼보교단에서 독립한다. 그는 공식적으로 야스타니의 법을 전수받지 않았기 때문에 법맥의 정통성에 문제가 있다.

캐플로의 잘 알려진 제자 토니 파커Toni Parker(1927~)는 선을 더 미국화시켰다. 그는 1981년에 캐플로와 결별하고 몇몇 추종자와 함께 뉴욕 중부에 스프링워터 센터를 설립하여 탈전통적이고 비종파적이며 독립적인 센터를 만들었다. 파커가 지향했던

불교의 미국화는 "명상적 탐구와 안거를 위한 스프링워터 센터
The Springwater Center for Meditative Inquiry and Retreats"라는 이름
에 명백하게 드러난다.

캐플로와 마찬가지로 로버트 에이킨Robert Aitken(1917~2010)은
미국 선의 초기 단계에 중대한 영향을 끼쳤다. 에이킨은 제2차
세계대전 중 일본 고베 수용소에서 처음으로 선을 접했다. 미국
으로 돌아온 뒤 1950년대 초 로스앤젤레스에서 뇨겐 센자키에게
잠깐 배운 뒤 다시 일본으로 돌아가 야스타니 밑에서 수행했으
며, 1959년 하와이 호놀룰루에 금강승가Diamond Sangha를 설립
했다. 1962년 금강승가는 야스타니를 미국으로 초청했으며 이를
계기로 야스타니는 1969년까지 여섯 차례 이상 미국을 방문한
다. 1974년 야스타니의 죽음 이후 그는 삼보교단의 우두머리이
자 야스타니의 후계자인 코운 야마다에게서 전법을 받았다.

에이킨과 그의 아내 앤은 선의 미국화에 앞장섰으며 불교와
참선의 매력에 이끌린 미국인들을 더욱 진지한 수행으로 인도했
다. 그가 번역한 불교 경전과 가타, 송가는 미국의 여러 선 센터
에서 사용되며 많은 학술대회와 상담에 참여해 미국 선의 형성
에 기여했다. 또한 1940년대부터 핵실험에 반대했고 1960년대
에는 베트남 전쟁을 비판하는 등 2010년 하와이에서 사망할 때
까지 핵무기 경쟁, 환경문제, 성 평등 문제에 목소리를 높인 참여
불교 지도자였다. 1978년 그는 게리 스나이더, 조애나 마시와 함
께 전 세계에서 벌어지는 갈등 해소를 위하여 불교 수행과 사회
참여를 결합한 선도적 조직인 불교평화우의회The Buddhist Peace
Fellowship를 창설했다.

에이킨은 열 권 이상의 책을 저술하고 금강승가를 미국, 아르
헨티나, 독일, 호주를 아우르는 국제적 네트워크로 발전시켰다.

1995년 금강승가는 삼보교단과 결별했으며, 현재 금강승가 지도자 그룹, 즉 에이킨의 후계자들(1세, 2세)은 18개월마다 한 번씩 국제모임을 개최하고 있다.

임제종은 소엔 사쿠와 그의 동료, 제자들의 영향으로 1960년대 초까지 미국에 가장 많이 진출했다. 조슈 사사키 Joshu Sasaki(1907~), 에이도 타이 시마노 Eido Tai Shimano(1932~), 오모리 소겐 Omori So-gen(1904~1994)과 그 밖의 임제종 선사들이 1970년대 미국불교의 발전에 기여했다.

사사키와 시마노의 가르침은 상당히 보수적이었다. 사사키는 1962년 로스앤젤레스에 도착하여 1970년대와 1980년대에 제자들과 함께 캘리포니아 아이들월드의 카메론 선 센터, 로스앤젤레스 동쪽의 마운틴발디 선 센터, 뉴멕시코 산타페 근처 요메즈 온천에 보디만다 선 센터를 세웠다. 그의 제자들은 푸에르토리코에서 밴쿠버까지, 플로리다 마이애미에서 뉴저지 프린스턴까지 명상 센터 네트워크를 창설했다. 시마노는 1964년 뉴욕에 미국 동부의 가장 중요한 임제종 기구인 선연구회를 재건했으며 1972년 나카가와 소엔의 인가를 받았다. 그는 1976년 7월 뉴욕 캐츠힐에 국제 다이보사츠사 International Dai Bosatsu Zendo Kongo-ji를 세웠는데 곧 미국에서 가장 중요한 수행 기관 중 하나가 되었다. 국제 다이보사츠사는 남성과 여성, 재가자와 승려가 함께 수행하는 점은 일본과 다르지만, 일본 전통 사찰을 미국에 옮겨다 놓은 듯 건축과 불상, 풍경은 일본풍이 강하다. 시마노는 2010년 섹스 스캔들에 연루되어 협회 이사와 주지직을 사임했다.

조동종은 순류 스즈키 Shunryu Suzuki(1904~1974)와 타이잔 마에즈미 前角 博雄(1931~1995)의 성공에 힘입어 20세기 말 미국불교사에 등장했으며, 1980년대와 1990년대 그들의 제자들이 가장 유망한 미국인 지도자로 부상했다. 스즈키는 샌프란시스코 선 센터를 창설했으며 마에즈미는 로스앤젤레스 선 센터를 창립했다. 두 선사는 조동종 승려의 아들이었으며 일본계 미국인을 위하여 미국에 왔다가 미국인에게 불법을 전했다. 야스타니와 스즈키는 상호 보완적 관계에 있었는데, 선을 혁신시키는 데 관심이 있었던 야스타니와 달리, 스즈키는 전통을 보존하는 쪽이었다. 한편, 조동종과 임제종에서 모두 전법을 받았을 뿐 아니라 야스타니에게서도 전법을 받은 마에즈미의 가르침은 절충적이었다.

샌프란시스코 선 센터는 1960년대 샌프란시스코에 깔려 있던 저항문화의 토양에서 형성되었다. 1959년 스즈키는 3년 임기로 샌프란시스코의 조동종 사찰 소코지에 부임했다. 1960년 초 그는 이삼십 명 정도의 사람들에게 좌선을 지도했으나 선에 대한 관심이 일어나자 명상을 배우려는 사람들이 폭발적으로 늘어났다. 조용한 성품에 작은 체구, 화려한 이벤트를 거부하는 소박함을 지닌 스즈키는, 집단적으로 마약을 사용하던 반문화의 중심인 샌프란시스코 한가운데에서 진정한 마음의 변화를 체험하고 싶다면 마약 대신 좌선을 해 보라고 젊은이들에게 권유했다. 1966년 이 센터에서 수행하는 사람이 150명으로 늘어나 공동체를 형성했다.

스즈키는 "수행하면 깨칠 수 있다."는 간단한 메시지로 미국인들과 비트 세대를 열광시켰다. 좌선은 가르침의 핵심이었다. 이전의 일본 선사들은 좌선 자세를 크게 신경 쓰지 않았으며 의자 사용을 허용했다. 그러나 스즈키는 일본식 좌복 위에 가부좌하고 앉도록 가르쳤으며 자세가 곧 올바른 마음 상태라고 지도했다. 『선의 마음, 초심자의 마음Zen Mind, Beginner's Mind』에서 그는 누구나 초심初心을 유지하기만 하면 선의 정신을 체현할 수 있다고 하여 동양의 신비하고 복잡한 전통에 미국인들이 압도당하지 않고 쉽게 수행할 수 있도록 도왔다.

처음에 스즈키는 전통 선원의 의례나 수행에 관심이 없었으나 몇 년 후 학생들의 요청으로 주말 집중 수련을 시도했으며 1962년부터는 일주일 집중 수련도 시작했다. 선원청규는 미국식 개인주의와 어울리지 않았지만 그는 미국 선이 일본 선보다 더 많은 규율이 필요하다고 생각했다. 또한 미국 문화는 신이 아닌 인간 붓다에 대한 존경이 부족하기 때문에 미국인들에게 절하는 것이 특히 중요하다고 가르쳤다. 수행을 위한 예의와 규칙을 정하고 새벽 참선 참가자는 반드시 5시 30분까지 좌복에 앉도록 했다. 이렇게 그는 미국불교에 새로운 요소를 도입했고, 샌프란시스코 선 센터는 미국의 지도적 불교 기관으로 자리잡았다.

스즈키는 일상생활 속에서 수행을 하도록 지도하는 일이 점차 힘들어지자 산속에 전통 선원을 세우고 수행하는 방법을 생각해냈다. 1966년 7월 서양에서 처음으로 엄격하게 수행할 수 있는 산중 선원인 타사하라Tassajara 선 센터가 문을 열었고 최초로 석 달 결제를 실행했다. 전통 선원과 달리 남녀가 함께 수행하며 결혼한 부부와 독신 남녀를 위한 공간도 따로 마련했다. 선농일치의 원칙에 따라 육체노동도 수행의 하나로 간주되었다. 엄격한 수행 일정표와 규율을 준수해야 했다. 발우 공양을 했으며 채식 위주지만 영양을 고려하여 계란과 치즈도 제공되었다. 방문객을 위한 채식 식당도 문을 열었다. 결제 수행 마지막은 7일간의 정진으로 이루어졌고 마지막으로 스즈키와의 공식적인 법문답이 있었다. 일본에서 스승과 제자의 문답은 형식적으로 화석화되었

지만 타사하라에서는 자신의 선에 대한 이해와 스승의 이해력을
살피는 실제적인 질문이 장려되었다.

1969년에는 건물을 구입하여 미국인을 위한 독립적인 센터로
만들었다. 이때부터 스즈키는 미국인 제자에게 계를 주기 시작
했으며 재가자를 위한 수계 형식도 마련했다. 이는 승려도 일반
인도 아닌 미국인 수행자의 모호한 신분 상태를 바꾸어 준 혁신
적 사건이다. 스즈키는 1966년 리처드 베이커를 후계자로 정한
뒤 1971년 입적했다. 미국에 체류했던 12년간 그는 미국적인 형
식의 선 센터를 개발하고 미국 최초의 불교 공동체의 기초를 닦
았다.

1971년 스즈키의 이른 죽음으로 후계자와 지도체계 문제가 바
로 눈앞에 등장했다. 이런 도전을 거쳐 미국불교는 더욱 새로워
졌다. 샌프란시스코 선 센터는 신임 주지 리처드 베이커의 지도
아래 전통적인 선농일치를 친환경농법과 결합시켜 새롭게 시도
했다. 1972년 그린갈치농장을 구입하여 선 센터 구성원의 가족
들을 위한 집이자 주말 안거와 대중 강연을 위한 장소로 사용했
다. 제빵소와 레스토랑이 세워졌고 채소를 판매하는 등 선적 깨
달음과 프로테스탄트 직업윤리 사이의 조화로운 결합도 이루어
졌다. 주변의 다른 농장과 협력하여 유기농법을 실험하고 공동
체 간의 대화를 조직했으며 '환경과 명상'에 관한 강의와 수행,
실습, 친환경 농법과 환경 보전에 대한 교육도 실시했다. 또한 지
역의 자연사를 주제로 '유역의 목소리'라는 산책 학습과 초빙강
연을 여는 등, 그린갈치센터 Green Gulch Farm Zen Center 는 토지
관리, 공동체 관계, 생태적 문화, 그리고 교육이라는 네 분야에서
생태 윤리의 체계화를 선도하고 있다.

베이커는 그 밖에 종교 간의 대화를 주도했고 일상적 삶에 대

한 관심을 호소했으며 주지사의 조언자로서 유명 인사들과 어울렸다. 그러나 갑작스런 파국이 들이닥쳤다. 1983년 공동 창립자의 아내와 섹스 스캔들이 터지자 숨겨진 권력 남용과 부패가 폭로되었다. 1983년 베이커는 주지직에서 사임하고 샌프란시스코 선 센터를 떠났다. 스즈키의 다른 상속자인 텐신 렙 앤더슨이 주지직을 맡아 1995년까지 재직했다.

이후 샌프란시스코 선 센터는 도덕적 타락과 전횡을 막기 위해 집단지도체제를 만들고 주지직을 4년 임기의 선출직으로 바꾸었다. 1990년대 초 이사회는 불교 계율을 현대적으로 적용한 '불만과 화해를 위한 윤리 원칙과 절차'를 채택했다. 1990년대 중반에는 일본에서는 생각할 수 없는 새로운 제도, 즉 연합 리더십을 확립했다. 1995년 주지로 임명된 노만 피셔는 1년 뒤 젠카이 블랑쉬 하르트만과 공동 주지가 되었다. 샌프란시스코 선 센터의 집단지도체제와 여성 지도자의 탄생, 불교 윤리에 대한 새로운 강조는 선의 미국화의 중요한 전환점이다.

로스앤젤레스 선 센터도 비슷한 과정을 거쳤다. 개조인 타이잔 마에즈미는 처음에 로스앤젤레스 젠스지의 조동종 승려로서 왔으나 곧 백인들에게 좌선을 가르치기 시작했다. 1967년에 로스앤젤레스 선 센터는 독립하여 새로운 곳으로 이사했으며 1980년 회원이 235명에 달할 정도로 성장했다. 그중 90명은 센터 소유의 집과 아파트에서 생활했으며 공동체는 로스앤젤레스 서부의 한 구역 전체를 차지할 정도였다. 1976년 마에즈미는 불교학을 위한 비영리 교육 조직인 '불교학과 인간가치를 위한 쿠로다 연구소Kuroda Institute for the Study of Buddhism and Human Values'를 개원했다. 불교학 컨퍼런스와 워크숍을 지원하고 하와이대학 출판사와 결연을 맺어 동아시아 불교에 관한 학문적 연구와 고

전 문헌 번역서 출판을 지원했다.

1980년대 로스앤젤레스 선 센터 역시 샌프란시스코 선 센터와 같은 문제가 발생했다. 마에즈미의 알코올중독, 섹스 스캔들, 재정 문제로 선원은 폐쇄 위기에 봉착했다. 이 사건으로 일부 제자들은 실망하여 떠났으며 일부는 스승을 인간적으로 이해하게 되었다. 그는 12명의 전법 제자와 그 밖에 여러 제자를 두었는데, 1970년대 말 미국 전역에 퍼진 제자들의 선 센터를 연결하는 조직인 화이트 플럼 승가White Plum Sangha를 창립했다. 하지만 실제적인 출범은 1995년 마에즈미의 급작스런 사망 후에 이루어졌다.

로스앤젤레스 선 센터와 많은 지부들은 1980년대와 1990년대 미국 선의 다양성을 대표적으로 보여 준다. 산중 안거 센터와 도심 센터가 있으며, 서부 해안을 따라 포틀랜드에서 샌디에이고·멕시코시티까지, 동쪽을 솔트레이크시티·시카고·뉴욕, 그리고 대서양 건너 영국·프랑스·폴란드, 태평양 건너 뉴질랜드까지 확장되었다. 일부 제자들은 전통적인 선을 따르는 승가 중심의 선 센터를 운영하는 반면, 일부는 가족 수행을 지지한다. 또 일부는 불교와 예술을 융합하고 다른 일부는 사회봉사 활동과 통합되었다.

마에즈미의 제자 중 존 다이도 루리John Daido Loori(1931~2009)는 1980년대 초 뉴욕 주 캐츠힐에 젠 마운틴 사원Zen Mountain Monastery을 개원하고 중국과 일본의 전통 사찰에서 행해졌던 방식대로 수행하고 있다. '급진적 보수주의'라고 불리는 엄격한 전통주의에 따라, 모든 프로그램이 봄과 가을의 석 달 안거를 포함한 일 년 단위로 짜여 있다. 안거 중에는 좌선을 비롯하여 스승과의 공부, 학문적 연구, 의례, 선행, 예술 실기, 운동과 울력으로 구성된 '여덟 개의 선문The Eight Gate of Zen'을 수행한다. 1990년대에는 일반인, 재가신도, 승려를 위한 세 가지 연구와 수행 과정을 개설했다.

과학자, 예술가, 자연주의자 등 다양한 경력을 가진 루리는 재소자에게 참선을 가르치는 프로그램을 비롯하여 자연보호에 이르기까지 다양한 사회참여 프로그램을 개발했다. 젠 마운틴 사원에 자연보호 구역을 지정하고 자연과 야생동물을 보호하며, 수질을 관리할 뿐만 아니라 선환경연구소Zen Environmental Studies Institute를 설립해 교사, 학생, 연구자를 위한 생태학과 참선을 결합시킨 프로그램, 사진, 회화, 글쓰기 워크숍을 개최했다. 루리는 또한 비영리단체인 다르마 커뮤니케이션Dharma Communications을 설립하여 불교에 접하기 어려운 사람들에게 불교 교육 서비스를 제공했다. 다르마 커뮤니케이션은 불교와 예술, 과학, 심리학, 생태학, 윤리학 등의 논문을 모은 계간지 『산의 기록The Mountain Record』을 간행하고 있다. 1998년에는 '열린 선원Open Monastery'을 열고 선 수행을 위한 책, CD, DVD, 온라인 커뮤니케이션, 팟캐스트 등 다양한 미디어 서비스를 제공하고 있다. 또한 '선불교 산수종Mountains and Rivers Order of Zen Buddhism'이라는 선 센터들의 연합체를 구성하고 뉴욕시, 버몬트, 피츠버그, 필라델피아, 뉴질랜드에 분원을 창립했다.

버나드 글래스만Bernard Glassman(1939~)은 마에즈미의 후계자이며 널리 알려진 미국불교 개혁자이자 참여불교 지도자이다. 맥도날드 더글러스 항공사 엔지니어였던 그는 1960년대 로스앤젤레스에서 참선을 배우기 시작하여 1979년 뉴욕으로 옮겨 뉴욕 선 공동체를 만들었다. 그는 선원의 재정적 문제를 해결하기 위해 그레이스턴 베이커리를 열었다. 선을 사회 변화의 원동력으로 변형시키고자 1980년대 중반에는 빈민 구제 사업에 뛰어들었다. 가톨릭 수도원을 사들여 그레이스턴 만달라Greyston Mandala

의 집으로 개조하고, 노숙자와 가난한 지역 주민을 위한 재정적 보조와 직장을 제공했다. 그의 아내 홈즈는 그레이스턴 가족 여관을 열어 노숙자 쉼터, 탁아소, 에이즈 환자를 위한 치료와 주거 제공, 지역 주민을 위한 직업훈련소로 활용했다. 선 수행을 사업이나 사회참여와 통합시킨 그들의 비전은 글래스만의 『요리사에게 주는 지침Instructions to the Cook』이라는 책에 잘 요약되어 있다.

글래스만은 사회참여를 위한 수단으로 선 수행을 활용했다. 그는 노숙자들과 함께 명상하는 '거리 안거' 프로그램과, 죽음과 무상을 이해하는 강력한 수단으로 아우슈비츠 명상 프로그램을 만들었다. 1998년 뉴욕을 떠나 뉴멕시코 산타페에 이주했으나 아내의 갑작스런 사망으로 매사추세츠 몬테규로 옮겨 화이트 플럼 승가의 본부를 설립했다. 1980년 조직된 '평화를 만드는 선 수행자 모임The Zen Peacemaker Circle'은 참선, 안거, 의례뿐 아니라 사회봉사, 갈등 해소, 환경 감시 등 다양한 활동을 하고 있으며 12개국에 70개의 결연 센터와 그룹을 두고 있다. 이스라엘과 팔레스타인에서 공존을 위한 프로젝트를 추진하고 있으며 유럽에서는 아프리카 이민자들을 지원한다. 폴란드 공립학교에 비폭력 소통 기술을 도입시켰으며 뉴욕에서 호스피스 치료를 제공하고 콜로라도에서는 감옥의 개혁에 참여하는 등 광범위한 영역에서 사회참여 활동을 하고 있다.

선의 퇴조

선의 미국화와 함께, 일본 선불교 전통에 대한 의심이 싹트기 시작했다. 동시에 과거의 가르침을 탐구하는 활동도 활발해졌다. 동아시아 불교를 전공하는 많은 서양학자들은 일정 기간 일본에서 공부했다. 이들은 스즈키의 저서를 읽으며 학문적 관심 외에 직접 참선 수행을 하려는 희망을 갖고 일본으로 갔다. 스즈키는 일본을 알려면 선을 알아야 한다고 했는데, 대부분의 일본인들이 선뿐 아니라 불교도 거의 알지 못했다. 그곳은 스즈키가 묘사한 선의 나라, 철학의 나라가 아니었다. 또 일본 선사들이 가업을 계승하려고 승려가 되었다는 사실과, 스즈키의 책에 나오는 선승처럼 카리스마를 가지고 있지 않다는 사실도 알게 되었다. 그럼에도 선이 퇴락했을 뿐 앞으로 서양에서 꽃피우리라는 기대를 접지 않았다.

1980년대와 1990년대 일부 젊은 서양학자들은 새로운 관점으로 스즈키를 읽기 시작했다. 그들은 스즈키가 기술한 선의 역사가 생략과 왜곡, 철저한 허위로 가득 차 있다는 사실을 깨달았다. 그 뒤 권력과 담론의 상관관계에 대한 후기구조주의와 포스트모더니즘 비판을 원용하여 선에 대한 비판적 연구가 이루어졌다. 전통 가운데에 역사적 헤게모니가 만들어지고 현재까지 제도적 권위를 부여한 수사학과 권력 제도가 폭로되었다. 더 나아가 스즈키 저술의 파시즘, 초국가주의, 전체주의 이데올로기와의 관련성이 파헤쳐졌다. 일본 선사들이 태평양전쟁 기간 동안 일본 제국주의에 협력했을 뿐만 아니라, 스즈키의 선불교와 일본 문화에 대한 해석이 일본의 범죄행위에 대한 알리바이를 제공해 주었고 도덕적 타락과 전쟁에 대한 책임 회피를 도왔다는 사실이 날카롭게 지적되었다. 결국 불교학적으로 훈련받은 미국학자들의 불교 강좌에서 스즈키의 저술은 사라지고 말았다.

그 사이 서양의 선 공동체에서도 중요한 변화가 일어났다. 첫째, 일본 선사에게서 법을 전수받은 미국인 제자들이 선 센터의 새 지도자가 되었다. 둘째, 이들 중 상당수가 여성이었다. 1977년 게리 스나이더가 지적하듯이 "미국불교 수행에서 가장 중요한 혁신적 요소는 여성들이 참여하고 있다는 사실"이다. 성 평등은 곧 티베트불교 센터까지 확대되었다. 많은 불교 단체에서 가족 단위의 모임이 이루어졌으며, 부모들이 명상을 하는 동안 자녀를 돌봐 주었다. 여성들은 불교학 분야에서도 활약하고 있다. 불교의 여성 혐오에 대한 도발적인 질문이 제기되었으며, 한국과 타이완을 제외하고 아시아에서 사라진 비구니 승가를 복원하기 위한 노력이 계속되었다.

또 한 가지 변화는 선 센터의 도덕성에 대한 반성이다. 일본 선사들은 머나먼 이국에서 왔으며 영어를 거의 할 줄 몰랐고 정신적 지혜를 갖춘 자로 간주되었다. 선사들은 미화되었고 권위를 문제 삼지 않았다. 선사들의 권위에 대한 맹목적인 헌신은 종종 영적 통찰의 표시로 간주되었다. 그런데 미국인 지도자가 출현하면서 선의 신비와 선사의 권위에 대한 질문이 제기되었다. 완전히 깨달은 선사란 무슨 의미인가? 무엇이 깨달음인가? 누가 깨달았고 우리는 그것을 어떻게 아는가? 선 수행을 시작한 지 25년의 시간이 흐른 다음, 미국인들은 비로소 이런 질문을 던지기 시작했다.

청교도 윤리를 선 수행에 적용하자 선 센터의 숨겨진 문제들이 속속 드러났다. 샌프란시스코 선 센터를 시작으로 섹스 스캔들과 알코올중독, 마약 등 미국인 지도자든 아시아의 스승이든 그들의 도덕성에 치명적인 불신이 제기되었으며, 곧 정신적 권위에 대한 근본적인 의심으로 자라났다. 히피 세대는 마약과 동양 종교의 도움으로 극단적인 내적 변화를 추구했으나 미국식 도덕과 선승의 권위가 반드시 양립하지는 않았다. 선사들의 정신적, 도덕적 권위가 문제시되면서 미국에서 선의 낭만적 시대는 갑자기 끝을 맺었다.

1. 초기의 티베트 라마들

● 1990년대 이후 티베트불교는 1960년대 선불교가 그랬던 것처럼 서양에서 선풍적인 인기를 끌고 있다. 딴뜨라불교 또는 금강승Vajrayana은 인도에서 발생하여 중국, 한국, 일본까지 전해진 대승불교의 한 갈래로서, 중앙아시아 티베트 지역에서는 샤머니즘 전통과 습합되어 독특한 형태로 유지되고 있었다. 은밀히 전수되던 티베트불교가 서양에 알려진 계기는 1950년 중국의 침공과 1959년 티베트의 정치적, 종교적 수장인 달라이라마의 인도 망명이다. 그러나 1980년대 중반까지 달라이라마는 서양에 그다지 알려지지 않았으며 그때까지 티베트불교를 대표했던 사람은 다른 승려들이다.

미국에 처음으로 티베트불교의 존재를 알린 사람은 겔룩빠 승려 게셰 나왕 왕걀Geshe Ngawang Wangyal(1901~1983)이다. 1958년 그는 뉴저지에 '미국 라마불교 사원Lamaist Buddhist Monastery of America'을 창립하고 컬럼비아대학에서 티베트불교를 가르쳤다. 그의 문하에는 최초의 미국인 티베트 승려였다가 현재 컬럼비아대학에서 인도·티베트불교학을 강의하면서 달라이라마의 가장 강력한 후원자 역할을 하고 있는 로버트 서먼Robert Thurman이 있다. 또 버지니아대학의 인도·티베트불교학 교수인 제프리 홉

킨스Jeffrey Hopkins, 알렉산더 버진Alexander Berzin과 앤 C. 클라인Anne C. Klein도 배출되었다.

1961년 싸꺄빠의 데중 린포체Dezhung Rinpoche(1906~1987)가 시애틀에 정착하여 몇몇 티베트 불교학자를 가르쳤으며 티베트어-영어 사전 편집을 도왔다. 그는 10년 후에야 칼루 린포체의 요청으로 서양 학생들에게 직접 금강승을 가르치기 시작했다. 1968년 닝마빠 승려로서 처음으로 미국에 온 타르당 툴쿠 린포체Tarthang Tulku Rinpoche(1934~)는 1969년 캘리포니아 버클리에 티베트인들의 정착을 돕는 '티베트 닝마 명상 센터'를 개원했으며, 미국 학생들에게 티베트어를 가르치고 일만배 오체투지를 비롯한 딴뜨라 수행의 초기 단계를 가르쳤다.

● 티베트불교에 대한 진지한 관심은 1970년대 파격적이고 대담한 행동으로 유명한 초갬 트룽빠Chogyan Trungpa(1937~1987)로부터 시작되었다. 그는 까규빠의 제11대 트룽빠 툴쿠tulku[9]로서 서양 문화에 대한 폭넓은 관심과 자기 전통에 대한 깊은 이해, 그리고 탁월한 영어 구사력을 바탕으로 불교의 심오한 가르침을 부드럽고 명쾌한 현대어로 설명함으로써 티베트불교를 서양에 알리는 데 크게 공헌했다.

트룽빠는 1959년 망명한 달라이라마의 뒤를 이어 인도로 건너 갔다가 1963년 영국으로 갔다. 옥스퍼드대학교에서 비교종교학으로 학위를 받고 1967년 아콩 린포체Akong Rinpoche(1939~)와 함께 스코틀랜드에서 첫 번째 서양 티베트 사원인 삼예링Samyé Ling을 창건했다. 이 사찰은 유럽 제일의 티베트 사원이 되었지만

9) 활불이란 어떤 경지에 이른 불자가 입적한 후 다시 이전의 임무를 완수하기 위해 태어나 최소한의 교육으로도 이전의 경지에 이를 수 있는 사람을 말한다.

트룽빠는 이미 그전에 아콩 린포체와의 갈등으로 떠난 뒤였다.

1969년 트룽빠는 영국시민권을 획득했지만 불의의 교통사고로 몸 왼쪽이 마비되어 오랫동안 요양해야만 했다. 이 사건을 계기로 그는 승려의 삶을 포기하고 재가자로 살기로 결심한다. 그는 불교가 서양에 뿌리내리려면 문화적 장식이나 종교적 복식에서 자유로워야 한다고 확신했으며, 그에 따라 '가사 뒤에 자신을 감추고 숨어사는 생활'을 과감하게 벗어던지기로 결심했다. 승적의 포기는 그에게 불법에 대한 헌신의 다른 표현이라고 할 수 있다.

다음 해 당시 16세가 된 제자 다이애나 파이버스와 결혼한 후, 영국 사회의 비난을 피해 미국으로 건너갔다. 그는 버몬트 버넷에 불교 명상과 불교학 센터 '호랑이 꼬리 Tail of the Tiger'를 설립하고 1971년부터 콜로라도대학에서 강의했으며 로키 산 다르마 센터 Rocky Mountain Dharma Center를 창건했다. 이 센터는 후에 샴발라 마운틴 센터 Shambhala Mountain Center로 이름을 바꾸었다.

트룽빠는 당시 동양의 정신성에 대한 미국인의 열광을 물질적, 상업적이라고 비판하면서 '정신의 슈퍼마켓'이라고 불렀다. 그는 구도자가 정신성을 '궁극적 성취'로, 다시 말해 '에고'의 강박적 욕망에 의해 추동된 '일종의 성취'로 만듦으로써 미묘하게 자신에게 아첨하고 속이는 것을 '정신적 물질주의'라고 일컫고, 수행의 궁극적 지점은 '에고를 완전히 버리는 것'이 되어야 한다고 주장했다. 그는 그 대안으로 '미친 지혜 crazy wisdom'를 주장했다. '정신적 물질주의'가 '우리가 되고 싶은 것에 가까이 살려고 노력하는 것'이라면 '미친 지혜'는 '나 자신인 그대로 사는 것'이다. 따라서 미친 지혜는 고통이 삶의 일부이며 기쁨과 마찬가지로 가르침을 제공한다는 사실을 받아들인다. 그는 인간 존재의 현실을 벗어나기 위해 수행해야 한다거나, 자신을 안전하게 지켜야 할 필요가 없다고 말했다. 자신이 본래 풍요로운 존재이며 그래서 자기를 활짝 열 수 있다는 것, 바로 지금 여기에서 깨달음의 길이 시작된다고 믿는 것이 진정한 마음공부라고 주장했다. 트룽빠는 좌선 명상의 단순성과 직접성이 그릇된 마음공부를 바로잡는 방법이며 말빠나 밀라레빠가 사용했던 감정적이고 육체적 극한을 활용하는 방법을 '미친 지혜'와 동일시했다.

트룽빠는 어떤 틀에도 얽매이기를 거부했으며 제자들에게도 단호하고 예측 불가능한 인물이었다. 제자들에게 정신적 발전에 도움이 되지 않는다고 마리화나를 끊도록 했지만, 자신은 결혼생활 도중에도 제자들과 성관계를 가졌으며 때론 과음으로 법문할 때 비틀거리기조차 했다. 그는 자신의 음주, 흡연, 섹스가 '미친 지혜' 그 자체라고 주장했는데, 법문뿐 아니라 삶 전체를 통해 자신의 방법을 증명해 보였다.

트룽빠의 행동은 대부분 고의적이었다고 주장되지만 오늘날까지도 많은 논란을 불러일으키고 있다. 긴스버그는 트룽빠의 방법에 여러 가지 문제점이 있다는 사실을 알았지만 끝까지 그를 떠나지 않았으며, 샌프란시스코 선 센터의 스즈키는 트룽빠의 기이한 행위를 이해했던 소수의 사람들 중 하나였다. 그들은 1971년 처음 만났을 때부터 격을 뛰어넘는 깊은 우정을 나누었는데, 이는 다른 한편으로 미국불교의 통합적인 성격을 잘 보여 준다.

1973년 트룽빠는 콜로라도 볼더에 오늘날 국제 샴발라가 된 금강계vajradhatu를 조직했다. 이 조직은 현재 전 세계에 100여 개의 센터를 두고 있으며 격월간지 『샴발라의 태양Shambhala Sun』을 발간하는 등, 서양 불교에서 가장 영향력 있는 수행 공동체이다. 1976년 확립된 샴발라 교육은 세속적인 훈련 체계로서, 재가자들이 세상에 살면서도 깨달음의 원칙과 고귀한 삶을 받아들일 수 있다고 강조한다. 그는 근본적으로 인간은 착하며 세상은 성스럽기 때문에 전통적인 종교로 사회문제를 해결할 수 있다고 믿었으며, 교육을 이수하면 사회에 만연한 지배의 정치학, 권위주의적 인간관계가 끝을 맺고 명료하고 온화하며 건강한 정신이 배양되어 불국토를 만들 수 있다고 생각했다. 트룽빠의 교육 이념은 『샴발라: 전사의 성스러운 길Shambhala: The Sacred Path of the Warrior』에 자세히 설명되어 있다.

1974년 그는 콜로라도에 나로파 연구소를 창립했다. 1997년 정식 인가를 받아 첫 번째 불교대학인 나로파대학Naropa University으로 발전했다. 트룽빠 자신을 비롯하여 생태학자 그레고리 베이트슨, 하버드대학교 교수였다가 구루가 된 램 다스, 시인 앨런 긴스버그, 문학가 윌리엄 버로우 등 뛰어난 강사진들이 명상, 기공, 탱화, 다도, 티베트어, 산스끄리뜨, 중관철학, 심리학 등을 가르쳤다.

또 명상을 필수과목으로 채택하고 불교를 삶의 현장에 적용시키고자 학생들에게 인근의 병원, 양로원, 호스피스 병원에서 실습하도록 했다. 석사과정에는 불교학, 글쓰기, 노인학, 참여불교, 심리치료학 과정이 개설되어 있다. 트룽빠의 천재적 언어 감각과 풍부한 감성은 그때까지 서양 사람들이 잘 이해하지 못한 어려운 불교 용어와 교리를 쉽게 이해할 수 있게 했다. 또한 1975년 티베트어와 산스끄리뜨어로 쓰인 불교 문헌 번역을 지원하는 날란다 번역재단과 현재 미국에서 가장 잘 알려진 불교출판사인 샴발라 출판사를 설립했다.

트룽빠는 젊은 시절에 당한 교통사고의 후유증과 수년간의 과음, 당뇨병과 고혈압으로 고생하다가 1987년 캐나다에서 임종을 맞았다. 1976년 후계자로 지목된 외셀 텐진Ösel Tendzin(Tomas F.

Rich)이 뒤를 이었으나 1988년에 에이즈에 감염되었다는 사실을 고백했다. 그 전까지 텐진은 그 사실을 파트너에게 알리지 않았고 보호하지도 않았다. 두 사람이 감염되었고, 1991년 텐진은 샌프란시스코 병원에서 에이즈로 숨졌다. 그 후 트룽빠의 맏아들인 27세의 사콩 미팜 린포체Sakyong Mipham Rinpoche(1962~)가 공식적으로 후계자가 되었다.

트룽빠의 기이한 행동과 제자들의 도덕적 타락, 당시 미국 명상 센터에서 은폐되었던 도덕적 방종과 타락이 드러나면서 스승의 권위와 깨달음에 대한 심각한 회의가 발생했다. 트룽빠의 삶은 오늘날 미국에서 깨달음의 초월성을 유지하기가 어렵다는 사실을 확실하게 보여 준 하나의 사례로 기록될 것이다.

●   1990년대에 티베트불교에 대한 관심이 다시 일어났다. 텐진 갸초Tenzin Gyatso(1935~), 즉 14세 달라이라마는 1973년 첫 서양 여행을 시작으로 지금까지 계속 세계를 떠돌며 가장 잘 알려진 불교 지도자가 되었다. 1959년 인도로 망명한 이래 티베트 민족을 위한 헌신과 비폭력 평화주의를 인정받아 1989년 노벨평화상을 수여받았다. 이를 계기로 티베트의 정치 상황이 전 세계에 알려졌으며 달라이라마는 서양인에게 간디와 같은 인물로 비춰지고 있다.

종교 지도자이면서 티베트의 실질적인 통치자인 달라이라마에게 정치는 종교 문제만큼 중요하다. 망명정부의 수장으로서 그는 티베트인들이 희망을 잃지 않도록 격려하면서 동시에 스스로 희망을 찾고자 끊임없이 노력한다. 1990년대 달라이라마의 정치활동은 미국 사회의 상류층과, 풀뿌리에서 일하는 광범위한 티베트 후원 단체의 지지를 받았다. 티베트인과 미국인 자원자

3. 달라이라마

들로 구성된 독립적 인권 단체인 뉴욕의 '미국 티베트 위원회'는 강연과 시위, 편지 쓰기 캠페인을 통해 티베트 사태를 널리 알렸다. 워싱턴에 자리한 '티베트를 위한 국제 캠페인'은 관료들과 함께 일하면서 '로스앤젤레스 티베트인의 친구들LAFT' 같은 풀뿌리 그룹을 지원한다. '로스앤젤레스 티베트인의 친구들'은 무엇보다 공공교육을 위해 노력하지만 할리우드 영화인들을 위한 자문 역할을 하며 달라이라마의 남부 캘리포니아 여행을 주선하는 등 다양한 활동을 하고 있다. 이 단체는 느슨하게 티베트인 친구들과 연계된 많은 기관들 중 하나이다.

교육으로 티베트 문제에 접근하는 사람들도 있다. 인디애나폴리스에 본부를 둔 국제 티베트 독립운동인 랑젠Rangzen은 주된 활동의 하나로 '티베트 독립을 위한 행진'을 후원한다. 1997년 행진은 토론토에서 뉴욕까지 석 달 동안 약 950여 킬로미터를 걸었고, 1998년에는 오리건 포틀랜드에서 출발해 캐나다 밴쿠버의 중국영사관을 거쳐 브리티시 콜롬비아까지 걸었다. 두 행진은 달라이라마의 큰형이자 블루밍턴에 자리한 티베트 문화센터 원장인 툽텐 노르부Thubten J. Norbu(1922~2008)가 주최했다. 2008년 4월에는 뉴욕 중국 대사관 앞에서 중국의 티베트 봉기 무혈 진압에 반대하는 시위를 벌였다. 또 샌프란시스코, 시카고 등 미국 주요 도시에서 베이징 올림픽 성화 봉송을 반대하는 시위를 주도했고 콜로라도와 인디애나 등지에서는 티베트 자유 자전거 성화 봉송 릴레이를 펼치기도 했다. 그 밖에 밀라레빠 기금은 자유 티베트를 위한 연주회를 후원하며, 1987년 달라이라마의 요청으로 1991년 창립된 뉴욕 티베트 하우스는 티베트 문화와 정신에 관한 전시, 강연, 워크숍을 개최하여 대중에게 티베트 문제를 인식시키는 데 기여했다.

특히 할리우드를 지원해 미국인이 티베트를 인식하도록 크게 기여했을 뿐 아니라 티베트 문제의 심각성을 전 세계에 알리는 데 큰 역할을 했다. 리처드 기어, 브래드 피트, 마틴 스콜세지, 아담 요치, 해리슨 포드, 스티븐 시걸 등 할리우드의 영화감독과 스타들은 1950년대 스즈키와 앨런 와트, 비트 시인들이 선불교를 위해 했던 역할을 티베트불교를 위해 담당하고 있다. 〈레드 코너Red Corner〉, 〈티베트에서 보낸 7년Seven Years in Tibet〉, 〈쿤둔Kundun〉 등의 영화는 티베트 문제를 전 세계에 알리는 데 가장 강력한 힘을 발휘했다. 1950년대 젠붐을 상기시키는 1990년대 정치인, 사회운동가, 할리우드 스타가 참여한 티베트불교에 대한 열광은 낭만적 이상주의가 포함되어 있으며, 종종 티베트 사회와 종교 전통의 복합성을 모호하게 했다.

달라이라마는 종교적 권위와 더불어 전문지식을 갖춘 정신적 지도자로서 1979년 처음 미국을 방문한 이래 로마 교황 못지않게 친근하고 인기 있는 존재가 되었다. 그의 존재는 티베트불교만이 아니라 불교 전체의 이미지를 새롭게 하고 불교의 가르침에 좀 더 진지하고 실천적으로 다가가려는 많은 사람들을 끌어들이고 있다. 그가 전하는 비폭력과 자비의 메시지뿐 아니라 인간적인 매력과 유머 감각은 불교에 관심 있는 사람들을 넘어서 의미 있는 정신적 길을 추구하는 보통 미국 사람들에게도 깊은 감동을 주고 있다.

달라이라마의 법회는 보통 수천 명의 청중이 가득 찰 만큼 인기가 있으며 법문 내용은 종교적이고 대중적인 설법에서 의식의 본성에 대한 전문적 이론까지 광범위하다. 그는 방문하는 지역마다 수많은 강연 요청을 받으며 정치인, 종교인, 과학자, 경영자 등 다양한 인물들을 만나고 있다. 달라이라마가 주관하는 칼라차크라 입문식은 1954년 라싸에서 시작되어 1970년 다람살라까지 이어졌으며, 서양에서는 1981년 미국 위스콘신 메디슨을 비롯하여 스위스, 스페인, 몽고, 호주, 캐나다 등에서 30차례 이상 개최되었다. 특히 2011년 6월 세계평화를 위한 칼라차크라 입문식은 처음으로 워싱턴 국회의사당 서쪽 잔디밭에서 7일간 개최되어 2만 명 이상이 참가했다. 이 법회에서 그는 자신이 인간으로서 자비와 같은 기본적인 인간 가치의 개발에 헌신했고, 불교 승려로서 종교 간의 대화와 관용을 격려했으며, 달라이라마로서 티베트 민중에게 헌신하고 있다고 말했다. 같은 기간 그는 워싱턴의 버라이즌 센터에서 유명한 라마들과 서양학자들이 참여한 모임에서 3일간 불교 기본교리를 강의했다. 또한 백악관에서 오바마 대통령과 대화를 했으며 힐러리 클린턴 국무장관을 비롯한 행정부와 상하원의 정치인들과 만나 티베트 문제를 논의했다.

달라이라마는 불교와 과학의 대화에도 많은 관심을 기울였다. 그는 불교와 과학이 공동 목표, 즉 인간성에 봉사하고 세계를 더 이해할 수 있게 돕는다는 믿음을 바탕으로 과학자들과 직접 대화하고 불교 명상을 과학적으로 연구하도록 격려했다. 더불어 티베트 승가대학과 아카데미 센터들에 기초과학 교육을 도입시키는 일을 주도하고 있다.

2003년에 마음과 뇌를 연구하는 신경과학과 불교와의 대화에서 달라이라마는 22명의 세계적 과학자들과 대화를 나누었다. 2003년 MIT에서 학제 간에 열린 불교와 신경과학 사이의 대화는 공개하지 않다가 서적으로 출판되었으나, 2005년 대화는 일반인들에게 공개되었다. 달라이라마는 또한 1987년 콜로라도 볼더에 '마음과 삶 연구소Mind and Life Institute'를 공동 창립했다. 연구소는 과학자, 철학자, 명상가의 공동 요청으로 마음을 연구하고, 실재의 본질에 관한 완전한 이해를 발전시키며, 지구상의 웰빙을 증진시키는 '마음과 삶 대화The Mind and Life Dialogues'를 개최하고 있다. 2005년 '제8회 마음과 삶' 모임은 '마음의 탐구 2005: 명상의 과학과 치료적 적용Investigating the Mind 2005: The Science and Clinical Applications of Meditation'을 주제로 워싱턴에서 공개적으로 개최되었다. 2010년 4월에는 스위스 취리히에서 '경제적 체계 안의 이타주의와 자비Altruism and Compassion in Economic System'가, 11월에는 인도 델리에서 '관조적 과학, 관조 수행이 인간의 생태와 행동에 끼친 효과에 대한 과학적 연구Contemplative Sciences, The Scientific Study of the Effect of Contemplative Practice on Human Biology and Behavior'가 개최되었다. 이와 같은 학제 간 연구와 대화를 통해 경험과학과 정신 집중 전통, 그리고 방법론, 심리학, 철학의 결합이 이루어지고 있다. 달라이라마와 연관된 이 대화들의 주요 청중은 의학, 임상심리학, 정신병리학, 신경과학 분야의 학자와 학생들이다. 이러한 현상은 지난 30년 동안 현대 의학과 생의학 분야에서 명상에 대한 관심이 증가되고 다양한 연구가 이루어지고 있음을 보여 준다.

2009년 MIT에서는 삶의 윤리적 인간적 차원에 영향을 주는 연구, 대화, 프로그램 개발을 목표로 한 '윤리학과 전환적 가치를 위한 달라이라마 센터Tha Dalia Lama Center For Ethics and Transformative Values'를 개원했다. 이 센터는 달라이라마의 비전과 전인적 교육에 관심을 기리고자 창립되었으며, 과학과 기술의 학제 융합적 연구를 발전시키는 데 초점을 맞추고 있다. 또 에모리 대학은 에모리·티베트 파트너십을 맺고 종교, 과학, 마음/몸 의학의 협동 과정을 개설했다. 협동 과정은 티베트불교 수행을 현대의 심리학과 의학적 방식으로 연구하며, 티베트불교나 마음의 문제에 관심이 있는 미국 대학생뿐 아니라 티베트 승려들에게 세계를 이해하는 현대 학문의 방법을 익히도록 돕는다.

티베트를 통치하는 실제적인 통치권자로서 달라이라마는 1963년 자유티베트를 위한 민주화 헌법을 선언했다. 그는 망명정부를 행정부, 입법부, 사법부의 세 부분으로 구성하여 티베트의 개혁과 현대화를 모색했으며, 1990년에는 자유선거를 거쳐 46명의 국회의원을 선출하도록 제도화했다. 1992년에는 티베트가 독립하면 모든 권한을 버리고 평범한 시민으로 살겠다는 정책을 선언했으며, 2011년 모든 정치적인 권한을 이양하고 한 사람의 승려로 돌아왔다. 이제 티베트인들과 서양인 후원자들은 인도와 미국 및 서양의 여러 망명지에서 달라이라마 사후의 미래를 대비하여 준비하고 있다.

4. 티베트 문화 보존을 위한 노력

● 　중국의 티베트 침공은 티베트불교 문화의 보존과 전파를 위한 긴급한 노력을 촉발시켰다. 일본불교와 달리 현대화 과정을 거치지 않은 티베트불교는 전통적인 종교적 세계관을 그대로 보존하고 있었다. 그런데 티베트 승려들이 인도로 망명하면서 위대한 예술 작품, 의례용 장엄구들, 서양에 알려지지 않은 불교 연구와 수행을 기록한 대승불교와 금강승 문헌들이 중국인들의 파괴의 대상이 되었다. 약 6천 개의 사원과 절, 탑이 파괴되었으며 예술품들과 도서관 장서들이 불타 버렸다. 문화혁명 기간 동안 수많은 승려들이 고문을 받거나 수감되었으며 살해되었다. 이 상황은 앞으로 한두 세대가 지나면 티베트 종교문화가 완전히 사라질 수 있다는 위기의식을 불러일으켰다. 그리하여 아시아와 서양의 불교학자들, 출판업자들은 티베트대장경과 문헌들을 보존하고 번역, 보급하기 위한 프로젝트를 추진하고 있다.

티베트 승려들은 다른 불교 전통에서 온 스승들보다 더 적극적으로 제자들이 대학에서 불교학을 연구하도록 장려했다. 그 때문에 미국 학계에서 로버트 서먼, 제프리 홉킨스 등 티베트불교 전공자들은 거의 이들의 제자였다가 학자로 전향한 사람들이다. 현재 하버드를 비롯한 여러 대학에서 미국인 학자들과 티베트에서 망명 온 라마와 학자들이 티베트불교를 강의하고 있다. 잘 보존된 중관철학과 불교인식론, 유식학 등 인도불교의 철학적 전통과 문헌 덕분에 철학적 불교학 분야에서 티베트불교학은 독보적인 영역을 구축하고 있으며 티베트불교를 '타락한 불교'라고 보는 기존의 부정적 평가를 바꾸었다. 최근 불교윤리학회를 결성하고 불교의 현대적 해석에도 탁월한 업적을 발표하고 있다.

1960년대에 미국에서 볼 수 있는 티베트 서적은 『티베트 사자의 서』 등 몇몇에 불과했지만, 1990년대 중반에는 밀교 서적을 비롯한 불교철학과 종교의식, 수행법에 관한 책들을 서점에서 쉽게 찾아볼 수 있었다. 위즈덤Wisdom 출판사, 스노우 라이언Snow Lion 출판사, 샴발라Shambala 출판사, 다르마Dharma 출판사는 티베트불교 서적뿐 아니라 불교와 정신성 전반에 관한 책들을 출판하고 있다.

위즈덤 출판사는 1970년대 라마 예쉬Lama Yeshe와 라마 조파Lama Zopa가 설립한 수행 센터 국제 네트워크인 대승전통보존재단The Foundation for the Preservation of the Mahayana Tradition과 결연을 맺고, 재단이 지원한 번역서뿐 아니라 경전, 딴뜨라 및 티베트 문헌과 대중적인 불교 서적을 간행하고 있다. 1980년 뉴욕 이타카에서 창립한 스노우 라이언 출판사는 겔룩빠의 미국 본부인 남걀 사원과 결연을 맺고 1984년 이래 달라이라마가 쓰거나 그에 관해 쓴 책 14종을 출판했다. 그 밖에도 철학, 의례, 종교 문헌의 번역을 포함하여 티베트 역사, 예술, 문화에 대한 책도 출판하고 있다.

샴발라 출판사는 그중에서 가장 대중적인 출판사로, 1969년 창립해 베이비붐 세대의 정서를 대변하는 책들을 많이 출판했다. 『타사하라 빵 만들기 책Tassajara Bread Book』과 카프라의 『물리학의 도The Tao of Physics』같이 상업적 성공을 거둔 책도 있다. 『행동하는 명상Meditation in Action』과 미국불교의 고전이 된 『정신적 물질주의 헤쳐 가기Cutting Through Spiritual Materialism』 등 트룽빠의 책을 출판했다. 1971년 캘리포니아 버클리에서 타르당 툴쿠Tarthang Tulku(1934~)가 설립한 다르마 출판사는 그의 제자들이 무보수로 봉사하며 주로 사원 보관용 티베트대장경을 한정판으로 인쇄, 보급하고 있다. 아시아 고전 입력 프로젝트Asian Classics Input Project는 겔룩빠의 승려이며 게셰 학위를 받은 첫 번째 미국인 게셰 마이클 로쉬Geshe Michael Roach의 지도 아래 티베트대장경의 학문적 판본과 철학적 주석, 사전을 학자나 연구소, 수행 단체에서 저렴한 가격으로 구입할 수 있도록 CD로 제작하고 있다.

5. 미국 내 티베트불교의 유파들

● 미국에는 달라이라마가 속한 겔룩빠를 비롯해 닝마빠, 까규빠, 싸꺄빠의 네 가지 주요 유파가 모두 전해졌으며, 각각 독립된 센터와 스승을 중심으로 활동하고 있다. 이들은 티베트불교 전통을 보존하려는 보수적인 성향을 가지고 있지만, 동시에 많은 지도자들이 미국불교의 뛰어난 개혁가이다. 서양에 가장 큰 영향을 준 유파는 달라이라마가 이끄는 겔룩빠와 까르마빠가 이끄는 까규빠, 특히 까르마까규 분파이다. 1990년대 초에는 트룽빠의 샴발라 운동, 뉴욕 우드스톡에 자리한 까르마빠 북미 중심지와 직접 연계된 센터들의 네트워크인 까르마 트리야나 다르마차크라

한 권으로 보는 세계불교사

Karma Triyana Dharmachakra, 그리고 칼루 린포체Kalu Rinpoche가 창설한 센터들의 네트워크 등 여러 분파가 활동하고 있다. 닝마빠는 수리야 다스Surya Das(Jeffrey Miller)가 서양인으로서 티베트불교의 비종파적 형식인 '그레이트 리메'를 운영하고 있다. 칸드로 린포체Khandro Rinpoche는 미국에서 활동하는 티베트 여성 수행자이며 제춘마 아콘 라모Jetsunma Ahkon Lhamo는 툴쿠Tulku로 옹립된 최초의 서양 여성으로서 애리조나 세도나와 매릴랜드 풀스빌에 닝마 쿤장 폴얄 초링 센터를 설립했다.

겔룩빠는 라마 예쉬와 라마 조파가 창설한 대승전통보존재단이 대표적이다. 겔룩빠 선생인 게셰 마이클 로쉬는 뉴욕에 센터를 세웠으며 애리조나에 다이아몬드 마운틴대학을 세웠다. 신까담빠는 껠상갸초Geshe Kelsang Gyatso가 설립했다. 겔룩빠의 한 분원이 1990년대 영국에서 창립되었고 NKT는 미국에 50개 이상의 까담빠 불교 센터와 분원을 두고 있다. 조직의 회원 대부분은 서양인이거나 홍콩, 싱가포르 같은 아시아에 있다. 덴마크 출신 올레 니달Ole Nydahl이 창립한 금강승Diamond Way Buddhism도 미국에서 활발하게 활동중이다.

미국에서 라마들은 티베트불교 교리와 수행의 권위자로서 인정받는다. 라마가 되는 방법은 두 가지다. 첫째 방법은 까규빠와 닝마빠에서 '켄포Khenpo'라고 부르고 겔룩빠와 싸꺄빠에서는 '게셰Geshe'라고 불리는 학위의 취득이다. 게셰 학위를 딴 미국인은 많지 않은데, 학위 취득에 상당한 시간이 걸릴 뿐 아니라 인도나 네팔에 있는 곰파Gompa에 가야만 하기 때문이다.

두 번째 방법은 '툴쿠Tulku', 즉 라마의 환생으로서 인정받는 것이다. 티베트에서는 툴쿠로 인정을 받는 일이 흔하지만 서양에서는 매우 드문데, 이삼십 년 전부터 툴쿠로 인정받은 서양인들이 등장했다. 미국인에게 환생이라는 개념은 낯설지만 어느 날 갑자기 동료가 티베트 라마의 환생이라고 인정받는 것은 미국인들의 상상력을 사로잡는 한 방법이다. 성인 환생자가 불법을 얼마나 잘 가르치는지 시험하고, 됨됨이를 신뢰할 수 있을지 평가해 결정하는 것은 가능하다. 그러나 어린아이일 경우에는 어렵다. 헌신은 금강승 불교Vajrayana에서 요구하는 주요한 감정이기에, 존경하는 스승들의 환생을 신뢰하는 태도는 미국 수행자들이 배워야 할 필수적인 요소다. 이때 연속성은 동일성 그 자체로 정의된다. 서양에 불법을 가져온 선구적인 라마들의 다수가 지난 몇 년 사이에 죽었으며, 그들의 환생이 알려지기 시작했다. 이들 소년 라마들과 개인적 관계의 형성은 서양 땅에서 티베트불교의 근본적인 연속성을 확립하고 유지하는 데 점차 중요해지는 요소이다.

미국 금강승에서는 라마의 환생으로 인정받지 않은 사람에게도 라마 호칭을 부여했다. 칼루 린포체는 3년 안거를 마친 제자들을 라마라고 불렀는데, 어떤 특별한 인물의 환생은 아니지만 다른 사람들을 가르칠 만한 통찰력을 기르는 집중 안거를 행한 사람이라면 라마라고 불렀다. 트룽빠의 제자인 미팜 린포체는 최근 아홉 명의 제자들을 선생이라는 의미의 산스끄리뜨 '아짜리야스acharyas'라고 불렀다. 이로써 환생을 하지 않은 수행자들도 스승이 될 수 있는 가능성을 열어 놓았다. 그중 두 명이 여성으로, 이 타이틀은 법맥에 대한 권위 있고 정당한 근거를 미국 금강승에 제공해 준다.

미국 금강승에서 연속성은 부분적으로 비승가적 집중 안거에 의해, 특히 닝마빠와 까규빠에서 만들어지고 있다. 전통적인 티베트 안거는 3년, 3개월, 또는 3일간 지속된다. 미국 금강승 안

한 권으로 보는 세계불교사

거는 각자 방을 가지고 있는 참가자들이 그룹으로 행하며 수행
의 일부는 함께, 나머지는 홀로 한다. 이러한 안거 센터는 '까르
마 트리야나 다르마차크라'의 지반 위에 존재한다. 서양 제자들
이 금강승 승가생활을 익히는 더 많은 기회가 생기기까지 집중
안거는 미국의 물질세계를 완전히 떠날 수 있는 한 장소이다. 다
른 센터들은 작은 그룹이나 독방에서의 단기 안거를 제공한다.

　미국에서 티베트불교는 선불교나 테라바다불교와 마찬가지로
변용이 불가피했다. 티베트 라마가 사찰을 개원하면 재가신도들
이 운영을 책임졌다. 그 결과 재원 조성을 위해 창건주 라마가 명
목상 참가하고, 대부분 미국인 수행자로 구성된 이사회가 티베
트 사찰의 비전과 정책을 결정하게 되었다. 미국 금강승의 특징
중 하나는 티베트 승려들만 하는 수행을 재가자들도 한다는 것
이다. 많은 티베트 라마들, 특히 까규빠와 닝마빠 스님들은 미국
재가자들에게 딴뜨라 수행법과 의례를 가르쳤다. 미국에서 가장
중요한 티베트 사원은 1992년 달라이라마의 개인 사원인 뉴욕
이타카에 자리한 남걀 사원이다. 이곳에는 최근 미국에 온 티베
트 승려들만 살고 있지만 서양인 재가 학생을 위해 전통적인 티
베트 커리큘럼을 제공하며 티베트인 3명, 서양인 게셰 1명, 서양
인 3명으로 구성된 이사회와 다람살라의 티베트 행정위원회에서
관리하고 있다.

　티베트의 정치적 상황에 동조하는 많은 사람들이 모두 티베트
불교에 관심을 갖는 것은 아니다. 광범위한 문화적, 정치적 활동
을 미국 금강승의 발전과 혼동해서는 안 된다. 1991년부터 티베
트 재정착 프로젝트가 시행되었고 약 만 명의 티베트인이 합법
적으로 미국에 거주할 수 있게 되었다. 이들을 제외하고 티베트
불교를 믿는 미국인이 얼마나 되는지 정확히 알려지지 않았지

만, 1970년대 이래 미국불교에서 매우 유망하고 뚜렷한 특징을 지닌 그룹으로 성장하고 있다. 대체로 미국에서 티베트불교는 학자이며 정치 지도자이며 동시에 개종자를 지도하는 라마들에 의해 주도되고 있다. 일부 티베트 종파에서 계를 받은 서양인도 있지만 미국 금강승의 중요한 요소라고 하기에는 충분치 않다. 미국인 수행자가 그의 스승이나 미국에 초청된 라마를 제외한 다른 티베트인과 접촉할 기회는 많지 않다. 서양 불자와 달리 대부분의 티베트인은 명상을 하지 않고 주로 만트라를 독송한다. 최근 들어 티베트인들도 린포체의 법회에 참석하거나 적은 숫자지만 미국인 수행자가 지도하는 법회에 참석한다. 티베트계 미국인이 점차 서양 문화에 익숙해짐에 따라 젊은 티베트인들이 미국인 동료들의 의식과 수행에 동참할지, 역으로 비종교적 티베트인들이 다른 종교에 관심을 갖게 될지 지켜보아야 한다.

테라바다불교의 전래는 1893년 세계종교회의에 출현한 다르마빨라까지 거슬러 올라간다. 첫 번째 테라바다 사찰은 1966년 워싱턴에 세워진 불교사원협회The Buddhist Vihara Society인데 처음부터 스리랑카, 태국, 미얀마(버마), 방글라데시 등에서 온 승려들이 머무는 국제 사찰이었다. 주로 워싱턴을 방문하는 외교관과 외국인 방문객을 위한 센터로서 기능했으며 규모와 복합성 때문에 오랜 기간 미국불교에 큰 영향을 주었다. 1960년대 뉴욕에 태국과 미국 불자들이 불교연구소The Buddhist Study Center를 창립했는데, 수년 후 태국 사찰 왓 바지라담마파딥Wat Vajiradhammapadip으로 발전했다.

미국 테라바다불교는 크게 두 가지 형태로 나눌 수 있다. 하나는 남아시아와 동남아시아에서 온 이민자들이 신행하는 전통적인 테라바다불교이다. 스리랑카, 태국, 캄보디아, 미얀마의 불교는 원래 유사성이 많지만 국가마다 차이가 크다. 게다가 '이민이냐 망명이냐'에 따라 상당히 다른 모습을 보이고 있다. 다른 하나는 개종 불교 형태로 발전한 통찰 명상Insights meditation, 또는 위빠사나Vipassana 명상 운동이다.

두 그룹은 서로 다른 사회적 문화적 배경을 가지고 있으며 종교적으로도 일치하는 관심사가 거의 없기 때문에 단일한 미국 테라바다불교를 형성하는 데 어려움을 겪고 있다. 하지만 대학 교육을 받은 아시아 승려들과 아시아에서 승려생활을 한 서양인들이 두 세계를 왕래하면서 재가와 출가, 전통과 현대를 융합하는 새로운 모델을 창출하는 데 노력하고 있다.

● 　이민 불교에 지속적으로 관심을 갖는 학자인 폴 눔리치 Paul Numrich에 따르면, 1990년 미국 내 테라바다 이민 불자는 약 250만에서 750만 명이다. 2011년 미국에서 와트나 비하라라고 불리는 테라바다 사찰은 약 350개이며 천 명 이상의 테라바다 승려가 미국에 거주하고 있다. 이들은 대부분 단기 종교비자로 아시아에서 온 승려들이다.[10] 테라바다 사찰은 주로 캘리포니아, 텍사스, 뉴욕, 일리노이에 분포하며 대부분 아시아 테라바다 교단에 소속되어 있지만 아파트나 가정집을 빌려 운영되는 비공식적인 사찰도 상당수 존재한다고 알려져 있다.

동남아시아와 남아시아에서 건너온 이민자들은 언어, 경제, 문화적 차이 때문에 겪는 많은 어려움과 차별, 갈등을 해소하는 방안으로 자신들의 종교생활을 되살리기 위해 노력했다. 그들에게 사찰은 테라바다불교의 전통적 세계관과 미국 문화가 교차하는 지점이다. 이민자들은 많은 비하라와 왓을 세운 다음 승려들을 초청하기 위해 아시아에 있는 종단과 협력했다.

이민 사회뿐 아니라 사찰도 새로운 환경에 적응하는 과정에서 많은 문제가 발생했다. 법적, 사회적, 종교적 문제를 비롯해 '아시아 각국에서 나타나는 불교 전통의 차이를 어떻게 통합할 것인가, 승려와 재가신도 중 누가 사찰을 대표해야 하는가, 사찰은

10) http://articles.chicagotribune.com/2011-07-24/news/ct-met-monk-theravada-20110724_1_monks-temples-celibacy-vow 2011. 9. 12 접속.

한 권으로 보는 세계불교사

엄격하게 종교적이어야 하느냐, 아니면 사회·문화·종교적 기능을 담당해야 하느냐 등 광범위한 문제가 토론되었으며, 그에 대한 대응도 각각 달랐다. 일부 사찰은 재정적 지원이 증가하자 후원자들의 미적 취미와 요구에 맞추어 대도시 교외에 전통 양식의 새 건물을 신축하거나 구입했다.

그러나 테라바다 불자의 약 40퍼센트를 구성하는, 혁명과 전쟁을 피해 미국으로 온 라오스와 캄보디아 망명자들은 훨씬 많은 정서적, 경제적 어려움을 겪고 있다. 불교 사찰은 이들에게 사회적, 종교적 연속성을 제공해 주지만 경제적 형편 때문에 대도시에서도 방세가 싼 지역에 사찰을 짓거나 임대하고 있다. 이처럼 사찰이 특정 후원자의 요구에 맞추어 설립됨에 따라 테라바다불교의 분화가 더욱 심화되고 있다. 1980년대 중반 이후 이민 2세가 자라남에 따라 방과 후 프로그램, 불교 여름캠프, 일요 다르마학교 등을 개설하며 테라바다 전통을 미국 양식으로 바꾸는 작업에 착수하는 등 새로운 시도를 계속하고 있다.

신대륙에서 테라바다불교 승려들은 과거에 경험하지 못한 새로운 문제를 만났다. 자본주의 국가인 미국은 승가 지원 시스템이 없기 때문에 음식을 비롯하여 돈, 의복 등 생활과 관련된 거의 모든 일에서 불편을 겪었다. 돈도 없고 탁발할 수도 없었기 때문에 승려들은 손수 음식을 만들었고, 멀리 떨어진 곳에 사는 신도를 만나려면 운전도 해야 했다. 하지만 아시아계 이민자들은 변화를 좋아하지 않아서, 승려들이 신발, 양말, 스웨터를 입거나 미국에서 예절과 우정의 표현으로 간주되는 관습, 예를 들어 여성과 악수를 나누는 것을 못마땅하게 여겼다. 전통 승가의 규범을 지키기 위해 악수를 거절하는 것은, 사찰을 방문하거나 조언이나 가르침을 구하는 미국 여성들에게 대단히 무례한 일로 간주

되는데, 이런 문화적 차이는 테라바다불교가 미국에 정착하는
데 큰 어려움을 가져다 주었다.

날씨도 새로운 형식을 강요했다. 남아시아에서 입었던 가사는
미국 중서부 지역의 혹한을 견디기에는 너무 얇았다. 승복 때문
에 승려들이 모욕을 당하는 사건도 발생했다. 내복이나 외투를
입거나 승복을 입지 않는 방안이 검토되었지만 많은 반대에 부
딪쳤다. 승복을 입지 않으면 다른 종교인으로부터 당하는 모욕
을 피할 수는 있지만, 재가신도의 존경을 잃게 되며 심지어 승려
로서의 신분을 망각하거나 승려답지 못한 행동을 할 수 있다. 또
한 승복은 불교에 관심 있는 미국인들의 호기심을 불러일으킬
수도 있다. 결국 이 문제는 태국에 있는 최고 지도자의 허락을 얻
어 승려들에게 겨울 내복을 제공함으로써 해결되었다.

또한 승려 수의 부족은 정기적인 포살을 불가능하게 했다. 승
려들은 결계 범위를 벗어날 정도로 멀리 떨어져 있기 때문에 정
기적으로 모이기 어려웠다. 이는 승려로서의 정체성에 심각한
위협을 주었으며 계율의 권위를 약화시키고 승가의 연대를 느슨
하게 하는 결과를 초래했다.

이처럼 2천 년 전에 제정된 계율이 현대사회에서 지키기 어려
워지면서 계율의 변경은 미국 테라바다불교의 중대 문제가 되었
다. 1987년 미시간에서 열린 북미세계불교대회 The Conference on
World Buddhism in North America에서 이 문제가 다루어졌다. 하반
폴라 라타나사라 Ven Dr. Havanpola Ratanasara(1920~2000)는 환경
에 맞추어 계율도 변해야 한다고 주장했으나, 반대하는 사람들
은 작은 계율을 고치면 결과적으로 중요한 계율마저 지키지 않
게 되므로 계율을 건드려서는 안 된다고 주장했다. 미국인 승려
들조차 계율이 승려의 정체성을 형성한다는 이유로 변경에 반대

했다. 그들은 대부분의 문제가 파계에서 발생했다고 생각했다. 재가신도의 보시 없이 승가가 존속할 수 없기 때문에 실제로 계율의 변경은 승려들뿐 아니라 재가신도들의 동의를 필요로 한다. 그러므로 실천하기 가장 불가능한 규칙의 가장 작은 변형조차 일어나기 어려웠다. 역설적이게도 이처럼 강한 수계 정신 때문에 미국에서 테라바다불교는 비승가적 지도 체제를 개발하는 방향으로 발전하게 되었다.

또 한 가지 중대한 도전은 이민 2세로부터 왔다. 전통 테라바다불교의 핵심이 비구 승가이기 때문에 미국에서 테라바다 비구 승가의 번영은 테라바다불교의 번영을 의미한다. 그러나 아시아계 이민자들의 2세들은 승려가 되는 것에 관심이 없을 뿐 아니라, 이민 1세들은 자녀들이 재가신도로서의 역할을 할지조차 여부를 확신하지 못하고 있다. 게다가 미국불교는 재가 운동의 성격을 갖기 때문에 미국인 개종자 중 선불교나 티베트불교에 출가한 사람보다 테라바다불교에 출가한 승려가 훨씬 적다. 테라바다불교에 대한 미국인의 관심은 대체로 위빠사나, 통찰 명상에 제한되며 테라바다불교의 비구 중심주의는 지나치게 권위적이며 성차별적으로 여겨지고 있다. 테라바다에 관심을 갖는 많은 미국인 중 승려가 되고 싶어 하는 사람도 곧 가족, 부, 명예, 현실적 쾌락 등 많은 것을 포기해야 하는 승려의 삶이 쉽지 않다는 사실을 알게 된다. 또한 미국 사회에서 승려가 되는 것은 일상적이고 누구나 할 수 있는 행위가 아니라 기이한 것으로 여겨진다. 이런 문화적 저항 때문에 미국인 테라바다 승려들은 승복을 벗거나 아시아로 되돌아가기도 한다.

미국 테라바다불교의 장래는 얼마나 많은 사람이 출가하는가에 달려 있다고 해도 과언이 아니다. 지금처럼 아시아로부터의 이민이 계속된다면 승려들의 유입도 계속될 것이다. 승려 수의 증가는 포살의 시행을 쉽게 만들 뿐 아니라 공동체의 소속감도 강화시킬 것이다. 그러나 새로 미국에 온 승려들의 빈약한 영어실력과 문화적 부적응은 극복해야 할 과제이다. 이민 2세 중 비구승이 나올 확률이 거의 없는 현재, 미국 테라바다불교는 끊임없이 아시아로부터 비구승을 수혈 받거나 또는 재가자 불교로 전환될 전망이다.

●   현재 미국에서 가장 인기 있는 개종 불교 형태는 위빠사나 혹은 통찰 명상이다. 1965년 워싱턴 불교 사원Washington Buddhist Vihara에서 영어 사용자들에게 위빠사나 명상을 가르친 일이 있다. 하지만 본격적으로 알려진 것은 1960년대 아시아로 가서 아시아인 스승에게 직접 배우고 1970년대 고향에 돌아온 미국인들을 통해서다.

이 운동의 중심에 있는 조셉 골드스타인Joseph Goldstein과 잭 콘필드Jack Kornfield는 평화봉사단원으로 아시아에 와서 불교를 배웠다. 골드스타인은 1967년 보드가야 마하보디사의 주지이며 마하시 사야도Mahasi Sayadaw(1904~1982)의 제자였던 아나가리카 무닌드라Anagarika Munindra(1915~2003)에게서 배웠다. 콘필드는 20세기 태국불교를 대표하는 인물 중 한 사람인 아잔 차Ajahn Chah가 지도하는 타이 숲 전통Thai forest tradition에서 공부하고 승려가 되었다가 1972년 미국에 돌아온 뒤부터 위빠사나 명상을 가르치기 시작했으며 임상심리학 박사학위도 획득했다. 샤론 살즈버그Sharon Salzberg는 1971년 18세에 인도로 가서 마하시 사야도가 수립한 위빠사나 훈련을 받은 캘커타의 주부 디파 마Dipa Ma(1911~ 1989)에게서 명상을 배웠으며 네팔, 부탄, 티베트, 미얀마에서 온 여러 스승들에게서도 불교를 배웠다.

2. 위빠사나 혹은
통찰 명상 운동

루스 데니슨Ruth Denison은 남편과 함께 1960년대 아시아를 여행하면서 일본, 미얀마 등지에서 명상을 배웠으며 귀국 후 로스앤젤레스 선 센터와 미얀마 위빠사나 명상 센터를 오가며 수행했다. 1973년부터 명상을 가르쳤으며 수행에 대한 힘 있는 접근과 음악, 운동, 리듬의 사용, 인본주의 심리학이라는 배경과 감각적 자각에 초점을 두는 테라바다 명상 기술을 강조해 유명해졌다. 1977년 그는 캘리포니아 조슈아 트리공원 근처의 사막 지역을 구입해 1980년대 초기 이래 중요한 안거 센터인 담마 데나Dhamma Dena를 설립했다.

1974년 골드스타인과 콘필드는 콜로라도의 나로파 연구소에서 처음 만났으며, 다음 해 캘커타에서 막 돌아온 샤론 살즈버그와 함께 매사추세츠에 통찰명상협회Insight Meditation Society를 창립했다. 1976년 이들 젊은 명상 지도자들이 안거 센터를 개원함으로써 통찰명상협회가 시작되었다. 통찰명상협회는 35년 이상 수천 명의 수행자가 거쳐 갔으며 현재 서양에서 가장 존경받는 센터 중 하나다. 통찰명상운동에서 가장 중요한 제도는 안거다. 안거는 하루, 일주일, 석 달 단위로 이루어지며 묵언과 좌선, 행선, 노동, 안거 지도자의 설법 같은 법문으로 구성된다.

통찰명상협회에는 안거 센터와 숲 귀의처the Forest Refuge라는 두 개의 안거 시설이 있으며 일 년 내내 주말 코스부터 석 달 안거까지 30차례의 명상코스가 진행된다. 대부분 7~9일 동안 통찰 명상이나 자비 명상을 수행하며 안거 중에는 오계를 지킨다. 그 밖에 유색인, 10대 청소년, 젊은 성인, 여성 및 가족을 위한 안거코스 등 명상을 일상생활 속에 통합시킨 다양한 프로그램이 실시된다.

2003년 문을 연 숲 귀의처는 숙련된 명상 수행자를 위한 독립적인 개인 안거 공간으로 일주일에서 일 년 또는 그 이상 안거를 실행하며, 한 해 상주 인원이 400명에 달한다. 전체 안거 프로그램에 매년 2,600명 내지 2,700명이 참여하고 있다. 2010년 자료에 따르면 한 차례 이상 안거를 한 사람이 약 2,967명이며 그중 여성이 65퍼센트를 차지하며 32세 이하의 젊은이도 17퍼센트나 된다.

통찰명상운동은 승려들이 독점했던 명상 수행을 재가자들에게 개방한 점에서 선과 비슷하지만 전통적인 불교 용어나 역사에 의존하지 않는다는 점에서는 구별된다. 바로 이 점이 통찰명상운동을 미국불교 중 가장 인기 있는 수행으로 만드는 요인이다. 이곳 지도자들은 통찰명상을 종교가 아니라 자각과 심리적 치유의 방법으로 소개한다. 승려들의 위대한 포기와 엄격한 수행을 강조하지 않으며 승가와 재가의 구분이나 전통적인 의례를 배제하고 모든 불교 종파의 가르침에서 자유롭게 뽑아 온 요소들을 서양 인본주의 심리학과 융합시켜 현대적 삶의 방식에 맞추었다.

통찰명상협회는 1970년대에 테라바다불교에서 최고의 훈련 단계로 간주하는 통찰, 즉 위빠사나 명상에 초점을 맞추었으나 1980년대에는 오히려 수행의 출발점으로 알려진 메타metta, 즉 자비 명상을 강조했다. 자비 명상은 서양 인본주의와 미국 이상주의를 배경으로 대승 보살의 자비 이념을 흡수한 것으로, 먼저 자기 자신을 위해, 다음으로 친구를 위해, 마지막으로 낯선 사람과 적을 위해 자비의 마음을 개발하는 수행법이다. 협회는 집단 지도체제로서 현재 59명이 넘는 지도자가 지도하고 있다. 또한 마하시 사야도, 아나가리카 무닌드라, 아잔 차, 디파 마, 달라이 라마 등 외국 고승을 초청하여 법문을 듣기도 한다.

1981년 콘필드는 캘리포니아로 옮겨가서 마린 카운티에 스피릿 락 명상 센터Spirit Rock Meditation Center를 개원했다. 스피릿 락은 비공식적이고 친밀한 환경에서 접촉을 유지하는 작은 그룹인 칼야나 미타Kalyana Mitta(정신적 친구들) 네트워크를 개발했다. 그 밖에도 소규모의 통찰 명상 센터와 '좌선 그룹'이 텍사스, 미주리, 노스캐롤라이나, 워싱턴, 뉴욕, 캘리포니아, 미네소타, 와이오밍 등 미국 전역에서 활동 중이다.

통찰 명상 센터는 느슨한 결속력을 가진 조직으로서, 대부분 25명 이하의 회원을 가진 '거실 승가'이다. 몇몇 센터는 아시아의 승려나 재가 지도자들이 지도하지만, 대부분은 통찰명상협회와 스피릿 락의 선생들과 제자들이 이끌어 간다. 이들은 명상 센터에서 활동하는 2세대 지도자를 배출하는 역할도 담당한다.

1985년 래리 로젠버그는 매사추세츠 캠브리지에 캠브리지 통찰 명상 센터The Cambridge Insight Meditation Center를 세웠다. 이곳은 2주간의 주말 집중 수행 사이에 주중 5일 밤의 수행을 끼워 넣은 '샌드위치 안거'라는 독특한 프로그램을 실행하고 있다. 1989년 마우이에 자리한 위빠사나 메타 재단The Vipassana Metta Foundation이 설립되었으며, 같은 해 통찰명상협회 본부 근처에 불교학 연구를 위한 베리 불교학 센터The Barre Center for Buddhist Studies가 세워졌다.

그 밖에 통찰명상협회는 뉴욕 맨해튼에 설립된 뉴욕 통찰New York Insight, 워싱턴의 통찰 명상 공동체The Insight Meditation Community, 로스앤젤레스의 통찰 로스앤젤레스Insight LA, 영국의 가이아 하우스Gaia House, 스위스의 비텐베르그 명상 센터Meditation Center Beatenberg와 결연을 맺고 있다. 테라바다 명상 센터는 1987년과 1998년 사이에 72개에서 150개로 두 배나 증가했다.

통찰 명상이나 선과 같은 미국불교 운동은 한편으로 일생 동안의 수행을 추구하는 승가적인 열망을 가지면서, 다른 한편으로 불교 수행과 가정생활을 조화시키고자 한다. 이것은 미국적 특징을 형성하는 데 강한 영향을 미쳤다. 그러나 재가 수행자들은 아시아의 독신 승려들이 추구하는 깨달음이라는 목표를 가지고 있지 않다. 1990년대 초 골드스타인은 많은 사람들과 달리, 이 문제를 미국불교가 당면한 심각한 문제로 생각했다. 그는 "가정생활이 승가처럼 완벽한 수레라는 견해는 붓다의 가르침과 일치하지 않는다. 재가자의 삶이 '티끌로 가득하다' 는 것은 붓다의 근본 가르침에서 분명하다."고 하면서 교리와 수행이 점차 느슨해지는 상황을 걱정했다. 그는 "아시아에서는 가르치기 전에 일이십 년 이상 수행한다. 아시아에서 수행하고 서양에 와서 가르치기 시작한 우리들은 그들보다 훨씬 이르지만 상당한 훈련 기간을 거친 뒤였다. 지금은 단지 몇 년 수행하고 가르치는 사람들이 있다."고 하여 지도자를 배출하는 기관의 부재가 장차 미국불교 발전에 큰 문제가 될 것이라고 지적했다.

3. 테라바다 승려들의 활동

● 　미국인 개종자들이 위빠사나 명상을 배울 수 있는 곳은 통찰명상협회 이외에 아시아 출신의 대학교육을 받은 테라바나 비구들이 지도하는 이민 사찰이 있다. 스리랑카 승려 헤네폴라 구나라타나Henepola Gunaratana(1927~)는 스리랑카에서 태어나 12세에 계를 받고 8년 뒤 구족계를 받았다. 그 후 스리랑카를 떠나 인도에서 포교했고 말레이시아에서는 교사로서 활동했다. 1968년 미국으로 와서 워싱턴의 불교사원협회에서 일했다. 그는 아메리카대학 철학과에서 문학 석사와 철학 박사학위를 획득하고 불교 사목으로 일했으며 조지타운대학교, 메릴랜드대학교 등

에서 불교를 강의했다. 구나라타나는 1990년대 통찰 명상 운동
의 대표적 인물 중 한 사람으로서 1980년 웨스트버지니아에 바
바나협회Bhavana Society를 창립했다.

구나라타나는 아시아인, 미국인, 유럽인 승려와 여성 출가자
들로 이루어진 소수의 핵심 그룹을 지도했는데, 바바나협회는
테라바다 승가에 근거를 두지만 미국적 변화를 수용했다. 이 안
거 센터는 아시아의 사원과 달리 재가자와 승려가 모두 상주하
며 안거 참가자들은 집중 명상과 더불어 일상생활에 적용할 수
있는 부처님 가르침과 공덕행을 실천한다. 수행의 중심은 계율
이지만 필요하면 변경할 수 있다는 구나라타나의 입장에 따라
이곳 스님들은 필요하면 직접 차를 몰고 쇼핑을 하기도 한다. 또
한 그는 비구니 승가를 복원하고 여성에게 구족계를 주어야 한
다는 것에 찬성하지만, 현실적으로 미국에서 이루어진 후에 남
아시아와 동남아시아로 확산될 수 있다고 보았다.

그러나 구나라타나는 미국 테라바다 소속 일부 승려와 달리,
미국식 삶의 양식에 맞추기 위해 승복을 벗는 비구와 비구니에
대해서는 반대했다. 그는 승복이 승려를 보호하고 종교적 의무
를 되새기게 한다고 생각했다. 일부 미국인들이 갈망과 욕정에
대한 부처님의 가르침을 무시하고 즉흥적인 성적 행위를 계속하
면서 진지한 수행을 하려는 시도 또한 비판했다. 그는 "붓다가
제정한 모든 계율은 우리 자신의 이익을 위한 것이다. 우리가 지
키는 모든 계율은 마음을 깨끗이 하기 위한 것이다. 정신적 정화
없이 우리는 결코 집중, 통찰력, 지혜를 얻을 수 없으며 결코 심
리적 자극을 제거할 수 없다."고 보았으며 "미국은 아직도 성장
중인 십대의 청년과 같은데, 그들은 자신들의 미성숙한 정신 상
태를 전 세계가 따라야 할 표준으로 생각하고 있다. 나는 그것이

건전하지 못하다고 생각한다."고 비판했다. 그는 미국의 자유분방하며 물질주의적 생활양식이 아시아 고유의 가치들을 변형시키는 것을 매우 큰 문제라고 생각했다.

하반폴라 라타나사라 역시 대학교육을 받고 미국불교 공동체에서 활동하는 비구이다. 11세에 스리랑카 승단에 입문한 뒤 세일론대학에서 빨리어와 불교철학으로 학사학위를 취득했으며, 컬럼비아대학교와 런던대학교에서 교육학 박사학위를 받았다. 스리랑카에서 교육과 불교학을 가르쳤으며 1957년 불교 승려 최초로 12차 영국 일반 회합에 대표로 임명되었다. 1980년 미국으로 건너와 로스앤젤레스 초기 테라바다 사찰인 다르마 위자야 불교사원Dharma Vijaya Buddhist Vihara 창립자 중 한 사람이 되었다.

라타나사라는 남캘리포니아 종교간회의The Interreligious Council of Southern California 창설을 도왔으며, 1980년 남캘리포니아 불교승가회의The Buddhist Sangha Council of Southern California를 창립해 지역 사찰에서 발생한 승려와 재가자 사이의 논쟁을 중재했다. 승가회의는 이때부터 웨삭데이 경축행사를 후원하고 종교간의 대화에 참여했다. 또한 미국불교의회The American Buddhist Congress 설립에 핵심 역할을 했으며, 1983년 비종파적 관점에서 불교를 가르치고자 불교승가회의가 창립한 로스앤젤레스 불교학대학The College of Buddhist Studies 총장으로 활동했다.

라타나사라는 전통적인 승가 중심주의에 기초를 둔 입장에서 불교의 미국화를 위해 노력했다. 그중 한 가지가 10세기에서 12세기 사이에 사라진 테라바다 비구니 승가의 복원이다. 서양에서는 테라바다 비구니 승가의 복원이 가능하다고 생각하여 미국에 거주하는 진보적인 스리랑카 승려들과 대승불교권의 비구니 스님들과 함께 1987년 최초로 사미니 수계를 했다. 후에 담마미타Dhammamitta가 된 태국 여성에 대한 수계가 1988년 웨삭데이에 다르마 위자야에서 행해졌다.

미국 테라바다불교 공동체에서 활동하는 서양인 승려로 아잔 아마로Ajahn Amaro(1956~)와 타니사로Thanissaro(Ajaan Geoff으로 알려져 있다. 1949~)가 있다. 그들은 동남아시아의 강력한 종교 개혁운동인 숲 전통을 대표하는데, 아시아에서 수행한 뒤 미국에 돌아와 1990년대부터 개종 불자 공동체 내에서 활동하기 시작했다.

아마로는 1979년 수계를 받은 후 영국으로 돌아가서 숲 전통 센터인 키투르스트, 암라바티 사원과 결연을 맺었다. 1990년대에는 북캘리포니아에서 강연 여행을 했으며 샌프란시스코에 숲 전통과 관련한 승가 수행 공동체를 만드는 데 관심을 가진 재가자들을 격려했다. 그는 IM 순회강연에 정기적으로 참여해 지도하는 소수의 테라바다 승려 중 한 사람이다. 1990년대 중반기에는 아바야기리 불교 사원Abhayagiri Buddhist Monastery이라는 숲 안거 센터의 주지로 임명되었다. 이 사원은 미국 재가신도의 후원으로 승가에 일 년 안거와 겨울철 안거를 제공했다.

타니사로는 통찰명상협회와 결연된 베리 불교학 센터에서 가르쳤으며 『날뛰는 불과 같은 마음The Mind Like Fire Unbound』과 『불교승가율Buddhist Monastic Code』을 포함한 수많은 전문 서적의 작가이자, 숲 전통의 아시아 스승들이 저술한 명상도서의 번역자로도 잘 알려져 있다. 그는 아잔 푸앙 조티코Ajaan Fuang Jotiko에게 명상을 배웠으며 1976년 수계를 받고 태국에서 수행을 계속했다. 1991년 캘리포니아로 돌아와 샌디에이고 북쪽에 위치한 메타 숲 사원Wat Mettavanaram, Wat Metta 창건을 도왔다.

타니사로는 1993년 이후 왓 메타의 주지로 활동했는데, 이 사찰은 숲 전통의 취지를 지키면서 계율을 엄격하게 준수한다. 또 개인적 기호에 따라 주말, 단기, 장기의 짧은 기간 수행과 상주 수행을 제공하며 안정적인 승가공동체 형성을 강조하는 타니사로의 주장에 따라 주변 지역에 사는 태국계, 라오스계 미국인과 개종 불자를 위한 수행 센터로도 사용된다. 이곳에 참여하는 개종 불자 대다수는 존 와네 달마 센터와 샌디에이고 위빠사나 공동체 같은 지역 명상 그룹과 결연되어 있다.

왓 메타는 다른 명상 센터와 달리 보시를 받아 운영한다. 재가자는 사찰 운영에 도움이 되는 것을 기부하고 승려들은 자유롭게 가르침을 전한다. 타니사로는 보시를 참가비용을 지불하는 미국식 안거 형태에 대한 중요한 대안으로 간주했는데, 그는 만약 법이 선물로 제공되고 받아들여지지 않는다면 법이 살아남을 수 있는 방법은 없으며, 보시 경제는 상호 자비와 관심이 교환의 매개이며 근저에 마음의 순수성이 있는 분위기를 창조한다고 강조했다.

타니사로는 통찰 명상 운동 지도자 모임에 의식적으로 가담하지 않았는데, 이유는 한편으로 왓 메타에서 승려생활을 하겠다는 서약 때문이고 다른 한편으로 테라바다 수행은 안거 센터의 분위기에서 쉽게 이용할 수 없는 엄격성을 요구한다는 확신 때문이었다. 그는 1988년 "부처님은 왕자로 자랐으나 숲에서 태어나고 숲에서 깨달음을 얻었으며 숲에서 돌아가셨다."라고 하여 미국에서 자생적 전통의 확립을 매우 중요시했다.

테라바다 전통은 다양성 때문에 미국불교 형성에 탁월한 위치를 차지한다. 그러나 많은 문제점도 안고 있다. 먼저, 승려가 지도하는 공동체와 그룹들은 미국 사회에서 승려 역할의 본질에 대한 질문, 즉 "계율은 미국적 맥락에 맞추어 얼마만큼 변해야

한 권으로 보는 세계불교사

하는가?"라는 문제와 씨름하고 있다. 두 번째, 이민자들이 자손들에게 과연 전통을 전할 수 있을까라는 문제가 대두하고 있다. 아시아계 미국인이나 유럽계 미국인들 중에서 본토 출신의 승가를 만들기에 충분한 수의 출가자가 배출될지 의심스럽다. 따라서 아시아 승려들은 당분간 계속 미국에서 활동하며 살아 있는 전통과의 연속성을 제공하겠지만 이는 테라바다불교의 미국화를 더디게 할 것이다.

한편, IM 운동 지도자들은 불교의 깊은 가르침을 유지하면서 중산층이 접근할 수 있도록 끊임없이 질문해야만 하며, 그들의 자녀와 신세대를 끌어들일 수 있는 강한 기구와 스승, 제자 사이의 법맥과 같은 체제를 개발해야 한다.

국제 소카각카이Soka Gakkai International(SGI, 창가학회)는 일본 신흥종교 중 가장 성공적인 사례다. 1930년 마키구치牧口常三郎(1871~1944)와 토다戶田城聖(1900~1958)가 창립해 제2차 세계대전 후 급성장했고 현재 전 세계에 지부를 두고 있다. 전후 일본을 점령했던 미군 중 일부가 개종했고 퇴역 미군의 일본인 부인들이 적극적으로 활동해 미국에 널리 퍼졌다. 미국 분원이 형식적으로 설립된 것은 1960년이며 제3대 회장 이케다池田大作(1928~)는 한국계 일본인인 조지 윌리엄스에게 영어사용권의 포교를 일임했다.

소카각카이는 순수하게 재가신도 조직이며 일본과 아시아계 이민자들이 많이 섞여 있지만 개종 불교의 하나로 분류된다. 처음에는 미국 니치렌 소슈Nichiren Shoshu of American라는, 니치렌종日蓮宗 승려와 재가신도 조직의 연합으로 이루어졌으나 1991년 공식적으로 승려가 지도하는 니치렌 소슈 사찰Nichren Shoshu Temple과 더 큰 규모의 재가자 조직인 국제 소카각카이-USASoka Gakkai International-USA로 분리되었다. 니치렌 소슈는 미국에 6개의 사찰을 소유하고 다른 니치렌 그룹도 있지만 주로 일본계 미국인이 참여하기 때문에 이민 불교에 가깝다.

반면 소카각카이-USA는 미국의 여러 도시에서 성공적으로 포교한 결과, 많은 신도를 확보했다. 회원은 10만~30만 명에 달하는데, 가족 단위로 모이기 때문에 정확하게 파악하기는 어렵다. 이 단체는 매우 잘 조직된 기구지만 많은 회원들이 자유롭게 행정부의 일원이 될 수 있다. 소카각카이는 니치렌 불교와 마찬가지로 『법화경』을 소의경전으로 하며 '나모호랑게꾜'를 염송한다. 염불을 통해 정신적인 것뿐만 아니라 재물을 획득하려는 강한 기복적 성격과 복음주의적 포교스타일 때문에 미국 사회의 주류인 백인들의 관심을 끌지는 못했다. 그러나 아프리카계와 히스패닉계 미국인 사이에서 다수의 추종자를 만들었으며 최근 티나 터너, 허비 행콕, 올랜도 블룸과 같은 스타의 개종으로 유명해졌다.

소카각카이-USA는 사쿠부쿠,[11] 미국 애국주의, '가치창조'를 종합한 독특한 선교 방식으로 유명하다. 기본적으로 거리에 나가서 사람들을 불교 모임에 초대하고, 그 후 토론에서 신도들은 수행으로 재산상의 수입, 건강, 좋은 성적과 같은 이익이 생겼으며 삶의 의미에 대한 통찰력을 생겼다고 증언했다. 모든 증언의 핵심은 니치렌 수행 덕분에 그들의 삶과 운명에 대한 책임감이 생겼다는 것이다. '문화축제'라고 불리는 공식적 기념식도 초기 사쿠부쿠 캠페인의 중요한 부분으로 미국화의 또 다른 전략적 도구였다. 미국 건국 200주년에는 평화를 위한 가두행렬과 퍼레이드, 축하공연 등을 통해 애국주의, 평화, 비핵 같은 미국적 가치를 자신들의 이념으로 공식화했다.

---

11) 사쿠부쿠折伏란 일본 일련종과 소카각카이가 채택한 포교 방법이다. 종교체험을 소개하거나 좌담회에 초청하여 상대가 개종할 때까지 적극적이고 끈질기게 포교하는 것이 특징이다.

**1. 베트남불교—베트남 전쟁,
틱낫한과 참여불교**

● 　지난 수십 년 동안 많은 베트남불교 지도자들이 국가와 민족을 넘어 세계불교에 큰 영향을 주었다. 그중 특히 중요한 인물은 틱티엔안Thich Thien-An(1926~1980)과 틱낫한Thich Nhat Hanh(1926~)이다.

틱티엔안은 일본에서 임제종을 수행했으며 1966년 UCLA의 교환교수로 미국을 방문했다가 학생들의 요청으로 참선을 가르치게 되었다. 1971년 그는 로스앤젤레스에 베트남불교뿐 아니라 세계 각국의 불교를 가르치는 기관인 국제불교명상센터The International Buddhist Meditation Center를 창립했다. 1975년 베트남전쟁이 끝난 뒤에는 밀려오는 망명자들에게 안식처를 제공하고 미국 생활을 안내하고 교육하는 등 많은 역할을 했다. 틱티엔안은 베트남불교의 전통만 고수하지 않고 미국적 환경에 맞는 새로운 방향을 모색했다. 1976년에는 미국에서 처음으로 비구니계를 주었으며 재가신도들에게도 계를 주었다. 또한 그는 미국 개종 불자와 베트남불교 공동체 사이에 교량을 놓으려고 노력했다. 1980년 입적 후에는 미국에서 첫 번째 구족계를 받은 비구니 카루나 다르마가 지도하고 있으며, 오늘날 국제불교명상센터는 복합적이며 다민족 출신 불자들의 센터로 이용된다.

베트남불교의 기여는 전통 수행이나 교리를 서양에 알린 데 그치지 않는다. 지금까지 서양에 알려지지 않았던 불교의 사회 참여라는 면모를 베트남불교는 극적으로 세상에 보여 주었다. 그중 하나가 베트남전쟁 기간 중에 발생한 승려들의 집단적 분신자살 사건이다.

베트남전쟁이 한창이던 1963년, 틱광둑Thich Quang Duc(1897~1963)을 비롯한 여러 승려들이 디엠 독재정권에 항거하여 한낮에 사이공 시내에서 집단 분신자살을 했다. 충격적인 모습이 텔레비전과 신문을 통해 미국 전역에 알려졌다. 이 사건은 당시 미국 대학생들의 반전운동과 맞물려 베트남의 정치적 상황에 대한 대중적 관심을 환기시켰을 뿐 아니라 불교의 대중화에 크게 기여했다. 일본불교가 촉발시킨 젠붐이 주로 개인적이고 내면적인 것에 호소했다면 베트남불교는 사회와 역사에 대한 불교의 입장을 표명했다. 그 결과 불교는 1970년대에 이르기까지 반전운동과 평화운동의 중요한 사상적 기초로서 젊은이들의 관심을 끌어모았다.

틱낫한은 불교의 사회적 실천 방향을 제시한 선구적 인물 중 한 사람이다. 그는 베트남전쟁 이전부터 프랑스와 미국 등 서양 제국주의의 식민정책에 항거한 반식민주의자였다. 베트남전쟁 동안 반전 평화 사상가로 널리 알려졌으며 전쟁 후에는 사회적 실천에 적극 나선 참여불교의 선구자로 유명하다. 그는 평화사상을 표명한 많은 시와 저술로 전 세계인들을 감동시켰으며, 1967년에는 마틴 루터 킹이 노벨평화상 후보자로 그를 지목하기도 했다. 현재 서양에서 진보적 시인, 정신적 스승, 정치 지도자로서 달라이라마에 비견될 정도로 대중적인 인기를 얻고 있다.

틱낫한은 1926년 베트남에서 태어나 17세에 출가하여 선과 정토를 배웠으며 1949년 구족계를 받고 곧바로 사이공의 불교계에서 진보적 활동을 시작했다. 1961년 처음으로 미국을 방문하여 프린스턴대학에서 종교학을 배웠으며 컬럼비아대학에서 현대 불교를 강의했다. 1964년 베트남으로 돌아갔으나 곧 디엠 독재정권이 몰락하자 남북의 평화로운 화해 방법을 찾는 종교 조직인 베트남 통일불교교회에 깊이 관여했다. 1965년에는 상즉종The Tiep Hien Order, the Order of Interbeing을 창립했으며 재가자, 비구, 비구니를 포함하는 이 조직은 곧 국제적인 운동으로 발전했다.

1966년 틱낫한은 베트남전쟁의 평화로운 해결을 위하여 19개 국을 순방하면서 수많은 정치, 종교 지도자들을 만났다. 여행의 경험으로 그는 반전운동을 고취하는 『베트남: 불바다에서 핀 연꽃』을 저술했다. 암살의 위험 때문에 베트남으로 돌아가지 못하고 프랑스로 망명하여, 1969년 소르본대학에서 강의하면서 동시에 파리평화회의 기간 중 베트남 불교평화사절단을 결성하여 막후에서 많은 노력을 기울였다. 남베트남이 패망할 때 틱낫한은 이미 반체제 인사로 지목되어 프랑스에 망명해 있었기 때문에, 전쟁 후 공산 정권이 많은 승려들을 처형하거나 수감했음에도 그는 프랑스에서 안전하게 생존할 수 있었다. 이 사실과 보트피플에 대하여 냉정한 태도를 견지했다는 것 때문에 베트남에서는 아직까지 그에 대한 비판적인 시선이 존재한다.

사이공 함락 후 틱낫한은 베트남 망명자의 활동과 정치범의 석방, 베트남과 서방의 관계 개선을 위해 노력했으며, 1982년에는 프랑스 보르도 근처에 정신적, 사회적 변화를 목적으로 하는 국제적인 공동체인 플럼 빌리지를 설립했다. 그는 주로 프랑스에 거주하지만 미국에도 많은 추종자가 있다. 캘리포니아의 디어 파크 사원Deer Park Monastery, 뉴욕의 벽암사Blue Cliff Monastery, 미시시피의 목련 숲 사원Magnolia Grove Monastery은 여름과 겨울 대규모의 수행 프로그램이 개최되며 주말에도 안거 프로그램이 열린다.

1980년대 초 수많은 서양 불자들이 상즉종에서 계를 받았으며 1983년 틱낫한은 캘리포니아 버클리에 있는 비영리조직인 '염처생활공동체The Community of Mindful Living'를 설립하고 안거를 지도했다. 염처생활공동체는 전 세계에 200개 이상의 지부가 있지만 대부분은 미국에 있다. 그는 또한 전쟁 후유증을 치유하기 위해, 특히 베트남전쟁에 참여했던 퇴역 군인의 정신적 상처를 치유하고자 염처 수행 안거를 제공했다.

틱낫한은 지난 30년간 학문적 저술에서 시에 이르기까지 100권 이상의 불교 관련 서적을 저술했으며 대부분이 베스트셀러가 되었다.『염처의 기적The Miracle of Mindfulness』,『평화로움Being Peace』,『살아 있는 붓다, 살아 있는 예수Living Buddha, Living Jesus』 등의 책에서 모든 존재의 상호 연관성과 자비에 대한 대승불교의 가르침을 강조했다. 또 그는 일상생활에서 할 수 있는 가장 중요한 수행으로서 '염처수행법mindfulness; sati'[12]을 강조했으며 걷기 명상과 통찰 명상을 중점적으로 지도하고 있다.

● 한인 사찰은 1970년대 초부터 미국 주요 도시에 등장하기 시작했다. 2011년을 기준으로 뉴욕, 시카고, 애틀랜타, 로스앤젤레스 등 대도시의 한인 거주 지역에서 교민들을 대상으로

2. 한국불교

---

12) 'sati'의 영어 번역어 'mindfulness meditation'은 한문 경전에서는 '염처念處'로 번역되었으며 최근에는 '마음챙김', '알아차림' 등으로 번역되고 있다. 여기서는 논쟁을 피하고 전통적 수행법과의 연속성을 보여 주기 위해 '염처수행법'이라고 옮긴다.『법보신문』 2009년 12월 3일부터 2010년 3월 14일까지 전개된 '마인드풀니스 & 사띠 논쟁'을 참고하라.

교화 활동을 하고 있다. 다른 아시아계 이민자들과 달리 미국에 사는 한인의 절대 다수가 기독교인이기 때문에 세력은 미약하다. 1988년 로스앤젤레스의 한국 사찰은 15개에 불과했지만 한인 교회는 400개가 넘었다. 2011년 현재 미국 전역에 한인 사찰은 119개로 추정되는데, 대부분의 한인 사찰은 한국어를 사용하며 한인 이민 1세의 요구에 맞추어 한국식 법회와 의례를 하고 있다.

한국 교포를 위한 사찰은 거의 1970년대에 건립되었다. 로스앤젤레스 달마사(1973), 관음사(1974), 뉴욕의 원각사(1974), 조계사(1975), 시카고의 불타사(1974), 불심사(1978), 하와이 무량사(1975) 등은 한국 교포들을 대상으로 포교 활동을 하고 있다.

미국에 온 첫 번째 한국 승려는 서경보 스님(1914~1996)이다. 그는 1964년 컬럼비아대학을 방문했으며, 그 후 6년 동안 이 도시 저 도시로 옮겨다니며 임대주택에서 임시법회를 열고 한국불교를 가르쳤다. 그가 한국으로 돌아가자 제자인 고송 스님이 미국 동부에 한국식 명상 센터를 설립했다.

한국의 대표적인 기업인이자 삼보법회를 이끌던 이한상 거사가 1969년 미국으로 건너가 샌프란시스코 카멜에 재가 불자 중심의 사찰인 삼보사를 건립했다. 1973년 삼보사 낙성식에 송광사 방장 구산 스님(1909~1983)이 초청되었으며 법회 이후 로스앤젤레스 등을 방문했는데, 그가 한국으로 돌아갈 때 몇몇 미국인 추종자들이 그를 따라 한국으로 갔다. 이들이 나중에 송광사 국제선원의 핵심 구성원이 되었다. 구산 스님 생존 당시 송광사 국제선원에는 수많은 서양인 제자들이 수행했는데, 그중에는 주로 영국에서 활동했지만 미국에서 영향력이 있었던 스테판 베첼러와 마틴 베첼러 Stephen & Martine Batchelor, 현재 UCLA에서 한국학과 불교를 가르치는 로버트 버스웰Robert Buswell 등이 있다.

1980년대와 1990년대에 활약한 한국 스님으로 삼우 스님 (1941~)과 숭산 스님(1927~2004)을 손꼽을 수 있다. 그들은 한인 뿐만 아니라 미국 주류 사회를 대상으로 했기 때문에 이민 불교가 아니라 개종 불교로 분류된다. 그러나 개종 불교의 주된 수행법인 일본선과 달리 진지함, 비정형성, 유머와 같은, 중국선이나 일본선에서 볼 수 없는 한국선만의 독특한 특징 때문에 미국인들의 관심을 끌었다.

삼우 스님은 1960년대 후반 캐나다 몬트리올에 도착한 뒤 1972년 토론토로 터전을 옮겼다. 1973년부터 그의 지하실 방으로 참선을 배우겠다는 사람들이 오기 시작해 1976년에는 15명의 제자가 생겼다. 이들과 함께 허물어져 가는 집을 인수해 보수했는데, 그때부터 삼우 스님은 망치를 수행의 도구로 삼았다. 1979년 제자들과 함께 보수한 집이 완공되었고, 1981년 미국 미시건 주 앤아버에 자혜선원The Buddhist Society for Compassionate Wisdom을, 1991년에는 시카고와 멕시코시티에 선원을 개원했다. 1986년 불교 지도자를 양성하기 위해 시카고에 3년 과정의 미륵승가대학Maitreya Buddhist Seminary을 설립하고 계간지『교차로의 불교Buddhism at the Crossroads』를 발행하기 시작했다. 삼우 스님은 불교 종단 내부와 다른 종교와의 교류 협력을 위해 1987년 앤아버 선원에서 최초의 선불교 지도자 모임인 북미선불교대회The Conference on Zen Buddhism in North America를 8일간 개최했다. 이곳에서 많은 개종 불교와 이민 불교 지도자들이 서양에서 불교를 전하면서 당면한 문제들을 토론했다. 그는 또 1993년 시카고에서 열린 세계종교회의 국제자문단으로도 활동했다.

숭산 스님은 1972년 46세의 나이에 미국으로 건너가 로드아

일랜드 프로비던스에 자리 잡고 세탁소에서 일하면서 서서히 좌선과 화두, 법문, 염불, 절을 결합시킨 한국불교 수행법을 알리기 시작했다. 곧 브라운대학 학생들이 가르침에 관심을 가졌으며 세력이 급속하게 확장되어 몇 년 지나지 않아 미국과 유럽에서 천 명 이상의 학생들을 지도했다. 숭산 스님은 먼저 미국 대학생들에게 선을 가르치고 그들을 중심으로 선원을 개원한 다음, 그곳에 한국계 미국인들이 참여하는 독특한 방식으로 포교를 했다. 그 때문에 가르침은 이민자들의 '이민 보따리 불교' 차원을 넘어서 미국 주류 사회에 파고들 수 있었다.

1983년 숭산 스님은 한국선의 미국화를 위해 관음선종Kwan Um School of Zen을 창립하고 32개 나라에 130개가 넘는 포교 센터를 세웠다. 관음선종은 한국불교 경전과 의식을 그대로 사용하며 굳이 출가를 권유하지 않기 때문에 재가 수행자가 대부분이다. 미국에는 관음선종 본부인 프로비던스 선 센터Providence Zen Center를 비롯하여 버클리 공문사Empty Gate Zen Center, 모하비사막 선 센터Mojave Desert Zen Center 등 여러 지역에 50여 개의 선원이 있으며 한국의 화계사와 무상사와도 연계되어 있다. 또 프라이머리 포인트Primary Point 출판사를 설립하기도 했다.

숭산 스님의 카리스마 넘치는 가르침은 많은 서양인에게 인기를 끌었다. 숭산 스님은 영어가 유창한 편은 아니지만 문법과 어순을 전혀 고려하지 않은 '단어 나열 영어'만으로도 사람들의 마음을 꿰뚫을 수 있었다. 그는 자신의 방식을 달마 대사와 양 무제의 대화에서 가져온 'Don't Know Zen'이라고 불렀다. 무엇을 하든 그저 모른다는 마음으로 일심으로 하면 된다는 것이다. 그의 가르침은 매우 파격적이었으나, 쉽고 단순하고 재미있으며 동시에 정곡을 찌르는 법문은 미국인들의 마음을 사로잡았다.

그는 또한 "기독교나 불교나 다 본체로 돌아가 무엇을 할 것이냐 하는 공부이다. 본체로 돌아가면 대우주와 내가 하나가 되고 그러면 아랫배에 센터가 생긴다. 움직이지 않는 마음이 생긴다. 그럴 때 비로소 우리가 보고 듣고 느끼는 게 다 진리 아닌 게 없게 된다. 진리를 깨달아 대자연과 하나 되는 공부, 그것을 수도라고도 하고 신앙이라고도 한다."라고 주장하면서 다른 종교를 인정하고 포용하면서 서로 공존하는 것을 추구했으며, 서양에서 활동하는 여러 불교 지도자들과 교류하고 협력했다. 저서로는 『부처님에게 재를 털기Dropping Ashes on the Buddha』, 『선의 컴퍼스Compass of Zen』, 『오직 모를 뿐Only Don't Know』 등이 있다.

1980년대 후반부터 숭산 스님은 불교의 미국화를 촉진시키기 위해 대부분의 제자들에게 지도자 지위를 넘겨주었다. 그의 법제자는 13명이며 22명의 고참자에게 '지도법사'라는 호칭을 주고 권위를 부여했다. 그러나 관음선종은 2004년 숭산 스님의 입적 이후 미국인 제자들이 각지로 흩어져 활동하거나 다른 개종 불교 그룹에 참여하는 등 교세가 급격히 위축되고 있으며 한국불교와의 연계도 느슨해졌다.

미국 동부에는 뉴욕을 중심으로 여러 이민 불교 사찰이 활동 중이다. 1974년 법안 스님이 뉴욕대학에서 박사학위를 취득한 뒤 맨해튼에 원각사를 건립했다. 원각사는 그 후 셀리스베리 밀즈의 넓은 부지로 옮겨졌으며 2007년 스님의 입적 뒤에는 통도사 뉴욕 포교당으로 운영되고 있다. 법안 스님은 1989년에 미주현대불교신문사를 창간해 미국에서 한국불교를 포교하는 데 기여했다. 미국 서부에서는 도안 스님이 로스앤젤레스의 관음사를 맡아 2006년 입적 때까지 미국 서부의 대표적인 한국 사찰로 발전시켰다. 청화 스님은 1992년 캘리포니아 하이랜드 스프링에서

10여 명의 스님과 함께 동안거 결제를 했으며 그 후 캘리포니아 카멜 삼보사에 주석하면서 1995년 1월에는 '순선안심탁마법회 純禪安心琢磨法會'를 열고 참선을 가르쳤다. 그해 6월에는 삼보사에 금강선원을 개원하고 3년 결사를 하면서 염불선을 가르쳤다. 또한 한인 이민의 역사가 시작된 하와이에는 1975년 대원 스님의 발원으로 대원사가 창건되었다.

현재 한국불교 사찰 중 미국 전역에서 가장 활발하게 포교 활동을 하는 곳은 대행 스님의 한마음선원이다. 1987년 모건힐 지원 개원을 출발점으로 하여 2010년 현재 뉴욕, 워싱턴, 로스앤젤레스, 시카고, 캐나다 토론토, 독일, 아르헨티나, 브라질 등에서 한국 교포와 외국인 포교에 노력하고 있다. 대행 스님은 1999년 부시 대통령의 66회 생일 기념식에 한국 승려로는 최초이자 유일하게 초청되었다. 이러한 인지도를 바탕으로 한마음선원은 한국 본원과 해외 지부 사이에 긴밀한 협조와 체계적인 관리 아래 안정적으로 성장하고 있다.

한편, 원불교는 1970년대 중반 뉴욕교당을 창건하고 미국 전역에 20여 개의 포교당을 건립했다. 2002년에는 필라델피아에 원불교미주선학대학원을 개교하는 등 미국에서 한국불교를 대표하는 기구로 성장하고 있다.

반면 미국의 조계종 사찰들은 대부분 효과적인 행정기구도 없이 개인적인 원력과 노력에 기대고 있다. 이처럼 종단적인 지원과 제도적 뒷받침 없이 한 개인의 활동에 전적으로 의존하다 보니 지속적인 발전을 기대하기 어렵다. 또한 스님들의 부족한 영어실력도 이민 2세를 포교하는 데 걸림돌이 되고 있다. 많은 사찰이나 승려들이 재정적 어려움을 겪고 있으며, 때로는 스님들이 돈을 벌려고 사찰 밖에서 일을 하는 경우도 있다. 이것은 종종 재가신도나 다른 나라 불교인들의 의혹을 사기도 하며 한때 많은 한국 스님들이 다른 직업을 찾아 환속하는 일도 벌어졌다. 지난 40여 년간 한국불교의 미국 포교 활동은 언어, 비자 및 영주권 등의 문제들 때문에 교민을 대상으로 한 포교에 집중되었다. 또한 전통적인 기도, 염불, 제사, 천도재 등 한국과 다를 바 없는 의례를 고수하고 있어 미국 개종 불자들뿐 아니라 이민 2세를 대상으로 포교하기에도 많은 어려움이 있다.

● 19세기 말 갑작스럽게 끝이 난 중국계 이민과 더불어 미국에서 사라졌던 중국불교는 1950년대와 1960년대 이민법의 개정으로 급격히 늘어난 중국인 이민자와 함께 다시 미국에 등장했다. 1990년대 중반 중국 본토, 타이완, 홍콩, 아시아, 태평양 지역의 중국인 거주 지역에서 온 이민자들은 75만 명이 넘는다. 그들 중 대다수는 불자인데, 1990년대 미국에 있는 중국계 불교 기관은 150개 이상으로 파악되었다. 종파에 따라 서로 다른 교리와 의례를 실행하는 일본불교와 달리 중국불교는 사찰마다 거의 비슷한 교리와 의례를 행하며, 염불 수행을 중심으로 아미타불 명호를 가장 많이 부른다. 그러나 중국불교의 특징은 보살의 서원이나 보시와 같은 전통적인 불교 신행을, 재앙 구제나 사회사업, 채식, 방생 등 현대적인 이타행으로 발전시킨 점에 있다. 또 한 가지 특징은 대부분 염불과 경전 공부가 중심이고 참선은 극히 일부만 행한다는 점이다.

그러나 이와 같은 공통점에도 불구하고 중국계 미국불교는 매우 다양하다. 중국인을 대상으로 하는 사찰이 대부분이지만 간혹 백인을 비롯한 다른 인종도 참여하는 사찰이 있다. 일부 사찰은 승려를 중심으로 운영되지만 재가자가 관리하는 사찰도 있으

3. 중국불교

며 계층적으로 차이나타운에서 일하는 노동자가 주로 참여하는 사찰과, 도시 근교에 거주하는 의사, 기술자 등 전문 직업인이 모이는 사찰도 있다. 또한 상당히 많은 수의 중국 사찰이 비구니 스님에 의해 운영되며 사찰에서 재가 여성의 역할과 비중이 크다는 점도 다른 나라의 불교와 구별되는 특징이다.

미국 동부 불교사찰Eastern State Buddhist Temple of America

뉴욕 차이나타운에 자리한 동부 사찰은 제임스 잉James Ying과 그의 아내 진 유탕Jin Yu-tang이 창건했다. 1963년부터 많은 승려들을 초청했는데 현재 뉴욕에서 활동하는 대부분의 중국 스님들은 이 기간에 초청된 승려들이다. 1960년대까지 작은 규모의 중국 사찰이 많이 들어섰으나 안거가 가능한 더 큰 시설이 필요해지자 1971년 뉴욕 캐츠힐에 안거 센터인 다청사大乘寺를 개원했다. 이곳에서는 많은 승려들이 기거하며 수행 중이고 재가신도를 위한 안거 시설로도 사용된다. 또한 1997년에는 뉴욕시 안에 다청사 분원을 건립했는데 이곳은 뉴욕의 관광 명소 중 하나이며 법당, 서점, 박물관이 외부에 개방된다. 또한 나이 든 중국 이민자들을 위한 사교 클럽 역할도 하고 있다.

지혜와 자비의 불교연합Buddhist Association of Wisdom and Compassion

오하이오 애크론에 있는 재가 연합으로, 타이완 출신의 의사인 테드 허 탕Ted He Tang이 1980년 후반에 창건했다. 애크론 외에 디트로이트, 콜럼버스, 클리블랜드에 분원이 있으며 전국적으로 약 400~500명의 신도가 있다. 이 단체는 순수한 재가신행 모임으로 주로 개인 집이나 임대한 장소에서 모임이 열린다. 주로 아미타불 명호를 부르는 정토 수행법을 하고 있으며, 가난한 사람

 한 권으로 보는 세계불교사

들에게 돈과 필수품을 보시하고 의료서비스를 제공하는 등 사회
봉사에도 적극적이다.

츠지공덕회Tzu Chi Foundation

츠지공덕회는 정옌證嚴(1937~) 스님이 1966년에 창립한 국제
구호단체이다. 1963년 인순 스님을 은사로 출가한 스님은 '가난
한 이를 돕고 부유한 이를 교육한다'는 기치 아래 단체를 창립했
다. 이 단체는 회원들의 기부와 봉사, 물품 판매를 통해 자선, 의
료, 교육, 문화, 국제 구호, 골수 기증, 환경보호, 지역사회개발을
위한 사업을 하고 있다. 현재 전 세계 화교 거주 지역에서 400만
이상의 후원자를 확보하고 있으며, 미국에는 약 1만 6천 명의 회
원과 11개 주에 지원이 있다. 세계 어느 나라를 불문하고 재난이
발생했다는 소식이 들리면 바로 공항으로 달려가 신속하게 구제
에 나서 세계를 놀라게 한다. 2001년 미국 뉴욕에서 9·11테러
사건이 발생했을 때도 세계평화를 기원하는 촛불행사를 열었다.

선 명상 센터Ch'an Meditation Center 東初禪寺

선 명상 센터는 성옌 스님聖嚴(1930~2009)이 창립한 기구 중 하나
이다. 스님은 중화불교학연구소Chung-Hwa Institute of Buddhist
Studies와 국제파고산재단The International Foundation of Dharma
Drum Mountain의 설립자로, 1931년 중국 본토에서 태어나 13세
에 승려가 되었다. 1949년 타이완으로 건너가 수행과 공부를 계
속했다. 그는 일본 릿쇼대학에서 불교문학 박사학위를 수여받았
으며, 1975년에는 조동종의 둥추東初 선사에게 법을 전해 받고,
3년 후에 임제종의 링위안靈源 선사에게 전법을 받아 선불교의
양대 법맥을 모두 전수받았다. 1976년 뉴욕에 있는 다줴사The

Great Enlightenment에서 선 명상 센터Ch'an Meditation Center를 조직했는데 2년 후 뉴욕에 독립적인 센터를 세웠다. 이곳은 구족계를 받은 비구·비구니가 계율을 지키며 살아가는 작은 사찰이며 불교학 연구와 수행을 하는 센터로서 기능한다. 주로 중국계 미국인으로 구성되어 있지만 백인을 포함한 다른 인종에게도 문호가 개방되어 있다. 이곳에서는 염불과 의례, 좌선뿐 아니라 불교 경전과 철학, 태극권 강의 및 일요법회와 법문이 행해진다. 성옌 스님은 미국에서 30년 이상 불교를 가르쳤으며 10여 권의 영어 저서가 있다. 2009년 타이완 파고산사에서 입적하였다.

포광산사Fo Kuang Buddhism

포광산사는 1967년 싱윈 스님星雲(1927~)이 창설한 사찰로 미국에서도 활발하게 활동한다. 1926년 중국 본토에서 태어난 싱윈 스님은 12세에 승려가 되었으며 1941년 구족계를 받고 7년 후 국민당을 따라 타이완으로 왔다. '인간불교' 라고 일컬어지는 싱윈 스님의 철학은, 정토불교를 인간사회의 발전을 위한 비전으로 재해석한 것으로 타이완불교 발전에 중요한 역할을 했다.

로스앤젤레스에 자리한 시라이사西來寺는 포광산사의 미국 본원으로, 1988년에 완공되어 현재 100여 명의 스님들이 정진 중이다. 이곳에는 시라이불교대학과 대학출판부가 있으며 국제포광회Buddha's Light International association의 세계 본부가 있다. 국제포광회는 샌프란시스코, 샌디에이고, 댈러스, 휴스턴, 오스틴, 라스베가스, 캔자스시티, 뉴욕에 약 100개의 분원이 있다. 이곳에서는 불교 관련 프로그램이나 안거 외에도 중국어와 문학, 무술, 회화, 음악 교실이 열린다. 대부분의 신도는 중국인이지만 종파를 초월하여 상좌부, 대승, 금강승 수행자와 스님들을 고루 초청하기 때문에 백인, 아프리카계 미국인 등 다른 인종의 불자들도 참여한다.

1996년에는 부통령인 앨 고어의 방문과 민주당 선거 자금모집과 관련된 스캔들로 정치적 의혹의 중심에 서기도 했다.

파제法界불교회

쉬안화宣化(1918~1995) 스님이 창건한 파제불교회는 중국불교 단체 중 개종 불교 그룹과 가장 밀접하게 연결되어 있는 단체이다. 스님은 만주에서 태어나 홍콩에서 교육받았으며 1962년 샌프란시스코에 사는 중국인 제자들의 초청으로 미국에 도착했다. 스즈키나 마에즈미처럼 그는 곧 백인들을 가르치기 시작했다. 쉬안화 스님은 처음부터 계율의 중요성을 강조했는데 반문화의 과도함에 혐오를 느낀 많은 사람들의 관심을 끌었다. 1968년 미국인 제자 중 5명(남자 제자 3명, 여자 제자 2명)이 구족계를 받았으며 이들이 파제불교회의 핵심이 되었다. 그 후 20년 이상 미국에서 구족계 수계식은 파제불교회 센터에서 열렸다. 또한 1973년 미국에서 최초로 샌프란시스코에서 시애틀까지 세계평화를 기원하는 삼보일배 순례를 했다. 그 후 삼보일배 또는 거리행진은 미국불교의 사회적 메시지를 전달하는 중요한 방식이 되었다.

쉬안화 스님은 1995년 입적했으나 생전에 네 가지 과제를 가지고 있었다. 첫째는 구족계를 받고 계율을 지키는 비구·비구니의 승가를 만드는 것, 둘째는 불교 성전 전체를 영어나 다른 서양 언어로 번역하는 것, 셋째는 혁신적 교육과 전통 불교적 가치를 융합하는 것, 이러한 비전은 파제불교회가 불자뿐 아니라 미국인을 위한 학교를 설립하고 교육자를 양성하는 데 이바지했다. 넷째는 종교 간 대화이다.

쉬안화 스님은 오랫동안 서양과 동양 양쪽에서 제자를 길렀다. 다양한 문화적 종교적 배경을 갖는 학생들은 지금 파제불교회 기관 속에서 함께 생활하고 있다. 이 단체는 산하에 미국과 캐나다의 10개 사원, 초등학교, 중등학교, 파제불교대학Dharma Realm Buddhist University, 캘리포니아 버클리의 세계종교연구소를 거느리고 있다. 캘리포니아 탈마지에 있는 완포성청萬佛聖城 City of Ten Thousand Buddhas은 미국에서 가장 큰 불교공동체 중 하나로, 488에이커의 대지에 총건평 80에이커의 건물이 있다. 이곳에는 미국, 유럽, 아시아, 태평양 지역에서 온 150명의 비구와 비구니를 포함하여 가족과 학생을 포함한 350명이 상주하고 있으며 아시아인과 서양인, 승려와 재가자 사이의 면대면 관계를 통해 창조적인 만남을 고무하고 있다.

미국불교회Buddhist Association of the United States

1964년 창립된 미국불교회는 뉴욕 메트로폴리탄에서 가장 큰 중국불교 조직이다. 약 700명의 회원은 타이완 출신의 교육을 잘 받은 이민 1세들이다. 미국불교회 본부는 브롱스에 자리한 다줴사大覺寺에 있지만 뉴욕에서 약 1시간 거리에 있는 캔트에 좡옌사莊嚴寺를 운영하고 있다. 1981년부터 건축된 이 절은 225에이커 부지 위에 승려와 재가자 게스트를 위한 주거 공간, 식당, 부속 도서관과 수행관이 있다. 또한 조경을 아미타불의 서방정토와 비슷하게 하여 내부를 걷는 사람들이 정토에 온 느낌이 들도록 했으며, 서구에서 가장 큰 불상인 11미터 높이의 비로자나불과 2,000명을 수용할 수 있는 대불전大佛殿을 포함해 규모로는 타의 추종을 불허한다.

미국불교회의 발전 배후에는 C. T. 션沈家槓의 숨은 공로가 있다. 선박 부호이며 성공한 중국계 사업가인 그는 브롱스 다줴사大覺寺와 캔트 좡옌사莊嚴寺 부지를 미국불교회에 희사했으며, 우드스톡과 뉴욕에 있는 수만 에이커의 땅을 까르마 트리야나 다르마차크라에게 기증했다. 그뿐만 아니라 파제불교회에서 추진하는 샌프란시스코의 불교문헌번역회에도 많은 땅을 기증했다.

이 단체는 연합체로서의 성격이 짙어 미국에서 활동하는 다양한 불교 종파에 대해 개방적이며 불교 단체들의 상호 협력과 우의를 증진시키고, 각 단체와 회원 상호간의 친목 등을 도모하고 있다. 또한 '교리와 수행의 생활화'와 '타이완불교 경전 발간'이라는 두 가지의 특별 사업을 추진하기 위해 미국불교회 사이트(www.baus.org)를 개설했다. 사이트는 경전 해제본의 데이터베이스 검색이 가능하며 뉴스레터, 인터넷 도서관, '팔만사천 개의 눈' 등의 서비스를 제공한다. 인터넷 도서관에서는 『금강경』의 현대적 해석서인 『다섯 개의 눈Five Eyes』을 전산본으로 제공하며, '팔만사천 개의 눈'에서는 인터넷에서 활동하는 단체와 검색 가능한 정보를 연결해 준다. 또한 미국불교회는 미국 불자들에게 활용될 만한 좋은 교육교재를 만들고자 미국, 타이완 등에서 출간된 교재들의 목록집과 교수법 관련 목록집을 발간했으며 각종 경전의 최신 해제본을 만들어 타이완불교를 쉽게 이해하도록 돕고 있다. 이 작업은 국립 타이완대학 불학연구센터The Center for Buddhist Studies를 지원해 추진 중이며 영어와 중국어로 된 연구 자료를 온라인으로 제공한다. 현재 미국불교회는 미국 내에서 연중 총회와 국제대회로 미국 불자들의 관심을 고조시켰으며 타이완에서 이민 온 불자들 상호간의 우의 증진에 공헌하고 있다.

20세기 들어 아시아에서 수세기 동안 서로 분리된 채 발전하던 불교 전통이 미국이라는 호수에 한꺼번에 흘러들었다. 이 신천지에서 상이한 불교 전통은 서로 영향을 주고받으며 미국화를 시도하고 있다. 100년 남짓한 기간은 불교가 뚜렷한 자기 정체성을 형성하기에 부족한 시간이지만 많은 연구자들은 미국불교의 특징으로 재가자 중심의 수행과 여성의 역할 확대, 불교 수행과 심리학의 결합, 그리고 참여불교를 꼽고 있다.

미국불교 지도자들은 대부분 재가자이기 때문에, 전통적으로 주어진 승려 역할을 행하는 아시아 승려와는 달리 재가 불자로서 새로운 환경과 여건에 맞는 불교 형식을 창출해야 하는 과제를 안고 있다. 또한 미국에서 불교는 달라이라마를 제외하면 승려 개인이나 의례보다 주의 집중에 의한 스트레스 감소의 방법으로 관심을 끌었기 때문에, 최근 실천하고 있는 통찰 명상과 이를 응용한 많은 명상법은 깨달음을 목표로 하는 전통 승가의 수행법과 거리가 멀다. 최근 미국불교 지도자 2세대와 젊은 세대들은 이런 방향에서 불교를 더 접근하기 쉽도록 만들기 위해 노력 중이다.

2000년대에 들어와 미국불교는 새로운 국면에 접어들었다. 1990년대 이후 미국불교의 첫 세대, 즉 아시아의 승려로부터 직접 지도를 받은 대부분의 개종 불교 지도자들이 은퇴하거나 사망했다. 반면 1980년대와 1990년대 초 불교 지도자가 된 20대와 30대는 매우 적다. 1980년대의 신자유주의를 그 원인으로 돌리기도 하지만, 오늘날 베이비붐 세대와 같은 불교에 대한 열광을 발견하기란 거의 불가능하다. 더구나 베이비붐 세대는 자신들의 종교를 자식들에게 강요하지 않았기 때문에 불교가 한 세대의 전유물로 끝날 가능성도 존재한다. 실제로 지난 10년 동안 불교에 대한 젊은이들의 관심이 느리게 증가하고 있지만, 아시아 이민자를 제외하면 거의 대부분의 불자가 나이 들고 부유한 백인이다.

이들과 더불어 미국불교는 보수화되고 있다. 미국불교 지도자들은 재가자로서 활동하지만 아직까지 자신들의 수행 모델을 승려에게서 찾는다. 많은 미국불교 개척자들은 불교 지도자가 되기 전에 태국, 인도, 미얀마(버마), 네팔에서 스승들과 10년 이상 공부했으며 수행을 증명하고자 사리나 승복을 입고 삭발한 젊은 날의 사진을 웹사이트에 자랑스럽게 게재한다.

그러나 오늘날 젊은이들 중 다른 문화와 수행법을 배우려고 외국에서 여러 해를 보내려는 이는 극히 드물다. 그들이 원하는 것은 출가하여 승려가 되는 것이 아니라 일상생활에서 얻는 행복이다. 젊은이들은 심정적 지지와 연계, 우정을 찾아 명상 센터에 온다. 이제 한 사람의 스승이 카리스마를 발휘하는 시대는 지나갔다. 미국 젊은이들은 스승의 인격과 가르침을 혼동해서 고통을 받았던 기성세대의 실수를 더 이상 반복하지 않을 것이다. 한 스승을 둘러싸고 수행하는 조직적 모임은 사라지고 비공식적인 소규모 공부 그룹이 환영을 받고 있다. 차세대 불교 지도자들은 이처럼 새로운 방향으로 불교를 이끌어 가고 있다.

과연 이 변화가 불교의 미국화 과정인지 또는 불교의 세속화인지 누가 판단할 수 있을까? 또 불교 지도자의 자질은 어떻게 검증할 수 있을까? 교황처럼 단일하고 전 세계적인 권위를 갖는 종교 지도자가 없는 불교 공동체에서 세대 간의 연속성과 통합성의 획득은 매우 중요한 문제이다.

최근 인기를 끄는 '다르마 펑크'는 불교가 미국 젊은이들에게 어떻게 수용되는지 잘 보여 준다. 이 운동은 미국불교 작가인 스테판 레빈의 아들, 노 레빈과 그의 동료들로부터 시작되었다. 부모와 기성세대에 반항했던 성난 젊은이들은 고통스러운 젊은 시절을 보낸 후 불교를 재발견했다. 자기 파괴적인 젊은이들은 삶의 의미를 찾아 처음에는 펑크록, 마약, 음주, 불만으로 이끌렸지만, 마약과 폭력의 무가치함을 분명하게 보았다. 그 뒤 불교와 펑크록에서 위선적인 사회에 대한 반항을 긍정적인 힘으로 전환하는 방법을 발견했다. 그들은 불교 수행을 활용해 분노와 불평등, 고통으로부터 분출되는 에너지를 지혜와 자비로 전환시키고 있다.

베이비붐 세대의 불자들은 이 변화가 전통에서 너무 멀리 나아가지 않을까 걱정하지만, 젊은이들은 어른들이 어떻게 생각하든 젊은 개혁가가 가져온 에너지가 필요하다는 점에 동의한다. 그들에게 필요한 것은 연대와 우정이지 단절과 고독이 아니다. 노 레빈의 말처럼 '동굴로 가서' 여러 해 동안 경험하는 명상은 그들에게 의미가 없다. 오히려 그들을 끌어당기는 것은 '연계'이다. 이 점에서 다르마 펑크는 불교에서 멀어졌던 젊은이들을 다시 명상 센터로 끌어들이는 데 성공했다.

2011년 6월 뉴욕 게리슨 센터에서는 미국불교 지도자의 세대 전환을 논의하는 모임이 개최되었다. 은회색 머리에 수수한 옷차림의 개종 불교 지도자 첫 세대들 사이에 문신이 새겨진 팔과 교통표지가 그려진 티셔츠를 입은 다르마 펑크의 모습은, 구세

대에게 이질적으로 보일지 몰라도 젊은이들에게는 불교를 더 친
숙하게 느끼도록 한다. 과연 베이비붐 세대 이후의 젊은이들을
계속 끌어들일 수 있는가, 미국인들이 개발한 수행법이 불교적
인가, 또 지도자들의 권위와 능력을 검증할 수 있는 제도적 장치
가 존재하는가에 미국불교의 미래가 달려 있다고 해도 과언이
아니다.

인도불교사

Milindapañho, The Royal Asiatic Society, 1928.

Vinayapiṭak I, PTS.

권오민, 『아비달마불교』, 서울, 민족사, 2009.

김형준, 『이야기 인도사』, 서울, 청아출판사, 2007.

나카무라 하지메 지음, 남수영 옮김, 『용수의 중관사상』, 용인, 도서출판 여래, 2010.

박금표, 『인도사 108장면』, 서울, 민족사, 2007.

법보신문 905호(2007-06-20).

서행정 외, 『인도의 사상가』, 서울, 한국외국어대학교 출판부, 2007.

에띠엔 라모뜨 지음, 호진 옮김, 『인도불교사』 I·II, 서울, 시공사, 2008.

이지수, 『인도에 대하여』, 서울, 통나무, 2002.

이필원, 「부파불교의 경전과 언어」, 『불교경전은 어떻게 전해졌을까』, 서울, 불광사, 2010.

이필원, 「최초 경전의 성립과 기록」, 『불교경전은 어떻게 전해졌을까』, 서울, 불광사, 2010.

이필원, 『붓다와의 대화』, 서울, 심산, 2005.

조지프 캠벨, 이진구 옮김, 『동양신화』, 서울, 까치, 1999.

카지야마 유이치 지음, 권오민 옮김, 『인도불교철학』, 서울, 민족사, 1994.

폴 윌리엄스·앤서니 트라이브 지음, 안성두 옮김, 『인도불교사상』, 서울, 씨아이알, 2009.

허우성, 『인도인의 길』, 서울, 소명출판, 2003.

호사카 슌지 지음, 김호성 옮김, 『왜 인도에서 불교는 멸망했는가』, 서울, 한걸음더, 2008.

히라카와 아키라지음, 이호근 옮김, 『인도불교의 역사』, 서울, 민족사, 1994.

並川孝儀, 『ゴータマ·ブッダ考』, 東京, 大藏出版社, 2005.

三枝充悳, 『インド仏教人名辭典』, 京都, 法藏館, 1987.

李慈郎, 『初期仏教教團の研究』, 東京大學博士論文, 2001.

山崎元一, 『アショーカ王とその時代』, 東京, 春秋社, 1982.

山崎元一, 『アショーカ王傳說の研究』, 東京, 春秋社, 1979.

NHKスペシャル, ‘文明の道－ガンダーラ仏教飛躍の地－’, 2003.

http://www.time.com/time/world/article/0,8599,1822787,00.html.

http://www.censusindia.gov.in/2011-prov-results/prov_results_paper1_india.html.

중국불교사

단행본

동국대학교 불교문화연구원 엮음, 『동아시아 불교 근대와의 만남』, 동국대학교 출판부, 2008.

미찌하다 료오슈 著, 『중국불교사』, 우리출판사, 2000.

아서라이트 著, 梁必承 譯, 『中國史와 佛教』, 新書苑, 1994.

이영석, 『南北朝佛教史』, 혜안, 2010.

K. S. 케네쓰 첸 著, 박해당 譯, 『중국불교』 하, 민족사, 1994.

한국종교회 著, 『세계종교사입문(개정판)』, 청년사, 1991.

東初, 『中國佛教近代史』上冊, 中國佛教文化館, 1974.

東初, 『中國佛教近代史』下冊, 中國佛教文化館, 1974.

牟鍾監·張踐, 『中國宗教通史(修訂本)』上, 社會科學文獻出版社, 2001.

牟鍾監·張踐, 『中國宗教通史(修訂本)』下, 社會科學文獻出版社, 2001.

蔣維喬, 『中國佛教歷史』, 三河華冠曙光, 2005.

楊曾文, 『中國佛教基礎知識』, 宗教文化出版社, 2005.

陣景富, 『中國佛教關系一千年』, 宗教文化出版社, 1999.

吉岡義豊, 『アジア佛教史中國編』卷 3, 佼成出版社, 1976.

福永光司, 『中國中世の宗教と文化』, 京都大學人文科學研究所, 1982.

牧田諦亮, 『中國佛教史研究』卷 1, 大東出版社, 1981.

牧田諦亮, 『中國佛教史研究』卷 2, 大東出版社, 1984.

牧田諦亮, 『中國佛教史研究』卷 3, 大東出版社, 1989.

道端良秀, 『中國佛教史(改訂新版)』, 法藏館, 1972.

鎌田茂雄, 『中國佛教史』, 岩波新書, 1981.

末木文美士·曹章祺, 『現代中國の佛教』, 平河出版社, 1996.

久保田量遠, 『中國儒道佛三敎史論』, 東方書院, 1986.

礪波護, 『唐代政治社會史研究』, 同朋舍, 1986.

鎌田茂雄, 『中國佛教史(新)』, 大東出版社, 2001.

惠谷隆戒, 『中國佛教史』, 佛教大學, 1990.

橫超慧日, 『北魏佛教の研究』, 平樂寺書店, 1978.

高雄義堅, 『宋代佛教の研究』, 百華苑, 1975.

논문

姜文晧, 「東晉時代의 沙門不敬王者論」, 『동국사학』 권 37, 동국사학회, 2002.

김진무, 「중국 황실의 불교수용과 정책—漢, 魏, 南北朝를 중심으로—」, 『佛教學報』 권53, 동국대학교 불교문화연구원, 2009.

이미정, 「明末 『嘉興大藏經』 編修와 江南 居士」, 동국대학교 석사학위논문, 2011.

이정수, 「근대 중국불교의 태동과 자각」, 『佛教學報』 권49, 동국대학교 불교문화연구원, 2008.

이효걸, 「제2부 한 당의 사회사상: 수당불교(隋唐佛教)의 배경과 그 시대적 의의」, 『중국철학』 권3, 중국철학회, 1992.

전중배, 「중국 五代의 불교정책과 그 성격」, 『동국사학』 권37, 동국사학회, 2002.

조영록, 「義通寶雲의 浙東 求法과 佛教—吳越國 후기 法眼·天台宗과 고려불교—」, 『震檀學報』 권 107, 震檀學會, 2009.

최동순, 「송 천태종 중흥과 의통의 역할」, 『한국불교학』 권50, 한국불교학회, 2008.

黃心川, 「現代 中國 佛教」, 『현대중국연구』 권1, 성균관대학교 현대중국연구소, 1992.

麻天祥 著, 류화송 譯, 「중국근대화와 민족불교의 발현」, 『佛教學報』 권 47, 동국대학교 불교문화연구원, 2007.

타이완불교사

『臺灣縣志』

闞正宗, 『台灣佛教史論』, 北京, 宗教文化出版社, 2008.

　　『臺灣佛教一百年』, 臺北, 東大圖書公司, 1999.

　　『重讀臺灣佛教：戰後臺灣佛教』, 臺北, 大千出版社, 2004.

江燦騰, 『堂代台灣佛教』, 台北, 南天書局, 1997.

　　『台灣佛教百年史之研究』, 台北, 南天書局, 1996.

　　『新視野下的台灣近現代佛教史』, 北京, 中國社會科學出版社, 2006.

盧嘉興, 「台灣的第一座寺院-竹溪寺」, 現代佛教學術叢刊編輯委員會 編, 『現代佛教學術叢刊87—台灣佛教編』, 台北, 大乘文化出版社, 1979.

臺灣省文獻委員會 編, 『重修台灣省通志·住民志·宗教編』, 台北, 台灣省文獻委員會, 1992.

臺灣銀行經濟研究室 編,『(臺灣文獻叢刊第52種) 安平縣雜記』, 臺北, 臺灣銀行經濟研究室, 1959.

聖嚴,「今日的台灣佛教及其面臨的問題」,『中國佛教史論集(台灣佛教篇)』, 台北, 大乘文化出版社, 1979.

李桂玲,『台港澳宗教慨況』, 北京, 東方出版社, 1996.

李添春,「明末清初的台灣佛教」, 現代佛教學術叢刊編輯委員會 編,『現代佛教學術叢刊87-台灣佛教編』, 台北, 大乘文化出版社, 1979.

中村元외 2 共編,『アジア佛教史―中國編Ⅳ: 東アジア諸地域の佛教』, 東京, 佼成出版社, 1976.

藍吉富,「臺灣佛教之歷史發展的宏觀式考察」,『中華佛學學報』12, 臺北, 中華佛學研究所, 1999.

釋慧嚴,「台灣佛教史前期」,『中華佛學學報』8, 臺北, 中華佛學研究所, 1995.

　　　「再檢視日治時代台灣佛教界從事的教育事業」,『中華佛學學報』16, 臺北, 中華佛學研究所, 2003

松金公正,「日据時期日本佛教之台灣布教」,『圓光佛學學報』第3期, 中壢, 圓光佛學研究所, 1999.

楊惠南,「解嚴後台灣新興佛教現象及其特質―以「人間佛教」爲主的一個考察」,『新興宗教現象研討會」論文集』, 台北,

　　　中央研究院社會學研究所, 2002.

五十嵐眞子,「佛光山からみる, 台灣佛教と日本との關係」,『アジア・アフリカ言語文化研究』71, 東京,

　　　　　　東京外國語大學アジア・アフリカ言語文化研究所, 2006.

姚麗香,「台灣地區光復後佛教變遷初探」,『輔仁學誌(法, 管理學院之部)』20, 台北, 輔仁大學, 1988.

李世偉,「臺灣大學青年學佛運動的形成與開展―以周宣德與「慧炬」爲探討中心」,『台灣宗教研究通訊』第四期, 台北, 蘭臺出版社, 2002.

李玉珍,「出家入世：戰後台灣佛教女性僧侶生涯之變遷」,『回顧老台灣, 展望新故鄉―台灣社會文化變遷學術研討會論文集』,

　　　台北, 文獻會, 2000.

林金水,「台灣基督教史論述」,『福建師範大學學報』3, 福州, 福建師範大學, 2003.

王政文,「評介『台灣基督教史』」,『史耘』10, 台北, 國立臺灣師範大學歷史研究所, 2004.

Jones, Charles Brewer, Buddhism in Taiwan: religion and the state, 1660-1990, Honolulu,

　　University of Hawai'i Press, 1999.

티베트불교사

Thu'u bkwan bLob bzang Chos kyi nyi ma, Thu'u bkwan gurb mtha' (Kan su'u mi rigs dpe skrun khang: 1985)

Pedron Yeshi & Jeremy Russel, Chos yang (Council of Religious and Cultural Affairs: India, 1991)

David Snellgrove & Hugh Richardson, A CULTURAL HISTORY OF TIBET (Shambhala: Boston & London, 1986)

이호근·안영길 옮김,『티베트불교사』, 서울, 민족사, 1990.

이태승 외,『티베트불교철학』, 서울, 불교시대사, 2008.

몽골불교사

第五世達賴喇嘛阿旺羅桑嘉措 著, 陳慶英 馬連龍 譯,『達賴喇嘛三世,四世傳』, 全局圖書館文獻縮微復制中心出版, 1992.

第五世達賴喇嘛阿旺羅桑嘉措 著, 陳慶英·馬連龍·馬林 譯,『五世達賴喇嘛自傳·雲裳』, 全國圖書館文獻縮微複製中心, 1997.

烏蘭,『"蒙古源流"研究』, 遼寧民族出版社, 2000.

김호동,『동방기독교와 동서문명』, 까치, 2002.

김성수,「1세 제브준단바호톡토와 17세기 할하 몽골」,『東洋史學研究』83집, 2003.

김성수,「티베트불교권의 형성과 淸朝 藩部支配體制」,『明淸史研究』22집, 2004.

김성수,「티베트 전통사회에서의 사원과 "티베트불교문화권"의 형성」,『몽골학』21호, 2006.

김성수,「청대 불교 세계의 여행」,『東洋史學研究』107집, 2009.

Čoyiji, Mongγul-un burqan-u šasin-u teüke, 內蒙古人民出版社, 1998.

金成修,『明淸之際藏傳佛教在蒙古地區的傳播』, 社會科學文獻出版社, 2006.

Yohan Elverskog, Uygur Buddhist Literature, Silk Road Studies Ⅰ, Brepols, 1997.

Pamela Kyle Crossley, A Translucent Mirror-History and Identity in Qing Imperial Ideology,
    University of California Press, 1999.

Matthew T. Kapstein, The Tibetan Assimilation of Buddhism-Conversion, Contestation, and Memory, Oxford, 2000.

Michael G. Chang, A court on horseback: imperial touring and the construction of Qing rule, 1680~1785,
    The Harvard University Asia Center, 2007.

Evelyn S. Rawski, "The Qing empire during the Qianlong reign",
    New Qing Imperial History: The Making of Inner Asian Empire at Qing Chengde, Routledge Curzon,
    edited by James A. Millward, Ruth W. Dunnell, Mark C. Elliott, and Philippe Forêt, 2004.

일본불교사

石田瑞麿 지음,『日本佛教史』, 東京, 岩波書店, 1984.2.

末木文美士 지음,『日本佛教史─思想史としてのアプローチ』, 東京, 新潮社, 1992.7.

速水侑 지음,『日本佛教史─古代』, 東京, 吉川弘文館, 1986.2.

大隅和雄·中尾堯 편저,『日本佛教史─中世』, 東京, 吉川弘文館, 1998.7.

圭室文雄 지음,『日本佛教史─近世』, 東京, 吉川弘文館, 1987.1.

柏原祐泉 지음, 『日本佛敎史—近代』, 東京, 吉川弘文館, 1990.6.

川崎庸之·笠原一男 지음, 계환 스님 옮김, 『일본불교사』, 서울, 우리출판사, 2009.

松尾剛次 지음, 김호성 옮김, 『인물로 보는 일본 불교사』, 서울, 동국대학교출판부, 2005.

원영상, 「인물로 보는 일본불교」, 『현대불교신문』, 서울, 현대불교신문사, 2011년 연재물.

미국불교사

Aitken, Robert(1982). Taking the Path of Zen. San Francisco: North Point Press

Aitken, Robert(1997). Original Dwelling Place: Zen Buddhist Essays. Washington, D. C.: Counterpoint

ARDA(2000). "The Association of Religion Data Archives (ARDA), Year 2000 Report".

    http://www.thearda.com/mapsReports/reports/US_2000.asp. 2011. 6. 4. 접속.

Batchelor, Stephen(1994). The Awakening of the West: The Encounter of Buddhism and Western Culture.

    Berkeley: Parallax Press

Baumann, Martin(1997). "The Dharma has come West. A Survey of Recent Studies and Sources."

    Journal of Buddhist Ethics 4. 194-211

Bhushan, Nalini, & Garfield Jay L., Zablocki, Abraham(2009). TransBuddhism: Transmission, Translation, Transformation.

    Amherst: University of Massachusetts Press

Bloom, Alfred(1990). "The Unfolding of the Lotus: A Survey of Recent Developments in Shin Buddhism in the West."

    Buddhist-Christian Studies 10. 157-64.

Boucher, Sandy(1993). Turning the Wheel: American Women Creating the New Buddhism. Boston: Beacon Press

Coleman, James William(2001). The New Buddhism: The Western Transformation of an Ancient Tradition. New York:

    Oxford University Press

Dresser, Marianne(1996). Buddhist Women on the Edge: Contemporary Perspectives from the Western Frontier. Berkeley:

    North Atlantic Books

Fields, Rick(1992). How the Swans Came to the Lake: A Narrative History of Buddhism in America. London: Shambhala

    Publications. 한창호 역(2009). 『이야기 미국불교사』. 운주사.

Fields, Rick(1994). "Confessions of a White Buddhist." Tricycle: The Buddhist Review 4, 1 , 54-56.

Fronsdal, Gil(1999). "Theravada Spirituality in the West." Buddhist Spirituality: Later China, Korea, Japan and the Modern

    World. New York: Crossroad. 482-495.

Glassman, Bernard & Rick Fields(1996). Instruction to the Cook: A Zen Master's Lessons in Living a Life That Matters.

    New York: Bell Tower

Goldman, Ari L.(1991). "Buddhism and Manhattan: An Unlikely Joining Together". 10. 11, 1991

    http://www.nytimes.com/1991/10/11/nyregion/buddhism-and-manhattan-an-unlikely-joiningtogether.html?scp=36&sq=Buddhism&st=nyt 2011. 9. 12. 접속

Gottschalk, Mary & Mercury, San Jose(2011). http://www.dharmapunx.com/ 2011. 9. 10. 접속

Gregory, Peter N. & Mrozik, Susanne(2008). Women Practicing Buddhism. Boston: Wisdom Publications

Gross, Rita(1993). Buddhism After Patriarchy: A Feminist History, Analysis, and Reconstruction of Buddhism. Albany,

  New York: SUNY Press

Hori, G. Victor Sogen(1994). "Sweet-and-Sour Buddhism." Tricycle: The Buddhist Review, 4, 1. 48-52.

Hubbard, Jamie(1995). "Upping the Ante: budstud@millenium.end.edu." Journal of the International Association of

  Buddhist Studies 18, 2.

Jones, Ken(1989). The Social Face of Buddhism: An Approach to Political and Social Activism. London:

  Wisdom Publications

Kapleau, Philip(1967). The Three Pillars of Zen: Teaching, Practice and Enlightenment. Boston: Beacon Press

Kosmin, Barry A. & Keysar, Ariela(2009). "American Religious Identification Survey(ARIS) 2008". Hartford: Trinity College.

  http://b27.cc.trincoll.edu/weblogs/AmericanReligionSurvey-ARIS/reports/ARIS_Report_2008.pdf. 2011. 9. 12. 접속

Kraft, Kenneth(1988). Zen: Tradition and Transition. New York: Grove Press

Layman, Emma(1976). Buddhism in America. Chicago: Nelson-Hall

Loori, John Daido(1992). The Eight Gates Of Zen: Spiritual Training in a American Zen Monastery. Mt. Tremper,

  N.Y.: Dharma Communications

Loori, John Daido(1996). The Heart Of Being: Moral And Ethical Teachings Of Zen Buddhism. Boston: Charles E. Tuttle

Lopez, Donald S.(1995). Curators of the Buddha: The Study of Buddhism under Colonialism. Chicago:

  University of Chicago Press

McMahan, David L.(2008). The Making of Buddhist Modernism. Oxford, New York: Oxford University Press

Metcalf, Franz(1999). Buddhist Spirituality: Later China, Korea, Japan and the Modern World. New York: Crossroad

Morreale, Don(1998). The Complete Guide to Buddhist America. Sante Fe, 2nd ed., rev. and updated. Boston,

  London: Shambhala

Nattier, Jan(). "Buddhism Comes to Main Street". UrbanDharma.org

Neilan, Terence(2001). "Buddhism Blooms Amid the Forests Of the Catskills; Ancient Cures for Modern Ills", New Times,

  2001년 6월 18일자.

Nhat Hanh, Thich(1993). Interbeing: Fourteen Guidelines for Engaged Buddhism. ed. by Fred Eppsteiner,

  Berkeley: Parallax Press

Nordstrom, Louis(1976). Namu Dai Bosa: A Transmission of Zen Buddhism to America. New York: Zen Studies Center

Numrich, Paul David(1996). Old Wisdom in the New World: Americanization in two immigrant Theravada Buddhist

  temples. Knoxvillle: The University of Tennessee Press

Prebish, Charles S(1999). The Practice and Study of Buddhism in America. Berkeley: University of California Press

Prebish, Charles S. & Baumann, Martin(2002). Westward Dharma: Buddhism Beyond Asia. Berkeley:

University of California Press

Prebish, Charles S. & Tanaka, Kenneth K.(1998). The Faces of Buddhism in America. Berkeley:

University of California Press

Queen, Christopher S.(1999). Engaged Buddhism in the West. Somerville, MA: Wisdom Publications

Rapaport, Al(1997). Buddhism in America: The Official Record of the Landmark Conference on the Future of

Buddhist Meditative Practices in the West. Boston: Tuttle

Ray, Reginald A.(1996). "Solitary Retreat in American Buddhism and Buddhist-Christian Dialogue".

Buddhist-Christian Studies, 16. 129~142. University of Hawai' i Press

Seager, Richard Hughes(1995). The World's Parliamient of Religions: The East-West Encounter,

Chicago, 1893. Bloomington: Indiana University Press

Seager, Richard Hughes(1999). Buddhism in America. New York: Columbia University Press

Sharf, Robert H.(1995) "Sanbokyodan: Zen and the Way of the New Religions." Japanese Journal of Religious

Studies 22, 3~4, 417~458

Snodgrass, Judith(2003). Presenting Japanese Buddhism to the West: Orientalism, Occidentalism, and the Columbian

exposition, Chapel Hill: University of North Carolina Press

Subhuti, Dharmacari(1994). Sangharakshita: A New Voice in the Buddhist Tradition. Glasgow: Wind Horse

Suellentropn, Chris(2007). "Autumn of the American Buddhist" (2007. 11. 12)

http://opinionator.blogs.nytimes.com/2007/11/12/autumn-of-the-american-buddhist/?scp=3-b&sq=Buddhism&st=nyt

Sugunasiri, Suwanda H.J.(1989). "Buddhism in Metropolitan Toronto: A Preliminary Overview." Canadian Ethnic

Studies 21, 2. 83~103.

Suzuki, D.T.(1948, 1964, 1991). An Introduction to Zen Buddhism. NY: Grove Press

Suzuki, D.T.(1949, 1956). Zen Buddhism. NY: Double Day Anchor Books

Trungpa, Chogyam(1969). Meditation in Action. Berkeley: Shambhala

Trungpa, Chogyam(1984). Shambhala: the Sacred Path of the Warrior. ed. by Carolyn Rose Gimian. Boulder: Shambhala

Tsomo, Karma Lekshe(1995). Buddhism Through American Women's Eyes. Ithaca, NY: Snow Lion

Tweed, Thomas A. & Stephen Prothero(1999). Asian Religions in America: A Documentary History. New York:

Oxford University Press

Tweed, Thomas A.(1992). The American Encounter with Buddhism: 1844~1912. Bloomington: Indiana University Press

Tworkov, Helen(1989). Zen in America: Profiles of Five Teachers, San Francisco: North Point Press

Watts, Alan W.(1959). Beat Zen, Square Zen, and Zen. Revised edition. San Francisco: City Lights Books

Watts, Alan W.(1959). The Way of Zen. NY: New American Library.

Williams, Duncan Ryuken & Queen, Christopher S. (1999). American Buddhism: Methods and Findings in

Recent Scholarship. Richmond, UK: Curzon Press

Zell, Rachel(2011). "American Buddhism facing generational shift" (2011. 7. 17.)

http://www.buddhistchannel.tv/index.php?id=8,10328,0,0,1,0 2011. 9. 11 접속

"Buddhism Blooms Amid the Forests Of the Catskills; Ancient Cures for Modern Ills"

http://www.nytimes.com/2001/06/18/nyregion/buddhism-blooms-amid-the-forests-of-the-catskills-ancient-cures-for-modern-ills.html?scp=45&sq=Buddhism&st=nyt 2011. 9. 12 접속

"Religion in the United States". http://en.wikipedia.org/wiki/Religion_in_the_United_States 2011. 8. 27 접속

Wegehaupt, Matty(2002). 「약속의 땅 미국에는 한국 불교의 여지가 존재하는가?」, 『불교연구』 18호. 245~272.

「유럽불교 중심으로 떠오르는 프랑스」, 『불교신문』 2253호. 2006. 8. 16.

류황태(2002). 「미국의 불교 붐」, 『동서비교문학저널』 6호. 37~58.

명법(2010a). 「한국불교의 세계화 담론에 대한 반성과 제언」, 『한국교수불자연합학회지』 제16권 제1호. 165~196.

명법(2010b). 「불교를 위한 새로운 터전-미국 불교시설의 유형과 환경」, 『한국교수불자연합학회지』 제16권 제2호.

명법(2010c). 「서양 현대예술에 나타난 선과 오리엔탈리즘」, 『미학』 64집. 227~260.

박문기(2006). 「미국의 간화선 수행」, 『보조사상』 25권. 245~281.

윤기화(2009). 「일본 근대불교의 북미지역 포교」, 『한국사상과 문화』 48집. 411~437.

이현송(2009). 「불분명한 믿음과 미국사회의 세속화?」, 한국사회학회, 『한국사회학』, Vol.43. No.4. 147~179.

조성택(2003). 「서구에서의 불교의 미래-불교의 개방성과 친화력에 관한 새로운 실험」, 『불교평론』 16호. 264~296.

조은수(2010). 「서구 속의 불교, 불교 속의 서구」, 『한국불교학』 제58호. 5~44.

진우기(2002). 『달마, 서양으로 가다』. 불교시대사.

하버드대학 세계종교연구센터, 동국대학교 불교문화연구원 역(2005). 『불교와 생태학』, 동국대학교출판부.

현광(2000). 「서양불교의 어제와 오늘 그리고 내일」, 『석림』 제35집. 147~176.

미국불교관련 웹사이트

"A Practice Center in the Tradition of Thich Nhat Hanh-Deer Park Monastery". http://www.deerparkmonastery.org.

"Abhayagiri Buddhist Monastery". http://www.abhayagiri.org/

"Blue Cliff Monastery". http://bluecliffmonastery.org.

"Buddhanet Buddha Dharma Education Association Inc.". http://www.buddhanet.net/l_tibet.htm

이 사이트에는 티베트불교 관련 사이트가 모두 소개되어 있다.

"Buddhist Association of the United States (BAUS)". http://www.baus.org/

"Buddhist Compassion Relief Tzu-Chi Foundation". http://www.tzuchi.org/

"Buddhist Peace Fellowship". http://www.bpf.org/

"Ch'an Meditation Society". http://www.chan1.org/

"Cyber Sangha. The Buddhist Alternative Journal". http://www.hooked.net/~csangha/

"Dharma Net's US Guide to Dharma Centres". http://www.dharmanet.org/Dir/Usa

"Diamond Way Buddhism: Karma Kagyu Buddhist Network". http://www.kkbn.com/

"Dzogchen Foundation". http://www.dzogchen.org/

"Engaged Buddhism". http://www.dharmanet.org/engaged.html

"Free Tibet". http://www.tibet.org/index.html.

"History: The 20th Century". http://www.naropa.edu/about/history.cfm.

"Insight Meditation Society Homepage". http://www.dharma.org/ims.htm

"Karma Triyana Dharmachakra: the North American Seat of the Seventeenth Gwalya Karmapa". http://www.kagyu.org/

"Kwan Um School of Zen". http://www.kwanumzen.com/

"Links Pitaka, J?do Shinsh?". http://www.pitaka.ch/shinshu.htm

"Metta Forest Monastery". http://www.watnetta.org/

"Nichiren Web Sites". http://vanbc.wimsey.com/~glenz/nichsite.html

"Nyingma in the West". http://www.nyingma.org/

"Ocean of Merit". http://www.namoguru.org

"San Francisco Zen Center". http://www.sfzc.com/index.html

"Sanbo Kyodan: Harada-Yasutani School of Zen Buddhism and its Teachers". http://www.ciolek.com/WWWVLPages/ZenPages/HaradaYasutani.html

"SGI-USA" http://sgi-usa.org/

"Shambhala Mountain Center". http://www.shambhalamountain.org/

"Spirit Rock Meditation Center". http://www.spiritrock.org/page.aspx?pid=265

"Thai Temples in North America". http://www.dharmanet.org/Dir/thai-wat.html

"The Friends of the Western Buddhist Order". http://www.fwbo.com/

"The Vipassana Page". http://www.enabling.org/ia/vipassana/

"Tricycle: The Buddhist Review". http://www.tricycle.com/

"Welcome to Shambhala". http://www.shambhala.org/

"Women in Buddhism". http://www.sju.edu/~dcarpent/2161/BIBLIO/Women.html

"World Zen Fellowship". http://www.worldzen.org.

"Zen Center of Los Angeles". http://www.zencenter.org

"Zen Mountain Monastery". http://www.zen-mtn.org/zmm/

"Zen Peacemaker Order". http://www.zenpeacemakers.org.

한 권으로 보는 세계불교사

ⓒ 대한불교조계종 교육원 불학연구소, 2012

2012년 1월 30일 초판 1쇄 발행
2025년 8월 22일 초판 3쇄 발행

편찬 대한불교조계종 교육원 불학연구소
집필 명법 스님, 김성수, 김진영, 서인범, 양승규, 양정연, 원영상, 이필원
연구 진행 원영 스님 • 사진 구광국, 하지권

발행인 박상근(至弘) • 편집인 류지호 • 편집이사 양동민
편집 김재호, 양민호, 김소영, 최호승, 정유리, 이란희, 이진우
제작 김명환 • 마케팅 김대현, 김대우, 이선호, 류지수 • 관리 윤정안
콘텐츠국 유권준, 김희준
펴낸 곳 불광출판사 (03169) 서울시 종로구 사직로10길 17 인왕빌딩 301호
       대표전화 02) 420-3200 편집부 02) 420-3300 팩시밀리 02) 420-3400
       출판등록 제300-2009-130호(1979. 10. 10.)

ISBN 979-89-7479-764-5 (93220)

값 26,000원

잘못된 책은 구입하신 서점에서 바꾸어 드립니다.
독자의 의견을 기다립니다. www.bulkwang.co.kr
불광출판사는 (주)불광미디어의 단행본 브랜드입니다.

불교사 연표

B.C.600 – A.D.1900 이후 현재

시대 / 국가	B.C.600	A.D.기원~	100~	200~	300~
인도	B.C.317-184 마우리야 왕조 B.C.184-130 슝가 왕조 B.C.220-A.D.230 안드라 왕조 B.C.45-A.D.225 쿠샨 왕조				320-530 굽타 왕조
인도	B.C.624 고따마 싯닷타 탄생 B.C.589 고따마 싯닷타 성도 B.C.544 고따마 붓다 입멸, 제1차 왕사성 결집 B.C.400년경 제2차 웨살리 결집 B.C.268 아소카 왕 즉위 B.C.246 제3차 빠딸리뿟따 결집, 『논사』 성립 B.C.220 마힌다, 스리랑카에 불교 공식전래 B.C.300-200 18부파 혹은 20부파 성립 B.C.200-100 산치대탑, 바르후트탑 조성. 불교미술의 흥기 B.C.29 스리랑카, 빨리어 삼장 문자 결집	B.C.1C-A.D.1C 초기 대승경전 『반야경』, 『화엄경』 등 편찬	100년경 제4차 간다라 결집 1C전후 간다라미술과 마투라 조각양식 발달 127-151 카니쉬카 왕 재위 150-250 나가르주나	200년경 『발지론』, 『대비바사론』 등 아비달마 논서 편찬	300년경 『해심밀경』, 『유가사지론』 편찬 300년경 아잔타, 엘로라 등 석굴 사원과 불탑 건립 활발. 굽타 왕조 시대에 바라문교는 힌두교로 변모 310-390 아상가 320-400 와수반두 375-415 짠드라굽타 2세(라마야나, 마하바라타 등 산스끄리뜨 문헌 보급, 중국과 문화 교류)
중국	B.C.770-403 춘추전국 B.C.221-202 진 B.C.202-A.D.25 전한		25-220 후한	220-280 삼국시대 265-316 진	
중국		67 낙양성 밖에 백마사 건립	139 한 무제, 비단길 개척 ?-168 안세고 167-186 지루가참	247 지겸, 『불설의족경』 번역 233-348 불도징 314-385 도안	310 불도징 340 사문불경왕자론의 제기 335-417 여산혜원 344-413 구마라집 ?-434 도생 384-414 승조 390 혜원, 백련사 결성 394-468 불타발타라 (60권 『화엄경』) 399-413 법현 인도 순례
한국		B.C.18-A.D.676 삼국시대			372 고구려, 전진의 부견이 순도를 보내 불교 전래 384 백제, 마라난타가 불교 전래
일본					
티베트					
동남아시아			2C 베트남, 중국에서 불교 전래		

시대 / 국가	A.D.400~	500~	600~	700~	800~
인도	320-530년경 굽타 왕조		575년경-800년대 팔라바 왕조	750년경-800년대 사일렌드라 왕조	
	5C초 붓다고사(『청정도론』)	500년 힌두교 발생 550-800 힌두교에서 부처님을 비쉬누신의 화신으로 함		730-1197 밀교 발달 750 사일렌드라 왕조, 보로부두르 불교대사원 건축	
중국	304-439 5호16국시대 420-589 남북조시대		581-618 수	618-907 당	
	385-433 담무참(『열반경』) 404-409 『십송율』 번역 410-412 『사분율』 번역 414 법현, 『불국기』 저술 416-418 『승기율』 번역 446 북위 태무제, 폐불훼석 460 낙양 운강 석굴 조성 시작	499-569 진제, 『섭대승론』, 『대승기신론』 등 번역 ?-536 보리달마 574 북주 무제, 불교와 도교 폐지 487-593 이조혜가 540-594 신행(삼계교) 538-597 천태지의(천태종) 570 북주 무제, 폐불단행	596-667 도선 (『사분율행사초』, 『속고승전』) 626 오조홍인, 동산법문 (동산종) 602-664 현장(경론 신역) 613-618 선도(정토종) 638-713 육조혜능 643-712 법장(화엄종) 663 현장, 『대반야경』 600부 완역 635-713 의정(『남해기귀내법전』) 696-699 실차난타 (80권 『화엄경』)	716 정각, 『능가사자기』 편찬 685-760 하택신회 720 이통현 『신화엄경론』 찬술 758 돈황, 사원 27곳, 승니 1,000명 전후 774 『역대법보기』 편찬 701-787 마조도일 749-814 백장회해 778-897 조주종심 780-841 규봉종밀	818 돈황본 『육조단경』 완성 845 회창 폐불 ?-850 황벽희운 ?-867 임제의현
한국	300-668 삼국시대			676-935 통일신라 676-926 남북국시대	
	417-458 신라 눌지왕, 고구려 승려 묵호자가 불교 전래 479-500 신라 소지왕, 고구려 승려 아도가 불교 전래	526 백제 성왕, 겸익이 인도에서 율장 들여옴. 527 신라, 이차돈의 순교로 불교 공인 551 신라, 팔관회 최초 시행 552 백제 성왕, 일본에 불교 전파 542-640 원광 590-658 자장	613-696 원측 610 고구려 담징, 불교, 유학, 그림, 제지법 일본에 전함 617-686 원효 625-702 의상(화엄종)	751 불국사 창건, 석굴암 조성 764 진표, 금산사 미륵불 조성 700년대 말-800년대 초 선종 유입	802 해인사 창건 800년대 구산선문 개창 ?-821 도의국사(가지산문) ?-830 홍척(실상산문) 824-882 도헌(희양산문) 787-868 현욱(봉림산문) 785-861 혜철(동리산문) 800-888 무염(성주산문) 798-868 도윤(사자산문) 810-889 범일(사굴산문) 869-936 이엄(수미산문)
일본	300-710 야마토 시대			710-794 나라 시대	헤이안 시대
		538 백제 성명왕, 불상과 경론을 전함 577 백제 위덕왕, 경론과 율사·선사·비구니·조불공·조사공 보냄 595 고구려 승려 혜자, 쇼토쿠 태자의 스승이 됨	607 쇼토쿠 태자, 호류우지 창건 610 고구려 승려 담징, 종이·묵 등과 함께 불화 제조법 전함 623 승제를 정하고 백제 승려 관륵을 승정에 임명 645 코토쿠 천황, 불교흥륭 선포	700 도쇼, 열반하여 일본 최초로 화장 753 당나라 감진, 일본에 옴 755 토다이지에 일본 최초로 계단원 건립 772 지계·간병에 뛰어난 승려 10인을 선발하여 10선사로 함	804 사이쵸, 입당하여 천태학 배움. 쿠카이, 입당하여 북종선 배움 806 사이쵸, 귀국 후 천태·화엄·율에 각 2인, 삼론·법상에 각 3인, 총12인의 연분도자 승인받음. 쿠카이, 귀국하여 진언밀교 전함 822 사이쵸 원적, 원돈계단 성립
티베트			640 중국과 네팔에서 불교 전래	778 역경사업 시작 787 쌈예대사원 완성 795 까말라쉴라, 마하연과 논쟁, 승리한 뒤 인도계 불교 정통으로 인정받음	814 『번역명의대집』 완성 824 역경목록 『댄깔마』 완성
동남아시아	5-11C 태국·미얀마, 불교 전래	6C후반 베트남, 비니다류지, 중국 선불교 전함			829 베트남, 백장의 제자 무언통 선종 전함

시대 국가	A.D.900~	1000~	1100~	1200~	1300~
	907-1279 촐라 왕조(여러 왕조가 생성 및 소멸) 1206 노예 왕조 1290 할지 왕조				1320 투글루크 왕조
인도				1203 비끄라마쉴라 사원과 날란다 사원이 파괴되면서 인도 불교 소멸	
	907-960 오대	907-1126 요 960-1279 송 1115-1234 금		1206-1368 원	명
중국	904-976 영명연수(『종경록』) 953 목판 경서 인쇄 완성 955 후주 폐불 971 『대장경』 출판 개시 983 촉판 대장경 완성 988 찬영, 『송고승전』 편찬	1004 도원, 『경덕전등록』 편찬 992-1049 양기방회 1002-1069 황룡혜남 1086-1163 대혜종고	1103 자각종색, 『선원청규』 편찬 1123 덕홍, 『선림승보전』 편찬	1231 적사판 대장경 간행 시작 1264 원 세조, 총제원 설치하여 불교 통괄	1372 남경 장산사에서 대장경 간행 시작
	통일신라	936-1389 고려			조선
한국	958 고려, 승과 개시	1011-1029 고려대장경 조성 (초조) 1055-1101 의천(속장경 조판)	1145 김부식, 『삼국사기』 편찬 1158-1210 지눌(정혜결사)	1206-1289 일연(『삼국유사』 1275 완성) 1227 진훈 『선문염송』 찬술 1232 요세(백련결사) 1236-1251 고려대장경 조성 (재조) 1299-1375 경한백운	1301-1382 태고보우(원융부 설치하여 5교9산 융합) 1327-1405 무학자초 1320-1376 나옹혜근 1376-1431 함허득통
	794-1192 헤이안 시대			1192-1333 가마쿠라 시대	
일본	963 궁중의 법화8강에서 법상종 호우조우 등과 천태종 료우겐 등이 논쟁함(응화의 종론)	1052 말법도래설 성행 1053 보도인 아미타당 건립	1126 이라카와 텐노, 어망을 버리게 하고 살생 엄금 1168 에이사이, 첫 번째 입송 1175 호넨, 전수염불 제창. 정토종 시작 1194 에이사이, 두 번째 입송 (1187)하여 귀국함. 임제선 홍포	1227 도겐, 송에서 귀국 (1223년 입송) 1233 도겐, 코쇼우지 열고 선 홍포 1253 니치렌(일련종) 1294 니찌조우, 쿄토에 법화종 홍포	1334 난젠지를 5산의 제1위로 정함
티베트		1042 아띠사 입장 1056 돔뙨, 라뎅사 건립 1073 싸꺄빠 성립	1121 까규빠 성립	1204 싸꺄스리바드라 입장 1244 싸꺄빤디따 몽골 방문 1253 최갤팍빠 몽골 방문 1260 몽골, 쿠빌라이칸 즉위. 최갤팍빠 국사가 됨	1322 장춥갤짼, 팍모두빠의 관령이 됨. 부뙨, 『불교사』 저술
동남아시아		1010 베트남, 이공온, 이조를 건국하고 불교 중흥 1057 미얀마, 아노여타 왕, 불교적 기반 마련		1279 태국, 수코타이 왕조, 람캄행 왕, 불교 중흥 1287 미얀마 남부, 바고 왕조 성립, 불교 중흥	1345 태국, 리타이 왕, 불법(佛法)으로 국가통치(왕이 출가하여 현재 출가제도의 기원이 됨) 1361 태국, 라마티보디 왕, 불교를 국교로 선포

시대 국가	A.D.1400~	1500~	1600~	1700~
인도	1347–1527 바만 왕조(북부)　1336–1556 비자야나가르 왕조(남부)		1526–1858 무굴 제국	
				1757 영국 동인도회사, 무굴 제국 멸망
중국	1368–1644 명			1616–1911 청
			1632 청 태종, 승록사 설치 1624 네덜란드, 타이완 남부 점거 1645 청 순치제, 찰한라마가 성경에서 오자 사찰을 창건 1662 타이완, 정성공, 네덜란드 축출. 타이완 최초 사원 샤오시톈사 건립 1683 청, 타이완 지배	1707 가흥 『대장경』 조판 완료 1738 승려 감축 정책 상주 1773 한문대장경을 만주어로 번역
한국	1392–1910 조선			
	1424 조선 세종, 불교를 선교양종으로 통합 1447 조선 세종, 『석보상절』 편찬 1459 조선 세조, 『월인석보』 편찬 1461 조선 세조, 간경도감 설치, 주요 경전 간행 1492 조선 성종, 도첩제 폐지	1503 조선 연산군, 승과 폐지 1515–1565 허응당 보우 1550 조선 명종, 보우 등용, 불교 부흥 1552 조선 명종, 도첩제·승과 부활 1520–1604 서산휴정 1544–1610 사명유정 1566 조선 명종, 도첩제·승과 폐지. 승려출가 금지 1581–1644 편양언기 1592–1598 임진왜란. 서산, 사명, 영규, 처영 등 의승군 구국활동	1623 조선 인조, 승려 도성출입 금지 1636 병자호란. 각성, 승군 활동 1660 양민이 승려가 되는 것을 금함 1688 여환, 장길산 등 미륵혁명운동	1772 임진왜란 당시의 700 의승의 묘 건립 1720–1799 연담 1746–1796 인악 1786–1866 초의
일본	1333–1573 무로마치 시대　1477–1573 센코쿠 시대			1600–1868 에도 시대
	1465 엔랴쿠지 승도, 혼간지 습격 1480 렌뇨, 혼간지 재흥	1532 법화일규 발발 1536 엔랴쿠지 승도, 법화일규 제압 (천문법화의 난) 1549 기독교 전래 1579 정토종과 일련종, 야스시 종론 일으킴. 노다요시나가 일련종도 처형	1612 막부, 기독교 금지 1615 막부, 제종제본산 법도 제정. 본말사 제도 규정 1635 막부, 사원 관리를 위한 사사봉행 설치. 사청제도 전국실시 1637 천해판 대장경 간행(1648년 완성) 1665 막부, 제종사원법 제정. 1669 황벽판 대장경 간행(1681년 완성) 1691 막부, 일련종 비전파 금지	1706 막부, 일련종 삼조파 금지 1768 하쿠인 열반
티베트	1401 쫑카빠, 『보리도차제광론』 저술 1409 간댄 승원 건립. 겔룩빠 성립. 대기원법회 개시 1410 영락판 깐귤 개판 1419 쎄라 승원 건립 1447 따시룽보 승원 건립. 델게사 건립	1586 3대 달라이라마 쏘남갸초, 몽골 방문, 몽골 최초의 사원 에르데니즈 건설 1588 3대 달라이라마 쏘남갸초, 몽골에서 사망 1589 4대 달라이라마 왼땐갸초, 몽골에서 출생 후 환생자로 인정	1642 롭상갸초, 티베트 실권 장악 1645 뽀딸라궁 건립 시작 1650 몽골 제쭌담바 호톡토, 라사 방문하여 달라이라마 배알	1709 잠양쌔바, 따시킬사 건립 1731 쪼네판 깐귤 개판 1732 날탕판 깐귤 개판 1733 델게판 깐귤 개판
동남아시아	1427 베트남, 도교와 유교 유입, 불교 탄압 1474 미얀마, 담마제디 왕, 스리랑카에 사절단 파견. 미얀마 비구, 스리랑카에서 구족계 수계 1477 태국, 띠록까라자 왕, 불전 결집 1495 태국, 프라므엉깨우 왕, 1,200명의 대규모 출가 의식 거행		1656–1688 태국, 나라이 왕, 승려자격 시험 실시	1767 태국, 톤부리 왕조 시작 1788 태국, 5개월 동안 방콕 왓마하탓 에서 250명 승려, 학자 공개회의 1789 태국, 빨리삼장 개정본 대황금판 삼장경 완성

시대 국가	A.D. 1800~	1900 이후 현재~	
인도	1526-1858 무굴 제국 1804-1947 영국 통치		1947 인도
	1818 동인도회사, 마라타 왕국 굴복시킴 1857 세포이 항쟁 1858 영국의 직할식민지로 편입됨 1885 인도국민회의 설립	1906 전인도이슬람연맹 창설 1920 불사리가 안치된 다르마지까 사원 개원 1931 불사리가 안치된 물라간다꾸띠 사원 개원 1947 인도 독립 1949 보드가야의 마하보디 센터 관리를 불교도가 다시 맡게 됨	1950 스리랑카, 불교교우회, 콜롬보에서 창립 1953 암베드까르, 인도불교협회 창립 1956 암베드까르, 35만 명과 함께 불교로 개종. 현대 신불교운동 발생. 1970 14대 달라이라마 주관 칼라차크라 입문식, 다람살라에서 거행
중국	1616-1911 청	1912-1949 중화민국	1949 중화인민공화국
	1840 아편전쟁 1840-1959 허운화상 1950 태평천국의 난, 불교사원 파괴 1895 타이완, 청일전쟁으로 일본에 할양됨	1900 돈황문서 발견 1901 신해혁명, 불교사원 파괴, 중화불교총회 1913 타이완, 중화불교총회 발족 1914 스타인, 돈황에서 불경목판 재발견 1931 적사대장경 영인판 간행 1935 금각대장경 간행 1946 타이완, 타이완성불교회 설립	1953 중국불교협회 결성 1959 문화대혁명, 사찰 파괴 1966 타이완, 정옌, 불교극난츠지공덕회 설립 1967 타이완, 싱윈, 포광산 개산 1986 타이완, 『송판적사장』, 『명판가흥장』 재판
한국	1392~1910 조선	1910-1945 일제강점기 1945-1948 미 군정	1948 대한민국
	1849-1912 경허 1864-1940 용성 1871-1946 만공 1876-1951 한암 1879-1944 한용운 1890-1965 동산 1894 갑오농민전쟁에 민중불교세력 참가, 동학이 일어남 1896-1968 금오 1897 승려 도성출입 금지 해제	1902 국내사찰현행세칙 반포, 사사관리서(원흥사) 설립 1908 조선불교원종 설립 1910 임제종 설립 1911 사찰령제정, 30본산제 시행 1922 조선불교선교양종 중앙교무원 설립 1942 '조선불교선교양종'을 '조선불교조계종'으로 개칭, 총본산은 태고사로 함 1946 조선불교교헌 제정	1954 불교정화운동 시작 1962 불교재산관리법 제정, 대한불교조계종 출범, 문화재보호법 제정 1969 자연공원법 제정 1980 10·27 법난 1986 9·7 해인사전국승려대회 1988 불재법, 전통사찰보존법으로 대체 입법 1994 조계종 개혁회의, 종단개혁
일본	1600-1868 에도시대	1868-1945 일본 제국	1945-1952 미군정 1946 일본
	1868 메이지유신 단행 1871 신정부, 종문인별장·사청제도 폐지 1872 신정부, 교부성·교도직을 설치. 각 종파에 관장 1명을 둠. 승려의 대처·식육·축발 허가 1877 교부성 폐지, 내무성 사사국을 둠 1885 일본제국 헌법 제정. 내각제도 성립 1894 청일전쟁, 불교계 종군포교사 및 위문단 파견 1899 사카이노코우요우, 불교청도동지회 결성. 불교공인교운동	1912 『대일본불교전서』 간행 시작 1914 다나까치가쿠, 국주회 설립, 『일본대장경』 간행 시작 1917 『국역대장경』 및 『불교대계』 간행 시작 1924 『대정신수대장경』 간행 시작 1935 『남전대장경』 간행 시작 1937 중화민국 침략, 중일전쟁 1940 문부성, 1종조 1파로 종파개혁 요구 1941 제2차 대전, 태평양전쟁 개전 1945 제2차 대전, 태평양전쟁 패전	1951 종교법인법 공포. 전일본불교청년회동맹 결성. 일본 인도학불교학회 창립 1952 세계불교도 일본연맹 발족. 제2회 세계불교도회의 개최 1953 제1회 전일본불교도회의 개최 1975 제1회 전국일본불교청년회의 개최
티베트	1862 라마승 반란	1913 독립선언 1920 티베트대장경 라마판 개판 시작(1934 중지) 1949 중국, 티베트 침공 1959 전국 반중국 시위, 14대 달라이라마 인도 망명 1965 중국의 자치구로 편입됨	
동남아시아	1822 태국, 아리야까 문자를 사용한 바라제목차 간행 1848 베트남, 프랑스 식민지화. 정토교 신흥교단 보산기향파 성립, 반프랑스 투쟁 1871 미얀마, 제5차 세계불자대회 개최(2,400명 장로)	1902 태국, 승가법 제정 1906 미얀마, 불교청년회 결성 1910 태국, 승왕 와치라얀 승가교육 프로그램 시행 (태국 승가내 근대식 교육실시) 1932 태국, 붓다다사 사원공동체 운동 전개 1942 태국, 새 승가법 제정 1950 미얀마, 종교성과 불교대학 설립	1951 미얀마, 불교평의회 결성 1952 미얀마, 국립승가대학교 설립 1954-1956 미얀마, 제6차 결집 시행 1956 캄보디아, 테라바다불교 국교 인정 1965 틱낫한, 상즉종 창립 1970 태국, 담마빠야 운동(불교명상운동) 1975 태국, 프라보디락 산치아속 종파창립 1975 베트남, 공산화로 불교 탄압 1975 캄보디아, 공산정권, 사원 파괴